Ludwig / Simon / Wagner (Hrsg.)
Entgrenzte Arbeit, (un-)begrenzte Solidarität?

D1722284

Carmen Ludwig, Dr., ist wissenschaftliche Mitarbeiterin am Institut für Soziologie der Universität Gießen und Research Associate des Society, Work and Politics Institute (SWOP) der Universität Witwatersrand in Johannesburg.

Hendrik Simon ist wissenschaftlicher Mitarbeiter am Institut für Soziologie der TU Darmstadt und assoziierter Forscher an der Hessischen Stiftung Friedens- und Konfliktforschung sowie an der Frankfurter Goethe-Universität. Er ist Promotionsstipendiat der Hans-Böckler-Stiftung.

Alexander Wagner ist Politikwissenschaftler und arbeitet als Gewerkschaftssekretär beim Deutschen Gewerkschaftsbund in Frankfurt am Main. Er ist Vorsitzender der Kooperationsstelle Hochschulen & Gewerkschaften Frankfurt-Rhein-Main.

Carmen Ludwig / Hendrik Simon /
Alexander Wagner (Hrsg.)

Entgrenzte Arbeit,
(un-)begrenzte Solidarität?

Bedingungen und Strategien
gewerkschaftlichen Handelns
im flexiblen Kapitalismus

WESTFÄLISCHES DAMPFBOOT

Diese Publikation wurde gefördert durch den IG Metall-Bezirk Mitte, den ver.di-Landesbezirk Nordrhein-Westfalen, die Kooperationsstelle Hochschulen & Gewerkschaften Frankfurt-Rhein-Main und den Allgemeinen Studierendenausschuss der Universität Gießen.

Bibliografische Information der Deutschen Nationalbibliothek
Die Deutsche Nationalbibliothek verzeichnet diese Publikation in der Deutschen Nationalbibliografie; detaillierte bibliografische Daten sind im Internet über http://dnb.d-nb.de abrufbar.

1. Auflage Münster 2019
© 2019 Verlag Westfälisches Dampfboot
Alle Rechte vorbehalten
Umschlag: Lütke Fahle Seifert AGD, Münster
Druck: Rosch-Buch Druckerei GmbH, Scheßlitz
Gedruckt auf säurefreiem, alterungsbeständigem Papier
ISBN 978-3-89691-275-6

Inhalt

Frank Deppe
Vorwort: Entgrenzte Arbeit – (un-)begrenzte Solidarität 9

Carmen Ludwig / Hendrik Simon / Alexander Wagner
Entgrenzte Arbeit und gewerkschaftliche Solidarität im flexiblen
Kapitalismus 16

I. Prekäre Arbeit, Dezentralisierung und Flexibilisierung

1.

Steffen Lehndorff
Erste Schritte auf einem langen Weg: Kurze Vollzeit als Element
eines neuen Normalarbeitsverhältnisses 32

Hilde Wagner
Kommentar: Gewerkschaftliche Arbeitszeitpolitik – zwischen
Fremd- und Selbstbestimmung 47

2.

Ingrid Artus
Tarifkämpfe um Entlastung im Krankenhaus: „Mehr von uns
ist besser für alle" 54

Britta Brandau
Kommentar: Dem Personalnotstand in den Krankenhäusern und
in der Pflege wird endlich Einhalt geboten 70

3.

Philipp Lorig
„Crowdwork" im Handwerk? – Traditionalisierung in der Erneuerung 73

Sarah Bormann
Kommentar: Crowdworking aus gewerkschaftlicher Perspektive 89

4.

Katja Köhler / Christian Menz
Leiharbeit aus Sicht einer Beratungsstelle. 10 Jahre „Service-Hotline
Zeitarbeit und Werkvertrag" 98

Michael Erhardt
Kommentar: Leiharbeit aus der Sicht einer Geschäftsstelle der IG Metall   116

5.
Karina Becker
Care Work Migration – eine Beschäftigungsform ohne nennenswerte
strukturelle Machtressourcen   122

Sylwia Timm
Kommentar: „Die Macht der Agenturen ist die Geduld der Frauen"
Zur Konzessionsbereitschaft osteuropäischer Pflegekräfte als
Grundlage der 24- Stunden-Betreuung-und-Pflege in Deutschland   137

II. Räumliche Entgrenzung: Transnationale Solidarität?

6.
Florian Butollo
Die Hölle friert zu. Machtressourcen und Organizing bei Ryanair   148

Daniel Heinz im Gespräch mit Mira Neumaier
Interview: „Den Arbeitskampf im Messenger führen"   168

7.
Tatiana López / Michael Fütterer
Herausforderungen und Strategien für den Aufbau gewerkschaftlicher
Verhandlungsmacht in der Bekleidungswertschöpfungskette –
Erfahrungen aus dem TIE-ExChains-Netzwerk   175

Tatiana López im Gespräch mit Gudrun Willner
Interview: „Selbstorganisation und solidarische Zusammenarbeit von
Beschäftigten in der Bekleidungswertschöpfungskette stärken"   192

8.
Carmen Ludwig / Hendrik Simon
Solidarität statt Standortkonkurrenz. Transnationale Gewerkschafts-
politik entlang der globalen Automobil-Wertschöpfungskette   198

Marika Varga
Kommentar: Vorwärts, aber gemeinsam: Transnationale
Gewerkschaftsarbeit der IG Metall heute   213

Elijah Chiwota
Kommentar: Ein Arbeitskampf ist kein Spaziergang. Zur Gründung
eines afrikanisch-europäischen Netzwerkes bei der *Lear Corporation*   218

9.
Tatiana López / Michael Fütterer
Gewerkschaft als internationale soziale Bewegung –
Das TIE-Orangensaftnetzwerk   223

Bettina Jürgensen
Kommentar: Gewerkschaftsarbeit entlang der Wertschöpfungskette ist
internationale Arbeit   240

III. Synthese und Ausblick

Alexander Wagner
Entgrenzung der Solidarität – Auf dem Weg hin zu einem
gewerkschaftlichen Transnationalismus   248

Autor*innen- und Herausgeber*innenverzeichnis   256

Frank Deppe

Vorwort: Entgrenzte Arbeit – (un-)begrenzte Solidarität

1.

Im Gefolge der 68er-Bewegungen, der Reformpolitik der sozialliberalen Koalition und der Politisierung der Gewerkschaften in den frühen 70er Jahren des vergangenen Jahrhunderts kam es zu vielfachen Begegnungen und Formen der Zusammenarbeit zwischen Wissenschaft und Hochschulen auf der einen und Gewerkschaften und Arbeitnehmervertretungen auf der anderen Seite. Einige der Institutionen, die in diesen Jahren entstanden (z.b. Kooperationsstellen, Technologie-Beratungsstellen), bestehen bis heute fort. Die Hans-Böckler-Stiftung hat über die Jahre ihren Etat enorm ausgeweitet. Das jährliche „Memorandum" der „Arbeitsgruppe Alternative Wirtschaftspolitik" entstand zuerst im November 1975 als Initiative von Bremer Hochschullehrer*innen aus dem Bereich der Wirtschaftswissenschaften. Bis heute wird die Kurzfassung des Jahresgutachtens, das ein Gegengewicht gegen die „herrschende Meinung" des Sachverständigenrates bilden soll, von zahlreichen Wissenschaftler*innen sowie von haupt- und ehrenamtlichen Gewerkschafter*innen und Betriebsräten durch ihre Unterschrift unterstützt.

Das „Memorandum" führt die kritischen Impulse fort, die einst das Engagement – vor allem des DGB – für „Wissenschaft im Arbeitnehmerinteresse" und für eine Zusammenarbeit von Gewerkschaften und Hochschulen als Teil einer – von der damaligen sozialliberalen Bundesregierung verkündeten – Politik demokratischer Reformen auszeichnete (vgl. u.a.: Bamberg u.a. 1979; Katterle/Krahn 1980). Ausgangspunkt war für die Gewerkschaften die Rolle und Funktion der Wissenschaft wie der Hochschulen als „ideologische Staatsapparate" im wirtschaftlichen wie politisch-ideologischen Herrschaftssystem der bürgerlich-kapitalistischen Gesellschaft. In den Hochschulen wurden bislang überwiegend die Angehörigen einer Elite ausgebildet, die in der Wirtschaft wie im Staatsapparat Führungsfunktionen wahrnehmen und die – z.B. in den Burschenschaften und Verbindungen – überwiegend konservative und reaktionäre Positionen in der Auseinandersetzung mit den Gewerkschaften und der Arbeiterbewegung einnahmen. Zumal die deutsche Geschichte vor und nach 1933 dafür reichhaltiges Anschauungsmaterial enthielt. Auch die deutschen Professoren hatten sich im Kampf für Demokratie und soziale Gerechtigkeit nicht mit Ruhm bekleckert!

In seiner berühmten Rede anlässlich der 450-Jahr-Feier der Universität Marburg im Jahre 1977 hatte der damalige DGB-Vorsitzende Heinz Oskar Vetter diese Zusammenhänge deutlich angesprochen: „Diese Institution Universität braucht ja nicht auf ewig vorrangig den Interessen von Wirtschaft und politischem Konservatismus verpflichtet sein! Wissenschaft als produktive Kraft kann ja auch zu demokratischen Änderungen der Gesellschaft, zur bewussten Förderung des sozialen Fortschritts genutzt werden! Wissenschaftsfreiheit braucht nicht die Freiheit weniger Privilegierter zu bleiben! Und sie darf es nicht! Die Arbeitnehmer, auf deren Arbeit der Reichtum dieser Gesellschaft beruht und die damit auch die Hochschuletats mitfinanzieren, haben ein Recht darauf, dass ihre Probleme, ihre Interessen und ihre Gestaltungsmöglichkeiten Eingang in Forschung, Ausbildung und Weiterbildung finden" (in: Bamberg u.a. 1979: 446-457).

2.

Seit dieser Rede haben sich tiefgreifende Veränderungen vollzogen. Gewerkschaften haben – vor allem über die Hans-Böckler-Stiftung – engere Beziehungen zum Wissenschaftssystem und zu Professor*innen an Hochschulen und Fachhochschulen entwickelt. Viele der einst kritischen Positionen (Kapitalismuskritik, Klassenbezug) wurden dabei zugunsten von Modernisierungskonzepten aufgegeben[1]. Hauptamtliche Funktionär*innen der jüngeren Generation verfügen heute fast selbstverständlich über eine akademische Ausbildung, was bis in die 70er Jahre – zumindest bei den Industriegewerkschaften – eine Ausnahme war. Gleichzeitig vollzog sich ein gewaltiger gesellschaftlicher und politischer Umbruch, eine „Große Transformation" von welthistorischer Bedeutung. Die Weltordnung hat sich seit dem Zusammenbruch der Sowjetunion und dem Ende des zweiten Kalten Krieges ebenso verändert wie die Formation des Kapitalismus, die die Rahmenbedingungen für die gewerkschaftliche Organisierung und

---

1 Im „Hattinger Kreis" (1987–2020) diskutierten Wissenschaftler*innen, die sich den neuen sozialen Bewegungen wie der Partei „Die Grünen" zurechneten und meist als Vertrauensdozent*innen der Hans-Böckler-Stiftung wirkten. Sie veröffentlichten 1990 im gewerkschaftseigenen Bundverlag (Köln) eine Schrift mit dem Titel „Jenseits der Beschlusslage. Gewerkschaften als Zukunftswerkstatt". Darin vertraten sie ein Modernisierungskonzept jenseits der traditionellen Klassenorientierung gewerkschaftlicher Politik.

Interessenvertretung definiert. Der Siegeszug des „Neoliberalismus" ging einher mit der Durchsetzung des globalen Finanzmarktkapitalismus.

Um den Charakter dieser Formation zu bestimmen, wird immer wieder von „Entgrenzung" bzw. vom „entfesselten Kapitalismus" gesprochen (Glyn 2006). Die Dynamik des globalen Kapitalismus seit den 70er Jahren des 20. Jahrhunderts folgt der Logik einer spezifischen „Entgrenzung"– man könnte auch sagen: einer Beschleunigung der „Kommodifizierung" und einer „Entfesselung" der Märkte von Regeln und Kontrollmechanismen, die der Ökonomie durch die Kräfteverhältnisse der Klassen und die Politik der Arbeiterbewegung sowie durch den demokratischen Staat auferlegt waren – und zwar als Antwort auf die historischen Erfahrungen, die das „Zeitalter der Katastrophen" (Eric Hobsbawm) zwischen 1914 und 1945 erschüttert hatten. Die kapitalistische Wirtschaft wurde aus dem „Bett" des nationalen, fordistischen Wohlfahrtsstaates „ent-bettet" (Ruggie 1982; Jessop 2002).

Entgrenzung bezeichnet zunächst das Verhältnis von Ökonomie und Politik, von Markt und Staat sowie eine neue Stufe der Internationalisierung der Produktion, die durch transnationale Konzerne, Erschließung neuer Märkte (u.a. Osteuropa, Russland, China) sowie durch die Liberalisierung und Aufblähung der Finanzmärkte im letzten Viertel des 20. Jahrhunderts gekennzeichnet ist. Die nationalen Systeme der Regulierung der Währungen, der Finanzmärkte und der Außenwirtschaftsbeziehungen wurden liberalisiert. Die Bedeutung nationaler Grenzen war damit ebenso entwertet wie die Funktion der Nationalstaaten im Hinblick auf die Regulation von Wirtschaft, Gesellschaft und Sozialpolitik im eigenen Lande.

Die Arbeiterklasse ist aufgrund der gestiegenen weiblichen Erwerbstätigkeit sowie als Folge der Migrationsprozesse internationaler, bunter und weiblicher geworden – auch das kann als „Ent-Grenzung" bzw. als Öffnung begriffen werden.

Die Entgrenzung der Beziehungen zwischen Mensch und Natur betrifft nicht allein das Überschreiten von bisherigen Grenzen der Beherrschung des menschlichen Körpers durch die Gentechnologie, sondern auch die – im Klimawandel und dem Umfang der Naturzerstörung zutage tretenden – Krisenprozesse im Gefolge der Wachstumsdynamik der industriellen Zivilisation, ihres Energieverbrauches und ihrer Schadstoffemissionen.

3.

Die Freiheit, die der Neoliberalismus unentwegt propagiert und die zum Leitmotiv der Werbebranche geworden ist, muss „grenzenlos" sein. In der Arbeitswelt und auf dem Arbeitsmarkt – also jenem Feld, das für die Lohnarbeit und die Tätigkeit der Gewerkschaften konstitutiv ist – setzten „neue Produktionskonzepte" auf Ent-Grenzung von Arbeitszeit und Arbeitsplatz in den vor-und nachgelagerten Bereichen der industriellen Produktion. Statt des Arbeitskollektivs sollen Individuen als „Arbeitskraftunternehmer*innen" ihre Arbeitszeit, Kreativität und Leistung für das Unternehmen per „Selbst-Steuerung" steigern und durch entsprechende Gratifikationen (Anerkennung und Geld) belohnt werden. In der Fertigung arbeitet nach wie vor eine Minderheit der Beschäftigten an Fließbändern. Auch hier werden flexible Methoden des Arbeitseinsatzes erprobt.

Ent-Grenzung bedeutet nicht nur die Internationalisierung der Unternehmensstrukturen, die Flexibilisierung des Arbeitsmarktes oder die Zunahme prekärer Beschäftigungsverhältnisse (Leiharbeit, befristete Tätigkeiten usw.) im Dienstleistungssektor. Ent-Grenzung in der Arbeitswelt bedeutet auch, dass die Grenzen der Kapitalherrschaft durch Tarifverträge und Mitwirkungsrechte der Betriebsräte sowie durch die starke Organisationsmacht der Gewerkschaft im Betrieb – bei Entlohnung und bei der Gestaltung der Arbeitsbedingungen – hinausgeschoben bzw. zurückgefahren werden; denn die Tarifbindung geht ebenso wie die Organisationsmacht der Gewerkschaften zurück – vor allem im Dienstleistungssektor, in mittleren und Kleinbetrieben. Die Anzahl der Betriebe mit Betriebsrat nimmt ab. So wird der Zusammenhang zwischen Ent-Grenzung und der „zunehmenden Klassenmacht der Bourgeoisie" deutlich, die David Harvey (2005) als das Merkmal des Neoliberalismus bezeichnet.

4.

Die Gewerkschaften mussten in ihrer Geschichte immer wieder auf neue Herausforderungen reagieren – Veränderungen in der Struktur des Kapitalismus und der Arbeiterklasse, große Krisenperioden, Kriege und Diktaturen. Die mit dem Neoliberalismus verbundenen – sozialökonomischen und politisch-ideologischen – Prozesse der „Entgrenzung" haben das Feld der gewerkschaftlichen Organisierung und Interessenvertretung gründlich fragmentiert: von den lohnabhängigen Mittelschichten, über den schrumpfenden Kern der industriellen Arbeiterklasse und den Abbau der Staatsbediensteten bis hin zur wachsenden Bedeutung des Pflegepersonals, der Erzieher*innen sowie zu den Berufsgruppen der prekär Beschäftigten, die sich auf die verschiedenen Wirtschaftszweige verteilen.

Eines der zentralen Ziele neoliberaler Politik ist die Schwächung der Gewerkschaften in Betrieb, Gesellschaft und Politik. „Ent-Grenzung" bewirkt Entsolidarisierung. Die ideologischen Apparate des Neoliberalismus – von der Werbung bis zu den privaten Medien und bis zu den Prämissen der systemkonformen Sozialwissenschaften („rational choice"; methodologischer Individualismus) – verstärken das Ziel der Entsolidarisierung.

5.

Der Siegeszug des Neoliberalismus hat die Universitäten und das Wissenschaftssystem – auch als „Revanche für 68" – tiefgreifend umstrukturiert und in den Dienst des „entfesselten" bzw. „ent-grenzten Kapitalismus" gestellt. von den B.A./M.A. Studiengängen, über die Finanzierung und Anerkennung von Forschung bis hin zu den Karrierekriterien für Professor*innen. Hier herrscht die „Peitsche des Wettbewerbs" und der individuellen Konkurrenz unter Studierenden wie Wissenschaftlerinnen. Es gibt aber auch vereinzelt Stützpunkte kritischer Wissenschaft, die – in Kooperation mit Gewerkschaften – diesen Zusammenhang im Feld der Wissensproduktion thematisieren. Die Erkenntnisse dieser Wissenschaftler*innen sind für den notwendigen Kampf um Hegemonie in diesem Feld unverzichtbar[2]. Für die Gewerkschaften entsteht in diesem Zusammen die Aufgabe, die Interessen eines wachsenden akademischen Prekariats im Kampf gegen die damit verbundenen Ausbeutungsverhältnisse wahrzunehmen.

6.

Die Niederlagen und Rückschläge, die die Gewerkschaften in den entwickelten kapitalistischen Staaten des Westens seit dem Ende des vergangenen Jahrhunderts erlitten haben, bezeugen die Wirksamkeit dieser Herausforderungen. Gleichzeitig gibt es – vor allem seit der Großen Krise von 2008 – ermutigende Ansätze

---

2 Ein aktuelles Beispiel: Als Nachfolger für den Ökonomen Peter Bofinger im „Sachverständigenrat zur Begutachtung der gesamtwirtschaftlichen Entwicklung" haben die DGB-Gewerkschaften den Berliner Ökonomen Achim Truger, einen moderaten Keynesianer, nominiert. Sogleich gab es Protest von der neoliberalen Wortführern in diesem Gremium: Truger sei nicht wissenschaftlich qualifiziert! Tatsächlich geht es um Klassenpolitik, um den Kampf zwischen (arbeitgeberfreundlicher) Angebots- und (arbeitnehmerfreundlicher) Nachfragepolitik, zwischen Marktradikalismus und sozialstaatlicher Regulation, die mit dem Mantel der Wissenschaftlichkeit umgeben wird.

einer „Renaissance" bzw. eines gewerkschaftlichen Come-Backs (Deppe 2012; Schmalz/Dörre 2013; Goes 2016). Die in diesem Band versammelten Aufsätze gehen sowohl auf die Herausforderungen durch „Ent-grenzung" und „Entsoldarisierung" als auch auf Ansätze und Erfolge beim Aufbau von Strukturen gewerkschaftlicher Interessenvertretung und Gegenwehr auf neuen Feldern ein. Dabei wird deutlich, dass die jungen Wissenschaftler*innen einen wichtigen Beitrag zur Analyse der Voraussetzungen von Organisierung wie von erfolgreichen Kämpfen auf neuen Feldern leisten.

Für die Gewerkschaften selbst ergeben sich aus der „Großen Transformation" vielfältige Aufgaben und Herausforderungen, die in langwierigen Lernprozessen zu bewältigen sind aber auch existenzielle Fragen für die Zukunft der Gewerkschaften beinhalten. Offenheit und Lernfähigkeit erfordern ein hohes Maß an strategischer Flexibilität, jenseits bzw. auf dem Boden der traditionellen Pfade der Interessenvertretung in industriellen Großbetrieben, in denen die Industriegewerkschaften nach wie vor über eine hohe – und sehr wichtige – Organisationsmacht verfügen.

Der Begriff der Arbeitnehmerinteressen differenziert sich aus – nach den unterschiedlichen Tätigkeitsbereichen und nach den unterschiedlichen Erfahrungen von Lohnarbeit, nach dem Ausmaß von Ausbeutung und Abhängigkeit im prekären Sektor. Das Verhältnis von besonderen und allgemeinen Interessen der Lohnarbeit muss über die Zusammenarbeit der Einzelgewerkschaften (im DGB) erkennbar und verständlich werden. Über die Tarifpolitik und die betriebliche Interessenvertretung hinaus umschließt ein erweiterter Interessenbegriff die gesamten Reproduktionsinteressen der Arbeitskräfte: u.a. Wohnen, Gesundheit, Bildung, Alterssicherung und nicht zuletzt: Demokratie, soziale Gerechtigkeit und Frieden. Daraus ergibt sich das „politische Mandat" der Gewerkschaften.

Der Begriff der Solidarität muss erweitert werden: Klassensolidarität schließt die Interessen der weiblichen wie der migrantischen Lohnarbeiterinnen ein. Der grenzüberschreitende Internationalismus muss durch transnationale Bewegungen und Kämpfe, aber auch durch die Stärkung der internationalen Gewerkschaftsverbände aktiviert und gestärkt werden. Die Verteidigung der universellen Menschenrechte und der Kampf um die Interessen der Beschäftigten „vor Ort" gehören zusammen.

Gewerkschaftliche Interessenvertretung muss die Öffnung (Ent-Grenzung) zu den neuen Fragen und Konflikten mit einem klaren Bezug zum Interessengegensatz zwischen Kapital und Arbeit verbinden und sich Wissen über die historischen

Erfahrungen und realen Möglichkeiten von Alternativen zum herrschenden Wirtschafts- und Gesellschaftsmodell aneignen. Hier fällt der Bildungsarbeit in den Gewerkschaften eine wichtige Aufgabe zu! Gewerkschaften sollten mit kritischen Positionen und dem Wissen um Alternativen in den öffentlichen Debatten um die Zukunft des Kapitalismus präsent sein, ohne auf ihre Kernaufgaben zu verzichten. In der nächsten Zukunft steht dabei die Rekonstruktion von Grenzen der Kapital- und Marktmacht, also das „Re-embedding" im Vordergrund!

Literatur

Bamberg, Hans-Dieter/Kröger, Hans Jürgen/Kuhlmann, Reinhard (1979) (Hg.): Hochschulen und Gewerkschaften. Erfahrungen und Perspektiven gewerkschaftlicher Kooperationspraxis, Köln.

Deppe, Frank (2012): Gewerkschaften in der Großen Transformation. Von den 1970er Jahren bis heute. Eine Einführung, Köln.

Goes, Thomas E. (2016): Aus der Krise zur Erneuerung? Gewerkschaften zwischen Sozialpartnerschaft und sozialer Bewegung, Köln.

Katterle, Siegfried/Krahn, Karl (1980) (Hg.): Wissenschaft und Arbeitnehmerinteressen. Mit einem Vorwort von Heinz Oskar Vetter, Köln.

Glyn, Andrew (2006): Capitalism Unleashed. Finance, Globalization and Welfare, Oxford.

Harvey, David (2005): A Brief History of Neoliberalism, Oxford.

Jessop, Bob (2002): The Future of the Capitalist State, Cambridge.

Ruggie, John Gerald (1982): International Regimes, transactions and change: embedded Liberalism in the postwar economic order, in: International Organization, 36(2), 379-415.

Schmalz, Stefan/Dörre, Klaus (2013): Comeback der Gewerkschaften? Machtressourcen, innovative Praktiken, internationale Perspektiven, Frankfurt a.M./New York.

Carmen Ludwig / Hendrik Simon / Alexander Wagner

Entgrenzte Arbeit und gewerkschaftliche Solidarität im flexiblen Kapitalismus

Das vorliegende Buch geht von einer für die gesammelten Beiträge grundlegenden Beobachtung aus: Arbeit im Gegenwartskapitalismus ist zu weiten Teilen *entgrenzte Arbeit*. Aus der jüngeren kapitalistischen Handlungs- und Strukturlogik heraus soll sie zeitlich, räumlich sowie normativ möglichst unbeschränkt zur Verfügung stehen. Arbeitnehmer*innen wird dabei ein Höchstmaß an Flexibilität abverlangt (Sennett 1998, Bieling et al. 2001). Vormals relativ klare Ab- und Begrenzungen verschwimmen und werden durchlässig (Voß 1998, Gottschall und Voß 2005): jene zwischen Freizeit und Arbeit, zwischen „normaler" und – zunehmend normalisierter – prekärer Arbeit, zwischen lokaler, regionaler und globaler Arbeit, zwischen regulierter und deregulierter Arbeit, schließlich: zwischen stofflicher und entstofflichter, d.h. ideeller bzw. digitaler Arbeit. Ein definierendes Wesensmerkmal *entgrenzter Arbeit* ist also eine neuartige Flexibilität und „Fluidität" der Arbeitsverhältnisse (Kocka 2013: 109f.): Entgrenzte Arbeit ist *flexible* Arbeit.

In dem Maße, in dem klassische, Wesen und Struktur von Arbeit konstituierende Abgrenzungen im Namen der „Flexibilisierung" verwässert oder ganz aufgehoben werden, kommt es zugleich zu einem massiven Wandel ihrer Organisationsbedingungen. Bei der Entgrenzung von Arbeit handelt es sich also um einen sozialen Prozess der Restrukturierung, „in dem unter bestimmten historischen Bedingungen entstandene soziale Strukturen der regulierenden Begrenzung von sozialen Vorgängen ganz oder partiell erodieren bzw. bewusst aufgelöst werden." (Voß 1998)[1] Arbeitnehmer*innen und Gewerkschaften sehen

---

[1] Historisch lässt sich dieser Restrukturierungsprozess grob vereinfachend auf drei weltwirtschaftliche Transformationsprozesse der letzten 50 Jahre zurückführen: den Übergang von der fordistischen zur postfordistischen Produktionsweise in den 1970er Jahren (Brand/Raza 2003), die an die internationale Verschuldungskrise von 1982 anschließende neoliberale Restrukturierung (Burchhardt 2004), sowie die sich rasant beschleunigende soziale und wirtschaftliche Globalisierung der letzten drei Jahrzehnte (Giddens 1995, Albert et al. 1999).

sich also nicht nur mit einer Entgrenzung der Arbeit, sondern auch mit einer Entgrenzung ihrer traditionellen ökonomischen, sozialen und normativen Referenzrahmen konfrontiert.

Marktbegrenzende Regulierungen und Institutionen verlieren angesichts neoliberaler Ordnungs- und Unternehmenspolitik an Bedeutung, sie werden vielmehr zum Objekt einer „finanzgetriebenen Landnahme" (Dörre 2009: 22): Privatisierung, Deregulierung, marktzentrierte Wettbewerbs- und betriebswirtschaftliche Effizienzfetischisierung (Bieling et al. 2001, Ehlscheid 2006) escheinen als die eine Seite dieser Medaille, soziale Desintegration und Entsolidarisierung – bis hin zu erstarkenden autoritär-populistischen Bewegungen (Eribon 2016, Fraser 2017) –, zunehmende Einkommens- und Vermögensungleichheiten (Grabka und Goebel 2017, Alvaredo et al. 2018), betriebliche Entdemokratisierungstendenzen (Brinkmann/Nachtwey 2013, vgl. Simon 2016), steigende körperliche und psychische Belastungen u.a. durch Arbeitsverdichtungen (Brenscheidt et al. 2018, vgl. Simon 2018) sowie prekäre Beschäftigungs- und Lebensverhältnisse (Brinkmann et al. 2006) als die andere. Entgrenzte Arbeit ist also häufig, wenn auch nicht immer, *prekäre* Arbeit.

Für Gewerkschaften als Organisatorinnen gesamt- und arbeitsgesellschaftlicher Solidarität sind das ausgesprochen fordernde Zeiten. Das gilt nicht zuletzt, weil sie, so Frank Deppe, der „Neoliberalismus als Klassenprojekt (Harvey)" als seine „Hauptgegner" definierte. In der neoliberalen Periode seien sie fast überall in die Defensive geraten – „durch den Druck von oben, d.h. durch die neoliberale Politik der Privatisierung, Deregulierung und vor allem der Flexibilisierung des Arbeitsmarktes – und von unten, durch Mitgliederverluste, Streikniederlagen, durch die Schwächung ihres politischen Einflusses auf Regierungen und Parteien." (Deppe 2012)

In diskursive Deutungskonkurrenz zu diesem „Niedergangs-Determinismus" traten in der neueren Gewerkschaftsforschung allerdings empirische Evidenzen gelungener strategischer „Revitalisierungen" der Gewerkschaften (Brinkmann et al. 2008). Symptome eines angedeuteten „Comebacks der Gewerkschaften" waren zunächst – und jedenfalls auf den ersten Blick erstaunlicherweise – im Kontext der globalen Finanz- und Wirtschaftskrise 2008/2009 identifiziert worden. Hier wurden sie der „bedeutende[n] Rolle der Gewerkschaften bei Krisenbewältigung und Beschäftigungssicherung in Zeiten einbrechenden Wirtschaftswachstums" (Urban 2010) zugeschrieben. Allerdings gingen die beobachteten Strategien gewerkschaftlicher Handlungskompetenz über einen auch für die Gewerkschaften überaus risikohaften „Krisen-Korporatismus" und die hieraus entliehene Macht hinaus (Urban 2008, 2010).

Im Zentrum der *Strategic Unionism*-Forschung steht vielmehr der sogenannte Machtressourcenansatz (Brinkmann et al. 2008, Dörre und Schmalz 2013, Arbeitskreis Strategic Unionism 2013). Er geht davon aus, dass Gewerkschaften auch unter den Bedingungen des „flexiblen Kapitalismus" und in Defensivkonstellationen über eine strategische Wahl zur Erneuerung verfügen. Sie sind demnach grundsätzlich in der Lage, Ressourcen der Verhandlungs- und Organisationsmacht zu entwickeln, um das strukturelle Ungleichgewicht zwischen Kapital und Arbeit zu korrigieren. Der zunehmenden Entgrenzung von Arbeit wird damit, jedenfalls potenziell, eine Reorganisierung und Re-Regulierung von Arbeit durch gewerkschaftliche Handlungsfähigkeit gegenübergestellt.

Auch wenn diese Strategien – gerade in Hinblick auf transnationale Gewerkschaftspolitik (Ganter et al. 2010) – häufig noch am Anfang stehen, lassen sich in den letzten Jahren zunehmend Bemühungen erfolgreicher Gewerkschaftspolitik beobachten (Dörre und Schmalz 2013). Dabei erweist sich auch der Dialog zwischen Wissenschaft und Gewerkschaft als ein probates Mittel, um Ursachen und Symptome entgrenzter Arbeit zu identifizieren und über Strategien ihrer Eingrenzung zu diskutieren (Urban 2008).

In diesem Sinne und ausgehend von der Gemengelage der beschriebenen Entwicklungen der jüngeren Zeitgeschichte von Arbeit und Kapital diskutieren die Beiträge des vorliegenden Sammelbandes *entgrenzte Arbeit* als Herausforderung gewerkschaftlicher *Solidarisierung* im deutschen und internationalen Kontext. Indem jeder wissenschaftliche Beitrag aus der gewerkschaftlichen Praxis kommentiert wird, werden Dialoge zwischen kritischer Wissenschaft und Gewerkschaft initiiert. Damit soll zu einer praxisorientierten Arbeits- und Gewerkschaftsforschung beigetragen werden.

Die Idee für den vorliegenden Sammelband geht auf zwei in den Jahren 2015 und 2016 von der Kooperationsstelle Hochschulen & Gewerkschaften Frankfurt-Rhein-Main und weiteren Kooperationspartnern durchgeführte Veranstaltungsreihen unter dem Titel „Wissenschaft trifft Gewerkschaft" zurück. Für großzügige Druckkostenzuschüsse bedanken wir uns herzlich beim IG Metall Bezirk Mitte, dem ver.di-Landesbezirk Nordrhein-Westfalen, der Kooperationsstelle Hochschulen & Gewerkschaften Frankfurt-Rhein-Main und dem Allgemeinen Studierendenausschuss der Universität Gießen. Schließlich sei neben den Autor*innen des Bandes insbesondere Daniel Heinz gedankt, der die hier versammelten Texte mit großem Engagement redigiert hat.

1. Formen und Dimensionen entgrenzter Arbeit

Was aber meint nun eigentlich „entgrenzte Arbeit"? Wie lässt sich dieser so viele Einzelphänomene beschreibende – und damit bereits semantisch gewissermaßen entgrenzte – Begriff deutlicher fassen und für das vorliegende Unterfangen definieren?

Als erste Annäherung mögen dafür zwei Bedeutungsebenen des Entgrenzungsbegriffs ins Zentrum gestellt werden, die beide gleichermaßen die in diesem Band behandelten Phänomene der Veränderung von (Lohn-)Arbeitsbeziehungen im flexiblen Kapitalismus besser greifbar machen. So lassen sich mit dem Begriff der „Entgrenzung" all jene Prozesse fassen, in deren Zuge sich geographische, technische, institutionelle und juridische Grenzen, die Arbeitsbeziehungen strukturieren und konturieren, auflösen oder durchlässiger werden. Frank Deppe greift in seinem Vorwort zu diesem Band den Begriff des „disembedding" von Ruggie und Jessop auf, der diese erste Bedeutungsebene des Entgrenzungsbegriffs treffend fasst.

Günter Voß erweitert diesen Entgrenzungsbegriff, der analytisch Veränderungen von Arbeit auf einer Ebene struktureller Arrangements beschreibt, um eine zweite, „subjektorientierte" Bedeutungsebene (Voß 1998): Die veränderten Formen der Organisation von Lohnarbeit werden dadurch zu den veränderten Anforderungen an die (Lohn-) Arbeitenden ins Verhältnis gesetzt. Denn im Zuge der sich stetig und zunehmend verändernden, entgrenzten Arbeitswelt wird ihnen zugleich ein neues Selbstverständnis und eine neue Lebensführung abverlangt. Diese veränderten Subjektivierungsprozesse von Arbeit fasst Voß schließlich in der arbeits- und industriesoziologisch fast schon als paradigmatisch zu bezeichnenden These des „Arbeitskraftunternehmers" als einer „neuen entgrenzten Grundform von Arbeitskraft" (Voß 1998: 477) zusammen, die mit einer verstärkten Selbst-Ökonomisierung und Selbst-Rationalisierung der Arbeitnehmenden einhergeht.

Das Verhältnis von zunehmend entgrenzten und flexibilisierten Organisationsformen von Arbeit und veränderten Anforderungen an und Selbstverständnissen von gewissermaßen „fremdorganisiert selbstorganisierten" (Pongratz/Voß 1998) Subjekten ist wechselseitig, gesellschaftlich gemacht und umkämpft. Das Verhältnis von Arbeit und Leben ist mit anderen Worten „ko-konstitutiv" (Janczyk 2009) – ein Befund, der auch für die Entwicklung von Strategien im Umgang mit Prozessen der Entgrenzung von Arbeit von großer Relevanz ist.

Während die Entgrenzung von Arbeit, so unsere These, unter den Vorzeichen kapitalistischer Deregulierung manchen Arbeitenden mitunter Freiheitsgewinne ermöglicht, bedeutet sie zugleich für einen Großteil der lohnabhängig Beschäftigten vermehrte Zumutungen in Form wachsender ökonomischer Unsicherheiten und wachsender Ausbeutung, eine Zunahme an Heteronomie sowie, im globalen Maßstab, eine Perpetuierung oder sogar Vertiefung von ungleichem Handel und transnationaler Lohnkonkurrenz. Wie der Beitrag von Karina Becker in diesem Band beispielhaft zeigt, gehen Freiheitsgewinne der Einen mitunter auch sehr direkt und unvermittelt mit Freiheitsverlusten der Anderen einher.

Entgrenzung bedeutet häufig das Einreißen historisch erkämpfter Begrenzungen kapitalistischer Verwertungslogik – dies gilt im nationalstaatlichen wie im globalen Kontext. Am Beispiel des Kampfes um Höchstarbeitszeiten und tarifliche Begrenzungen von Arbeitszeit wird dies besonders plastisch. Lange stiefmütterlich behandelt, sind jüngst Forderungen nach mehr Zeitsouveränität von lohnabhängig Beschäftigten wieder auf die gewerkschaftliche Agenda gekommen und markieren nun eines der zentralen Felder auch tariflicher Auseinandersetzungen und Arbeitskämpfe in gewerkschaftlich gut organisierten Branchen (vgl. Lehndorff in diesem Band). Tarifauseinandersetzungen können also mitunter Arenen auch für Kämpfe um Re-Regulierung sein – allerdings selbstredend nur im Rahmen ihrer Geltungsbereiche. Als Beispiel institutioneller Entgrenzung kann die staatliche Duldung von Beschäftigungsverhältnissen gesehen werden, die de facto Umgehungen tariflicher Regelung sind. Leiharbeit und Werkverträge sind im deutschen Kontext Musterbeispiele für diese Formen der Entgrenzung (vgl. Köhler/Menz in diesem Band).

Als große Herausforderung im gewerkschaftlichen Kampf gegen die Zumutungen der Entgrenzung von Arbeit können vor allem jene Bereiche gelten, in denen gewerkschaftliche Organisierung aufgrund einer großen Vereinzelung der Arbeitenden strukturell schwierig ist. Im Bereich der Solo-Selbständigen im Handwerk, die ihre Leistungen über Online-Portale anbieten und für die die Frage nach Zeitsouveränität ebenso wichtig ist wie ökonomische Absicherung, wird dies besonders deutlich (vgl. Lorig in diesem Band). Sie verkörpern den Pongratz'schen und Voß'schen „Arbeitskraftunternehmer" par excellence.

Qua Struktur des Beschäftigungsfeldes ebenfalls schwierig gewerkschaftlich zu organisieren, obgleich es dringend geboten wäre, sind Pflegekräfte, die hierzulande in Privathaushalten arbeiten: Die hier angestellten oder scheinselbständigen, zumeist aus Osteuropa kommenden Pflegerinnen arbeiten für die Zeit ihrer häufig monatelangen Arbeitsaufenthalte in den deutschen Privathaushalten fast gänzlich fremdbestimmt – es handelt sich also um 24/7-Dienste, da die Pflegerinnen auch in den Privathaushalten leben (vgl. Becker in diesem Band). Eine politisch offensichtlich gewollte Unterregulierung und Duldung arbeitsrechtswidriger „Normalitätskonstruktionen" (ebd.) scheint hier eine praktizierte Möglichkeit zu sein, staatlicherseits durch eine Form der Entgrenzung mit dem kostenintensiven Gesundheitssektor umzugehen. Eine weitere ist die flächendeckende Privatisierung der Krankenhäuser, die den dort Beschäftigten die Kosten der Entgrenzung in Form von Unterbeschäftigung, Personalnotstand und Arbeitsverdichtung aufbürdet. Anders als im Bereich der Privathaushalte aber lassen sich hier kollektive Formen gewerkschaftlicher Organisierung gegen diese Missstände ausmachen (vgl. Artus in diesem Band).

Während der erste Teil des Bandes diese Formen entgrenzter und prekärer Arbeit innerhalb Deutschlands zeigt, geht es in den Beiträgen des zweiten Teils um Formen entgrenzter Arbeit auf transnationaler Ebene: So gehört es zu den Geschäftsmodellen vieler Unternehmen, sich die transnationale Lohnkonkurrenz zu Nutze zu machen. Was das für Beschäftigte häufig bedeutet, kann am Beispiel von Ryanair deutlich gemacht werden, das jüngst viele Schlagzeilen hatte. Pilot*innen und das noch prekärer dastehende Kabinenpersonal des Billigfliegers Ryanair haben sich erfolgreich gegen die Zumutungen von Entgrenzung und Prekarisierung zu Wehr gesetzt und dem Unternehmen in einer langen Auseinandersetzungen deutliche Zugeständnisse abtrotzen können (vgl. Butollo in diesem Band).

Im Weltmaßstab ist ein Hauptmerkmal von Entgrenzung unter Bedingungen des flexiblen Kapitalismus die Globalisierung von Wertschöpfungsketten. Ob in der Automobilindustrie (vgl. Ludwig/Simon in diesem Band), in der Nahrungsmittelindustrie oder der Bekleidungsindustrie (vgl. die beiden Beiträge von López/Fütterer in diesem Band): Räumlich weitgehend grenzenlosen Investitions- und Produktionsoptionen der Kapitalseite stehen asymmetrische Möglichkeiten effektiver Kontrolle und Durchsetzung (arbeits-)rechtlicher Regulierungen und gewerkschaftlicher Organisation gegenüber. Während erstere auf globaler Ebene, auch aufgrund des entsprechend liberalisierten Kapitalverkehrs und sanktionsbewährten Investitionsschutzes (vgl. Hoffmann 2019: 336-339), verhältnismäßig flexibel, schnell und sicher agieren können, ist die Durchsetzung der Rechte von lohnabhängig Beschäftigten und die Generierung von gewerkschaftlicher Handlungsmacht zum allergrößten Teil noch im nationalstaatlichen Rahmen verhaftet. Einer globalen Entgrenzung steht also, so scheint es jedenfalls auf den ersten Blick, eine räumlich begrenzte Solidarität gegenüber.

Diese Asymmetrie der globalen Handlungskompetenz zwischen Kapital und Arbeit führt nicht nur zu eklatant ungleichen Arbeitsbedingungen von Beschäftigten in den entsprechenden Produktionsbereichen in Land A und B, sie begünstigt auch regelmäßig schwerwiegende Menschenrechtsverstöße: Selbst elementare völkerrechtliche Regulierungen, die den Bereich der Arbeit betreffen, wie die ILO-Kernarbeitsnormen, können aufgrund dieser Asymmetrie häufig nicht durchgesetzt werden, da es häufig an effektiven Instrumenten der Rechtsdurchsetzung fehlt, mit denen Unternehmen, deren Geschäftsmodell auf der Duldung ebensolcher Verhältnisse beruht, zur Rechenschaft gezogen werden könnten (vgl. Massoud 2018).

Wenn die Welt aber nicht in dem Maße demokratisch und sozial konstituiert ist, dass mit bestehendem Recht gegen die Zumutungen der Entgrenzung von Arbeit im flexiblen Kapitalismus effektiv vorgegangen werden kann,[2] so muss die Antwort eine politische und zivilgesellschaftliche sein. Gewerkschaften können – und sollten – bei diesem Kampf um die „Grenzen der Kapitalherrschaft" (Deppe in diesem Band) eine wichtige Rolle spielen. Dass es sich hierbei nicht nur um einen normativen Anspruch, sondern auch um einen empirischen Befund handelt, zeigen die wissenschaftlichen Beiträge und gewerkschaftlichen Kommentierungen im vorliegenden Band mit Blick auf die verschiedenen Dimensionen entgrenzter Arbeit.

2. Gewerkschaftliche Solidarität und Gegenmacht

Die Beiträge im Band beleuchten Phänomene entgrenzter Arbeit und von ihnen ausgehende Herausforderungen für Arbeitnehmer*innen, aber auch neue gewerkschaftliche Antworten. Sie zeigen zugleich Notwendigkeit und Möglichkeiten von Gewerkschaften auf, Solidarität in heterogenen Belegschaften und zwischen Arbeitnehmer*innen verschiedener Länder herzustellen sowie neue Organisierungsansätze und Arbeitskampfformen zu entwickeln.[3] In Abgrenzung zu *exklusiver Solidarität*, die auf die Sicherung der relativen Privilegien von Gewerkschaftsmitgliedern im Kern der Arbeitsgesellschaft zielt, können Gewerkschaften Solidarität auch als erweiterungsfähig ansehen: Bodo Zeuner spricht hier von gewerkschaftlichen Strategien *inklusiver Solidarität*, die jene an den Rändern im Betrieb oder der Gesellschaft einschließt (Zeuner 2004: 340, siehe auch Hyman 2001: 170).

---

2 Zumal, wie Stephan Voswinkel es formuliert, „normative Prinzipien und Intentionen, die als Fortschritte verstanden werden können, im Prozess ihrer Realisierung in ihrer sozialen Bedeutung verkehrt oder pervertiert werden und sich in paradoxen Sinnstrukturen und oft dilemmatischen Handlungssituationen niederschlagen können." (Voswinkel 2011: 99).

3 Die Wichtigkeit praxisnaher Forschung zu „Solidarität" betonen jüngst auch Becker et al. 2018: 398.

Die Beiträge im Sammelband zeichnet aus, dass sie gewerkschaftliche Strategien analysieren, die geeignet sind, inklusive Solidarität im Sinne eines erweiterten Verständnisses von Klassenpolitik herzustellen. Über das Verständnis einer reinen Interessenvertretung ihrer Mitglieder hinaus, zielen Gewerkschaften dabei darauf ab, bislang marginalisierte Beschäftigtengruppen – Leiharbeitnehmer*innen und prekär Beschäftigte (vgl. Köhler/Menz, Erhardt in diesem Band), Migrant*innen (vgl. Becker, Timm), Soloselbständige und Arbeitnehmer*innen in der digitalen Plattformökonomie (vgl. Lorig, Bormann) – anzusprechen, betriebliche Kämpfe mit gesellschaftlichen Fragen zu verbinden (vgl. Artus, Brandau, Lehndorff, H. Wagner) oder Arbeitskämpfe und Netzwerke transnational (Butollo, Neumaier, die Beiträge von López/Fütterer, Jürgensen, Willner, Ludwig/Simon, Chiwota, Varga) zu organisieren.

Die Beiträge im Band machen zudem deutlich, dass die Transformation von Arbeits- und Beschäftigungsformen veränderte gewerkschaftliche Strategien nicht nur nötig macht, sondern auch neue Machtpotenziale eröffnen kann. Eine Analyse gewerkschaftlicher Strategien kommt um die Frage der Durchsetzung von Interessen der Beschäftigten in der Auseinandersetzung zwischen Kapital und Arbeit nicht umhin. Es ist vor diesem Hintergrund nicht überraschend, dass die im Band versammelten Beiträge die Frage nach der Gegenmacht von Gewerkschaften aufwerfen.

Abb. 1: Die gewerkschaftlichen Machtressourcen im Überblick

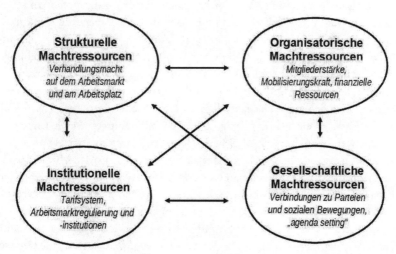

Quellen: Lehndorff et al. 2018, Fichter et al. 2018, Gerst et al. 2011

Der *Machtressourcenansatz*, auf den sich viele der Beiträge beziehen, stellt ein hilfreiches analytisches Gerüst bereit, um gewerkschaftliche Macht zu analysieren (siehe u.a. Schmalz und Dörre 2014, Schmalz et al. 2018, Lehndorff et al. 2018, Fichter et al. 2018, Ludwig 2019). Dabei sind insbesondere vier Dimensionen relevant, die für bzw. in gewerkschaftlichen Kämpfen (potentiell) mobilisierbar sind. Die spezifische Kombination von Machtressourcen ist abhängig von den jeweiligen Kontexten und Ausgangsbedingungen sowie den von den Gewerkschaften verfolgten Zielen.

Strukturelle Macht beschreibt die ökonomische Macht von Beschäftigten, die ihnen aus der Stellung im Produktionsprozess oder auf dem Arbeitsmarkt beispielsweise durch nachgefragte Qualifikationen erwächst (Silver 2003, Wright 2000). Während in der fordistischen Massenproduktion Beschäftigte den Produktionsprozess am Band wirkungsvoll stoppen konnten, ist es für Beschäftigte in Dienstleistungsbereichen vielfach schwieriger, ökonomischen Druck zu entfalten. Globale Wertschöpfungsketten wiederum ermöglichen es transnationalen Unternehmen Standorte und Beschäftigte gegeneinander auszuspielen und unter dem Narrativ der „Wettbewerbsfähigkeit" unter Druck zu setzen. Zugleich bringen die Abhängigkeiten in den geographisch und zeitlich eng verflochtenen Wertschöpfungsketten auch neue Möglichkeiten für Gewerkschaften hervor, durch die gezielte Unterbrechung von einzelnen Produktionsprozessen ganze Produktionsnetzwerke zu treffen und strukturelle Macht auszuüben (Herod 2015, 2000).

Demgegenüber basiert *Organisationsmacht* auf dem Zusammenschluss von Beschäftigten in Gewerkschaften und damit dem Bestreben, die Konkurrenz zwischen Beschäftigten durch eine Verstetigung von Solidarbeziehungen und kollektivem Handeln auf Basis gemeinsamer Interessen und Wertvorstellungen zu minimieren (Dörre et al. 2009: 35). Während sich Organisationsmacht auf die Mitgliederstärke und den Organisationsgrad von Gewerkschaften bezieht, erschöpft sie sich zugleich nicht allein in numerischer Stärke. So sagt der Organisationsgrad an sich nur wenig über die Bereitschaft von Beschäftigten aus, kollektiv zu handeln (Kelly 1998: 37). Die Organisationsmacht von Gewerkschaften hängt folglich auch von der aktiven Beteiligung der Mitglieder und der Mobilisierungsfähigkeit von Gewerkschaften ab. Das unterstreichen jene Beiträge in diesem Band, die die Bedeutung einer aktiven Partizipation von Gewerkschaftsmitgliedern als eine entscheidende Voraussetzung für (transnationale) Organisierungsansätze und die Stärkung gewerkschaftlicher Organisationsmacht benennen (vgl. insbesondere Artus, Butollo, Ludwig/Simon und die Beiträge von López/Fütterer in diesem Band).

Die von der Jenaer Forschergruppe um Klaus Dörre eingeführte Dimension der *institutionellen Macht* verweist auf normative Regulierungen, (Arbeits-) Gesetze, Tarifverträge und von Gewerkschaften erkämpfte Sozialstandards. Institutioneller Macht wohnt ein Doppelcharakter inne: Als Ergebnis vorheriger Kämpfe und Aushandlungsprozesse sichert institutionelle Macht materielle Gewerkschaftsrechte, während sie zugleich den prozeduralen Rahmen für gewerkschaftliches Handeln definiert und begrenzt (Dörre et al. 2009: 37, Schmalz und Dörre 2014: 227). Der sich seit den 1970er Jahren vollziehende Prozess kapitalistischer Landnahme in Deutschland hat zu einer partiellen Erosion dieser gewerkschaftlichen Machtressource geführt (Dörre 2010). Die relative Stabilität institutioneller Macht kann Gewerkschaften dazu verleiten, sich auf diese Machtressource auch dann noch zu verlassen, wenn die Organisationsmacht der Gewerkschaften geschwächt ist und sich die gesellschaftlichen Kräfteverhältnisse verändert haben (siehe auch Urban 2010b). Andererseits können Gewerkschaften auch auf die Durchsetzung neuer Formen institutioneller Macht abzielen, wie dies beispielsweise in den Auseinandersetzungen um globale Rahmenabkommen zum Ausdruck kommt (McCallum 2013, Fichter 2015).

Gesellschaftliche Macht beschreibt die Möglichkeit von Gewerkschaften durch eine Verbindung arbeitsbezogener und gesellschaftlicher Themen die öffentliche Debatte zu beeinflussen (Diskursmacht) und/oder Bündnisse mit gesellschaftlichen Gruppen und sozialen Bewegungen einzugehen (Kooperationsmacht). Ersteres hängt von den Fähigkeiten der Gewerkschaften ab, ihre Anliegen als gesellschaftlich relevant zu rahmen, letzteres von der Bereitschaft, sich in gesellschaftlichen Bündnissen zu engagieren (Arbeitskreis Strategic Unionism 2013: 360). Insbesondere für prekär Beschäftigte, die oft nur über geringe strukturelle Macht und Organisationsmacht verfügen, kann gesellschaftliche Macht eine wichtige Ressource darstellen, wie Chun (2009) unter anderem an den Kämpfen der Reinigungs- und Pflegekräfte in den USA und Südkorea aufzeigt. Dies ist ebenso bei Arbeitskämpfen, die auf Unterstützung der Öffentlichkeit angewiesen sind, sowie bei Kampagnen gegen multinationale Unternehmen der Fall (vgl. insbesondere Artus, López/Fütterer und Willner im Band). Die Tarifauseinandersetzung bei der Airline Ryanair weist auch auf die gestiegene Bedeutung von Social Media Plattformen hin. Diese wurden über die Vernetzung hinaus erfolgreich dazu genutzt, das Geschäfts- und Beschäftigungsmodell von Ryanair gesellschaftlich zu skandalisieren (vgl. Butollo, Neumaier im Band).

Den widersprüchlichen Charakter gewerkschaftlichen Handelns in kapitalistischen Gesellschaften – als Organisationen zur Verteidigung der eigenen Interessen und als Schwert allgemeiner Gerechtigkeit (Flanders 1970: 15) –

können Gewerkschaften tendenziell zugunsten der Gerechtigkeitsdimension auflösen. Die im Band versammelten Beiträge beschreiben Suchbewegungen und erfolgreiche Strategien zur Stärkung inklusiver gewerkschaftlicher Solidarität und verweisen damit nicht zuletzt auch auf das gesellschaftliche Veränderungspotenzial von Gewerkschaften.

Literatur

Albert, Mathias/Brock, Lothar/Hessler, Stephan/Neyer, Jürgen und Ulrich Menzel (Hg.) (1999): Die Neue Weltwirtschaft: Entstofflichung und Entgrenzung der Ökonomie, Frankfurt a.M.

Alvaredo, Facundo/Chancel, Lucas/Piketty, Thomas/Saez, Emmanuel/Zucman, Gabriel/Freundl, Hans/Gebauer, Stephan (Hg.) (2018): Die weltweite Ungleichheit: Der World Inequality Report 2018, München.

Arbeitskreis Strategic Unionism (2013): Jenaer Machtressourcenansatz 2.0, in: Schmalz, Stefan/Dörre, Klaus (Hg): Comeback der Gewerkschaften. Machtressourcen, innovative Praktiken, internationale Perspektiven, Frankfurt a.M./New York, 345-375.

Becker, Karina/Brinkmann, Ulrich/Voswinkel, Stephan (2018): Editorial, in: Industrielle Beziehungen. Zeitschrift für Arbeit, Organisation und Management, 25 (4), S. 393-399.

Bieling, Hans-Jürgen/Dörre, Klaus/Steinhilber, Jochen/Urban, Hans-Jürgen (Hg.) (2001): Flexibler Kapitalismus, Analysen – Kritik – Politische Praxis. Frank Deppe zum 60. Geburtstag, Wiesbaden.

Brand, Ulrich/Raza, Werner (Hg.) (2003): Fit für den Postfordismus? Theoretischpolitische Perspektiven des Regulationsansatzes, Münster.

Brenscheidt, Simone/Siefer, Anke/Hinnenkamp, Heike/Hünefeld, Lena (2018): Arbeitswelt im Wandel: Zahlen – Daten – Fakten. Ausgabe 2018, Dortmund.

Brinkmann, Ulrich/Dörre, Klaus/Röbenack, Silke (2006): Prekäre Arbeit. Ursachen, Ausmaß, soziale Folgen und subjektive Verarbeitungsformen unsicherer Beschäftigungsverhältnisse, Friedrich-Ebert-Stiftung, Berlin.

Brinkmann, Ulrich/Choi, Hae-Lin/Detje, Richard/Dörre, Klaus/Holst, Hajo/Karakayali, Serhat/Schmalstieg, Catharina (2008): Strategic Unionism: Aus der Krise zur Erneuerung? Umrisse eines Forschungsprogramms, Wiesbaden.

Brinkmann, Ulrich/Nachtwey, Oliver (2013): Postdemokratie, Mitbestimmung und industrielle Bürgerrechte, in: Politische Vierteljahresschrift, 54(3), 506-533.

Burchardt, Hans-Jürgen (2004): Zeitenwende. Politik nach dem Neoliberalismus, Stuttgart.

Chun, Jennifer Jihye (2009): Organizing at the margins. The symbolic politics of labor in South Korea and the United States, Ithaca, NY.

Deppe, Frank (2012): Gewerkschaften in der Krise, in: Z. Zeitschrift Marxistische Erneuerung, 92, http://www.zeitschrift-marxistische-erneuerung.de/article/425. gewerkschaften-in-der-krise.html (30.10.2018)

Dörre, Klaus (2009): Die neue Landnahme. Dynamiken und Grenzen des Finanzmarkt-kapitalismus, in: Dörre, Klaus/Lessenich, Stephan/Rosa, Hartmut: Soziologie – Kapitalismus – Kritik. Eine Debatte, Frankfurt a.M.

– (2010): Social Classes in the Process of Capitalist Landnahme. On the Relevance of Secondary Exploitation, Socialist Studies, 6(2), 43-74.

Dörre, Klaus/Holst, Hajo/Nachtwey, Oliver (2009): Organising – A Strategic Option for Trade Union Renewal?, International Journal of Action Research, 5(1), 33-67.

Dörre, Klaus/Schmalz, Stefan (2013): Einleitung: Comeback der Gewerkschaften? Eine machtsoziologische Forschungsperspektive, in: Schmalz, Stefan/Dörre, Klaus (Hg.): Comeback der Gewerkschaften. Machtressourcen, innovative Praktiken, internationale Perspektiven, Frankfurt a.M./New York, 3-38.

Ehlscheid, Christoph (2006): Flexibilität, in: Urban, Hans-Jürgen (Hg.): ABC zum Neoliberalismus. Von „Agenda 2010“ bis „Zumutbarkeit“, Hamburg, 80-82.

Eribon, Didier (2016): Rückkehr nach Reims, Berlin.

Fichter, Michael (2015): Organising in and along value chains: what does it mean for trade unions?, Friedrich-Ebert-Stiftung, Berlin, http://library.fes.de/pdf-files/iez/11560.pdf (20.11.2018).

Fichter, Michael/Ludwig, Carmen/Schmalz, Stefan/Schulz, Bastian/Steinfeldt, Hannah (2018): The Transformation of Organised Labour. Mobilising Power Resources to Confront 21st Century Capitalism, Berlin: Friedrich-Ebert-Stiftung, http://library.fes.de/pdf-files/iez/14589.pdf (30.10.2018).

Flanders, Allan D. (1970): Management and Unions: The Theory and Reform of industrial relations, London.

Fraser, Nancy (2017): Vom Regen des progressiven Neoliberalismus in die Traufe des reaktionären Populismus, in: Die große Regression – Eine internationale Debatte über die geistige Situation der Zeit, Berlin, 77-92.

Gerst, Detlef/Pickshaus, Klaus/Wagner, Hilde (2011): Revitalisierung der Gewerkschaften durch Arbeitspolitik? Die Initiativen der IG Metall — Szenarien für Arbeitspolitik in und nach der Krise, in: Haipeter, Thomas/Dörre, Klaus (Hg.): Gewerkschaftliche Modernisierung, Wiesbaden, 136-166.

Giddens, Anthony (1995): Konsequenzen der Moderne, Frankfurt a.M.

Gottschall, Karin/Voß, G. Günter (Hg.) (2005): Entgrenzung von Arbeit und Leben: Zum Wandel der Beziehung von Erwerbstätigkeit und Privatsphäre im Alltag, Mering.

Grabka, Markus M./Goebel, Jan (2017): Realeinkommen sind von 1991 bis 2014 im Durchschnitt gestiegen – erste Anzeichen für wieder zunehmende Einkommensungleichheit, DIW Wochenbericht 4, 71-82.

Herod, Andrew (2000): Implications of Just-in-Time Production for Union Strategy: Lessons from the 1998 General Motors-United Auto Workers Dispute, Annals of the Association of American Geographers, 90 (3), 521-547.

– (2015): Die Geographie globaler Produktionsnetzwerke und die Handlungsmacht von Lohnabhängigen, in: Bormann, Sarah/Jungehülsing, Jenny/Bian, Shuwen/Hartung,

Martina/Schubert, Florian (Hg.): Last Call for Solidarity. Perspektiven grenzüberschreitenden Handelns von Gewerkschaften, Hamburg, 85-104.

Hoffmann, Rhea (2019): Divergenz und Transformation – Verfassungstheoretische Untersuchung des Eigentumsschutzes in der demokratischen Eigentumsverfassung und im Investitionsschutzregime, Baden-Baden.

Hyman, Richard (2001): Understanding European Trade Unionism. Between Market, Class and Society, London.

Kelly, John (1998): Rethinking Industrial Relations. Mobilization, Collectivism and Long Waves, London.

Kocka, Jürgen (2013): Geschichte des Kapitalismus, München.

Lehndorff, Steffen/Dribbusch, Heiner/Schulten, Thorsten (2018): In schwerer See. Europäische Gewerkschaften in Krisenzeiten, IAQ-Forschung 05/2018, Essen, http://www.iaq.uni-due.de/iaq-forschung/2018/fo2018-05.pdf (20.11.2018).

Ludwig, Carmen (2019): The Politics of Solidarity: Privatisation, Precarious Work and Labour in South Africa, Frankfurt a.M./New York.

Massoud, Sofia (2018): Menschenrechtsverletzungen im Zusammenhang mit wirtschaftlichen Aktivitäten von transnationalen Unternehmen (Interdisciplinary Studies in Human Rights 2), Wiesbaden.

McCallum, Jamie K. (2013): Global Unions, Local Power. The New Spirit of Transnational Labor Organizing, Ithaca, NY.

Pongratz, Hans J./Voß, Günther G. (1998): Der Arbeitskraftunternehmer. Zur Entgrenzung der Ware Arbeitskraft, Vortrag in der Sitzung der Sektion Industrie- und Betriebssoziologie auf dem Kongress für Soziologie, Freiburg 1998 – Textfassung, http://ggv-webinfo.de/wp-content/uploads/2016/05/AKUKZfSS-Original-neu-formatiert-mit-Abb-1.pdf. (30.10.2018)

Schmalz, Stefan/Dörre, Klaus (2014): Der Machtressourcenansatz: Ein Instrument zur Analyse gewerkschaftlichen Handlungsvermögens, Industrielle Beziehungen, 21(3), 217-237.

Schmalz, Stefan/Ludwig, Carmen/Webster, Edward (2018): The Power Resources Approach: Developments and Challenges, in: Global Labour Journal, 9 (2), 113-134.

Sennett, Richard (1998): Der flexible Mensch: die Kultur des neuen Kapitalismus, Berlin.

Silver, Beverly J. (2003): Forces of Labor. Workers' Movements and Globalization since 1870, Cambridge.

Simon, Hendrik (2016): Arbeit ohne Demokratie?! Reflexionen über „Vergangenheit und Zukunft von Industrial Citizenship", in: Soziopolis, veröffentlicht am 01.03.2016, https://soziopolis.de/vernetzen/veranstaltungsberichte/artikel/arbeit-ohne-demokratie-reflexionen-ueber-vergangenheit-und-zukunft-von-industrial-citizenship/ (30.10.2018).

– (2018): Muskel-Skelett-Belastungen in den Betrieben. Am Beispiel der Wertschöpfungskette Automobil, Kurzstudie im Auftrag des IG Metall Vorstands, Ressort Arbeitsgestaltung & Gesundheitsschutz, Frankfurt a.M.

Urban, Hans-Jürgen (2008): Vorwort, in: Brinkmann et al. 2008, 7-14.

– (2010a): Niedergang oder Comeback der Gewerkschaften – Essay, in: Aus Politik und Zeitgeschichte, http://www.bpb.de/apuz/32842/niedergang-oder-comeback-der-gewerkschaften-essay?p=all (30.10.2018).

– (2010b): Wohlfahrtsstaat und Gewerkschaftsmacht im Finanzmarkt-Kapitalismus: Der Fall Deutschland, WSI-Mitteilungen, 9, 443-457.

Voswinkel, Stephan (2011): Paradoxien entgrenzter Arbeit, in: WestEnd. Neue Zeitschrift für Sozialforschung, 8 (1), 93-102.

Voß, G. Günter (1998): Die Entgrenzung von Arbeit und Arbeitskraft. Eine subjektorientierte Interpretation des Wandels der Arbeit, Mitteilungen aus der Arbeitsmarkt- und Berufsforschung, 31 (3), 473-487.

Webster, Edward/Lambert, Robert/Bezuidenhout, Andries (2008): Grounding Globalization: Labour in the Age of Insecurity, Oxford.

Wright, Erik O. (2000): Working-Class Power, Capitalist-Class Interests, and Class Compromise, American Journal of Sociology, 105 (4), 957-1002.

Zeuner, Bodo (2004): Widerspruch, Widerstand, Solidarität und Entgrenzung – neue und alte Probleme der deutschen Gewerkschaften, in: Beerhorst, Joachim/Demirović, Alex/Guggemos, Michael (Hg.): Kritische Theorie im gesellschaftlichen Strukturwandel, Frankfurt a.M., 318-353.

– (2015): Akteure internationaler Solidarität: Gewerkschaften, NGOs und ihre Schwierigkeiten bei der Herstellung gelebter Solidarität, in: Bormann, Sarah/Jungehülsing, Jenny/Bian, Shuwen/Hartung, Martina/Schubert, Florian (Hg): Last Call for Solidarity. Perspektiven grenzüberschreitenden Handelns von Gewerkschaften, Hamburg, 54-69.

I.
Prekäre Arbeit, Dezentralisierung und Flexibilisierung

Steffen Lehndorff

Erste Schritte auf einem langen Weg: Kurze Vollzeit als Element eines neuen Normalarbeitsverhältnisses[1]

Abstract

Die Arbeitszeitrealitäten sind heute ebenso ausdifferenziert wie die individuellen Bedürfnisse, und beide ändern sich im Lebensverlauf. Die gegenwärtig zu beobachtende Reaktivierung gewerkschaftlicher Arbeitszeitpolitik nimmt den Wunsch nach größerem Einfluss auf die eigene Arbeitszeit zum Ausgangspunkt. Das Leitbild dieser Initiativen kann mit dem Slogan „Kurze Vollzeit als Chance für alle" zusammengefasst werden. Dieses Kernelement eines zukünftigen Normalarbeitsverhältnisses wird nur zu verwirklichen sein, wenn es gelingt, kurze Vollzeit attraktiv und lange Vollzeit zu einem Konfliktthema zu machen. Im vorliegenden Text werden anhand einer Reihe von Praxisbeispielen aus der Tarif- und Betriebspolitik des In- und Auslands erste Gehversuche in diese Richtung erläutert.

Die Begrenzung der Arbeitszeit gehört seit dem 19. Jahrhundert zu den großen Klassikern gewerkschaftlicher Gesellschafts-, Tarif- und Betriebspolitik. Aber der frühere Schwung war lange Zeit dahin. Nach der Durchsetzung der tarifvertraglichen 40-Stundenwoche ging in den meisten europäischen Ländern die Initiative in der Arbeitszeitpolitik von den Gewerkschaften auf die Arbeitgeber über. Vor allem in Deutschland wurde Hand in Hand damit in den 1990er und 2000er Jahren die Gestaltungsebene der Arbeitszeitpolitik immer mehr vom Tarifvertrag zum Betrieb oder zur einzelnen Abteilung verlagert. All dies unter der großen Überschrift der „Flexibilisierung". Im Ergebnis sind die Arbeitszeitrealitäten heute ebenso ausdifferenziert wie die individuellen Bedürfnisse, und beide ändern sich zudem im Lebensverlauf. So ist es heute wesentlich schwerer als in den glorreichen Tagen der aufgehenden Sonne, das große, verbindende Thema zu identifizieren, mit dem die Gewerkschaften erneut die Initiative auf diesem zentralen Feld der Arbeitsbedingungen ergreifen könnten.

---

1 Der vorliegende Text ist eine aktualisierte Fassung meines Aufsatzes im Jahrbuch Gute Arbeit 2017 (Schröder/Urban 2017).

Die Bundeskongresse von ver.di und der IG Metall im Herbst 2015 haben diese komplexe Situation zum Ausgangspunkt neuer Überlegungen darüber genommen, wie Gewerkschaften und Betriebsräte den vorherrschenden Modus des *Re*agierens auf die Arbeitszeitpolitik der Arbeitgeber überwinden und zu einer neuen Praxis des *Agierens* gelangen können. Mehrere DGB-Gewerkschaften wie die IG BCE, die Eisenbahner-Gewerkschaft EVG und einzelne Fachbereiche von ver.di haben sich auf diesen Weg begeben. Einen besonders konfliktreichen Schritt in diese Richtung ist die IG Metall in der Tarifrunde 2018 gegangen. Lehrreiche Ansätze gibt es auch in Nachbarländern wie Österreich, Schweden, Belgien oder den Niederlanden. Der gemeinsame – und historisch neuartige – Ausgangspunkt aller dieser Gehversuche ist die Vielfalt der Arbeitszeitrealitäten und -wünsche. Auf diese Vielfalt gehe ich im Folgenden zunächst mit einem knappen Überblick über die Entwicklung der Arbeitszeiten der Arbeitnehmer*innen in Deutschland in den zurückliegenden zwanzig Jahren ein. Danach fasse ich die aus meiner Sicht wichtigsten Problem- und Handlungsfelder zusammen, die sich inmitten der Vielfalt abzeichnen. Die Skizzierung politischer Herausforderungen und Möglichkeiten, die sich für die Gewerkschaften daraus ergeben, bildet den Abschluss dieses Aufsatzes.

1. Die neue Vielfalt

Zunächst eine gute Nachricht: Seit Mitte der 2000er Jahre arbeiten abhängig Beschäftigte in Deutschland im Durchschnitt weniger als 35 Stunden in der Woche, gegenüber mehr als 37 Wochenstunden Anfang der 1990er (vgl. auch zum Folgenden Absenger et al. 2014; Kümmerling et al. 2017).[2] Der säkulare Trend der Arbeitszeitverkürzung hat sich also fortgesetzt. Ebenso wie in früheren Jahrzehnten ging er auch in den vergangenen zwanzig Jahren mit einem beträchtlichen Beschäftigungszuwachs einher, und zwar vor allem bei Frauen: Die Erwerbstätigenquote von Frauen in Deutschland betrug 1995 laut Eurostat

---

2   Diese und die folgenden Arbeitszeitdaten beziehen sich auf die „gewöhnlichen Wochenarbeitszeiten", die im Mikrozensus des Statistischen Bundesamtes erhoben werden, sowie die darauf beruhenden Daten der Europäischen Arbeitskräftestichprobe (ELFS). Einen Überblick über geschlechterspezifischen Arbeitszeitveränderungen in den 2000er Jahren geben Kümmerling et al. (2017), zu den längerfristigen Arbeitszeittrends in Deutschland und anderen europäischen Ländern vgl. Lehndorff et al. (2010) und Bosch/Lehndorff (1998). Zu den erheblichen Fallstricken der Arbeitszeitstatistik und den sich je nach Erhebungsmethode unterscheidenden Zahlen zur Arbeitszeitdauer vgl. Kümmerling/Lazarevic (2016).

noch 55 Prozent, heute sind es über 75 Prozent. Zugleich ist das Arbeitsvolumen, also die Gesamtzahl der gearbeiteten Stunden in der deutschen Volkswirtschaft, seit Anfang der 1990er bis Mitte der 2000er Jahre sogar gesunken und erst seit 2015 wieder leicht gestiegen. Kurz: Was wir beobachten konnten, war ein starker Beschäftigungszuwachs in Verbindung mit gesamtwirtschaftlicher Arbeitszeitverkürzung.

Dies führt uns allerdings zu der Kehrseite der Medaille. Die Dynamik der Frauenerwerbstätigkeit in Deutschland vollzieht sich in hohem Maße in den Bahnen von Teilzeitarbeit und Minijobs: Mitte der 1990er Jahre betrug die Teilzeitquote bei erwerbstätigen Frauen noch ein Drittel, heute arbeitet fast die Hälfte der Frauen in Teilzeit, und deren Arbeitszeiten liegen wegen der – trotz des Rückgangs nach der Einführung des gesetzlichen Mindestlohns – weiterhin zahlreichen Minijobs im Schnitt bei rund 20 Wochenstunden. Wenn dieser hohe Teilzeitanteil berücksichtigt und in die Berechnung der Erwerbstätigenquote von Frauen einbezogen wird (die sogenannte Erwerbstätigenquote in Vollzeitäquivalenten), liegt diese nicht mehr bei 75, sondern lediglich rund 50 Prozent. Zugleich haben sich die Arbeitszeiten der Vollzeitbeschäftigten seit Mitte der 1990er Jahre vom Tarifniveau entfernt und begonnen, mit der Konjunktur zu schwanken. Vollzeitkräfte in Deutschland arbeiten heute im Schnitt zwischen 40 und 41 Wochenstunden (übrigens sowohl in West- als auch Ostdeutschland), während die tarifvertraglichen Arbeitszeiten seit längerem bei etwa 37,5 Stunden stagnieren. Wichtig ist deshalb vor allem, was sich hinter dem Durchschnitt verbirgt (Abb. 1): Die 40-Stundenwoche ist wieder zur am meisten verbreiteten Wochenarbeitszeit

Abb. 1: Verteilung der gewöhnlichen Arbeitszeiten nach Stundenintervallen, abhängig Beschäftigte, Deutschland, 1995 und 2014 (links) und 2014 nach Geschlecht (rechts)

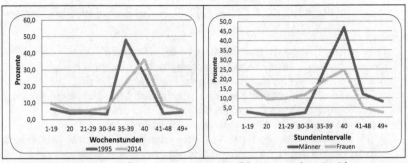

Quelle: ELFS/Mikrozensus (Berechnungen von Angelika Kümmerling, IAQ)

geworden. Zugleich haben im längerfristigen Trend sehr kurze und sehr lange Arbeitszeiten zugenommen. Die *durchschnittliche* Arbeitszeitverkürzung ging also Hand in Hand mit einer größer werden Arbeitszeit-Kluft zwischen Männern und Frauen, aber auch innerhalb der weiblichen Erwerbsbevölkerung. Erst seit der Wirtschaftskrise von 2008/2009 zeichnet sich eine leichte Verringerung dieses „gender time gap" ab (zu den Paradoxien der Entwicklungen auf dem deutschen Arbeitsmarkt seit 2009 vgl. Lehndorff 2016).

Der Basistrend der Arbeitszeitentwicklung kann mit den Worten stärkere Marktkoppelung, Ausdifferenzierung und Flexibilisierung zusammengefasst werden. Der Anteil der Beschäftigten, deren Arbeitszeiten von Tarifverträgen beeinflusst werden, geht zurück – nicht nur, aber auch wegen des Rückgangs der Tarifbindung. Zunehmende Frauenerwerbstätigkeit und wachsender Dienstleistungssektor lassen klassische (männlich dominierte) Industriebereiche mit eher standardisierten Arbeitszeiten schrumpfen, während Sektoren mit hohen Anforderungen an zeitliche Verfügbarkeit und Flexibilität wachsen. Die Arbeitszeiten unterscheiden sich auch innerhalb einzelner Branchen (so arbeiten höher qualifizierte Angestellte im Schnitt rund zwei Stunden länger als Produktionsarbeiter*innen): Vor allem bei Angestelltentätigkeiten mit höherem Qualifikationsniveau ist eine graue Zone von selbst organisierter Flexibilisierung und Verlängerung der Arbeitszeiten zu beobachten.

Das eine große Arbeitszeitproblem der großen Mehrheit der Beschäftigten gibt es offenbar nicht mehr. Es gibt aber auch nicht *die* eine Dauer der Wochenarbeitszeit, die sich die große Mehrheit der Beschäftigten wünscht (Seifert et al. 2016; Sopp/Wagner 2017; zu der großen Beschäftigtenbefragung der IG Metall vgl. Wagner 2017, sowie Hilde Wagners Kommentar in diesem Band). Die in Umfragen geäußerten individuellen Arbeitszeitpräferenzen zeigen zwar im Durchschnitt einen Wunsch nach kürzeren Arbeitszeiten bei Vollzeitbeschäftigten und nach längeren Arbeitszeiten vor allem bei weiblichen Teilzeitbeschäftigten, woraus sich unter dem Strich ein Wunsch nach kürzeren Arbeitszeiten ergibt. Doch im Einzelnen hängen Arbeitszeitwünsche u.a. davon ab, was im konkreten Arbeitsalltag für realisierbar gehalten wird, und sie ändern sich mit unterschiedlichen Lebenssituationen im Erwerbsverlauf – darunter insbesondere der Zahl der Kinder im Haushalt (Kümmerling et al. 2017).

Aus diesen Veränderungen folgt, dass jede Reaktivierung gewerkschaftlicher Arbeitszeitpolitik – einschließlich des Strebens nach weiterer Arbeitszeitverkürzungen – heute die Vielfalt der Realitäten und der Wünsche zum Ausgangspunkt nehmen muss.

2. Kurze Vollzeit als Chance für alle

Angesichts dieser Herausforderung wird in den Gewerkschaften vermehrt über ein neues Leitbild der Arbeitszeitpolitik diskutiert (vgl. Wiedemuth 2018). Gerade wenn verschiedene Arbeitszeit-Initiativen nicht unter dem Dach einer einfachen und starken Forderung zusammengefasst werden können, wie es die nach der 40- oder der 35-Stundenwoche einmal waren, kann ein Leitbild eine verbindende und ermutigende Rolle spielen. So befassen sich die beiden großen Gewerkschaften – wenn auch mit unterschiedlichen Akzentuierungen – implizit oder explizit mit der Grundidee, dass *„kurze Vollzeit"* zu einer *Chance* für *alle* Beschäftigten gemacht werden muss.

Als besonders wichtig an einem solchen Leitbild erscheint mir *erstens*, dass damit ein modernes Verständnis von „Vollzeitbeschäftigung" gefördert wird. Seitdem Teilzeitarbeit zu einer gesellschaftlich breit verankerten Praxis geworden ist, hat sich eine Art Dualismus von Teilzeit- und Vollzeitarbeit eingebürgert, in dem die 40-Stundenwoche gedanklich weiterhin – oder erneut – die Rolle des de-facto-Vollzeitstandards spielt. Der Gedanke der „kurzen Vollzeit" zielt darauf ab, diesen Dualismus zu überwinden: Einerseits, indem Arbeitszeiten von etwa 30 Wochenstunden zu einer gesellschaftlichen und betrieblichen Selbstverständlichkeit werden, so dass auch Beschäftigten mit einer 30-Stundenwoche alle beruflichen Entwicklungsmöglichkeiten offenstehen. Und andererseits, indem vor allem Frauen Auswege aus den beruflichen und finanziellen (Selbst) Beschränkungen der Teilzeitarbeit geöffnet werden, weil es keine chinesischen Mauern mehr zwischen dem bisherigen 20-Stunden-de-facto-Standard (ganz zu schweigen von den vergifteten Vorzügen der Minijobs) und einer längeren Teilzeit von 25 Stunden bis hin zur kurzen Vollzeit gibt.

Das Ziel, diesen Dualismus zu überwinden, signalisiert *zweitens*, dass „kurze Vollzeit" eine Dynamik beschreibt. Arbeitszeiten von vielleicht 30 bis 35 Wochenstunden sind eine Art Orientierungsmarke, um die herum die Arbeitszeiten von Frauen und Männern im Verlaufe ihres Erwerbslebens schwanken können. Das bedeutet, dass sie je nach ihrer individuellen Lebenssituation und ihren Arbeitsbedingungen mal kürzer und mal länger arbeiten, sich aber längerfristig auf diese moderne gesellschaftliche Norm hinbewegen. So verbindet Jörg Hofmann (2014) – in einer ersten Orientierung auf die 2017 erarbeitete Tarifforderung der IG Metall – „kurze Vollzeit" mit der Forderung nach „kollektiven Regelungen, die ermöglichen, zeitlich befristet oder anlassbezogen Arbeitszeit zu reduzieren". Dies beschreibt den zurzeit wahrscheinlich wichtigsten Einstieg von oben in eine solche Dynamik. Das vom ver.di-Bundeskongress beschlossene Konzept „Kurze Vollzeit als Chance für Alle – mehr Zeit für mich" geht in die gleiche Richtung (Kocsis 2017).

Diese Dynamik ist aber *drittens* nur dann realisierbar, wenn die Dauer der Arbeitszeit der Entscheidung und Kontrolle der einzelnen Beschäftigten unterworfen wird. Es geht um „*Mein* Leben – *meine* Zeit" (Hofmann 2017; Hervorhebung von mir) als realer Chance für alle Beschäftigten. Im Fokus steht also das Individuum – eine kulturelle Revolution für die Gewerkschaften.

Wenn man ein so ambitioniertes Leitbild wie „kurze Vollzeit als Chance für alle" längerfristig als Kernbestandteil eines neuen gesellschaftlichen Normalarbeitsverhältnisses verankern möchte, muss man natürlich irgendwo mit dem Bohren dieses harten Brettes beginnen. Die Funktion dieses Leitbildes besteht ja nicht darin, aus der schwierigen Realität in eine Welt des „Wünsch Dir was" zu flüchten, sondern sein Reiz liegt darin, an der Vielfalt der Arbeitszeitrealitäten anzuknüpfen und zur Überwindung von Hindernissen und Blockaden zu motivieren. Wo sind solche Ansatzpunkte?

3. Problemfelder und Türöffner

Der arbeitszeitpolitische Handlungsbedarf kommt in drei Problembereichen besonders zugespitzt zum Ausdruck: dem Gesundheitsschutz, der variablen Gestaltung der Lebensarbeitszeit und dem tatsächlichen Einfluss der einzelnen Beschäftigten auf ihre eigene Arbeitszeit. Sie bieten gute Ansatzpunkte, um praktische Schritte zur Verwirklichung des Leitbilds „kurze Vollzeit als Chance für alle" zu gehen. Und weil es zu allen drei Themen ein zunehmendes öffentliches Problembewusstsein gibt, verschafft dies gewerkschaftlichen Initiativen gesellschaftlichen Rückenwind.

Das erste Problem- und Handlungsfeld ist der *Gesundheitsschutz* (Pickshaus 2014; Urban 2017). Unter arbeitszeitpolitischen Gesichtspunkten denkt man hier natürlich zunächst an Branchen und Berufe mit überlangen Arbeitszeiten wie zum Beispiel das Transportwesen oder bestimmte hochqualifizierte Angestelltentätigkeiten. Auf letztere komme ich später zurück. Ich möchte die Aufmerksamkeit zunächst auf die industrielle Fertigung lenken, in der heute noch die Arbeitszeiten vergleichsweise wirkungsvoll kollektivvertraglich reguliert und begrenzt sind. Angesichts der fortschreitenden Verdichtung der Arbeitsabläufe sind auch hier die Anforderungen an die individuelle Leistungsfähigkeit enorm gestiegen. Insbesondere für Industriebeschäftigte in gesundheitlich besonders belastenden Wechselschichtsystemen stellt sich die Frage, wie sie gesund das Rentenalter erreichen können.

Die klassische Antwort sind verschiedene Formen der Frühverrentung. So verständlich dies ist – die Herausforderungen an den Gesundheitsschutz beginnen weit früher: Gesund *erhaltende* Arbeitsbedingungen werden begünstigt, wenn die Arbeitszeiten für in Wechselschichtsystemen Beschäftigte *aller* Altersgruppen verkürzt werden. Vor allem im vollkontinuierlichen Betrieb ist dies besonders attraktiv, weil dadurch lästige Zusatzschichten abgeschafft werden können (Scherbaum 2017). Eine tarifvertragliche Abstufung der Arbeitszeiten je nach Schichtsystem wird z.b. in Schweden, Belgien oder Frankreich seit langem praktiziert. In der deutschen Chemie- und Stahlindustrie gibt es eine Reihe von lehrreichen betrieblichen Beispielen. Interessant ist z.b. der abweichende Tarifvertrag für das Stahlwerk Arcelor-Mittal in Eisenhüttenstadt, der eine jährliche Wahlmöglichkeit zwischen 35 und 32 Wochenstunden (letzteres mit Teillohnausgleich) der Beschäftigten im Vollkonti-Betrieb vorsieht. Bis zu 80% der Beschäftigten entscheiden sich jedes Jahr für die 32-Stundenwoche (IG Metall 2016). Kurze Vollzeit als *Chance* für *alle* wird hier konkret erfahrbar – und nicht zufällig sind es auch in der Metallindustrie die Beschäftigten in Schichtarbeit, die am häufigsten die im neuen Tarifvertrag vorgesehene Wahlmöglichkeit für zusätzliche freie Tage nutzen wollen.

Das zweite Problem- und Handlungsfeld ist die *variable Arbeitszeitgestaltung im Lebensverlauf.* Der Anspruch an individuelle Gestaltbarkeit der Arbeitszeit insbesondere für junge Mütter und Väter ist unter dem Mode-Label „work-life-balance" gesellschaftlicher Mainstream und steht (zumindest im öffentlichen Diskurs) mittlerweile auch auf der neoliberalen Agenda. Einer breiteren Verwirklichung dieses Anspruchs stehen jedoch weiterhin hohe gesellschaftliche und betriebliche Barrieren entgegen (Kümmerling 2013). Im Betrieb ist der oben erwähnte Vollzeit-Teilzeit-Dualismus im Denken und Handeln des Managements und vieler Beschäftigter beiderlei Geschlechts (und sicherlich auch mancher Betriebsräte) so tief verankert, dass Karriere, Vollzeit, permanente Anwesenheit und mehr und mehr auch ständige Erreichbarkeit eine unhinterfragte Einheit bilden. Wer dies nicht leisten kann oder will, wird nach der so genannten Familienphase mit Hilfe gesellschaftlicher Institutionen wie Minijobs und Ehegattensplitting in Teilzeitbahnen mit einem langfristigen Klebeeffekt gelockt. Auch die Einkommensunterschiede zwischen Männern und Frauen und vor allem die Defizite im Ausbau von öffentlicher Kinderbetreuung und Ganztagsschulen üben eine gewaltige Sogwirkung in Richtung auf eine Beibehaltung der traditionellen Rollenverteilung aus.

Gegenläufige, aber bislang noch deutlich schwächer wirkende institutionelle Anreize gehen vom Elterngeld aus; neu eingeführte Regelungen wie das „ElterngeldPlus" und das Rückkehrrecht von Teilzeit zur Vollzeit werden diese Anreize möglicherweise verstärken, können aber die Bremswirkung der eben genannten gesellschaftlichen Institutionen sicherlich nicht kompensieren. Etwas weiter gehen würde das im ersten Gleichstellungsbericht der Bundesregierung vorgeschlagene „Gesetz über Wahlarbeitszeiten", das Optionen für einen Wechsel zwischen Teilzeitarbeit und Vollzeitarbeit oder vollzeitnaher Tätigkeit zusammenfasst und den Tarifvertragsparteien entsprechende eigene, an die Branchenbedingungen angepasste Initiativen nahelegt (Sachverständigenkommission 2011). Wichtige Anregungen aus anderen Ländern für die gesetzliche Förderung von Wahlarbeitszeiten bieten Bildungs- und Elternzeit-Regelungen in Schweden oder auch der sogenannte Zeitkredit in Belgien (Anxo 2016; LFA o.J.). Der Demografie-Tarifvertrag für die Chemieindustrie mit seiner Option einer zeitweilig auf 80 Prozent reduzierten Vollzeit („RV 80") ist ein Vorreiter-Beispiel dafür, wie kollektivvertragliche Fondslösungen unmittelbar an gesetzlichen Anreizen anknüpfen können.

Anders als diese Fonds-Lösung, die einen teilweisen oder vollständigen Lohnausgleich ermöglicht, beruhen viele Ansätze der tarifvertraglichen Stärkung individueller Wahlmöglichkeiten bislang auf dem reinen Tausch von Geld gegen Zeit. Dazu gehören verschiedene Formen sogenannter Zeitwertkonten, auf denen Teile des Entgelts angespart und zu einem späteren Zeitpunkt in Freizeit umgewandelt werden können. Immer beliebter wird auch die „Freizeitoption", die seit einigen Jahren in großen Flächentarifverträgen Österreichs vereinbart und auch zunehmend genutzt wird (Schwendinger 2014). Hier können Beschäftigte unter bestimmten Bedingungen entscheiden, ob sie tarifvertragliche Lohnerhöhungen ausbezahlt oder als Freizeitanspruch nutzen bzw. ansparen wollen. Ähnliche Regelungen gibt es seit 2017/2018 auch in den Tarifverträgen bei der Deutschen Post (ver.di 2018) und bei der Deutschen Bahn (EVG 2017). Die Eisenbahn- und Verkehrsgewerkschaft im DGB strebt dieses nach ersten Erfahrungen attraktive Wahlmodell für den gesamten Verkehrsbereich an.

Je häufiger individuelle Wahlmöglichkeiten im betrieblichen Alltag eingefordert werden, desto konkreter stellt sich jedoch in aller Schärfe die Frage nach dem „Vertretungsmanagement" (Pfahl et al. 2014): Wer soll die liegenbleibende Arbeit machen, und wer *kann* sie übernehmen? Dies führt zu dem dritten Problemfeld: dem *tatsächlichen Einfluss der einzelnen Beschäftigten auf ihre eigene Arbeitszeit.* Arbeitszeitmodelle, die unter so harmlos klingenden Slogans wie „Wahlarbeitszeit", „neuer Flexibilitätskompromiss" oder „Gestaltbarkeit" dahersegeln, führen in der Praxis früher oder später vor das harte Brett der Arbeitsorganisation, der Leistungspolitik, der Personalplanung und der Personalbemessung. Vor diesem harten Brett stauen sich aber bereits all jene (insbesondere höher qualifizierten) Beschäftigten und Teams, denen das Management die Bewältigung härter werdenden Konkurrenzdrucks und knapper Zeit- und Personalressourcen in eigener Regie übertragen hat. Das typische Instrument dieser *indirekten* Steuerung sind

Kennziffern, mit deren Hilfe betriebliche Herrschaft mit den Anforderungen „des Marktes" legitimiert wird (Latniak 2015). In Arbeitszusammenhängen ohne fest verankerte Arbeitszeitregelungen liegt es nahe, dass die Arbeit unter diesen Bedingungen sowohl intensiviert als auch extensiviert wird. Mit den klassischen Instrumenten der Arbeitszeitregulierung ist den Folgen dieser Selbstorganisation unter fremdbestimmten Rahmenbedingungen jedoch nicht beizukommen, denn sehr viele dieser Beschäftigten haben kein Interesse daran, ihre sachlich durchaus sinnvolle und notwendige Eigenverantwortung aufzugeben.

Aus gewerkschaftlicher Sicht wird es deshalb nicht darum gehen können, die Beschäftigten mit Interessenvertretung per Stellvertretung zu bevormunden oder zu kontrollieren, ihnen also weniger Autonomie anzubieten, als es der Arbeitgeber tut. Nur umgekehrt wird ein Schuh draus: Gewerkschaft und Betriebsrat müssen gemeinsam mit den Beschäftigten Modelle der Arbeits(zeit)organisation entwickeln, die das Management mit der Anforderung konfrontieren, die Rahmenbedingungen der Personal- und Zeitkapazitäten so zu verändern, dass die Beschäftigten das Autonomieversprechen unter den Bedingungen der vereinbarten Arbeitszeit tatsächlich einlösen können. Eine Schlüsselrolle werden dabei die Teams spielen, in denen viele dieser Beschäftigten arbeiten. Praktikable Lösungen können nur im Team entwickelt werden, und nur das Team kann sie gegenüber den Vorgesetzten vertreten – unterstützt von Gewerkschaft und Betriebsrat. Auf diese Weise wird der Ball zum Management zurückgespielt: mit Hilfe von Verfahrensregeln, Konfliktprozeduren und neuen Mitbestimmungsmöglichkeiten, die alle darauf abzielen, Zeit- und Personalkapazitäten zum Verhandlungsgegenstand zu machen.

In den Niederlanden hat der gewerkschaftliche Dachverband FNV damit begonnen, die Verknüpfung von individueller Arbeitszeitverkürzung und Personalplanung zu einem strategischen Projekt seiner Arbeitszeitpolitik zu machen (FNV o.J.): Zunächst vor allem in großen Kommunen, mehr und mehr aber auch (mit größeren Schwierigkeiten) in privaten Unternehmen werden Haustarifverträge abgeschlossen, die einer bestimmten Anzahl von Beschäftigten ab dem Alter von 57 Jahren die Möglichkeit einer individuell gewählten Arbeitszeitverkürzung einräumen. Zwar wird das Gehalt entsprechend reduziert, aber das Rentenniveau, das bei weiterer Vollzeitarbeit erzielt worden wäre, bleibt durch Zuzahlungen der Arbeitgeber erhalten. Das reduzierte Volumen der im Betrieb geleisteten Arbeitszeit muss durch die Neueinstellung von jungen Menschen ausgeglichen werden. In Deutschland gibt es vergleichbare Regelungen z.B. bereits in der Stahlindustrie (als sogenannte „Beschäftigungsbrücke" im Rahmen von Beschäftigungssicherungsvereinbarungen), aber das Neue des niederländischen

„Generationenvertrags" ist der strategisch angelegte Versuch, die Verknüpfung von individueller Arbeitszeitverkürzungsoption mit Personalausgleich nach und nach in der Breite zu verwirklichen.

In einem Land wie Deutschland, dem niederländischer Pragmatismus fremd ist, dürfte angesichts kontinuierlich zunehmenden Konkurrenzdrucks in Industrie und Dienstleistungen eine realisierbare individuelle Arbeitszeitgestaltung ohne das hartnäckige Austragen des Interessenkonflikts über die Personalbemessung in sehr vielen Fällen pure Illusion bleiben (Meine 2017). Arbeitszeit- und Leistungspolitik sind zwei Seiten einer Medaille.

Wie konfliktreich dieser Weg sein wird, welche Bedeutung Verfahrensregeln für neue Flexibilitätskompromisse haben werden und wie sehr all dies mit der Stärkung der Gewerkschaft und der Praktizierung einer beteiligungsbasierten betrieblichen Interessenvertretung verknüpft ist, zeigt das Beispiel des Tarifvertrages an der Berliner Charité (Kunkel/Jäger 2017, siehe auch den Beitrag von Ingrid Artus in diesem Band). Hier wurde Neuland beschritten, und ähnliche Haustarifverträge konnten mittlerweile in weiteren großen Krankenhäusern durchgesetzt werden. Zwar – und dies sollte nicht übersehen werden – sind diese Besetzungsregeln nicht mit tarifvertraglichen Arbeitszeitverkürzungen verbunden. Arbeitszeitpolitisch geht es hier allenfalls darum, Überstunden abbauen zu können oder umgekehrt sogar die Möglichkeit zu verbessern, wieder zur Vollzeit zurückzukehren, aus der sich unter den gegenwärtigen, belastenden Arbeitsbedingungen viele Pflegekräfte verabschieden müssen. Dies zeigt aber nur, wie lang und steinig der Weg zur Verknüpfung von Arbeitszeitverkürzung und Personalausgleich in Zukunft sein wird. Die im Pflegebereich gesammelten Erfahrungen werden deshalb wichtig sein für Arbeitszeitinitiativen auch in anderen Dienstleistungs- und Industriezweigen, insbesondere im Hinblick auf die Durchsetzung von Verfahrensregelungen, die Mitbestimmungs- und Kontrollmöglichkeiten der Betriebs- und Personalräte einschließen.

4. Aktivierende Regulierung

Praxisbeispiele wie die jährliche Entscheidung über eine kürzere Wahlarbeitszeit in einem Schichtmodell, die Vereinbarung verbindlicher Verfahrensregeln zur Personalbemessung bei starkem Leistungsdruck, die Nutzung der Freizeitoption in einem Tarifvertrag oder einer partnerschaftlichen 30-Stunden-Option in einem Gesetz zeigen: Bei der Entwicklung einer neuen gewerkschaftlichen Arbeitszeitpolitik spielen die individuellen Präferenzen, Entscheidungen und Aktivitäten der einzelnen Beschäftigten eine Schlüsselrolle. Betriebsräte können ihrer Verantwortung als gewählte Interessenvertretung zukünftig wohl am besten gerecht werden, wenn sie sich um die *kollektive Absicherung individueller Entscheidungsrechte* bemühen. Auf diesem Weg werden sie in hohem Maße auf die aktive Mitwirkung der Betroffenen bauen müssen. Die neue Arbeitszeitregulierung wird nur durch Beteiligung zustande kommen und dann im besten Fall so angelegt sein, dass sie die Aktivität der Beschäftigten anregt. Ein solches Herangehen hätte in meinen Augen die Bezeichnung „aktivierende Regulierung" verdient.

Der Gedanke der aktivierenden Regulierung ist auf alle Ebenen der Arbeitszeitregulierung anwendbar. So sind *Gesetze* dann aktivierend, wenn sie Tarifverträge auslösen oder notwendig machen (zum Folgenden Lehndorff 2015). Ein wichtiges Beispiel ist hier die Einführung der gesetzlichen 35-Stundenwoche in Frankreich, die eine starke Dynamik betrieblicher Vereinbarungen über die Arbeitszeitgestaltung auslöste – eine erfolgreiche Kombination, die allerdings jetzt durch die Aufhebung des Günstigkeitsprinzips im Rahmen der jüngsten „Reformen" des französischen Arbeitsgesetzes ausgehebelt zu werden droht. Ein ähnliches Roll Back ist auch in Österreich nicht auszuschließen, wo die „schwarz-blaue" Regierung die tägliche Höchstarbeitszeit auf 12 Stunden erhöht hat. Allerdings gilt in Österreich weiterhin eine gesetzliche Normalarbeitszeit von 40-Stunden, die tarifvertragliche Regelungen über flexible branchenspezifische Umsetzungsformen mit definierten Ausgleichszeiträumen zulässt. Diese schon länger existierende Kombination einer – im Vergleich zu Deutschland – niedrigen gesetzlichen Obergrenze der durchschnittlichen Arbeitszeit mit einer Öffnungsklausel führte dazu, dass selbst in einer Branche wie der IT-Wirtschaft ein flächendeckender Tarifvertrag abgeschlossen werden musste.

Unter den heutigen Bedingungen würde – wie der harte Tarifkonflikt in der Metall- und Elektroindustrie Anfang 2018 zeigte – die Einführung einer gesetzlichen 40-Stundenwoche in Deutschland[3] helfen, überlange Wochenarbeitszeiten bestimmter Beschäftigtengruppen zu einem Konflikt- und Verhandlungsthema in der Öffentlichkeit und im Betrieb zu machen. Durch eine enger gefasste gesetzliche Regelarbeitszeit würden Tarif- und Betriebsparteien zu Vereinbarungen angeregt, die den betrieblichen Akteuren mehr „Haltegriffe" für gesund erhaltende Arbeitsbedingungen bieten.

Auch auf der Ebene der *Tarifverträge* kann dieser Aktivierungslogik gefolgt werden, indem Betriebsvereinbarungen sowohl erforderlich als auch attraktiv

---

3   Auf dem ver.di-Bundeskongress 2015 wurde die Forderung beschlossen, „die gesetzliche Höchstarbeitszeit von 48 Stunden in der Woche auf 40 Stunden und die zulässigen Ausnahmeregelungen zu reduzieren."

gemacht werden. Beispiele dafür sind die oben erwähnte „Reduzierte Vollzeit 80" in der Chemieindustrie oder die Freizeitoption in österreichischen Tarifverträgen. Auch die Umsetzung der bei ver.di (2015) diskutierten Idee tarifvertraglich ermöglichter individueller „Verfügungstage" als neuer Form von Arbeitszeitverkürzung bedürfte konkreter Betriebsvereinbarungen.

Ebenfalls nur mit Hilfe betrieblicher Initiativen und Vereinbarungen wird der 2018 nach langen innergewerkschaftlichen Vorbereitungen und mit großen Anstrengungen durchgesetzte Tarifvertrag in der Metallindustrie seine Wirkungen entfalten können. Er kombiniert verschiedene bislang in anderen Branchen erprobte Ansätze zu einem neuartigen Regelwerk: Zum einen gibt er den in Vollzeit Beschäftigten einen individuellen Anspruch, für zwei Jahre ihre Arbeitszeit auf bis zu 28 Wochenstunden zu verkürzen. Zum anderen bietet er Beschäftigten in bestimmten Schichtmodellen, mit Kindern unter acht Jahren oder mit pflegebedürftigen Angehörigen die Möglichkeit, eine neu eingeführte tarifliche Zusatzzahlung in acht freie Tage pro Jahr umzuwandeln. Um diese Kombination von bedingungsgebundener Freizeitoption und Recht auf befristete kurze Vollzeit durchsetzen zu können, wurden den Arbeitgebern eine Reihe von Ausnahmebestimmungen und Vetorechten gegen die verkürzte Vollzeit zugestanden sowie die Möglichkeit, kürzere Arbeitszeiten durch – wenn auch freiwillige – Arbeitszeitverlängerungen anderer Beschäftigter auszugleichen.

Diese „Zweischneidigkeit" macht den Tarifvertrag besonders herausfordernd (Ebenau 2018): Er wird nur in dem von der Gewerkschaft intendierten Sinne funktionieren können, wenn die Beschäftigten durch Gewerkschaft und Betriebsräte breit über ihre neuen Rechte informiert und bei deren Nutzung unterstützt werden. Hilfreich dafür werden Betriebsvereinbarungen sein, die möglichst vielen Beschäftigten die Wahrnehmung der neuen Verkürzungschancen erleichtern und zugleich die den Arbeitgebern neu eingeräumten Möglichkeiten der Arbeitszeitverlängerung so weit wie möglich begrenzen. Der Tarifvertrag gibt also einen Impuls zu einer aktiven, in eigener Initiative entwickelten Rolle der Betriebsräte mit dem Ziel, Phasen kürzerer Vollzeit zu einer Normalität im betrieblichen Alltag zu machen.

Der Tarifvertrag in der Metall- und Elektroindustrie ist ein besonders komplexes Beispiel für den Sinn und die Bedeutung aktivierender Arbeitszeitregulierung. Sie muss helfen, zwei miteinander verknüpfte Herausforderungen zu bewältigen: *Kurze Vollzeit attraktiv und lange Vollzeit zum Konfliktthema zu machen.* Beides gehört zusammen. Selbstverständlich verändern ein Gesetz, ein Tarifvertrag oder eine Betriebsvereinbarung allein noch nicht die betriebliche Wirklichkeit. Doch besteht der Gedanke aktivierender Regulierung ja gerade darin, Akteuren auf verschiedenen Handlungsebenen überhaupt erst einmal attraktive Instrumente in die Hand zu geben – sie zu nutzen, liegt dann in deren Verantwortung.

Wenn lange Vollzeit nicht eingedämmt und reduziert wird, werden alle Bemühungen um die Förderung kurzer Vollzeit unvermeidlich mit anhaltender Ausdifferenzierung oder gar Polarisierung der Arbeitszeiten verbunden bleiben. Je stärker es gelingt, lange Vollzeit zum Konfliktthema zu machen, desto eher wird es gelingen, den tradierten Vollzeit-Teilzeit-Dualismus zu überwinden und kurze Vollzeit zu einem zumindest phasenweise praktizierten Standard zu machen.

Lange Vollzeit zum Konfliktthema und kurze Vollzeit attraktiv machen – dies ist der Weg, auf den sich größer werdende Teile der Gewerkschaften begeben, um angesichts der Vielfalt der Arbeitszeitrealitäten und -wünsche neue arbeitszeitpolitische Handlungsfähigkeit zu gewinnen. Individuelle Rechte müssen kollektiv abgesichert werden und erfordern mehr Mitbestimmung in der Personalbemessung und -planung. Wird diese Herausforderung nicht ernst genommen, bleiben solidarische Arbeitszeitverkürzungen ein frommer Wunsch. Der Weg zur „kurzen Vollzeit" rund um die 30-Stundenwoche im Lebensverlauf als zukünftiger gesellschaftlicher Arbeitszeitstandard ist lang. Dieses Kernelement eines neuen Normalarbeitsverhältnisses wird nur zu verwirklichen sein, wenn die individuellen Arbeitszeitinteressen der Beschäftigten zum Ausgangspunkt genommen werden.

Literatur

Absenger, Nadine/Ahlers, Elke/Bispinck, Reinhard/Kleinknecht, Alfred/Klenner, Christina/Lott, Yvonne/Pusch, Toralf/Seifert, Hartmut (2014): Arbeitszeiten in Deutschland. WSI-Report 19, Düsseldorf.

Anxo, Dominique (2016): Life Course Oriented Working Time Options: The Swedish Experience; in: Klenner, Christina/Lott, Yvonne (Hg.): Working Time Option over the life course. Hans Böckler Stiftung Study 007, Düsseldorf.

Bosch, Gerhard/Lehndorff, Steffen (1998): Arbeitszeitverkürzung und Beschäftigung: Erfahrungen in Europa und wirtschaftspolitische Empfehlungen, in: DIW Vierteljahreshefte zur Wirtschaftsforschung 67, 300-325.

Ebenau, Matthias (2018): Alte plus neue Herausforderungen; in: Sozialismus, Heft 5, 19-21.

EVG (2017): Flexibilisierung der Arbeitszeit macht Schule – EVG-Wahlmodell als Vorbild. Online: https://www.evg-online.org/meldungen/details/news/flexibilisierung-der-arbeitszeit-macht-schule-evg-wahlmodell-als-vorbild-5085/

FNV (Federatie Nederlandse Vakbeweging) (o.J.): Wat is het generatiepact en hoe werkt het. Online: https://www.fnv.nl/over-fnv/onze-standpunten/generatiepact/wat-is-het-generatiepact/

Hofmann, Jörg (2014): Flexibilität darf keine Einbahnstraße sein – Interview mit Jörg Hofmann. Online: https://www.igmetall.de/joerg-hofmann-flexibilitaet-darf-keine-einbahnstrasse-sein-13599.htm

– (2017): Arbeitszeiten für ein gutes Leben – sicher, gerecht und selbstbestimmt; in: Schröder, Lothar/Urban, Hans-Jürgen (Hg.): Gute Arbeit. Streit um Zeit – Arbeitszeit und Gesundheit, Frankfurt a.M., 54-64.

IG Metall (2016): 80 Prozent entschieden sich für Zeit und gegen Geld. Online: https://www.igmetall.de/arcelor-mittal-in-eisenhuettenstadt-23514.htm

Kocsis, Andrea (2017): Kurze Vollzeit als Chance für alle. Aktuelle Arbeitszeitdebatten und modelle bei ver.di; in: Schröder, Lothar/Urban, Hans-Jürgen (Hg.): Gute Arbeit. Streit um Zeit – Arbeitszeit und Gesundheit, Frankfurt a.M., 65-77.

Kümmerling, Angelika (2013): Arbeiten und Leben in Europa: Arbeitszeit und Work-Life-Balance aus einer Lebensphasenperspektive, Duisburg, IAQ-Report 2013-02.

Kümmerling, Angelika/Lazarevic, Patrick (2016): Die Erhebungspraxis und Berechnung von Maßzahlen in der Arbeitszeitforschung. Über die Gefahr von Artefakten durch unterschiedliche Messkonzepte und Berechnungsmethoden; in: Zeitschrift für Arbeitswissenschaft 66 (1), 1-9.

Kümmerling, Angelika/Postels, Dominik/Slomka, Christine (2017): Zufriedenheit mit der Arbeitszeit – wie kann sie gelingen? Eine Analyse der Arbeitszeiten nach Geschlecht und Statusgruppen. Hans-Böckler-Stiftung, Working Paper Forschungsförderung, Düsseldorf.

Kunkel, Kalle/Jäger, Meike (2017): Ein erster Schritt auf einem langen Marsch. Personalbemessung als zentrale Komponente für humane Arbeitszeiten; in: Schröder, Lothar/Urban, Hans-Jürgen (Hg.): Gute Arbeit. Streit um Zeit – Arbeitszeit und Gesundheit, Frankfurt a.M., 299-304.

Latniak, Erich (2015): „Matching concepts"? Zum Verhältnis von Finanzialisierung, indirekter Steuerung und Kontrolle; in: Haipeter, Thomas/Latniak, Erich/Lehndorff, Steffen (Hg.): Arbeit und Arbeitsregulierung im Finanzmarktkapitalismus: Chancen und Grenzen eines soziologischen Analysekonzepts, Wiesbaden, 45-72.

Lehndorff, Steffen (2015): Staatliche Arbeitszeitpolitik im Finanzmarktkapitalismus. Erfahrungen mit der 35-Stunden-Woche in Frankreich und Anregungen für Deutschland; in: Haipeter, Thomas/Latniak, Erich/Lehndorff, Steffen (Hg.): Arbeit und Arbeitsregulierung im Finanzmarktkapitalismus: Chancen und Grenzen eines soziologischen Analysekonzepts, Wiesbaden, 219-258

– (2016): Internal devaluation and employment trends in Germany; in: Myant, Martin/Theodoropoulou, Sotiria/Piasna, Agnieszka: Unemployment, internal devaluation and labour market deregulation in Europe, Brüssel.

Lehndorff, Steffen/Wagner, Alexandra/Franz, Christine (2010): Arbeitszeitentwicklung in Europa. Hg. von Thomas Händel und Axel Troost. Brüssel, Fraktion der Vereinigten Europäischen Linken/Nordisch Grüne Linke – GUE/NGL. Online: http://www.iaq.uni-due.de/aktuell/veroeff/2010/lehndorff01.pdf

LFA (Landesamt für Arbeitsbeschaffung) (o.J.): Laufbahnunterbrechung und Zeit-kredit, Brüssel. Online: http://www.rva.be/Frames/frameset.aspx?path=D_opdracht_LBO/&Items=1&Language=DE

Meine, Hartmut (2017): Gesundheit, Arbeitspensum und Personalbemessung; in: Schröder, Lothar/Urban, Hans-Jürgen (Hg.): Gute Arbeit. Streit um Zeit – Arbeitszeit und Gesundheit, Frankfurt a.M., 237-247.

Pfahl, Svenja/Reuyß, Stefan/Hobler, Dietmar/Weeber, Sonja (2014): Nachhaltige Effekte der Elterngeldnutzung durch Väter: Gleichstellungspolitische Auswirkungen der Inanspruchnahme von Elterngeldmonaten durch erwerbstätige Väter auf betrieblicher und partnerschaftlicher Ebene, Berlin (Projektbericht).

Pickshaus, Klaus (2014): Rücksichtslos gegen Gesundheit und Leben. Gute Arbeit und Kapitalismuskritik – ein politisches Projekt auf dem Prüfstand, Hamburg.

Sachverständigenkommission (2011): Neue Wege – gleiche Chancen. Gleichstellung von Frauen und Männern im Lebensverlauf. Gutachten der Sachverständigenkommission an das Bundesministerium für Familie, Senioren, Frauen und Jugend für den ersten Gleichstellungsbericht der Bundesregierung, Berlin.

Scherbaum, Manfred (2017): Schichtarbeit belastungsarm gestalten. Praktische Erfah-rungen und betriebliches Vorgehen; in: Schröder, Lothar/Urban, Hans-Jürgen (Hg.): Gute Arbeit. Streit um Zeit – Arbeitszeit und Gesundheit, Frankfurt a.M., 208-223.

Schröder, Lothar/Urban, Hans-Jürgen (Hg.) (2017): Gute Arbeit. Streit um Zeit – Ar-beitszeit und Gesundheit, Frankfurt a.M.

Schwendinger, Michael (2015): Zeit ist Geld ist Zeit: Zwischenresümee zur Freizeitoption. Online: http://blog.arbeit-wirtschaft.at/zeit-ist-geld-ist-zeit-zwischenresuemee-zur-freizeitoption/

Seifert, Hartmut/Holst, Elke/Matiaske, Wenzel/Tobsch, Verena (2016): Arbeitszeit-wünsche und ihre kurzfristige Realisierung; in: WSI-Mitteilungen 69 (4), 300-308.

Sopp, Peter/Wagner, Alexandra (2017): Vertragliche, tatsächliche und gewünschte Ar-beitszeiten. soeb-Working-Paper 2017-1, Soziologisches Forschungsinstitut (SOFI), Göttingen.

Urban, Hans-Jürgen (2017): (Arbeits-)Zeit – Scharnier zwischen Arbeit, Leben und Gesundheit. Konturen eines humanen Arbeitszeitregimes; in: Schröder, Lothar/Urban, Hans-Jürgen (Hg.): Gute Arbeit. Streit um Zeit – Arbeitszeit und Gesundheit, Frankfurt a.M., 35-53.

ver.di (2015): Mehr Zeit für mich. Impulse für eine neue arbeitszeitpolitische Debatte. Berlin.

– (2018): Tarifeinigung bei der Deutschen Post AG. Online: https://www.verdi.de/themen/nachrichten/++co++e41c9422-3cb8-11e8-bf32-525400b665de

Wagner, Hilde (2017): Arbeitszeit – zwischen selbst- und fremdbestimmter Flexibilität; in: Schröder, Lothar/Urban, Hans-Jürgen (Hg.): Gute Arbeit. Streit um Zeit – Ar-beitszeit und Gesundheit, Frankfurt a.M., 179-193.

Wiedemuth, Jörg (2018): Umrisse einer neuen arbeitszeitpolitischen Erzählung; in: Sozialismus, Heft 4, 35-38.

Hilde Wagner

Gewerkschaftliche Arbeitszeitpolitik – zwischen Fremd- und Selbstbestimmung

Um es gleich vorweg zu schicken: Steffen Lehndorff markiert mit seiner Aussage, dass *„jede Reaktivierung gewerkschaftlicher Arbeitszeitpolitik – einschließlich des Strebens nach weiteren Arbeitszeitverkürzungen – heute die Vielfalt der Realitäten und der Wünsche zum Ausgangspunkt nehmen muss"* den Weg, den neben einigen anderen Gewerkschaften auch die IG Metall in den letzten Jahren in der Arbeitszeitpolitik beschritten hat. Und er trifft mit seinen Überlegungen zu einer „aktivierenden Regulierung", die er am Schluss seines Beitrages anstellt, eine zentrale Aufgabe für Gewerkschaften.

Während es in den 1980er Jahren in der Auseinandersetzung um die 35-Stunden-Woche (*„in den glorreichen Tagen der aufgehenden Sonne"*, so Lehndorff) im Kern um eine einheitliche Forderung in Form einer allgemeinen Arbeitszeitverkürzung mit Lohnausgleich für alle Beschäftigten ging, standen und stehen in der aktuellen Auseinandersetzung Fragen nach verbindlichen Ansprüchen der Beschäftigten für mehr Zeitsouveränität im Vordergrund. Dies schließt Grundlagen und Optionen für reduzierte, stärker partnerschaftliche Arbeitszeiten ebenso ein wie Optionen der Arbeitszeitreduzierung zur Entlastung für besonders belastete Beschäftigtengruppen, wie z.B. Schichtarbeiter*innen. Bei aller Vielfalt geht es dabei um gemeinsame Orientierungen: Um Arbeitszeiten, die mehr Selbstbestimmung sowie ein gesundes und gutes Arbeiten und Leben ermöglichen – auf Basis kollektiv geregelter verbindlicher Ansprüche.

Aufgrund eines seit Jahren gestiegenen arbeitszeitpolitischen Handlungsbedarfs in den Betrieben der Metall- und Elektroindustrie ist Arbeitszeit in der IG Metall wieder zu einem Schlüsselthema geworden. Angesichts der Interessenlagen und Bedürfnisse der Beschäftigten ging und geht es darum, die arbeitszeitpolitische Handlungsfähigkeit in den Betrieben und der Fläche auszubauen. „Arbeitszeiten, die zum Leben passen" war und ist die Zielsetzung der Arbeitszeitkampagne der IG Metall, die auf dem Gewerkschaftstag 2015 unter dem Motto „Mein Leben – meine Zeit. Arbeit neu denken" beschlossen wurde. Und die 2018 in eine Tarifauseinandersetzung um Arbeitszeit mündete.

1. Entgrenzte Arbeitszeit – Ergebnisse der großen IG Metall Betriebsräte- und Beschäftigtenbefragungen 2017

Die Ergebnisse der großen Betriebsräte- und Beschäftigtenbefragungen der IG Metall 2017 im Rahmen dieser Arbeitszeitkampagne bestätigen die von Steffen Lehndorff identifizierten Basistrends der Arbeitszeitentwicklung – *„stärkere Marktkopplung, Ausdifferenzierung und Flexibilisierung"* – in aller Deutlichkeit. Sie zeigen, wie weit die Prozesse der Entgrenzung von Arbeit und Arbeitszeit bereits fortgeschritten sind: Nach Einschätzung der befragten Betriebsräte dient der zeitlich flexible Einsatz der Beschäftigten zu 89 Prozent der Erfüllung von Kundenanforderungen und zu 83 Prozent einer optimalen Kapazitätsauslastung. Laut der Beschäftigtenbefragung der IG Metall mit 680.000 Antworten überschreiten 57 Prozent der Befragten ihre vertragliche Arbeitszeit, 27 Prozent arbeiten in ihrer Freizeit nach Kontaktaufnahme und 24 Prozent berichten von Arbeitszeiten zwischen 41 bis über 48 Stunden.

Darin drückt sich aus, dass die Leistungs- und Flexibilitätsanforderungen an die Beschäftigten in allen Bereichen stark gestiegen sind. Sie richten sich in der Regel nach den Anforderungen der Betriebe und nicht nach den Zeitbedürfnissen der Beschäftigten. Selbst Schichtbeschäftigte sind vor der neuen Flexibilität nicht gefeit: Häufig werden Produktionsschwankungen durch kurzfristig anberaumte (Zusatz-)Schichten oder Schichtänderungen ohne ausreichende Ankündigungsfristen aufgefangen, Schichten reichen nicht selten ins Wochenende hinein. Eine deutliche Entgrenzung der Arbeitszeit in Form von überlangen Arbeitszeiten gibt es vor allem in den Arbeitsbereichen der höher qualifizierten Angestellten. Dort, wo Arbeit und Arbeitszeit stärker selbst organisiert werden, sind die Arbeitszeiten in der Regel am längsten.

Fremdbestimmte flexible und überlange Arbeitszeiten sind mit höheren gesundheitlichen Risiken verbunden. Das hat z.b. der Gesundheitsreport der Bundesanstalt für Arbeits- und Gesundheitsschutz (2016) erneut nachdrücklich gezeigt: je höher die Arbeitszeiten, desto mehr Stress und desto mehr gesundheitliche Beschwerden. Seit Jahren ist eine deutliche Zunahme arbeitsbedingter – vor allem psychischer – Erkrankungen zu verzeichnen.

Klare Grenzen zwischen Arbeit und Privatleben zu ziehen, ist für immer mehr Beschäftigte schwierig geworden. Mangelnde Planbarkeit der eigenen Arbeitszeit wird für Beschäftigte in der Produktion wie in den indirekten Bereichen zunehmend zum Problem.

Diesen Entwicklungen stehen die Wünsche der Beschäftigten diametral entgegen. Zwei Drittel der Befragten betonten in der Beschäftigtenbefragung der IG

Metall, dass sie sich Arbeitszeiten von 35 Stunden oder weniger wünschen, fast die Hälfte sprach sich dabei für eine reale 35-Stunden-Woche aus. Arbeitszeiten im Bereich von 21 bis 34 Stunden wünschten sich 17 Prozent der Befragten, aber nur fünf Prozent haben sie vertraglich vereinbart.

Wünsche nach existenzsichernder Arbeit und einer besseren Balance von Arbeit und Privatleben haben für Frauen wie Männer hohe Priorität: Fast 90 Prozent der Befragten machten deutlich, dass sie ihre tägliche Arbeitszeit kurzfristig an ihre privaten Bedürfnisse anpassen möchten. Gut 82 Prozent betonten, dass es ihnen wichtig sei, vorübergehend ihre Arbeitszeit absenken zu können.

2. Die aktuelle Arbeitszeitkampagne der IG Metall und das Tarifergebnis in der Metall- und Elektroindustrie 2018

All dies machte deutlich: Die Zeit war und ist reif für eine neue gewerkschaftliche Arbeitszeitpolitik. Die von den Beschäftigten genannten Orientierungen fanden Eingang in zahlreiche Debatten auf allen Ebenen der IG Metall. In den Tarifkommissionen wurden diese schließlich zu Forderungen in der Tarifrunde der Metall- und Elektroindustrie 2018 verdichtet. Das Forderungspaket beinhaltete Antworten auf die benannten Interessenlagen und Lebensbedürfnisse: Arbeit bleibt für die Beschäftigten zentral, gleichzeitig werden das Privatleben, soziale Beziehungen, Familie und persönliche Interessen, etwa im Bereich von Kultur und Politik, nicht mehr einfach untergeordnet. Die Menschen möchten ihr Leben nicht wie im Hamsterrad verbringen, sondern auch Zeit für sich und die Gemeinschaft haben.

Auch haben sich die Rollenbilder verändert: Frauen wollen sich nicht mehr vorwiegend und allein um Kind und Küche kümmern, und eine steigende Zahl von Männern möchte zuhause mehr Verantwortung übernehmen. Zeitliche Wahloptionen und die Möglichkeit zu kürzerer Vollzeit können Frauen beim Einstieg in eine existenzsichernde Erwerbstätigkeit unterstützen und Frauen und Männern eine gerechtere Verteilung von Erwerbsarbeit sowie Sorge- und Hausarbeit ermöglichen. Angesichts zunehmender Verdichtung, Flexibilisierung und Entgrenzung von Arbeit war zudem klar: die Beschäftigten benötigen Zeit zum Ausgleich, damit Belastungen nicht überhandnehmen und die Gesundheit gefährden.

Insbesondere gegen die ursprüngliche Forderung der IG Metall nach Teilentgeltausgleich bei verkürzter Vollzeit für Beschäftigte, die sich um die Betreuung ihrer Kinder oder pflegebedürftige Angehörige kümmern oder besondere Arbeitsbelastungen haben, liefen die Arbeitgeber und ihre Verbände Sturm. Sie forderten weitere Erhöhungen von Arbeitszeiten, die Abschaffung bisheriger Zuschläge sowie auf der gesetzlichen Ebene ein Aufweichen der Schutzregelungen des Arbeitszeitgesetzes. Nach einer der härtesten Tarifrunden seit Jahren und nur durch den Druck von Warnstreiks mit 1,5 Millionen Beteiligten – davon 500.000 Beteiligte an ganztägigen Warnstreiks – konnten die Arbeitgeber zum Einlenken bewegt werden.

Mit dem Tarifabschluss in der Metall- und Elektroindustrie 2018 konnte die IG Metall im Ergebnis neue individuelle Arbeitszeitrechte für die Beschäftigten durchsetzen. Das tarifpolitische Ergebnis markiert einen Einstieg in eine neue Arbeitszeitpolitik mit erweiterten Möglichkeiten für die Beschäftigten, ihre Arbeitszeiten stärker selbst zu bestimmen. Neben mehr Entgelt bieten die neuen Tarifvereinbarungen den Beschäftigten auf kollektiv geregelter Basis neue individuelle Arbeitszeitrechte und mehr individuelle Spielräume bei ihrer Arbeitszeitgestaltung.

Den Beschäftigten stehen nun zwei neue Modelle zur Wahl: Erstens: die *verkürzte Vollzeit*. Vollzeitbeschäftigte haben ab 2019 den Anspruch, ihre Arbeitszeit auf bis zu 28 Stunden pro Woche zu verkürzen, mit dem Recht später auf ihre ursprüngliche Arbeitszeit zurückzukehren. Die verkürzte Vollzeit ist für mindestens sechs Monate und höchstens 24 Monate möglich. Danach können sich die Beschäftigten zwischen einer erneuten verkürzten Vollzeit und der alten Arbeitszeit entscheiden.

Zweitens: Es besteht eine neue Wahloption, sich statt des tariflichen Zusatzgeldes für freie Tage zu entscheiden. Beschäftigte, die Kinder betreuen, Angehörige pflegen oder in Schicht arbeiten, können ab 2019 die 27,5 Prozent des tariflichen Zusatzgeldes in Zeit nehmen. Sie erhalten dann acht zusätzliche freie Tage. Den 27,5 Prozent entsprechen rein rechnerisch nur sechs Tage. Die IG Metall hat allerdings durchgesetzt, dass der Arbeitgeber zwei zusätzliche freie Tage dazugibt. Durch freiwillige Betriebsvereinbarungen kann das Wahlrecht auf tarifliche Freistellungszeit zudem auf den ganzen Betrieb, bestimmte Beschäftigtengruppen oder Abteilungen ausgedehnt werden.

Im Gegenzug musste in den Verhandlungen einer Erweiterung des Zugangs zu erhöhten Arbeitszeiten in Form einer Ausweitung der Quotenregelungen oder alternativ eines Übergangs zu einem neuen Volumenmodell (einer Volumenbetrachtung, der zufolge im Durchschnitt die vertragliche Wochenarbeitszeit im Betrieb erreicht werden muss) zugestimmt werden.

3. Betriebliche Umsetzung der Verhandlungsergebnisse

Wie die Inanspruchnahme der Wahloptionen zeigt, treffen die neuen tariflichen Arbeitszeitergebnisse in hohem Maße die Bedürfnisse der Beschäftigten. Insbesondere die tariflichen Freistellungstage stoßen auf ein enorm hohes Interesse. Nach ersten Rückmeldungen aus 2.600 Betrieben (Januar 2019) haben sich 260.000 Beschäftigte, die Kinder betreuen, Angehörige pflegen oder in Schicht arbeiten, entschieden, acht zusätzliche freie Tage statt mehr Geld in Anspruch zu nehmen. Mit 170.000 Anträgen wurde ein Großteil der Anträge auf die acht freien Tage von Beschäftigten in Schichtarbeit gestellt, 55.000 stammen von Beschäftigten, die Kinder betreuen, und 17.000 Anträge von Beschäftigten, die Angehörige pflegen. Bis Mitte Januar 2019 wurden 242.000 Anträge genehmigt – das sind 93 Prozent.

Viel klarer hätte die Botschaft nicht ausfallen können: Die Beschäftigten möchten mehr Zeit zum Leben und sie möchten gesund bleiben. Durch zusätzliche freie Tage können sich Eltern mehr um ihre Kinder kümmern, Beschäftigte können sich ihren Angehörigen widmen, die Pflege brauchen. Dass die meisten Anträge von Schichtbeschäftigten gestellt wurden, verweist zudem auf die hohen Belastungen, denen diese ausgesetzt sind. Zusätzliche freie Tage schaffen Freiräume im Alltagsleben, sie bieten Raum für Erholung und damit auch einen Ausgleich für überdurchschnittliche Belastungen.

Bemerkenswert ist, dass sich die Arbeitgeber nach anfänglichem Getöse und einer zugespitzten Gegenkampagne ihrer Verbände bei der Bewilligung der Anträge tatsächlich eher in wenigen Fällen quergestellt haben. Mit Slogans wie „Freie Tage statt Einmalzahlung? Auch eine Frage der Kollegialität" und der Ankündigung, jede Freistellung müsse von „einem gleich qualifizierten Mitarbeiter durch längere Arbeitszeiten ausgeglichen werden", andernfalls müsse der Antrag abgelehnt werden, wollten die Verbände eine Entsolidarisierung der Belegschaften erreichen. Offensichtlich haben sie dabei sowohl ihre eigene Basis als auch die konsequente Haltung der Betriebsräte und Vertrauensleute in diesem Handlungsbereich falsch eingeschätzt. Dem hohen Bedürfnis nach mehr eigenbestimmter Zeit konnten die Arbeitgeber nichts entgegensetzen.

Mit den neuen Regelungen für mehr Zeitautonomie und ihrer Umsetzung ist eine große Chance verbunden: Sie setzen einen wichtigen Impuls, die Auseinandersetzung um die Rahmenbedingungen der Arbeit verstärkt aufzunehmen. Ihre Wirkung geht damit weit über das Feld der Arbeitszeit hinaus. Um die Voraussetzungen dafür zu schaffen, dass die Ansprüche auf reduzierte Arbeitszeiten für möglichst viele Beschäftigte – entsprechend der Orientierung der IG

Metall: „Wer will, der kann" (vorausgesetzt die vereinbarten Bedingungen sind vorhanden) – verwirklicht werden können, sind IG Metall, Betriebsräte und Vertrauensleute aufgefordert, sich neu und verstärkt um Fragen der Kapazitäts- und Personalplanung sowie der Leistungspolitik zu kümmern. Dies ist auch deshalb wichtig, damit die verkürzte Arbeitszeit der einen nicht zu Leistungsverdichtung oder überlangen Arbeitszeit der anderen führt.

4. Fazit: Zur Aneignung der Zeit: Neue Arbeitszeitregelungen als „aktivierende Regulierung" und erweiterte Interessenvertretung

Wie von Steffen Lehndorff vorausgesagt, stellen sich im Zuge der Umsetzung der Wahlmöglichkeiten Fragen des *„Vertretungsmanagements"* in aller Schärfe. Sie führen in der Praxis tatsächlich vor *„das harte Brett"* der Organisation von Arbeit, Leistung und Personalbesetzung. Wenn die Einlösung der tariflich vereinbarten Optionen für reduzierte Arbeitszeiten im Sinne der Beschäftigten gelingen soll, führt kein Weg daran vorbei, mit dem Bohren dieser harten Bretter zu beginnen. Sie gehörten zu den Tabu-Bereichen der Arbeitgeber. Deshalb wird es ohne starkes Engagement der Beschäftigten, ohne Rückhalt der Interessenvertretungen in den Belegschaften auf diesem Weg keine erfolgreichen Schritte geben.

Ein Beispiel für *„aktivierende Regulierung"* sind die Tarifregelungen auch deshalb, weil die Wahloptionen, die sie verbindlich bieten, einerseits von den Beschäftigten „aktiv" eingelöst werden müssen. Andererseits sind aber auch IG Metall und Betriebsräte gefordert, den Beschäftigten Hilfestellungen zu bieten, z.B. durch Beratung und den Abschluss von Betriebsvereinbarungen, die es erleichtern, die neuen Verkürzungsmöglichkeiten wahrzunehmen. Unterstützung wird besonders in Konfliktfällen notwendig sein. Unter den Vorzeichen dominierender Fremdbestimmung und arbeitszeitpolitischer Vielfalt sind Schritte „aktivierender Regulierung" daher ein wesentliches Instrument, um Zeitsouveränität zu ermöglichen und die eingangs erwähnte arbeitszeitpolitische Handlungsfähigkeit in den Betrieben peu à peu wieder zu gewinnen.

Die neue Auseinandersetzung um Arbeitszeit hat in den Betrieben und bei den Beschäftigten auch deshalb eine beachtliche Dynamik entwickelt, weil in ihr – jenseits der eingangs beschriebenen Vielfalt an arbeitszeitpolitischen Ausgangslagen – gemeinsame Interessen der Beschäftigten an guten Arbeitsbedingungen und guten Lebensverhältnissen aufgegriffen werden. Arbeitszeitpolitische Erfolge werden auch in Zukunft möglich sein, wenn berücksichtigt wird, dass den Beschäftigten, ihren Einschätzungen, Ansprüchen und Widerstandpotentialen bei der Interessenvertretung ein höherer Stellenwert als bisher zukommen muss.

Für Betriebsräte und Gewerkschaften erwächst daraus die Aufgabe, Hilfe zur Selbsthilfe zu bieten. Wichtig sind Anspruchs- und Verfügungsrechte über die Zeit, auf die die Beschäftigten verbindlich zurückgreifen können. Neue betriebliche und tarifliche Regelungen dürfen die Spielräume individueller Autonomie nicht einschränken, sondern müssen ihnen ein Fundament bieten. Um sie durchzusetzen und in der betrieblichen Praxis dann auch lebbar zu machen, sind die Beschäftigten von vornherein stärker als bisher einzubeziehen. Dabei wären auch Beteiligungszeiten im Sinne von Ansprüchen auf Zeit, beispielsweise für regelmäßige Teamgespräche zur Gestaltung von Arbeitsabläufen und Arbeitsbedingungen, hilfreich. Engagierte Beschäftigte, die sich für bessere Arbeitszeiten einsetzen, stärken die betriebliche Handlungs- und Konfliktfähigkeit und damit auch die Basis für erfolgreiche gewerkschaftliche Arbeitszeitpolitik.

Dabei ist klar: Arbeitszeitfragen sind und bleiben zentrale Verteilungs- und Machtfragen. Dies gilt für die Verbindung von Arbeitszeit mit Entgelt sowohl aus Sicht der betroffenen Beschäftigten (Einkommen und verfügbare Zeit) als auch aus Sicht der Arbeitgeber und ihrer Verbände (Kosten). Darüber hinaus gilt dies aber auch in Hinblick auf Fragen der Teilhabe an Entscheidungen. Mehr Eigenverantwortung in der Arbeit einschließlich stärkerer Selbstbestimmung bei der Arbeitszeit muss insgesamt mit einem Mehr an Einflussnahme – auch und gerade bezogen auf die Rahmenbedingungen der Arbeit – einhergehen. Auch aus diesem Grund ist nicht weniger Regulierung und Mitbestimmung nötig, sondern deren Erweiterung in mehrfacher Hinsicht. Es geht um ein *ergänzendes Programm demokratischer Beteiligung.*

Ohne stärkere Einflussnahme auf die Determinanten der Arbeit (vorhandenes Personal, Arbeitsorganisation und Technikeinsatz, Qualifizierung, Terminsetzungen und in Kennziffern umgesetzte Renditeerwartungen etc.) wird es auf lange Sicht keine nachhaltige Umkehr von der Entgrenzung der Arbeitszeit geben. Gewerkschaftliche Arbeitszeitkampagnen müssen auch deshalb fortgesetzt werden. Kein Zweifel besteht daran, dass sich die Auseinandersetzung lohnt. Denn der Kampf um die *Aneignung der Zeit* ist eine entscheidende Gegenbewegung zur totalen Ökonomisierung des Lebens.

Ingrid Artus

Tarifkämpfe um Entlastung im Krankenhaus: „Mehr von uns ist besser für alle"[1]

Abstract

Ökonomisierung und Privatisierung des Gesundheitswesens haben dazu geführt, dass Krankenhäuser heute wie kapitalistische Wirtschaftsunternehmen funktionieren, wie 'weiße Fabriken'. Der Arbeitsdruck ist enorm und es ist schwierig für die Beschäftigten, sich gegen vielfache Zumutungen zu wehren. Beim tariflichen Kampf um Entlastung, um verbindliche Personalausstattungsregeln und gute Pflege nahm und nimmt die Berliner Klinik Charité eine Vorreiterrolle ein. Der Beitrag gibt einen Überblick über den Tarifkampf an der Charité, in dessen Verlauf viele innovative Elemente für erfolgreiche Streiks zum Einsatz kamen: eine neue Form von Notdienstvereinbarung, ein basisdemokratisches Tarifberater*innenmodell sowie ein überbetriebliches Unterstützungskomitee. Abschließend werden die aktuelle Situation, Probleme und Zukunftsperspektiven diskutiert.

Dreißig Jahre neoliberaler Umbau des Wohlfahrtstaates bleiben nicht ohne Folgen. Besonders eklatant sind diese im Bereich von Gesundheit und Pflege. Ökonomisierung und Privatisierung des Gesundheitswesens haben dazu geführt, dass Krankenhäuser heute wie kapitalistische Wirtschaftsunternehmen funktionieren, wie 'weiße Fabriken'. So ist die Zahl der Patient*innen seit 1996 um 24 Prozent angestiegen, zugleich wurde jedoch bundesweit ca. zehn Prozent des Pflegefachpersonals reduziert (ver.di Bezirk Berlin 2018). Kein Wunder, dass die Arbeitsbedingungen häufig unzumutbar sind: permanentes Arbeiten am Limit, fragmentierte Arbeitsprozesse, überbordende Dokumentationsarbeiten, Nachtschichten mit extrem reduziertem Personalschlüssel, Einspringen „aus

---

1 Der Text basiert auf dem Aufsatz von Hedemann, Worm und Artus (2018), der eine Diskussionsveranstaltung mit Ulla Hedemann, Mitglied der ver.di-Betriebsgruppe an der Charité, im Sommer 2016 dokumentierte. Die vorliegende Fassung wurde erheblich überarbeitet, u.a. auf Basis von drei Interviews mit gewerkschaftlichen Aktivist*innen im März 2018.

dem Frei" – und am Ende das Gefühl, dass man doch nicht alle Patient*innen richtig betreuen konnte und das Entgelt für all den Stress nach wie vor zu niedrig ist. Unter diesen Bedingungen ist keine gute Pflege möglich, manchmal noch nicht einmal eine ausreichende Versorgung. Seit Jahren machen Beschäftigte und Gewerkschaften gegen diese Entwicklung mobil, fordern mehr Personal, eine gesetzlich verbindliche Personalbemessung und Tarifverträge für Entlastung. Eine Vorreiter*innenrolle nahm und nimmt dabei die Berliner Klinik Charité ein, das mit über 3.000 Betten größte Universitätsklinikum Europas. Besonders medienträchtig und erfolgreich war dort ein Streik im Juli 2015, bei dem Hunderte von Beschäftigten fast zwei Wochen lang die Arbeit niederlegten. Dies war der erste Streik im Krankenhaus, der nicht für mehr Lohn, sondern für mehr Personal geführt wurde – im Interesse von Beschäftigten und Patient*innen. Dem Berliner Vorbild folgten mittlerweile Kolleg*innen in Hunderten von Krankenhäusern, im Saarland, in Baden-Württemberg und bundesweit. Dabei ist Streiken im Krankenhaus nicht einfach, denn niemand will kranke Patient*Innen 'im Stich lassen'. Neue, kreative sowie effiziente Kampfmethoden mussten entwickelt werden, u.a. eine neue Form von Notdienstvereinbarung, basisdemokratische Selbstorganisierungsprozesse und überbetriebliche Unterstützer*innenkollektive. Im Folgenden wird der mittlerweile langjährige gewerkschaftliche Kampf um Entlastung in seinen wesentlichen Etappen skizziert. Nach einer anfänglichen Darstellung der ökonomischen Logik in Krankenhäusern als Ursache prekärer Arbeits- und Pflegebedingungen (1.) wird ein Überblick über die Entwicklung gewerkschaftlicher Tarifpolitik für mehr Personal gegeben (2.). Nach dem Tarifkonflikt 2015 an der Charité hat sich die Bewegung verbreitet (3.). Im letzten Kapitel werden Probleme und Zukunftsperspektiven der aktuellen Situation resümiert (4.).

1. Ökonomisierung und Privatisierung des Gesundheitssektors: Gesundheit als Ware

Eigentlich sind Krankenhäuser dazu da – oder sollten dazu da sein – kranken Menschen zu helfen. Insofern läge es nahe, sie als Einrichtungen der öffentlichen Daseinsvorsorge bzw. des öffentlichen Dienstes zu konzipieren und zu finanzieren. Früher war das in Deutschland überwiegend auch so. Seit den 1980er Jahren fand jedoch eine Vielzahl so genannter „Reformen" statt, welche die Versorgung von Patient*innen dominant einer ökonomischen Logik unterwarf. Dadurch sollten nicht nur „Kosten optimiert" und Prozesse effizienter gemacht werden. Ziel war und ist die Stimulierung von Markt- und Kostenkonkurrenz sowie, v.a. in privaten

Krankenhäusern, kontinuierlich wachsende Profite. Der Anteil privater Kliniken an allen Krankenhäusern hat sich zwischen 1991 und 2015 von 15 auf gut 35 Prozent mehr als verdoppelt (Daten der DKGEV, zit.n. Kusche und Wasmuth 2018; vgl. Böhlke et al. 2009).[2] Auf die Spitze getrieben wird die ökonomistische Logik in jüngster Zeit, wenn Pflegeeinrichtungen gar zu Spekulationsobjekten am Finanzmarkt werden. Seit Ende der 1990er Jahre kaufen internationale Private Equity-Gesellschaften Pflegeheime und Krankenhäuser mit dem Ziel auf, deren Marktwert zu steigern und sie mit Profit wieder zu veräußern (vgl. Bobsin 2018, Behruzi 2017). Die nachhaltigste Maßnahme für die Stimulierung eines Preis- und Kostenwettbewerbs zwischen den Krankenhäusern war aber der Import des so genannten DRG-Systems (Diagnosis Related Groups) aus den USA, das seit 2004 in Deutschland generell als Abrechnungssystem eingesetzt wird. Die DRGs sind eine Art Diagnose-Katalog, der über 1.000 Einträge zu verschiedenen Krankheitsbildern, Behandlungsverfahren und Pflegeaufwand umfasst und entsprechend eine spezifische Fallpauschale festlegt. Ulla Hedemann, Kinderkrankenschwester an der Universitätsklinik „Charité" und Mitglied der ver.di-Betriebsgruppe, erklärt das System wie folgt[3]:

> „Die Berechnung ist unabhängig von dem, was wirklich entsteht. [...] Wenn ich jetzt mit einer Blinddarmentzündung zum Arzt gehe oder ins Krankenhaus komme, ist es egal ob ich drei Tage liege oder sieben Tage und eine Komplikation habe. Das Krankenhaus kriegt immer nur denselben Preis gezahlt dafür. Und da liegt eben das Problem, dass dadurch Krankheit zur Ware wird im Endeffekt."

Die DRGs führen laut Ulla Hedemann auch dazu, dass in den Kliniken versucht werde, möglichst die 'teuersten' Diagnosen und Behandlungen anzuwenden, nach der Prämisse:

> „Wo kann ich noch was rausholen bei den Krankenkassen? Was kann ich noch zusätzlich codieren? Es wird nicht abgewogen, was ist das Sinnvollste für den Patienten, sondern es geht nur darum, die besten Erlöse da rauszuholen. Eine konventionelle Therapie ist oft langwierig und kostspielig und wird schlecht von der Krankenkasse

---

2   Eine Folge der Privatisierung des Gesundheitssektors ist auch die Zersplitterung der Tariflandschaft und abnehmende Geltungskraft des Flächentarifvertrags für den öffentlichen Dienst. Tarifflucht findet dabei nicht nur im Zuge der Privatisierung ganzer Krankenhäuser statt, sondern auch durch Ausgründungen von Betriebsteilen (z.B. Reinigungsbereich, Kantine) in Servicegesellschaften mit schlechteren Tarifverträgen (vgl. Artus und Rösch 2017).

3   Alle Zitate von Ulla Hedemann im Text entstammen dem autorisierten Mitschnitt einer Diskussionsveranstaltung zum Tarifkampf an der Charité im Sommer 2016.

bezahlt. Deswegen wird eher mal eine Operation durchgeführt, weil es mehr Geld bringt – auch wenn es für den Patienten nicht das Optimalste wäre."

Zur Festlegung der DRG-Fallpauschalen gibt es eine Berechnung der bundesweiten Durchschnittskosten für die jeweilige Behandlung. Da die Pflege für die Krankenhäuser der größte Kostenfaktor ist, versuchen sie in diesem Bereich die Kosten „zu optimieren", indem sie diese unter die bundesweit berechneten Durchschnittskosten drücken. Dies gelingt durch Personalabbau oder Lohnkürzung. Am Ende des Jahres findet jedoch eine Neuberechnung der Fallpauschalen statt – die nunmehr auf den reduzierten Pflegekosten basiert. Der Mechanismus gleicht also einem permanenten Unterbietungswettbewerb. Die Arbeitsverdichtung ist enorm und geht natürlich nicht nur zu Lasten der Beschäftigten, sondern auch zu Lasten der Patient*innen. „Blutige Entlassungen" oder auch der so genannte „Drehtüreffekt" sind die Folge: Da es den Krankenhäusern darum geht, angesichts der DRGs in der „Gewinnzone" zu bleiben, wird vermieden, dass ein Aufenthalt im Krankenhaus länger dauert als in den DRGs vorgesehen. Folglich wird versucht, die Patient*innen „noch in der Gewinnzone" zu entlassen – und im Fall von Komplikationen dann eben einige Tage später wieder aufzunehmen. Der*die Patient*in gilt dann als 'neuer Fall' und kann wieder neu abgerechnet werden. Die ökonomische Logik dominiert also eindeutig über das Ziel einer möglichst guten Patientenfürsorge.

2. Gewerkschaftliche Tarifkämpfe für mehr Pflegepersonal: Von symbolischen Streikaktionen zum Betten- und Stationsschließungsstreik

Die massive Verschlechterung der Arbeits- und Pflegebedingungen führte in der Vergangenheit immer wieder zu heftigen Protesten im Krankenhausbereich. Ende der 1980er Jahre konnte dadurch zunächst eine gesetzliche Regelung zur Personalbemessung durchgesetzt werden, die so genannte PPR (Pflegepersonalregelung). Obwohl solche Regelungen in vielen Ländern Standard sind, wurde sie in Deutschland Mitte der 1990er Jahre wieder abgeschafft oder nur noch als unverbindlicher Orientierungsrahmen genutzt. Aktuell bewegt sich die Personalstärke an deutschen Kliniken daher nur noch auf einem Niveau von etwa 65-80% der damals festgelegten PPR. Ein ver.di-Sekretär berichtet über die weitere Entwicklung:

> „1997 wurde die PPR endgültig abgeschafft und seitdem ist es bundesweit in den Keller [mit der Beschäftigung] gegangen. (...) Und dann begannen halt diese ersten

Pflegeförderprogramme, also dann IMMER gekoppelt an Auseinandersetzungen, ne? Also 2009 war ja diese „Der-Deckel-muss-weg-Kampagne", wo wir gemeinsam mit den Krankenhäusern ZUSAMMEN eine Kampagne für eine bessere Finanzierung gemacht haben (...) mehrere 100.000 [Menschen] hier vorm Brandenburger Tor und so weiter. Und DANACH kam ja eben dieses erste Pflegestellenförderprogramm." (ver.di-Sekretär; März 2018)

Die Gewerkschaften versuchten also 2009 zunächst in korporatistischer Manier gemeinsam mit den Krankenhäusern Druck auf die Regierung auszuüben, um eine bessere Finanzierung im Gesundheitswesen durchzusetzen. Die Ergebnisse für die Beschäftigten waren ernüchternd: Die Krankenhäuser erhielten zwar eine 'Finanzspritze', bei der Umsetzung des Pflegeförderprogramms auf Betriebsebene wurden die Interessenvertretungen jedoch meist übergangen. So blieb häufig unklar, wo und ob überhaupt neue Stellen geschaffen wurden:

> „Das ist alles völlig schiefgegangen. Und DARAUS haben wir so ein bisschen die Konsequenz gezogen, jetzt auch gewerkschaftlich zu sagen, okay, dieser Weg, man kämpft gemeinsam für eine bessere Finanzierung, der hat halt eine bestimmte Grenze, weil in dem Moment, wo man sich dann irgendwie gemeinsam da durchgesetzt hat, dass mehr Geld ins System kommt, dann enden die gemeinsamen Interessen und dann geht es auf einmal wieder getrennte Wege. " (ver.di-Sekretär; März 2018)

Das Scheitern der korporatistischen Politikvariante markiert zugleich den Beginn des tarifpolitischen Kampfes für mehr Beschäftigung und Entlastung des Pflegepersonals. Eine klare Vorreiterrolle hat(te) dabei das Berliner Universitätsklinikum „Charité". Rund 13.200 Beschäftigte, davon gut 4.000 Pflegekräfte und fast ebenso viele Ärzt*innen, behandeln hier jährlich mehr als 140.000 stationäre und 660.000 ambulante Fälle (ver.di 2017). Die aktive ver.di-Betriebsgruppe der Charité hatte Anfang der 2010er Jahre eine Mitarbeiter*innenbefragung durchgeführt, deren Ergebnis eindeutig war: Mehr Personal muss her. Unklar war jedoch, ob die Forderung nach einer Mindestpersonalbesetzung auf dem Weg tariflicher Regulierung überhaupt rechtlich zulässig ist. Die Klinikleitung argumentierte, dies sei ein Eingriff in ihre unternehmerische Freiheit. Erst ein von der Linksfraktion initiiertes Gutachten des wissenschaftlichen Dienstes des Bundestages klärte, dass dies eine tariffähige – und damit streikfähige – Forderung sei.[4] Dies

---

4   Dennoch versuchte die Klinikleitung den angekündigten Streik 2015 durch eine einstweilige Verfügung zu stoppen. Sowohl das Berliner Arbeitsgericht als auch das Landesarbeitsgericht bestätigten jedoch, dass Arbeitsbedingungen inklusive der Personalausstattung tariflich regelbar sind. Das Landesarbeitsgericht entschied: „Die unternehmerische Freiheit des Arbeitgebers endet dort, wo der Gesundheitsschutz der Beschäftigten anfängt." (ver.di 2017: 39)

war der Startschuss für den Beginn einer langen und zähen Auseinandersetzung, die bis heute andauert. Diese war und ist aus gewerkschaftlicher Sicht innovativ, nicht nur weil erstmals die Forderung nach einer Mindestpersonalbesetzung tariffähig gemacht wurde, sondern auch, weil vielfältige neue Instrumente entwickelt wurden, wie ein Streik im Krankenhaus sinnvoll und durchsetzungsfähig organisiert werden kann.

> „Weil im Krankenhaus ist immer das Problem: wenn ich streiken will, da sind Patienten. Die kann ich nicht gefährden, die will ich nicht gefährden. Ich will meine Rechte durchsetzen, aber ich will niemanden damit gefährden." (Mitglied ver.di Betriebsgruppe, Sommer 2016)

Streiks im Gesundheitswesen sowie allgemein im Bereich von Sorgearbeit sind mit anderen Problemen konfrontiert als im Industriesektor (vgl. Wolf 2017, Artus et al. 2018). Während im produzierenden Gewerbe durch Streiks v.a. ökonomischer Schaden entsteht, der unmittelbar den Besitzer der Produktionsmittel trifft, ist die Situation im Bereich personenbezogener Dienstleistungsarbeit komplizierter: Diese findet typischerweise innerhalb asymmetrisch strukturierter Dienstleistungsbeziehungen statt. Patient*innen und Klient*innen sind – häufig in existenzieller Weise – auf die Arbeitsleistungen der Sorgearbeitenden angewiesen. Ein Streik schädigt nicht nur (wenn überhaupt) den/die Arbeitgeber*in, sondern bedroht im Extremfall die körperliche Unversehrtheit, Leib und Leben der Patient*innen. Nach Rechtsprechung des Bundesarbeitsgerichtes ist die Organisation eines Notdienstes daher die gemeinsame Aufgabe von Arbeitgeber und streikender Gewerkschaft. Um dieser Aufgabe nachzukommen, werden in vielen Dienstleistungsbereichen freiwillige Notdienstvereinbarungen geschlossen. Sie definieren Anzahl und Rekrutierungsmodi von Beschäftigten, die während des Arbeitskampfes eine Notversorgung sicherstellen. Dies war und ist auch im Fall von Streiks im Krankenhausbereich üblich, häufig allerdings auch unnötig, da diese meist symbolischen und begrenzten Charakter hatten. Dies lag auch an der ausgeprägten Patientenorientierung und dem Arbeitsethos von Pflegebeschäftigten. Mehrere Innovationen waren nötig, um im Fall der Charité einen Übergang von symbolischen Streiks zu ökonomisch wirksamen Betten- und Stationsschließungsstreiks zu ermöglichen. Eine wichtige Rolle spielte erstens der Abschluss einer neuen Art von Notdienstvereinbarung, zweitens die Entwicklung eines basisdemokratischen Tarifdelegiertensystems sowie drittens die Vernetzung des Tarifkampfes mit überbetrieblichen Akteur*innen.

2.1 Die Notdienstvereinbarung: Mittel zur Durchsetzung des Streikrechts

Die neuartige Notdienstvereinbarung an der Charité wurde erstmals 2011 abgeschlossen. Thema der Tarifrunde war damals noch nicht die Personalbesetzung, sondern die Angleichung des (schlechteren) Charité-Haustarifvertrages an das Entgeltniveau des öffentlichen Dienstes. Ulla Hedemann, Mitglied der ver.di-Betriebsgruppe, erinnert sich:

> „Die [Notdienstvereinbarung] legt fest: Wie können wir streiken und was muss ich [an Personal] vorhalten. [...] Wir hatten dann überlegt: Gut, wir verzichten auf eine kurzfristige Ankündigung, sondern [...] der Arbeitgeber weiß mindestens sieben Tage vorher, dass wir streiken werden. Dafür, wenn wir melden, ein ganzes Team will streiken, wird die Station für diese Zeit gesperrt. [...] Also wir sagen dem Arbeitgeber an: Wie viele Menschen wollen streiken – und dementsprechend muss die Bettenzahl reduziert werden. Das nimmt den Druck für die Kollegen."

Der Clou der neuen Vereinbarung lag also darin, dass sie nicht nur die 'gewöhnliche' Notfallbesetzung regelte; laut Paragraph 3 soll „nach frist- und formgerechter Mitteilung" durch die Gewerkschaft die Besetzung der Stationen sogar unter das vereinbarte Notdienstniveau reduziert werden (Charité und ver.di 2013). Die Klinikleitung bekommt damit „ausreichend Zeit, eine Gefährdung von Patientinnen und Patienten auszuschließen, indem sie diese aus bestreikten Bereichen verlegt bzw. die dortigen Betten nicht neu besetzt" (ver.di 2017: 18). Die neue Notdienstvereinbarung hatte deutlich mobilisierende Wirkung: Während des Streiks 2011 gab es vorübergehend ca. 1.500 leere Betten, in etwa die Hälfte der Gesamtkapazität an der Charité.

Als man sich 2013 dann ersten Warnstreiks für eine Tarifierung verbindlicher Personalbesetzungsregeln näherte, hatte die Klinikleitung jedoch aus der Vergangenheit gelernt: Sie stimmte dem erneuten Abschluss der Notdienstvereinbarung nur unter der Voraussetzung zu, dass zugleich eine Schlichtungsvereinbarung geschlossen wurde. Einen Tag vor Beginn des Warnstreiks rief der Arbeitgeber dann tatsächlich die Schlichtung an. Streiks wurden dadurch (zunächst) verhindert, aber mit dem Schlichtungsergebnis war niemand wirklich zufrieden. Der Kurzzeittarifvertrag (ver.di 2017: 32) mit einer Laufzeit von einem halben Jahr beinhaltete lediglich eine Zusage für 80 zusätzliche Stellen – ein Tropfen auf den heißen Stein. Aber nicht einmal diese beschränkte Zusage wurde eingelöst:

> „Ende 2014 konnte uns dann nicht mal der Arbeitgeber erklären [wo die Stellen geschaffen wurden]. Er meinte: Jaja, die 80 sind da – ich weiß nur nicht, wo. Laut dem Jahresbericht der Charité sind wir sogar 23 [Stellen] drunter gewesen, unter dem Ausgangswert. " (Mitglied verdi-Betriebsgruppe)

So beschloss man, sich zukünftig nicht mehr auf eine Schlichtung einzulassen. Neues Tarifziel waren zudem „Quoten und ein Bemessungssystem, also handfeste Sachen für die Station und nicht per Gießkanne irgendwo was hinschütten" (Mitglied ver.di Betriebsgruppe). Die ver.di-Betriebsgruppe bereitete die neuen Tarifverhandlungen noch ausführlicher vor durch den Aufbau eines basisdemokratischen Tarifberater*innenmodells.

2.2 Tarifberater*innen: eine basisdemokratisches Delegiertenmodell

Die Durchführung eines effizienten Betten- und Stationsschließungsstreiks ist nur möglich auf der Basis gründlicher Vorbereitung und intensiver Kommunikationsprozesse innerhalb der Belegschaft. Das an der Charité zu diesem Zweck etablierte System von „Tarifberater*innen" ist in seiner Grundstruktur nicht neu, sondern ähnelt Vertrauensleute- oder Rätesystemen, wie sie in der Gewerkschaftsgeschichte vielfach erprobt und umgesetzt wurden. Nach Jahrzehnten gewerkschaftlicher Stellvertreterpolitik mit geringer Streikintensität sind diese jedoch (nicht nur in Deutschland und nicht nur in Krankenhäusern) in Vergessenheit geraten und müssen daher wiederbelebt oder geradezu 'neu entdeckt' werden. Das System ist einfach: In jeder Station wird eine Person gesucht, die bereit ist als Tarifberater*in zu fungieren. Sie übernimmt die Aufgabe, Meinungen und Einschätzungen aus dem Kolleg*innenkreis (von unten nach oben) an die Tarifkommission weiterzugeben, und zugleich aktuelle Entwicklungen z.B. in laufenden Tarifverhandlungen (von oben nach unten) an die Belegschaft zu kommunizieren (ver.di 2017: 42). Anders als bei klassischen gewerkschaftlichen Vertrauensleutestrukturen ist die gewerkschaftliche Mitgliedschaft keine Voraussetzung für Tarifberater*innen. Modernen Organizing-Strategien entsprechend (vgl. McAlevey 2012) wird vielmehr nach sog. „Kern-Aktiven" gesucht (Windisch 2018), die im Arbeitsalltag die Rolle von Meinungsführer*innen, Multiplikator*innen oder informellen Interessenvertreter*innen übernehmen. Wichtig bei der Suche ist die persönliche Ansprache:

> „Also nicht per Rundmail rumgeschickt: wer hat denn Lust? Sondern die Leute wirklich direkt ansprechen und sagen: wie schaut's aus, Lisa? Willst du mitmachen?" (Mitglied ver.di Betriebsgruppe)

Das Tarifberatermodell an der Charité besteht aus drei Stufen: An der Spitze steht eine siebenköpfige Verhandlungsdelegation. Diese stammt aus den Reihen der 21 Mitglieder starken Tarifkommission, die wiederum im engen Austausch mit den Tarifberater*innen der einzelnen Stationen stehen. Dadurch wurde während der Tarifrunde 2015 eine Art Feedback-Kreislauf möglich: Nach jeder

Verhandlungsrunde gab es eine Tarifkommissionssitzung und anschließend ein Treffen mit den Tarifberater*innen. Auf diesen Treffen wurden die Verhandlungsergebnisse evaluiert und das weitere Vorgehen beraten. Dadurch entsteht eine „große Legitimität" der Entscheidungen der Tarifkommission (ver.di 2017: 42) sowie die Möglichkeit des Rückgriffs auf Informationen und Kompetenzen von Kolleg*innen aus allen Krankenhausbereichen.

> „Bei einer völlig neuen Frage wie der Bemessung von Personal war das in den Verhandlungen (...) eine Bedingung dafür, dass überhaupt sinnvolle und wirksame Regelungen gefunden werden konnten." (ebd.)

Die Vorbereitungen auf die Tarifbewegung umfassten aber nicht nur die Suche nach Tarifberater*innen, sondern auch viele Schulungen und Informationsveranstaltungen der Belegschaft sowie die Organisierung von Unterstützung und Solidarität 'von außen'.

2.3 Das Unterstützer*innenbündnis: Solidarität und politischer Druck 'von außen'

Streiks werden nicht allein in den Betrieben entschieden; gerade in zugespitzten Konflikten ist die Haltung der Medien und der breiten Öffentlichkeit von großer Relevanz. In manchen Streiktheorien wird daher die Fähigkeit, überbetriebliche Unterstützung für einen Streik zu gewinnen und diesen in der Öffentlichkeit als legitim und gerecht darzustellen, auch als „narrative Ressource" bezeichnet (Lévesque und Murray 2013). Besonders relevant sind solche „narrativen Ressourcen" erstens, wenn die Möglichkeiten direkten ökonomischen Schaden durch einen Arbeitskampf zu verursachen, beschränkt sind, oder zweitens, wenn von den Streikfolgen nicht nur der Arbeitgeber, sondern auch die Öffentlichkeit direkt betroffen ist. Beides ist bei Krankenhausstreiks der Fall, weshalb die Vernetzung mit politischen Akteuren und eine systematische Öffentlichkeitsarbeit als wesentliche Erfolgsfaktoren gelten können. Die Gründung überbetrieblicher, politischer Unterstützer*innenbündnisse ist dafür ein adäquates Mittel. Dieses ist freilich ebenfalls keine 'Neu-Erfindung' der Charité-Aktivist*innen. In Ländern, in denen der Übergang zwischen Gewerkschaften und sozialen Bewegungen fließender ist als in Deutschland (z.B. in Frankreich oder Spanien), sind diese eine übliche Praxis. Das im Sommer 2013 gegründete Bündnis „Berlinerinnen und Berliner für mehr Krankenhauspersonal"[5] war jedoch „von Beginn an mehr als

---

5   Onlineauftritt des Bündnisses: http://www.mehr-krankenhauspersonal.de/ [zuletzt aufgerufen am 03.05.2018]

ein klassisches Solidaritätskomitee". Die Aktiven, bestehend aus ver.di, mehreren linken Gruppen und kleineren Organisationen in Berlin, „gründeten mehrere Arbeitsgruppen, die eigenständig agierten und unterschiedliche Felder bearbeiteten – zum Beispiel den Kontakt zu Patient/innen, zur Bevölkerung oder der Politik suchten" (ver.di 2017: 25).

Das Unterstützer*innenbündnis übernahm teilweise die Öffentlichkeitsarbeit, informierte Angehörige, sprach mit Patient*innen und begleitete die ver.di-Betriebsgruppe auch in einzelne Abteilungen – „zum Beispiel über sogenannte Tandems, bei denen ein Beschäftigter und ein Außenstehender über die Stationen laufen und Gespräche führen" (ver.di 2017: 26). Es gab viele öffentlichkeitswirksame Aktionen: Flashmobs Flyer, Unterschriftensammlungen sowie die Online-Kampagne „Gesicht zeigen für mehr Personal im Krankenhaus".

> „Die [das Unterstützer*innenbündnis] haben uns wahnsinnig viel Arbeit abgenommen im Endeffekt, sodass wir uns auf die Mitarbeiter konzentrieren konnten. [...] Was für eine Öffentlichkeitswirkung man über so ein Bündnis auch hat! So, dass man nicht nur intern erreicht oder die üblichen Verdächtigen, sondern eben auch viel, viel weiter. Weil durch Facebook kann man so vieles so wunderbar streuen." (Mitglied ver.di-Betriebsgruppe)

3. Der erfolgreiche Streik 2015 und die Ausweitung der Entlastungsbewegung

Gestärkt durch die Rückendeckung einer mit dem Tarifberatermodell flächendeckend organisierten Belegschaft plus Unterstützer*innenbündnis begann die Tarifkommission Anfang 2015 erneut den Dialog mit dem Krankenhausmanagement zur Vereinbarung verbindlicher Personalbesetzungsregeln. Nach einem ersten Warnstreik im April 2015 kam es im Juli 2015 zum unbefristeten Erzwingungsstreik, der fast zwei Wochen lang durchgehalten wurde. Mehr als 20 Stationen wurden komplett geschlossen. Zeitweise waren über 500 Beschäftigte am Streik beteiligt. Das öffentliche Echo war groß – und meist positiv im Sinne der Streikenden.

> „Es gab immer wieder positives Feedback von Angehörigen, Patienten, die gesagt haben: es ist genau richtig, was ihr macht. Auch die Ärzte [...], die gesagt haben: Ja, wenn ihr [Pflegekräfte] mehr seid, könnt ihr uns auch besser unterstützen. [...]. Also ich habe wenige erlebt, die Schlechtes darüber gesagt haben. Obwohl die Zeitungen sehr intensiv gesucht haben nach 'Streikopfern', die sie Gott sei Dank nicht gefunden haben." (Mitglied ver.di-Betriebsgruppe)

Das Unterstützer*innenbündnis war während des Streiks online in vielen sozialen Netzwerken aktiv. Seine Facebook-Posts hatten Mitte Juni 2015 eine Reichweite von 800.000 Personen. Nach elf Streiktagen einigte man sich auf ein vorläufiges „Eckpunktepapier". Nach Ende des Streiks dauerte es jedoch noch fast acht Monate, bevor die vereinbarten Grundprinzipien im Rahmen eines Tarifvertrags 'ausbuchstabiert' und abgeschlossen werden konnten. Der „Tarifvertrag Gesundheitsschutz" trat am 1. Mai 2016 in Kraft mit einer Laufzeit bis Mitte 2017 und der einseitigen Option für ver.di, die Laufzeit zu verlängern (vgl. zu den Inhalten des Verhandlungsergebnisses ver.di 2017: 51ff.). Die Tarifbewegung hatte sich mit ihrem Kernanliegen durchgesetzt.

Das Beispiel der Charité wurde fortan richtungsweisend für die Tarifpolitik im Gesundheitswesen bundesweit. Als direkte Nachfolge startete im Januar 2016 die Kampagne für einen Tarifvertrag Entlastung im Saarland. Die Übergabe des 'Staffelstabes' von der Charité an die saarländischen Kolleg*innen wurde im Mai 2016 sogar symbolisch bei einem Treffen inszeniert. Die für Ende März 2017 im Saarland anstehenden Landtagswahlen schienen ein günstiges Zeitfenster. Neu war, dass die Kampagne nicht mehr auf ein einziges Klinikum fokussiert war, sondern in mindestens der Hälfte aller 22 saarländischen Kliniken Tarifverhandlungen aufgenommen werden sollten – darunter mindestens ein Haus mit kirchlichem Träger. Der Organisierungsimpuls ging zudem nicht (nur) von innerbetrieblichen Aktivist*innen aus, sondern ein Organizingteam von bis zu 20 Personen bildete das Rückgrat der Kampagne (Windisch 2018). Getreu dem Charité-Vorbild bauten diese zunächst den basisdemokratischen Unterbau für langfristig geplante Streikaktionen auf. Dass Hunderte von neu gefundenen Aktivist*innen nunmehr „Team-Delegierte" (statt Tarifberater*innen) genannt wurden, war lediglich eine kosmetische Anpassung der Namensgebung. Nach Berliner Vorbild gründete sich auch das Bürger*innenbündnis „Saarbrücker Appell für mehr Pflegepersonal". Als die Tarifbewegung von Januar bis Ende März 2017 in die „heiße Phase" ging, kamen als neues Element saarlandweite Delegiertentreffen hinzu, ein Instrument basisdemokratischer Streikführung, das von ver.di zuvor auch während des Streiks im Bereich der Sozial- und Erziehungsdienste 2015 eingesetzt worden war (Kutlu 2013).[6] Die Team-Delegiertentreffen erwiesen sich als „Dreh- und Angelpunkt der Kampagne" (Windisch 2018: 139). Zwar gelang im Saarland letztlich der angestrebte flächendeckende Abschluss von Tarifverträgen zur Entlastung nicht, es gab jedoch Teilerfolge. Zu diesen gehörte der erste Streik an einem katholischen Krankenhaus und die schriftliche Zusiche-

---

6   Bei einem ersten Treffen im Januar 2017, das in Form eines Warnstreiks stattfand, waren über 180 Teamdelegierte anwesend, die rund 3.750 Beschäftigte repräsentierten (Windisch 2018: 139).

rung des Universitätsklinikums Homburg als zweite Klinik in Deutschland nach der Charité in Verhandlungen über Entlastung einzusteigen. Als Erfolg zählen sicherlich auch rund 900 neue Gewerkschaftsmitglieder, 70% davon jünger als 40 Jahre und 80% weiblich (ebd.: 149).

Mitte Mai 2017 kündigte das ver.di-Bundesvorstandsmitglied Sylvia Bühler dann an, zukünftig bundesweit „ein Prozent aller etwa 2.000 Kliniken zu Tarifverhandlungen" für mehr Personal auffordern zu wollen (Supe 2018). In Baden-Württemberg sind aktuell die Universitätskliniken dabei, sich zu organisieren und bundesweit wurden in vielen Krankenhäusern neue Arbeitskampfmethoden erprobt. So gab es etwa einen „Aktionstag Händedesinfektion", der durch die vorschriftsmäßige Einhaltung von Hygienevorschriften verdeutlichte, wie stark unterbesetzt die meisten Klinikeinrichtungen sind. In Delegationsstreiks erfolgt die 'Rückdelegation' der (im Grundsatz freiwilligen) Übernahme ärztlicher Tätigkeiten durch Pflegekräfte; in Ultimatenstreiks wird 'Dienst nach Vorschrift' angedroht und umgesetzt, wenn den Forderungen nach Verbesserung der Personalsituation oder der Reduzierung von Betten angesichts einer akuten Überlastungssituation nicht bis zu einem bestimmten Ultimatum entsprochen wird. All diese Aktionsformen finden sich ebenfalls im Arsenal bewährter Kampfwaffen der Charité (vgl. ver.di 2017: 14, 27ff.). „Im Saarland und in Baden-Württemberg, in Düsseldorf, Augsburg und Hannover, am privatisierten Uniklinikum Gießen und Marburg und selbst an der katholischen Marienhausklinik im saarländischen Ottweiler legten Pflegekräfte für Entlastung die Arbeit nieder" (Behruzi 2018). Und doch: Trotz viel Bewegung, Organisierung, öffentlicher Thematisierung und betrieblichen Kämpfen für mehr Personal in Krankenhäusern, trotz vieler Versprechungen von Seiten der Politik und von Klinikleitungen fehlt bisher der echte Durchbruch; es fehlen spürbare Entlastungserfolge.

4. Der Kampf für Entlastung geht weiter: tariflich – betrieblich – gesetzlich

Zwei Jahre nach Abschluss des ersten Tarifvertrags mit verbindlichen Personalbesetzungsregeln hat sich die Belastungssituation an der Charité in vielen Bereichen nicht spürbar verbessert. Ein Krankenpfleger, der zugleich auch Tarifberater ist, berichtet im März 2018 von der Stimmung an seinem Arbeitsplatz: „Die Situation ist aktuell vielleicht sogar noch schlechter als vor Abschluss des Tarifvertrags. Viele gehen weg. Die Stimmung ist total schlecht. Die Leute sagen: 'Das [die tariflichen Kämpfe] bringt eh nichts'. Es gibt ein super hohes Frustrationslevel".

Bereits Anfang 2017 konstatierte ver.di, dass auf jeder zweiten Normalstation eine Pflegekraft weniger arbeitete als im Tarifvertrag festgelegt. Auf knapp 30% der Stationen wurden zwischen 10 und 25% weniger Pflegekräfte eingesetzt (ver.di 2017: 54).

> „Das Problem an dem Tarifvertrag ist, dass das Konsequenzenmanagement, wenn diese Normen [der Personalbesetzung] nicht eingehalten werden, nicht verbindlich genug ist. Und vor allen Dingen nicht juristisch greifbar." (ver.di-Sekretär)

Angesichts des informellen Boykotts und der mangelhaften Umsetzung des Tarifvertrags wurde dieser, als er Mitte 2017 auslief, von ver.di nicht verlängert. Damit endete auch die Friedenspflicht. Ziel war ein neuer Tarifvertrag mit verbessertem Konsequenzenmanagement. Im September 2017 – eine Woche vor der Bundestagswahl – kam es erneut zum Streik, in dem allerdings klar wurde, dass die Klinikleitung nunmehr (noch) härtere Bandagen angelegt hatte. Sie verweigerte im Vorfeld die Unterschrift unter die Notdienstvereinbarung, die ver.di daraufhin einseitig anwandte:

> „Also wir haben Ankündigungen gemacht und alles und der Arbeitgeber hat sich in einigen Bereich dran gehalten und in anderen Bereichen gab es halt richtig Krieg. (...) Es gab zum Beispiel auch massive Konflikte im OP, weil die einfach das OP-Programm nicht runtergefahren haben und solche Späße. Und das ist eigentlich völlig unverantwortlich." (verdi-Sekretär)

Erst nach drei Tagen, angesichts teils chaotischer Zustände auf den Stationen und massiven öffentlichen Drucks, war die Klinikleitung zum Abschluss der Notdienstvereinbarung bereit. Zugleich zeichnete sich aber ein weiteres Problem ab: „Die Charité hat sich in den Arbeitgeberverband zurückgeflüchtet" (ver.di-Sekretär, März 2018). Als Mitglied des Kommunalen Arbeitgeberverbandes (KAV) ab dem 1.Oktober 2017 war die Charité von dessen Vorgabe betroffen, dass kein KAV-Mitglied zu Fragen der Personalbesetzung Tarifverträge schließen darf. Dieser Schritt führte zu einem Strategiewechsel der Gewerkschaft. Um den bisherigen Besitzstand zu sichern und das Veto des KAV zu umgehen, wurde der alte Tarifvertrag wieder in Kraft gesetzt – mit einer nunmehr deutlich verlängerten Laufzeit und zugleich zweiwöchiger Kündigungsfrist für ver.di zum Ende jeden Monats. Zugleich einigte man sich auf ein Eckpunktepapier für Verhandlungen zum Thema Konsequenzenmanagement.

> „Wir hatten gegenseitig das Messer an der Gurgel und haben uns Zeit dafür verschafft, dass man das erst mal wieder ein bisschen zurückzieht. Mehr ist das nicht." (ver.di-Sekretär)

Ab Oktober 2017 stand aber zunächst die Aushandlung eines Ergänzungstarifvertrags für die Charité beim Übergang in den KAV im Vordergrund. Die Verhandlungen zum Thema Konsequenzenmanagement wurden zunächst vertagt, stehen aktuell jedoch an.

„Das Problem ist halt, es gibt nur eine Sache, die schlimmer ist als Ungerechtigkeit, und das ist Gerechtigkeit ohne Schwert. Und das ist das, was wir jetzt halt gespürt haben, ne?" (ver.di-Sekretär)

Dem Kampf um einen ersten Tarifvertrag für Entlastung folgt also aktuell der Kampf um dessen Umsetzung und Verbesserung. Dabei haben sich die Fronten verhärtet. Angesichts gewerkschaftlicher Erfolge organisiert sich die Arbeitgeberseite neu und kollektiv in Anti-Streikkoalitionen – eine Entwicklung, die viele historische Vorbilder kennt. Ob der Kampf um Entlastung dennoch gewonnen werden kann, wird sich nicht nur in zukünftigen Streikbewegungen an der Charité und anderswo zeigen; dies hängt auch heute schon vom alltäglichen Arbeits- und Konfliktverhalten der Pflegekräfte ab. So erläutert etwa der interviewte Charité-Krankenpfleger, dass es durchaus Stationen gebe, die besser organisiert seien als seine eigene, die im Fall ungenügender Personalausstattung Überlastungsanzeigen schreiben und sich kollektiv weigern, „aus dem Frei einzuspringen". Und er hat die Hoffnung, dass – auch angesichts des akuten Fachkräftemangels im Pflegesektor „eine Generation vielleicht kommt, die weniger mit sich machen lassen, die die Reißleine ziehen, die 'nee' sagen und sich nach was anderem umschauen. Es ändert sich so wenig, weil, ich weiß nicht wie viel Prozent der Leute permanent die Augen zumachen".

Neben gut organisierten, basisdemokratisch und effizient geführten Tarifkonflikten sind somit auch alltägliche betriebliche Kämpfe „als Schwert für Gerechtigkeit" wichtig. Mittelfristig ist der Kampf um effiziente Regulierungen für mehr Personal an der Charité sicher nicht im Alleingang zu gewinnen. Vielmehr muss es darum gehen, aus selektiven tariflichen Erfolgen flächendeckend verbindliche Regulierungen zu machen. Erklärtes Ziel bleiben daher gesetzliche Personalbemessungen, die eine gute Pflege ermöglichen; Ziel bleibt die Ablösung einer ökonomistischen Logik durch eine solidarische Logik des Gemeinwohls. Für dieses Ziel wurde im Sommer 2018 an den Unikliniken Düsseldorf und Essen gestreikt. Initiativen für Volksentscheide gibt es in Berlin, Hamburg und Bayern[7]. Denn tarifliche und gesetzliche Reformen fallen nicht vom Himmel,

---

7 vgl. www.volksentscheid-gesunde-krankenhaeuser.de [zuletzt aufgerufen am 03.05.2018] sowie https://www.rbb24.de/politik/beitrag/2018/04/Volksinitiative -Gesunde-Krankenhauser-sammelt-Unterschriften.html [zuletzt aufgerufen am 04.05.2018]

sondern „brauchen den Druck von der Basis. Wir brauchen Druck von unten"
(Mitglied verdi-Betriebsgruppe). Der Kampf geht weiter.

Literatur

Artus, Ingrid/Birke, Peter/Kerber-Clasen, Stefan/Menz, Wolfgang (Hg.) (2018): Sorge-Kämpfe. Auseinandersetzungen um Arbeit in sozialen Dienstleistungen, Hamburg.

Artus, Ingrid/Rösch, Benedikt (2017): Stärkung der Tarifbindung im Dienstleistungssektor. Probleme, Erfahrungen, Strategien. Bericht des Hans-Böckler-Forschungsprojekts Nr. 2017-583-3, Erlangen. https://www.boeckler.de/pdf_fof/99801.pdf

Behruzi, Daniel (2018): Kampf für mehr Personal. Betriebliche Aktionen und Streiks haben den Notstand in den Krankenhäusern zum öffentlichen Thema gemacht, in: Junge Welt, 25.04.2018, Nr. 96, 7.

– (2017): Pflege – Spielball von Finanzjongleuren, in: Lunapark 21, 40, 8-9.

Bobsin, Rainer (2018): Der weiße Finanzmarkt. Pflege als Spekulationsobjekt, in: express, H. 4/2018, 56. Jg., 6-8.

Böhlke, Nils/Gerlinger, Thomas/Mosebach, Kai/Schmucker, Rolf/Schulten, Thorsten (Hg.) (2009): Privatisierung von Krankenhäusern. Erfahrungen und Perspektiven aus Sicht der Beschäftigten, Hamburg.

Charité-Universitätsmedizin Berlin/Vereinigte Dienstleistungsgewerkschaft ver.di (2013): Notdienstvereinbarung, Berlin.

Hedemann, Ulla/Worm, Lukas/Artus, Ingrid (2018): „Mehr für uns ist besser für alle". Dokumentation einer Veranstaltung zum Pflegestreik an der Charité, in: Artus, Ingrid u.a. (Hg.): Sorge-Kämpfe. Auseinandersetzungen um Arbeit in sozialen Dienstleistungen, Hamburg, 116-129.

Kusche, Katrin/Waßmuth, Carl (2018): Krankheit muss sich rechnen. Oder: Spiel mir das Lied vom Tod, in: Lunapark 21 extra 16/17, 45-47.

Kutlu, Yalcin (2013): Partizipative Streikführung: Der Erzieherinnenstreik, in: Schmalz, Stefan/Dörre, Klaus (Hg.): Comeback der Gewerkschaften? Machtressourcen, innovative Praktiken, internationale Perspektiven, Frankfurt a.M./New York, 226-241.

Lévesque, Christian/Murray, Gregor (2013): Gewerkschaftsmacht verstehen: Ressourcen und Fähigkeiten zur Erneuerung strategischen Handlungsvermögens, in: Schmalz, Stefan/Dörre, Klaus (Hg.); Comeback der Gewerkschaften? Machtressourcen, innovative Praktiken, internationale Perspektiven, Frankfurt a.M./New York, 39-55.

McAlevey, Jane (2012): Raising expectations (and raising hell). My Decade Fighting for the Labor Movement, London/New York.

Supe, Johannes (2018): Pflegekräfte wehren sich. Jahresrückblick 2017. Heute: Streiks in den Kliniken. Immer mehr Häuser werden in den Kampf gegen den Personalnotstand einbezogen, in: Junge Welt, 09.01.2018, Nr. 7.

ver.di (2017): Mehr von uns ist besser für alle! Der Kampf um Entlastung und Gesundheitsschutz an der Berliner Charité, Broschüre, Berlin, 2.Aufl.

ver.di Bezirk Berlin (2018): Volksentscheid für gesunde Krankenhäuser, Berlin; https://volksentscheid-gesunde-krankenhaeuser.de/wp-content/uploads/2018/01/faltblatt3-web.pdf

Windisch, Win (2018): „Wir haben es selbst in der Hand, noch stärker zu werden!" Die Bewegung für einen Tarifvertrag Entlastung in den saarländischen Krankenhäusern, in: Artus, Ingrid u.a. (Hg.): Sorge-Kämpfe. Auseinandersetzungen um Arbeit in sozialen Dienstleistungen, Hamburg, 130-153.

Wolf, Luigi (2017): „Mehr von uns ist besser für alle!" Die Streiks an der Berliner Charité und ihre Bedeutung für die Aufwertung von Care-Arbeit, in: Fried, Barbara/Schurian, Hannah (Hg.): Umcare. Gesundheit und Pflege neu organisieren. Materialien der Rosa-Luxemburg-Stiftung Nr. 13, 2. Aufl., Berlin, 23-31.

Britta Brandau

Dem Personalnotstand in den Krankenhäusern und in der Pflege wird endlich Einhalt geboten

Ingrid Artus schildert sehr anschaulich den gewerkschaftlichen Kampf um Entlastung in den Krankenhäusern. Sie zeigt eindrücklich die ökonomische Logik in Krankenhäusern als Ursache prekärer Arbeits- und Pflegebedingungen auf und gibt einen Überblick über die Entwicklung gewerkschaftlicher Tarifpolitik für mehr Personal.

Ihre Analyse wird unterstützt von den Ergebnissen der jüngsten repräsentativen Beschäftigtenbefragung im Rahmen des DGB-Index Gute Arbeit aus dem September 2018. Diese machen deutlich, dass die Arbeitsbedingungen in der Alten- und Krankenpflege weitaus stärker durch Zeitdruck und ausufernder Arbeitsmenge charakterisiert sind als im Durchschnitt anderer Berufsgruppen. So beträgt der Anteil der Krankenpfleger*innen, die sich bei der Arbeit oft gehetzt fühlen, 80 Prozent (alle Berufsgruppen: 55 Prozent). Der Anteil der Beschäftigten in der Krankenpflege, die „häufig Abstriche bei der Qualität ihrer Arbeit machen, um die Arbeitsmenge bewältigen zu können" beträgt 49 Prozent (alle Berufsgruppen: 22 Prozent). Lediglich 22 Prozent der Beschäftigten in der Pflege gehen davon aus, unter den derzeitigen Arbeitsbedingungen bis zur Rente durchzuhalten. Eine Ausdünnung der Personaldecke bei steigender Arbeitsverdichtung, permanentes Einspringen aus dem Frei, geteilte Dienste und konsequenterweise eine hohe Krankenquote verbunden mit hohen Abbruchzahlen in der Ausbildung und einer hohen Fluktuation der Pflegekräfte kennzeichnen die schlechten Arbeitsbedingungen (vgl. ver.di/DGB 2018).

Dazu kommt ein unterirdischer Lohn. Fachkräfte in der Altenpflege erhalten nicht einmal 2.000 Euro brutto (Vollzeit) im Monat. Sie erhalten insgesamt bei einem mittleren Entgelt von 2.621 Euro etwa 16 Prozent weniger als das mittlere Entgelt aller Beschäftigten, das 3.133 Euro beträgt. Hier wird ver.di zukünftig verstärkt ansetzen, um gemeinsam mit den Beschäftigten diesen Teufelskreis zu durchbrechen. Denn pflegebedürftige Menschen müssen darauf vertrauen können, in Würde und mit Respekt gepflegt zu werden. Dazu wird ausreichend qualifiziertes Personal benötigt und dazu gehört zwingend eine zeitgemäße und attraktive Ausbildung – und letztlich eine Aufwertung der Pflege.

Ingrid Artus geht in ihrem Beitrag auch auf den Meilenstein Charité und die Perspektiven für die Zukunft ein. In einigen Krankenhäusern erkämpften die Beschäftigten weitere Fortschritte, auf die ich im Folgenden kurz eingehen möchte: Nach Arbeitskämpfen mit 46 Streiktagen an der Uniklinik Düsseldorf und 34 Tagen an der Uniklinik Essen ist eine Einigung in der Schlichtung erzielt worden, die ab dem 01. Oktober 2018 gilt. Sie sieht vor, dass an beiden Universitätskliniken jeweils 180 Vollkraftstellen (VK Stellen) zusätzlich geschaffen werden, aufgeteilt in 140 VK Stellen für die Pflege sowie 40 VK Stellen in anderen Bereichen beispielsweise im Patient*innentransport.

In der verbindlichen Vereinbarung mit ver.di wurden außerdem Festlegungen für Soll- und Regelbesetzungen getroffen. Diese werden in drei Schritten eingeführt: Mit der Soll- und Regelbesetzung wird festgelegt, wie viele Beschäftigte pro Schicht anwesend sein müssen, um genau festzustellen, wann zu wenig Personal da ist. Wenn die Sollzahlen nicht erreicht werden, muss der Klinikvorstand Konsequenzen ergreifen. Den Streikenden war die Verhandlungszusage für die beiden Tochtergesellschaften der Uniklinik Düsseldorf sehr wichtig, denn die Beschäftigten der Uniklinik und der Servicegesellschaften haben wochenlang gemeinsam gestreikt. Mit Hilfe dieser großen Solidarität konnte der tariflose Zustand für die Tochtergesellschaften endlich beendet werden.

Im Klinikum Augsburg erzielten die Beschäftigten einen weiteren Erfolg: Der Vertrag beinhaltet unter anderem die Einführung einer Regelbesetzung auf allen bettenführenden Stationen und Funktionsabteilungen innerhalb der nächsten 18 Monate.[1] Basis hierfür ist eine Personalbemessungsregelung, die den Pflegeaufwand für die einzelnen Patienten abbildet. Bis einschließlich 2020 soll ein Aufbau von 100 zusätzlichen Vollkraftstellen im Pflegedienst erfolgen.

Zudem wird ein Konsequenzenmanagement vereinbart. Das bedeutet, wenn vereinbarte Vorgaben nicht eingehalten werden, setzen Konsequenzen ein, beispielsweise Bettenschließungen. Für Belastungssituationen soll ein Belastungsausgleich für das Pflegepersonal eingeführt werden. Dieser Ausgleich sieht vor, dass nach sieben Schichten innerhalb eines Monats, die unterbesetzt gearbeitet werden, ein Belastungsausgleich durch einen freien Tag erfolgt. Außerdem wurde eine Verbesserung der Ausbildungsqualität vereinbart. Die Tarifabschlüsse unter-

---

1 Bis zum Mai 2020 gibt es Übergangsbestimmungen für die Regelbesetzung auf den einzelnen Stationen und Arbeitsbereichen, inklusive eines Besetzungsstandards für die Nachtschichten.

streichen die Bedeutung des Themas Personalausstattung für die Beschäftigten. Die Arbeit im Krankenhaus darf nicht krank machen.

Aus Sicht von ver.di zeigen die bisherigen Arbeitskämpfe, dass die Beschäftigten nicht mehr bereit sind permanent über ihre Belastungsgrenzen zu gehen, um mit großen individuellen Engagement fehlendes Fachpersonal auszugleichen. Hier sind die Arbeitgeber gefordert.

Auch politisch haben die Arbeitskämpfe endlich Folgen: Die vom Bundesgesundheitsministerium vorgelegten Pflegepersonaluntergrenzen sind allerdings unzureichend, denn die Patient*innen haben Anspruch auf eine sichere Versorgung. Wenn nachts in der Geriatrie eine Pflegekraft allein 20 Patient*innen versorgen soll, ist das staatlich legitimierter Pflegenotstand. Mit den Untergrenzen aus dem Verordnungsentwurf gäbe es weder eine gute Versorgung noch Entlastung.

Literatur

ver.di/DGB (2018): Arbeitsbedingungen in der Alten- und Krankenpflege. So beurteilen die Beschäftigten die Lage Ergebnisse einer Sonderauswertung der Repräsentativumfragen zum DGB-Index Gute Arbeit, http://index-gute-arbeit.dgb.de/(24.11.2018).

Verordnung zur Festlegung von Pflegepersonaluntergrenzen in pflegesensitiven Krankenhausbereichen für das Jahr 2019 vom 05. Oktober 2018 (Pflegepersonaluntergrenzen-Verordnung – PpUGV) aus dem Bundesgesetzblatt, Jg. 2018, Teil I, Nr. 34, ausgegeben zu Bonn am 10. Oktober 2018.

Philipp Lorig

„Crowdwork" im Handwerk? – Traditionalisierung in der Erneuerung

Abstract

Eine im Feld der (Solo-) Selbstständigen bis dato kaum erforschte Erwerbstätigengruppe besteht aus Personen, die ihre handwerklichen Dienstleistungen auf Werkvertragsbasis primär im Internet anbieten: Sie haben ihre Auftragsakquise auf Handwerksportale im virtuellen Raum verlegt. Wie beispielhaft am Marktführer „MyHammer.de" gezeigt wird, zeichnen sich diese Portale durch eine besondere Form der digitalen Be- und Entgrenzung von Arbeit aus. Arbeitsabläufe werden dabei bis weit in das Alltagsleben hinein strukturiert und diszipliniert. Damit gehen starke Unsicherheiten in der Lebensplanung sowie ein Verharren im Niedriglohnbereich einher. Ausgehend von eigenen empirischen Untersuchungen fragt der Beitrag nach Gemeinsamkeiten und Unterschieden zu anderen Bereichen des Crowdworks (z.B. in der IT-Branche) sowie nach Charakteristika dieser spezifischen Form digitaler Arbeit.

Die fortschreitende Digitalisierung von Arbeitsverhältnissen drückt sich unter anderem durch das Aufkommen des sogenannten *Crowdworking* in der Datenwolke der „Human Cloud" des Internets aus (Al-Ani 2015 und Stumpp 2015b: 8f.). Die Chiffre der Cloud meint in diesem Zusammenhang die Nutzung eines internetbasierten, anonymisierten „Informationsraums" (Boes und Kämpf 2012: 324f.) als Basisinfrastruktur und Aushandlungsfeld eines neuen, hochgradig technologisierten und flexiblen digitalisierten Arbeitens.[1] Verknüpft mit der Nutzung dieses Informationsraums im digitalen Kapitalismus zeichnen sich neue Grenzlinien systemischer und sozialer Teilhabe ab. Markierte im „Fordismus" die

---

1   Zum Begriff des Digitalen Arbeitens und seiner Ausbreitung in Deutschland sowie eine Übersicht erster Studien siehe Schwemmle und Wedde 2012, Leimeister et al. 2016, Pongratz und Bormann 2017. Zur kritischen Einführung in Arbeitsbedingungen, Wertschöpfung und neue (alte) Herrschaftsverhältnisse im Produktionsprozess digitaler Arbeit und die gewerkschaftlichen Einflussmöglichkeiten auf die Digitalisierung siehe die Schwerpunkthefte der Zeitschriften PROKLA (Nr. 187, 2017) und Z– Zeitschrift marxistische Erneuerung (Nr. 103, 2015).

hierarchische Organisation im Betrieb die Grenze zum Markt, verliert sie gegenüber den „Plattformen" der postfordistischen Arbeitsorganisation an Bedeutung.
Dies hat eine Reihe wirkmächtiger gesellschaftlicher Folgen, da die Erwerbs-
arbeit in ihrer Integration über das Unternehmen wesentlich kontingenter wird.
Im digitalen Kapitalismus werden im Zeichen der Freisetzung von Arbeitskraft
demnach die formalen Außengrenzen der Unternehmen immer enger gezogen
(Nachtwey und Staab 2015). Damit wird das Unternehmen als Organisation systematisch geschrumpft und die verbleibende Kernbelegschaft mit einer – je nach
Bedarf mal größeren und mal kleineren – Anzahl 'freier' Arbeitskräfte umgeben.
Ein zentraler Bestandteil der Digitalisierung der Arbeit ist insofern die *Verflüssigung von Arbeitsbeziehungen.* Diese Entwicklung findet nicht nur in den mittlerweile breit erforschten Bereichen der höherqualifizierten IT-Dienstleistungen
und der Kreativwirtschaft, sondern auch in den spärlich beleuchteten Nischen
der Dienstleistungen im Niedrigqualifikations- und Niedriglohnsektor statt.

Der folgende Text gliedert sich in vier Unterteile. Nachdem das Arbeitsmodell
des Crowdwork/Crowdsourcing und seine Spezifika vorgestellt wurden, wird der
Fokus auf eine im Feld der digitalisierten Arbeit (Solo-)Selbstständiger bis dato
kaum erforschte Erwerbstätigengruppe gerichtet. Diese im Wachsen begriffene
Gruppe besteht aus Personen, die ihre handwerklichen Dienstleistungen auf
Werkvertragsbasis primär auf Handwerksportalen im Internet anbieten und ihre
Auftragsakquise in den virtuellen Raum verlegt haben. Beispielhaft am Marktführer „MyHammer" werden die Charakteristika dieser Plattform und die Abläufe
der internetbasierten Vermittlung von Offline-Arbeit analysiert und die Folgen
für den Arbeits- und Lebensalltag der Handwerker in den Blick genommen. Im
Zuge wachsender Forschung und Begriffsdefinitionen zum digitalen Arbeiten
wird anschließend auf die Gemeinsamkeiten und vor allem die Unterschiede
dieser zu anderen Arbeitsformen des Plattformkapitalismus eingegangen, wonach
daraufhin abschließende und weiterführende Gedanken formuliert werden.

1. Crowdsourcing und Crowdwork – Die Vermittlung von Arbeit 'on demand'

Als Effekt des „Crowdsourcings" (Howe 2006), bei dem Unternehmen nicht mehr
nur auf interne Arbeitsressourcen zurückgreifen, sondern vermehrt Arbeitsaufträ-
ge in die Cloud des Internets an eine im „Schwarm" (Dolata und Schrape 2013:
11) organisierte Vielzahl von selbstständigen Arbeitskräften vergeben, entsteht
ein neues Arbeitsmodell über den Intermediär der Internetplattformen. Auf
ihnen fungieren Internetnutzer*innen als temporäre Arbeitskräfte und führen

die von den Unternehmen ausgelagerten Tätigkeiten auf ihren Endgeräten gegen ein festgelegtes Entgelt aus (Blohm et al. 2015: 10). Als Arbeitsdefinition kann dabei die aus verschiedenen Definitionen generierte Metaformulierung von Jan Marco Leimeister und Shkodran Zogaj gelten:

> „Crowdsourcing bezeichnet die Auslagerung von bestimmten Aufgaben durch ein Unternehmen oder im Allgemeinen eine Institution an eine undefinierte Masse an Menschen mittels eines offenen Aufrufs, welcher zumeist über das Internet erfolgt. In einem Crowdsourcing-Modell gibt es immer die Rolle des Auftraggebers – der als Crowdsourcer bezeichnet wird – sowie die Rolle der undefinierten Auftragnehmer, also die Crowd oder in Analogie zum erstgenannten Begriff die Crowdsourcees. Die Durchführung von Crowdsourcing Initiativen erfolgt über eine Crowdsourcing Plattform, die intern aufgesetzt werden kann oder von einem Crowdsourcing Intermediär bereitgestellt wird." (Leimeister und Zogaj 2013: 20).

Hat das Crowdsourcing in der Cloud für Unternehmen einen großen Nutzen, birgt es für Internet-Dienstleister*innen einige Gefahren. Durch die Umwandlung von festen Beschäftigungsverhältnissen in Freelancer-Tätigkeiten in der Cloud, geht der Arbeitsplatz nicht nur als rechtliches Verhältnis, sondern auch als konkrete Arbeitsstätte verloren.[2] Damit werden zahlreiche Arbeitsregulierungen unwirksam und einstige erkämpfte und vertraglich verankerte Sicherheiten gehen verlustig. Durch die Vermittlung über die Plattform entsteht kein (Arbeits-) Rechtsverhältnis zwischen Auftraggeber*innen und Crowdworker*innen, weshalb diese als Selbstständige angesehen und behandelt werden können (Eichhorst und Linckh 2017). Das Arbeitsrecht findet auf die externen Crowdworker*innen keine Anwendung, somit haben sie keinen Anspruch auf Mindestlöhne, Urlaub oder Entgeltfortzahlung (Klebe 2017). Diese Nichtzugehörigkeit zur betrieblichen Organisation und Abhängigkeit einer Vermittlung durch den Intermediär der Plattform bei Übertragung aller Risiken auf die Arbeitenden lassen sich als das charakteristische Spezifikum von Crowdworking und einer Hybridisierung der Unternehmensorganisation formulieren.

Arbeiten in der Cloud bedeutet für viele Erwerbstätige lediglich Einkommen im Niedriglohnbereich, auch wenn beispielsweise das „Clickworking" als eine spezifische Form des Crowdworking bisher oftmals nicht die alleinige Einkommensquelle ist. So zeigen erste empirische Befunde aus Deutschland, dass ein Großteil der befragten Crowdworker*innen (71 %) Erträge unter 500 Euro pro Monat erzielt (Leimeister et al. 2016: 44, Pongratz und Bormann 2017: 169). Diese Praxis der niedrigen Entlohnung für „*virtuelle Fließbandfertigungskonzepte"*

---

2 Zur den spezifischen sozial-räumlichen Bedingungen von Crowdwork siehe Bormann und Pongratz 2018: 306f.

(Rehm 2013: 12) bedarf demnach einiger Grundlagen, die wie folgt analysiert werden können:

> „Wesentliche Voraussetzungen für das Funktionieren der Unterbietungskonkurrenz sind ein ausreichendes Angebot an qualifizierten Menschen, das Interesse (oder die Abhängigkeit) der Sourcees, ihre Leistung über das Internet anzubieten, und fehlende Mindeststandards und Schutzregelungen der freien Mitarbeiter/innen. Seine Wirkung erzielt das Modell des Crowdsourcings, in dem es fingiert, dass die Menschen in der Crowd freie Produzenten sind. Damit fallen sie aus den Schutzregelungen für Arbeitnehmer/innen heraus. Es gibt aber auch keine anderen Regelungen, die sie – obwohl angewiesen, vom Ergebnis ihrer zu Arbeit leben – vor Unterbietungskonkurrenz schützen. Diese Schwäche ist eine der Voraussetzungen für die Profitabilität des Outsourcings in die Crowd" (Rio Antas und Wagner 2013: 61).

Eine Besonderheit der anonymen Crowd ist somit ihre Flüchtigkeit und mangelnde Strategiefähigkeit, wodurch ihr Entstehen abhängig von einer Organisationsleistung strategiefähiger Akteur*innen oder eines Unternehmens ist. Somit wird die Crowd nur dann zum/zur Akteur*in und einer gesellschaftlichen Produktivkraft, wenn ein Intermediär oder das Unternehmen qua Auftragsvergabe oder Auftragsvermittlung sie zur Produktivkraft machen (Boes et al. 2014: 22).

2. Die digitale Arbeitsvermittlung im Handwerk – MyHammer[3]

Der europäische Marktführer unter den Internetportalen zur Vermittlung von Handwerks- und Dienstleistungsaufträgen ist mit über einer halben Million Besucher*innen im Monat die Plattform MyHammer.de. Diese im Januar 2005 gegründete AG mit Unternehmenssitz in Berlin hat momentan ca. 70 Mitarbeiter*innen und unterhält Portale in sechs europäischen Ländern. Laut der Internetpräsenz gab es im März 2018 auf MyHammer 5.957.171 eingestellte Aufträge, 1.232.067 abgegebene Bewertungen und 3.302.704 registrierte Benutzer*innen.

---

3   Im folgenden Teil beziehe ich mich auf empirische Ergebnisse meiner Studie zu Handwerken und prekärem Unternehmertum. Insgesamt wurden zehn biographisch-narrative Interviews mit männlichen soloselbstständigen Handwerkern im Alter zwischen 27 und 51 Jahren geführt. Alle Interviews fanden im Raum einer ostdeutschen Großstadt statt. Als weitere explorative empirische Basis wurden Ad Hoc-Interviews auf Selbstständigen-Stammtischen, ein Expert*inneninterview mit einer Vertreterin einer Erwerbsloseninitiative und zwei Expert*inneninterviews mit Gründerinnen einer Selbstständigen-Initiative durchgeführt. Siehe Lorig 2018 für eine breitere Analyse und theoretische Rückkopplung. Da die empirisch vorgefundenen Auftragnehmer bei MyHammer ausschließlich aus Personen männlichen Geschlechts bestanden, wird, wenn es um sie geht, das generische Maskulinum verwendet.

In seinen Anfangstagen ähnelte MyHammer eher einem Marktplatz für niedrigqualifizierte Handwerksdienstleistungen und sogenannte „Jedermannsarbeiten" ohne Regulierung und direkten Unterbietungswettbewerb, mittlerweile hat es sich auch in den Abläufen, Regeln und offiziellen Kontrollmodi den Charakteristika gängiger Plattformen angeglichen.

Für Auftraggeber*innen, Privatpersonen, oder Firmen, die eine Dienstleistung ausgeführt haben wollen, verläuft die Suche auf MyHammer.de auf zwei Wegen: In einer Suchmaske können über Branchen, Region oder nach Stichwort geeignete Betriebe oder Ein-Personen-Unternehmen gesucht und daraufhin kontaktiert werden. Der andere Weg gestaltet sich über eine Anmeldung auf dem Portal und das Eintragen eines Auftrages, in dem die auszuführende Arbeit beschrieben wird. Auf diesen Auftrag können die Auftragnehmer*innen nun Gebote mit ihren Preisvorstellungen für die Arbeit abgeben. Die Auftraggeber*innen können sich aus den Geboten die für sie passenden Auftragnehmer*innen aussuchen und den Auftrag erteilen. Auftragnehmer*innen auf Kund*innensuche – die Soloselbstständigen – richten sich ein Profil ein, in das sie potenzielle Kund*innen über ihr Unternehmen/ihren Betrieb, aber auch über ihre Qualifikationen, Mitgliedschaften und Versicherungen etc. informieren können.

Auch Bewertungen über ausgeführte Tätigkeiten sind auf dem Profil sichtbar, so dass sich ein*e Auftraggeber*in ein möglichst umfassendes Bild über einen Auftragnehmer machen und dies in die Angebotsvergabe einbeziehen kann. Diese auf der Internetpräsenz des Unternehmens dargestellten Abläufe von Angebot und Nachfrage mit Verweis auf die Vorteile für alle Beteiligten haben aus Sicht der interviewten Soloselbstständigen einen anderen Schwerpunkt. Auch wenn sich die Beschreibungen der Abläufe und Unternehmensentwicklungen auf der Ebene der Regulierungen und Qualitätswahrung zumeist mit den Aussagen auf der Unternehmenswebseite überschneiden, werden die Abläufe, Preisfindungen und die Auftragsvergabe in fast allen Fällen deutlich negativer bewertet. Denn die Auftragsvergabe und Kund*innenakquise verläuft aus der Sicht der Auftragnehmer sehr intransparent und informationsasymmetrisch. Können die Auftraggeber*innen kostenlos im Branchenbuch nach Dienstleistern suchen, müssen die Auftragnehmer für die Anmeldung und das Einrichten ihres Profils eine Gebührenflat zahlen, ohne dadurch die Gewissheit zu haben, definitiv einen Auftrag zu erhalten.[4]

---

4   Die Ungewissheit der Auftragslage arbeiten auch Sarah Bormann und Hans J. Pongratz in ihrer Studie zu Online-Arbeit als einen zentralen Belastungsfaktor für die Erwerbstätigen heraus, siehe Bormann und Pongratz 2018: 303.

Bei der unsicheren Suche nach Kund*innen dienen den Soloselbstständigen vor allem die auf ihren Profilen abgegebenen Bewertungen über ausgeführte Tätigkeiten als Werbung und Information für potenzielle Auftraggeber*innen. Das Erringen guter Bewertungen rückt für die Auftragnehmer in den Mittelpunkt ihrer Tätigkeiten, da von ihrem positiven Auftreten potenzielle Folgeaufträge, ergo die finanzielle Existenz abhängen. Bewertungen, so lässt sich aus den analysierten Interviews herauslesen, übernehmen eine strukturierende und in den meisten Fällen disziplinierende Funktion für die handwerklichen Dienstleister bei MyHammer. Hierbei erscheint die Eigendarstellung über das unsichere System der Bewertungen als einziges Mittel, ihre Chancen auf Aufträge zu erhöhen. Zum Druck gesellt sich die Angst vor einer negativen Bewertung, die zwar kommentiert werden kann, das öffentliche Profil und die damit verbundene Selbstdarstellung aber für die potenziellen Kund*innen in ein negatives Bild rückt. Dies führt die Auftragnehmer zu weiterem, unentgeltlichen Entgegenkommen gegenüber den Kund*innen wie z.B. Nachbesserungen auf eigene Rechnung oder persönlichem Vorstellen zur gegenseitigen Absprache, wie ein Interviewter konstatiert:

> „Ich sag den Kunden immer, wenn etwas sein sollte, wenn sie nach der Abnahme nicht ganz zufrieden sind und wenn noch etwas zu tun ist: lieber anrufen als direkt öffentlich abzuwerten. Wenn irgendwas dreckig sein sollte, oder wenn die Farbe nicht gedeckt hat, dann komm ich da gerne nochmal hingefahren, ist doch kein Thema, dann arbeite ich nochmal nach. Aber so 'ne negative Bewertung, die kann dir das Genick brechen" (Herr Esau).[5]

Kund*innenbewertungen sind somit das verhaltensstrukturierende Moment auch auf der Plattform MyHammer. Die Auftragnehmer können der Disziplinarfunktion der Bewertungen nicht entgehen, da sie das entscheidende Prinzip der Auftragsvergabe im Sinne einer virtuellen Visitenkarte sind.[6] Autonomie der selbstständigen Arbeit und Auftragsakquise schlägt somit in ihr Gegenteil, eine radikale Markt- und Kund*innenabhängigkeit um. Erfolg auf diesem Internet-Markt ist geknüpft an Eigenverantwortung und unentgeltliche Aktivitäten außerhalb der virtuellen Plattform, die weit über das eigentliche Arbeitspensum hinausgehen und die Grenzen zwischen Arbeits- und Lebensalltag weiter

---

5   Die Namen und Angaben der interviewten Handwerker sind anonymisiert.

6   Zu genau gleichen Ergebnissen anhand der subjektiven Einschätzungen und Abhängigkeiten befragter höherqualifizierter Crowdworker*innen zu den Bewertungssystemen auf Plattformen für Design, Coding und Textarbeiten in Österreich kommen Philip Schörpf et al. in ihrem instruktiven Text zu „Triangular love-hate", siehe (Schörpf et al. 2017: 50f.).

verwischen. Gilt dies als klassisches Phänomen soloselbstständiger Arbeit, zeigt es sich im Falle der hier im Mittelpunkt stehenden Erwerbstätigengruppe als besonders und unmittelbar disziplinierendes Kontrollmoment für den selbst zu organisierenden Arbeitsprozess.

Neben dem Kampf um positive Bewertungen ist darüber hinaus ein Kampf um die Preise zu beobachten. Da seit 2010 die Angebotspreise nur noch den Auftraggeber*innen ersichtlich sind, müssen die Auftragnehmer eigene Preisberechnungen anstellen und anfallende Kosten für Material, Anfahrten etc. in ihre Preisvorstellungen einbeziehen. Aus der unmittelbaren Konkurrenzsituation durch den direkten Vergleich mit anderen Auftragnehmern ist eine indirekte Konkurrenz geschaffen worden, die über den Angebotsmarkt diktiert wird. Die Unsicherheit über die vermeintlich niedrigeren Preise der mitbietenden Konkurrenz erweist sich dabei als neues Ordnungs- und Strukturierungsprinzip. Aus den Interviews wird ersichtlich, dass niedrige Preise und der Druck der niedrigen Preise der Konkurrenz dabei die Orientierungsgrößen sind, nach denen sich gerichtet wird. Auffällig ist, dass sich die Preisberechnungen daran orientieren, dass den Auftraggeber*innen ein billigeres Gegenangebot gemacht wird, um die Chancen auf den Angebotszuschlag zu erhöhen. Wo die Untergrenzen der Preise der Auftragnehmer liegen, ist subjektiv verschieden und hängt sowohl von den anfallenden Fixkosten als auch von den Vorstellungen über Stundenlöhne oder Tagessätze ab.

Hier zeigt sich ein weiterer Unsicherheitsfaktor für die Auftragnehmer: Wenn die Angebotsbeschreibungen ungenau sind, und keine weiteren Absprachen getroffen wurden, können Mehrarbeiten anfallen. Wurde der Preis schon niedrig angesetzt, um den Auftrag zu erhalten, arbeiten die Soloselbstständigen bei unvorhergesehener Kostensteigerung nur noch für Materialkosten oder Stundenlöhne von drei bis vier Euro. Vor dem Hintergrund ökonomischer Zwangslagen und prekärer Lebenslagen gehen die Auftragnehmer auf Preisvorstellungen weit unter ihren eigenen Ansprüchen und Berechnungen ein, da ein schlechter Auftrag, bei dem aber evtl. eine gute Bewertung und Weiterempfehlung zu erwarten sind, in ihren Augen besser als kein Auftrag ist. Somit konnte der Unterbietungswettbewerb nicht – wie von MyHammer formuliert – in Gänze eingedämmt werden, sondern nimmt eine verschleierte Form an: Er wurde auf die Eigenverantwortung und unsichere Kalkulation der Auftragnehmer übertragen.

Soloselbstständige, die ihre handwerklichen Dienstleistungen bei MyHammer anbieten, machen in Bereichen, wie den hier beschriebenen, sehr ähnliche Erfahrungen. Dass das Erlebte, z.B. die Preisbildung, die Konkurrenzverhältnisse und Bewertungen, annähernd gleich subjektiv erfahren und bewertet wird, weist auf objektive Bedingungen hin, denen sich die Akteure bei MyHammer ausgeliefert sehen. Alle Interviewten eint die Antwort auf die Frage, warum bei diesem Spiel der niedrigen Preise überhaupt mitgespielt wird: Weil ihnen aufgrund ihrer ökonomischen Situation nichts anderes übrigbleibt, wollen sie nicht in die Erwerbslosigkeit zurückfallen. Eine Erklärung für diese Realität, in der sich nicht nur die Soloselbstständigen befinden, gibt der über Fünfzigjährige und älteste Interviewte Herr Rost:

> „Und jetzt kommen im Prinzip wir und streichen eine Wohnung für 400 Euro. Normalerweise müssten wir zum Teufel gejagt werden, wir machen doch völlig die Preise kaputt, so ist es doch, sind wir doch mal ehrlich. Aber wir wollen es doch alle so. Sie könnten ja auch in eine Autowerkstatt von Mercedes, Peugeot oder Ford gehen und ihr Auto reparieren lassen. Aber sie gehen in eine freie Werkstatt, das ist billiger. So ist das heutzutage im Handwerk. Der Kunde will immer den günstigsten Preis und den bekommt er auf jeden Fall im Internet. Im Internet brauchst du nicht zu diskutieren, da machst du einfach 'nen Preis und wartest, ob es klappt oder nicht. Fast immer klappt es." (Herr Rost).

So findet sich eine Erklärung für die Abwärtsspirale der Preise auf den Internetportalen für handwerkliche Dienstleistungen, deren Vorreiter*in MyHammer ist: Die Auftraggeber*innen setzen die Preise niedrig an und können davon ausgehen, dass die Auftragnehmer, wollen sie ihre Chance auf den Auftrag erhöhen, ihrerseits noch weniger für ihre Arbeitskraft verlangen. Denn sie gehen von noch niedrigeren Preisen der Konkurrenz aus.

3. Handwerk als Crowdwork?

Wird der Kategorisierung bestehender Online-Marktplätze von Florian A. Schmidt gefolgt, lässt sich die hier vorgestellte Vermittlung von Handwerksarbeiten nur auf einer ersten, allgemeinen Ebene als Crowdwork fassen. Die Dienstleistungsaufträge (z.B. das Streichen einer Wohnung) werden wie auch in anderen Bereichen des Crowdsourcing an eine offene Gruppe im Internet auf MyHammer vergeben (Schmidt 2016: 5). Doch sind sie im Unterschied zu IT-Dienstleistungen wie sie auf Portalen wie z.B. „Upwork" oder „Clickworker" vermittelt werden sowohl orts- als auch personengebunden und können nicht im Internet selbst, sondern nur offline an einem bestimmten Ort – z.B. der Wohnung der Kund*innen – ausgeführt werden. Als ortsgebundene Dienstleistung im Bereich der Haushalts- und persönlichen Dienste lässt sich Handwerk, das über Plattformen wie MyHammer vermittelt wird, folglich als eine spezifische Form des *Gigwork* begrifflich fassen (ebd.: 19f.). Ähnlich der Lieferdienste und des Gastgewerbes werden die Handwerksdienstleistungen auf persönlicher Ebene und im direkten Kund*innenkontakt ausgeführt und auf dieser Basis auch bewertet. Im Gegensatz zum Clickwork in der Cloud z.b. dem Ausführen kleinteiliger Microtasks für eine Modeseite sind die Handwerksdienstleistungen neben den dargestellten Strukturmerkmalen der Plattform MyHammer auch aufgrund des erhöhten Körper- und Materialeinsatzes in der physischen Welt weitaus anfälliger für Risiken schlechter Entlohnung durch unbezahlte Mehrarbeit, Arbeitsunfälle und psychisch belastende Emotionsarbeit im persönlichen Umgang mit den Kund*innen. Die Handwerksarbeit über MyHammer erweist sich somit als eine Gemengelage aus klassischer, analoger Arbeit und neuer, digital vermittelter Form des Arbeitskraftverkaufs im macht-asymmetrischen, persönlichen Kund*in-Dienstleister*in-Verhältnis.

Ein weiterer Unterschied zu Crowdwork im höherqualifizierten Bereich findet sich auf der subjektiven Ebene, den Beweggründen und Motivationen der Arbeitnehmenden. Konnten Leimeister und Zogaj in ihrer Studie zur neuen Arbeitsorganisation durch Crowdsourcing aus vorhandenen Studien die Motivationen „Freude", „Sozialer Austausch", „Lernen", „Anerkennung", „Selbstmarketing" und „Entlohnung" exemplifizieren (siehe auch Pongratz und Bormann 2017: 168),[7] zeichnen sich die Erfahrungen der interviewten Handwerksdienstleister durch das *Fehlen* dieser Beweggründe aus. Aufgrund der erhöhten Konkurrenz und Marktabhängigkeit findet kaum sozialer Austausch unter den Soloselbstständigen statt, Anerkennungsstrukturen fehlen bzw. werden in Form des Bewertungssystems als disziplinierend empfunden.

Nicht das Lernen, sondern das eigenverantwortliche Anwenden schon erlernter Soft- und Hard-Skills zur möglichst schnellen Ausführung steht im Vordergrund des Arbeitsprozesses, die Entlohnung ist sehr niedrig und Selbstmarketing findet, wenn, dann auf einem sehr niedrigen Level in Form entpersönlichter Kund*innenorientierung statt. Der *„stumme Zwang der ökonomischen Verhältnisse"* (Marx 1973: 765) treibt die Handwerker in die Soloselbstständigkeit und zu MyHammer, so dass mit Dieter Bögenhold für die hier vorliegende Form digital vermittelter Arbeit und selbstständiger Unternehmung von einer „Ökonomie der Not" und nicht von einer „Ökonomie der Selbstverwirklichung" gesprochen

---

7   Ihre negativen Ergebnisse der unzureichenden Entlohnung, des Preiskampfes, mangelnder Transparenz und niedriger Zufriedenheit mit der Arbeit (ebd.: 169f.), können als Gemeinsamkeiten zu den qualitativen Ergebnissen meiner Arbeit herangezogen werden und verweisen auf objektive Strukturmerkmale, denen ein Großteil der digitalen Arbeitnehmer*innen ausgesetzt sind.

werden kann (Bögenhold 1987: 8). Auf sich allein gestellt und entsolidarisiert folgen sie einer *„Rationalität der fehlenden Alternative"* (Struck 1999: 179). Auch lässt sich für die Handwerksdienstleister, die in Vollzeit und als Haupterwerbsquelle diese Form der digital vermittelten Arbeit ausführen, im Gegensatz zu anderen Bereichen des Crowdwork und Online-Arbeit nicht von *„Hybriden Erwerbsformen"* (Bührmann et al. 2018) sprechen, mit der Konsequenz für die Arbeitssubjekte, dass ihre Tätigkeit unmittelbar anfälliger für Prekarisierung und Unsicherheit ist.

4. Fazit: Handwerk im Plattformkapitalismus – Traditionalisierung in der Erneuerung

Auch wenn sich die hier explizierte Form vor allem durch ihre Unterschiede zu anderen, schon besser erforschten Bereichen des Crowdwork und Crowdsourcing auszeichnet, eint alle diese verflüssigten Arbeitsformen des aktuell vorherrschenden Produktionsmodells des postfordistisch organisierten, digitalen Kapitalismus das Risiko der Prekarisierung von Arbeit- und Lebensalltag. Mit ihr geht die Entgrenzung von Arbeit und das Herausfallen aus einstigen, zumindest marginal vorhandenen Schutzvorrichtungen dekommodifizierten Arbeitskraftverkaufs einher.

In den vorgestellten Handwerksdienstleistungen zeigt sich brennglasartig der Wandel von Arbeit im 21. Jahrhundert: Arbeit auf Werkvertragsbasis, ob digital vermittelt oder als klassisches Outsourcing, Soloselbstständigkeit unter diskursiv vermitteltem Diktum der Eigenverantwortung und Unternehmertums-Ideologie sowie eine zunehmende Prekarisierung von Arbeit weit über das Risiko unzureichender monetärer Absicherung hinaus. Selbstentfaltung wird unter den Bedingungen der Marktabhängigkeit, des Konkurrenzdrucks und der Verwandlung der produktiven Kräfte in Produktivkräfte des Marktes auf eine Funktion der Selbsterhaltung reduziert.

Vor dem Hintergrund fortschreitender Tertiarisierung und Digitalisierung sind Technologien und Medien – vor allem das Internet – für die virtuelle Anbahnung von soloselbstständiger Dienstleistungsarbeit, wie sie sich in der dargestellten Kund*innensuche und Selbstdarstellung qua Plattform-Profil äußert, nicht mehr wegzudenken. Folglich ist sie Teil einer Arbeitskraftvermittlung via virtueller Plattform-Intermediäre, die als charakteristisch für den Kapitalismus des 21. Jahrhunderts bezeichnet werden kann. Für sie nimmt das vorgestellte Portal MyHammer.de eine Beispiel- und Vorreiterrolle ein. Unterzieht man den im Hightechmodus angebahnten Arbeitskraftverkauf auf analoger Ebene und die damit verbundenen Konsequenzen für die soloselbstständigen Handwerksdienst-leister allerdings einer näheren Betrachtung, zeigt sich, dass in dieser Erneuerung altbekannte Phänomene frühkapitalistischer Vergesellschaftung zum Vorschein treten und sich in die aktuellen Verwertungsmechanismen einweben.

Wie die frühen Handwerker der vor- bzw. frühkapitalistischen Produkti-onssphäre gehen die Soloselbständigen ganz in ihrer Arbeit auf und haben ein „*gemütliches Knechtschaftsverhältnis"* (Marx und Engels 1960: 51) zu ihr, sind demnach unter sie subsumiert. Darüber hinaus entspricht die Subsumtion aber der ganzen Person, denn im traditional ständischen Charakter der Handwerks-arbeit sind Person und Rolle nicht voneinander geschieden. Auch die modernen Handwerker bleiben als Organisation und Arbeitskraft in Personalunion mit ihren Produktionsmitteln verbunden „*wie die Schnecke mit dem Schneckenhaus"* (Marx 1973: S. 380). Der kleine, aber feine Unterschied liegt dabei in der Un-Gleichzeitigkeit, dass sie auf dem Markt und seiner Verselbstständigung der Produktionsmittel als Kapital *und* Ware agieren. Gingen die Handwerker des 19. Jahrhunderts zu ihrem Meister ein patriarchales Verhältnis ein, wodurch diese einen Einfluss auf das ganze Leben ausüben konnten, sind die Soloselbstständigen nicht dem Meister, sondern den Launen der Kund*innen ausgesetzt.

Unter dem Diktat doppelt freier Erwerbsarbeit steht nicht mehr die Qualität des Produkts anhand des Gebrauchswerts unter ständischen Verhältnissen im Mit-telpunkt, sondern die virtuelle, nachträgliche Wertung der Personen im Internet, von der sie mehr denn je abhängig sind. Die hier vorgestellte Handwerksarbeit lässt sich somit als Ausdruck der kapitalistischen Produktionsweise betrachten, die um ihrer Weiterentwicklung willen auf traditionale, rekommodifizierende Arbeitskraftverwertung unter neuen Bedingungen zurückgreift. Und dies nicht im Fabrikregime Marx'scher Provenienz, sondern in einem gegenwärtiger kapitalisti-scher Vergesellschaftung entsprechenden Marktregime. Dieses Spannungsfeld der kund*innenabhängigen „Freiheit" und der gebrauchswertförmigen Arbeit unter Tauschwertbedingungen ist der Hintergrund und die Emergenz von Abhängig-keiten und Marktzwängen, in denen die Soloselbstständigen eigenverantwortlich agieren müssen und die in ihrer Abstraktheit nicht hinterfragt werden.

Was Christoph Reinprecht schon vor geraumer Zeit für Prekarisierungspro-zesse im Allgemeinen konstatierte, zeigt sich für die hier vorgestellte Erwerbstä-tigengruppe im Besonderen geradezu seismographisch: eine Re-Feudalisierung nicht nur der Arbeitsverhältnisse, sondern, paradigmatisch in der Beziehung zwischen Dienstleister*in und Kund*in abzulesen, auch der sozialen Verhältnisse:

„Im Konzept der Prekarisierung wird die Erfahrung komplexer Unsicherheit sys-tematisch mit der relationalen Dimension sozialer Asymmetrie und Dominanz

verknüpft. Über Prekarisierung vermittelte Formen der Sozialintegration sind insofern als nicht-emanzipativ, strukturell hierarchisierend und in ihrer Konsequenz als
refeudalisierend zu bezeichnen.

Anders formuliert: Sie unterbinden die Freisetzung
von individueller oder kollektiver Handlungsfähigkeit und zielen auf die Aufrechter-
haltung von Dominanzbeziehungen, zu deren Durchsetzung Strategien der sozialen
Absetzung und Hierarchisierung eingesetzt werden" (Reinprecht 2008: 21).

Der Form nach unabhängig, gestaltet sich die Arbeit der Soloselbstständigen
durch den finanziellen Zwang zum Arbeitskraftverkauf auf dem freien Internet-
markt als hierarchisches Abhängigkeitsverhältnis. Im Gegensatz zur verbreiteten
Vorstellung von Soloselbstständigen und Freelancern als autonome und selbst-
bestimmte Arbeitsmarktakteure kann der Arbeitsalltag und die handwerkliche
Dienstleistungsarbeit zumindest für die hier im Fokus stehende Erwerbstätigengruppe als *modernes Tagelöhnertum* bezeichnet werden:

> „Denn aller Rede von 'Selbstbestimmung' oder 'freier Zeiteinteilung' zum Trotz:
> Nur wer arm ist und keine Alternative hat nimmt in Kauf, auf Mindestlohn, So-
> zial- und Krankenversicherung oder einen gesicherten arbeitsrechtlichen Status
> zu verzichten (...). Die negativen Konsequenzen dieses Plattformkapitalismus sind
> keine unerwünschten oder zu vermeidenden Nebeneffekte, sondern kennzeichnen
> dessen maßgebliche Logik" (Waitz 2017: 183).

Neben der Analyse der beschriebenen Arbeitsbedingungen eröffnet sich für
die Gewerkschaften ein weiteres Kampffeld, das in den Fokus gerückt werden
sollte: Es zeigt sich empirisch in der subjektiven Erfahrung ein Phänomen der
Übernahme von Arbeitsbedingungen in Bewusstsein und Gesellschaftsbild, dass
auch Friederike Bahl in ihren Forschungen zu Lebensmodellen in der Dienstleistungsgesellschaft empirisch aufgespürt hat: Der *„Verlust der Zukunft"* (Bahl
2014: 230). Die Zukunft ist im Verlauf des Arbeitsalltages suspendiert und im
Zuge des „Durchkämpfens" einer Gegenwart des finanziellen Überlebens gewi-
chen. Arbeit und Arbeitsinhalt der Soloselbstständigen nehmen die Form einer
prekären Normalisierungsarbeit an (ebd.: 268-269).[8] Vor dem Hintergrund einer
Arbeit, die selbst als Lohn der Leistung gilt, und dem dichten Konkurrenzverhält-
nis auf MyHammer.de bei gleichzeitiger Isolation und Ausschluss betrieblicher
Organisation und dadurch von wie auch immer noch vorhandenen Schutzstan-
dards, finden sich im empirischen Material für diese Gruppe soloselbstständiger
Erwerbstätiger keinerlei Anzeichen auf Produzentenstolz und solidarische As-

---

8　Erfuhr einst das fordistische Normalarbeitsverhältnis eine Normalisierung, so scheint
　　unter den momentanen gesellschaftlichen Verhältnissen die atypische Beschäftigung
　　im Sinne einer *„prekären Vollerwerbsgesellschaft"* (Dörre et al. 2013) ähnliches zu
　　erfahren. Von der Tragödie zur Farce in nicht einmal 50 Jahren.

soziierung mit Kollegen, im Gegenteil beschreiben die Interviewten ihre totale Vereinzelung im Kampf um Arbeit und Einkommen.[9] Ihre Arbeitsbedingungen – und erst recht die Gesellschaft – erscheinen im Sinne einer marktbezogenen Statusfatalität als naturgesetzmäßig *gesetzt* und nicht mehr gestaltbar.

Und dies macht im Gegensatz zu den Crowdworkern, die Sarah Bormann in diesem Band vorstellt und in deren Ansprache ver.di erste Erfolge erzielen konnte, die Schwierigkeit gewerkschaftlicher Organisierung im von mir erforschten Niedriglohnsektor aus: Die digital vermittelte Durchökonomisierung *aller* Lebensbereiche der Soloselbstständigen unter strukturellem Konkurrenzdruck und eine erzwungene Gründungsmotivation aus absoluten finanziellen Notlagen heraus. Diesen prekären Arbeits-und Lebensbedingungen müssen sich die Soloselbstständigen beugen, wollen sie nicht in das Regime von Fördern und Fordern zurückfallen. Sehr starke Entgrenzung als Entsicherung findet in diesem Bereich nicht nur zeitlich und räumlich, sondern auch sozial statt, wodurch die Möglichkeiten eines Ausbruchs aus der gesellschaftlichen Position stark beschränkt sind.

„Exit" kann aufgrund der prekären Lebenslage und Unsicherheit der Lebensplanung sowie aus der Angst vor dem Rückfall in das Sanktionsregime sozialstaatlicher Absicherung kaum in Betracht gezogen werden. „Voice" – die Formulierung kollektiver Interessen – wird durch die hyperindividualisierte Position auf dem Arbeitsmarkt, zeitliche Eingeschränktheit und die Abhängigkeit von positiven Kund*innenbewertungen objektiv verstellt.

Inkonsistente Erwerbsbiographien und der Druck zu ihrer dennoch gelungenen Ausformulierung als Erwerbsarbeitssubjekt finden somit in diesem Bereich unternehmerischer Einzelkämpfer*innen des digitalen Kapitalismus im 21. Jahrhundert mehr denn je ihren Ausdruck im alltagsbewussten Festhalten an dem, was ist: Dem „*Reich der Notwendigkeit*" (Marx 1981: 828).

---

9   Auch wenn es erste gewerkschaftlich orientierte Studien und damit verbundene Forderungen an Partizipation, Organisierung und Interessenvertretung von zumeist höherqualifizierten Crowdworkern in den Bereichen der IT-Dienstleistungen und sogenannter Kreativberufe gibt (Al-Ani und Stumpp 2015b, Pongratz 2017, Gegenhuber et al. 2018, Risak 2018) stellt die Interessenvertretung niedrigqualifizierter, personenbezogener Dienstleistungsarbeit ein arbeitssoziologisches Forschungsdesiderat dar und verweist auf einen nahezu blinden Fleck gewerkschaftlicher Fokussierung in diesem aktuellen Feld digitalisierter Arbeit.

Literatur

Al-Ani, Ayad/Stumpp, Stefan (2015a): Arbeiten in der Crowd. Generelle Entwicklungen und gewerkschaftliche Strategien, Berlin.

– (2015b): Motivation und Durchsetzung von Interessen auf kommerziellen Plattformen. Ergebnisse einer Umfrage unter Kreativ- und IT-Dienstleistern. HIIG Discussion Paper Series 2015-05, Berlin.

Bahl, Friederike (2014): Lebensmodelle in der Dienstleistungsgesellschaft. Hamburg.

Benner, Christiane (2015) (Hg.): Crowdwork – Zurück in die Zukunft? Perspektiven digitaler Arbeit, Frankfurt a.m.

Blohm, Ivo et al. (2015): Crowdwork – digitale Wertschöpfung in der Wolke. Grundlagen, Formen und aktueller Forschungsstand, in: Benner, Christiane (Hg.): Crowdwork – Zurück in die Zukunft? Perspektiven digitaler Arbeit, Frankfurt a.M., 9-41.

Bögenhold, Dieter (1987): Der Gründerboom. Realität und Mythos der neuen Selbstständigkeit, Frankfurt a.M./New York.

Boes, Andreas/Kämpf, Tobias (2012): Informatisierung als Produktivkraft: Der informatisierte Produktionsmodus als Basis einer neuen Phase des Kapitalismus, in: Dörre, Klaus et al. (Hg.): Kapitalismustheorie und Arbeit. Neue Ansätze soziologischer Kritik, Frankfurt a.M./ New York, 316-335.

Boes, Andreas/Kämpf, Tobias/Langes, Barbara/Lühr, Thomas/Steglich, Steffen (2014): Cloudworking und die Zukunft der Arbeit. Kritische Analysen am Beispiel der Strategie „Generation Open" von IBM, http://www.isf-muenchen.de/pdf/IBM-Gutachten_E-Mail.pdf (06.07.2015).

Bormann, Sarah/Pongratz, Hans J. (2017): Online-Arbeit auf Internet-Plattformen. Empirische Befunde zum „Crowdworking" in Deutschland, in: Arbeits- und Industriesoziologische Studien, 10 (2), 158-181.

– (2018): Arbeitsbelastungen bei Online-Arbeit. Zur sozial-räumlichen Dimension von Crowdwork, in: Schröder, Lothar/Urban, Hans-Jürgen Urban (Hg.): Jahrbuch Gute Arbeit. Ökologie der Arbeit – Impulse für einen nachhaltigen Umbau, Frankfurt a.M., 300-312.

Bührmann, Andrea D./Fachinger, Uwe/Welskop-Deffaa, Eva M. (2018) (Hg.): Hybride Erwerbsformen. Digitalisierung, Diversität und sozialpolitische Gestaltungsoptionen, Wiesbaden.

Dolata, Ulrich/Schrape, Jan-Felix (2013): Zwischen Individuum und Organisation. Neue kollektive Akteure und Handlungskonstellationen im Internet, SOI Discussion Paper 2013-02.

Dörre, Klaus/Sauer, Dieter/Wittke, Volker (2012) (Hg.): Kapitalismustheorie und Arbeit. Neue Ansätze soziologischer Kritik, Frankfurt a.M./New York.

Dörre, Klaus/Holst, Hajo/Matuschek, Ingo (2013): Zwischen Firmenbewusstsein und Wachstumskritik. Subjektive Grenzen kapitalistischer Landnahmen, in: Dörre, Klaus/Happ, Anja/Matuschek, Ingo (Hg.): Das Gesellschaftsbild der LohnarbeiterInnen. Soziologische Untersuchungen in ost- und westdeutschen Industriegebieten, Hamburg, 198-261.

Eichhorst, Werner/Linckh, Carolin (2017): Solo-Selbstständigkeit in der Plattformökonomie, in: Wiso Direkt 28/2017, Bonn.

Gegenhuber, Thomas/Ellmer, Markus/Scheba, Claudia (2018): Partizipation von Crowdworkerinnen auf Crowdsourcing-Plattformen. Bestandsaufnahme und Ausblick, Düsseldorf.

Howe, Jeff (2006): The Rise of Crowdsourcing, in: Wired Magazine, 14 (6), 1-4.

IG Metall (2013) (Hg.): Crowdsourcing. Beschäftigte im globalen Wettbewerb um Arbeit – am Beispiel IBM, Frankfurt a.M.

Kawalec, Sandra/Menz, Wolfgang (2013): Die Verflüssigung von Arbeit. Crowdsourcing als unternehmerische Reorganisationsstrategie – das Beispiel IBM, in: Arbeits- und Industriesoziologische Studien, 6 (2), 5-23.

Klebe, Thomas (2017): Arbeitsrecht 4.0: Faire Bedingungen für Plattformarbeit, in: Wiso Direkt 22/2017, Bonn.

Leimeister, Jan Marco/Zogaj, Shkodran (2013): Neue Arbeitsorganisation durch Crowdsourcing. Eine Literaturstudie. Arbeitspapier Nr. 287 der Hans Böckler Stiftung, Düsseldorf.

Leimeister, Jan Marco/Durward, David/Zogaj, Shkodran (2016): Crowdworker in Deutschland. Eine empirische Studie zum Arbeitsumfeld auf externen Crowdsourcing-Plattformen, Düsseldorf.

Lorig, Philipp (2018): Handwerk als prekäres Unternehmertum – Soloselbstständige zwischen Autonomie und radikaler Marktabhängigkeit, Frankfurt a.M./New York.

Marx, Karl/Engels, Friedrich (1960): Die deutsche Ideologie. Kritik der neuesten deutschen Philosophie in ihren Repräsentanten Feuerbach, B. Bauer und Stirner, und des deutschen Sozialismus in seinen verschiedenen Propheten, Berlin.

Marx, Karl (1973): Das Kapital Band 1, in: Marx, Karl/Engels, Friedrich: Werke (MEW, Band 23), Berlin.

– (1981): Das Kapital Band III, in: Marx, Karl/Engels, Friedrich: Werke. (MEW, Band 25) Berlin.

Pongratz, Hans-J. (2017): Interessenvertretung dringend erwünscht: Was Selbstständige von ihrer Gewerkschaft erwarten, in: WSI-Mitteilungen 8/2017, Düsseldorf, 605-613.

PROKLA (2017): Arbeit und Wertschöpfung im digitalen Kapitalismus, 187, Münster.

Rehm, Herbert (2013): Crowdsourcing und „IBM Worforce" der Zukunft – Zielsetzungen, Konzepte und Fragen für die Interessenvertretung, in: IG Metall (Hg.): Crowdsourcing. Beschäftigte im globalen Wettbewerb um Arbeit – am Beispiel IBM, Frankfurt a.M., 9-17.

Reinprecht, Christoph (2008): Prekarisierung und die Re-Feudalisierung sozialer Ungleichheit, in: Kurswechsel 1/2008, 13-23.

Risak, Martin (2018): Fair Working Conditions for Platform Workers. Possible Regulatory Approaches at the EU Level, Berlin.

Rio Antas, Juan- Carlos/Wagner, Hilde (2013): Kernfragen betrieblicher und gewerk-schaftlicher Interessenvertretung, in: IG Metall (Hg.): Crowdsourcing. Beschäftigte im globalen Wettbewerb um Arbeit – am Beispiel IBM, Frankfurt a.M., 57-63.

Schmidt, Florian A. (2016): Arbeitsmärkte in der Plattformökonomie – Zur Funktions-weise und den Herausforderungen von Crowdwork und Gigwork, Friedrich-Ebert-Stiftung, http://library.fes.de/pdf-files/wiso/12826.pdf (27.04.2018).

Schröder, Lothar und Hans-Jürgen Urban (2018) (Hg.): Jahrbuch Gute Arbeit. Ökologie der Arbeit – Impulse für einen nachhaltigen Umbau, Frankfurt a.M.

Schörpf, Philip/Flecker, Jörg/Schönauer, Annika/Eichmann, Hubert (2017): Triangular love-hate: Management and control in creative crowdworking, in: New Technology, work and employment, 32 (1), 43-58.

Schwemmle, Michael/Wedde, Peter (2012): Digitale Arbeit in Deutschland. Potenziale und Problemlagen, Bonn.

Struck, Olaf (1999): Biographie und neue Selbstständigkeit in Ostdeutschland, in: Bö-genhold, Dieter (Hg.): Unternehmensgründung und Dezentralität. Renaissance der beruflichen Selbstständigkeit in Europa? Opladen und Wiesbaden, 175-194.

Waitz, Thomas (2017): Gig-Economy, unsichtbare Arbeit und Plattformkapitalismus. Über Amazon Mechanical Turk, in: Zeitschrift für Medienwissenschaft, 16 (1), 178-183.

Z – Zeitschrift marxistische Erneuerung (2015): Digitale Arbeit und Gewerkschaften, 103, Frankfurt a.M.

Sarah Bormann

Crowdworking aus gewerkschaftlicher Perspektive

Die Plattformökonomie umfasst ein weites Feld: von Suchmaschinen wie Google, über Handelsplattformen wie Amazon und Zalando bis hin zur Vermietung von Wohnungen über Airbnb. In Unternehmen verändert sich Erwerbsarbeit, weil Beschäftigte auf Plattformen projektförmig in virtuellen Teams zusammenarbeiten. Zudem beziehen Unternehmen zunehmend externe Personen in ihre Wertschöpfung mit ein. So entwickeln unter anderem Kund*innen unentgeltlich neue Produktideen oder beraten andere Kund*innen auf Plattformen im Internet. Im Fall von Crowdworking jedoch handelt es sich um bezahlte digitale Dienstleistungsarbeit, die über kommerzielle Plattformen nicht nur vermittelt, sondern auch vollständig abgewickelt wird. Es ist also eine spezifische Form plattformbasierter Arbeit.

Die Dienstleistungsgewerkschaft ver.di befasst sich seit mehreren Jahren intensiv mit dem Thema. Die Aufmerksamkeit wurde durch die Crowdsourcing-Strategie „Generation Open" des IT-Unternehmens IBM geweckt, bei der Projektaufgaben in Arbeitspakete aufgeteilt und intern gegenüber der eigenen Belegschaft sowie zugleich extern für Solo-Selbstständige ausgeschrieben wurden (Boes et al. 2014).[1] ver.di befürchtete, dass durch diese Outsourcing-Strategie zahlreiche sozialversicherungspflichte Arbeitsverhältnisse im Unternehmen verloren gehen würden. Neben den Auswirkungen von Crowdworking auf der betrieblichen Ebene, liegt ein gewerkschaftlicher Arbeitsschwerpunkt auf der Perspektive und der Beratung von Crowdworkern. Seit 2016 befasst sich ver.di zudem in dem wissenschaftlichen Verbundprojekt „Herausforderung Cloud und Crowd" mit dem digitalen Wandel von Arbeit und Crowdworking als einer neuen Form der Arbeitsorganisation.[2]

---

1 Siehe das Positionspapier von ver.di von 2012 (https://innovation-gute-arbeit.verdi. de/++file++557583e5aa698e5a58000e47/download/verdi-Positionspapier_Cloudworking-Crowdsourcing.pdf, 30.10.2018)

2 Siehe ver.di http://www.cloud-crowd.verdi.de/ und die Website des Verbunds http:// cloud-und-crowd.de/

Philipp Lorig befasst sich in seinem Text mit der Plattform MyHammer. Er stellt die Frage, ob es sich hierbei um Crowdworking handelt und problematisiert vor allem die prekäre Situation von Solo-Selbstständigen im Handwerk. Er konstatiert, dass es sich dabei um ein modernes Tagelöhnertum handle. Mit Bezug auf den Text von Lorig werde ich in diesem Kommentar drei Aspekte vertiefen: Erstens möchte ich auf die begriffliche Differenzierung eingehen, allerdings weniger aus einer soziologischen, denn aus einer Gewerkschaftsperspektive. Das Vorgehen von Gewerkschaften muss sich nämlich, je nachdem, ob es sich um Gigwork oder Crowdwork handelt, unterscheiden. Zweitens thematisiere ich die mit Crowdworking verbundenen Herausforderungen aus gewerkschaftlicher Perspektive. Abschließend gehe ich auf das Verhältnis von Gewerkschaften und der Organisierung Solo-Selbstständiger ein. Damit möchte ich Lorigs spezifischen Fokus auf Handwerksplattformen um weitere Perspektiven selbstständigen Arbeitens als Erwerbsform erweitern.

1. Zur Unterscheidung zwischen Gig- und Crowdworking

In der Debatte kursieren eine Vielzahl unterschiedlicher Begrifflichkeiten wie Crowdworking, Gigworking, online labour, on demand work, Clickworking, internes Crowdworking etc. Die begrifflichen Schwierigkeiten bei der Definition des Phänomens sind auch Ausdruck seiner Heterogenität. In der deutschsprachigen Debatte wird meist der Begriff Crowdworking verwendet, wenn es um bezahlte Erwerbsarbeit geht, deren Arbeitsprozess online über eine Plattform abgewickelt wird. Die Ausführung der Arbeit erfolgt also ortsunabhängig. Philipp Lorig stuft die Arbeit auf My.Hammer zu Recht nicht als Crowdworking, sondern als Gigworking ein. Die Erwerbsarbeit wird zwar über eine Plattform vermittelt, erfolgt allerdings bei der Kundschaft im offline Bereich. Warum ist diese Unterscheidung aus Gewerkschaftsperspektive wichtig? Erstens, Gigworking ist ortsgebunden und damit nationalen Gesetzen und regional begrenzter Konkurrenz unterworfen, hingegen hat sich bei Crowdworking tatsächlich ein globaler Arbeitsmarkt herausgebildet, auf dem Menschen mit unterschiedlichen Interessen, Qualifikationen, Motivations- und Lebenslage weltweit miteinander kollaborieren und konkurrieren. Nationale Gewerkschaften denken und gestalten Arbeit allerdings nach wie vor stark in den Grenzen begrenzter Arbeitsmärkte. Zweitens, bei Crowdworking sind – insbesondere bei einfacheren Tätigkeiten[3] – die Effekte der Unsichtbarkeit

---

3   Anders ist das bei kollaborativen Innovationsprojekten wie auch auf Freelancer-Plattformen bei denen die individuelle Sichtbarkeit größer ist.

und sozialer Isolierung stärker ausgeprägt als bei Gigworking. Obgleich die Arbeit in hohem Maß arbeitsteilig organisiert ist, ist selbst an den Schnittstellen der einzelnen Teilprojekte kaum eine Kommunikation zwischen den Arbeitenden möglich. Die Koordinierung und Integration der einzelnen Arbeitspakete obliegt in der Regel der Plattform oder dem Auftraggeber, während die Arbeitenden selbst meist nicht einmal wissen, wer für den gleichen Auftraggeber oder sogar am gleichen Projekt arbeitet (Bormann und Pongratz 2017). Dies erschwert eine gewerkschaftliche Ansprache und Organisierung enorm. Ein weiterer wichtiger Unterschied besteht darin, dass der Zuverdienstcharakter bei Gigworking weniger ausgeprägt ist als bei Crowdworking. In Deutschland nutzt die übergroße Mehrheit der Crowdworker die Plattformen für einen Zuverdienst und erzielt damit monatliche Einnahmen von wenigen Hundert Euro, teilweise auch deutlich darunter (Pongratz und Bormann 2017). Es ist zu vermuten, dass Arbeitende auf Plattformen im Offline-Bereich in der Regel deutlich mehr Stunden über diese vermittelt bekommen und für sie die dabei erzielten Einnahmen relevanter sind. Dies erklärt nicht nur, warum einzelne Gigworking-Plattformen die Arbeitenden zum Teil (z.B. *deliveroo*) oder auch vollständig (z.B. *Foodora, Book a Tiger*) abhängig beschäftigen, sondern auch, warum Gewerkschaften im Offline-Bereich bei den Kurierdiensten Organisierungserfolge verbuchen (Palmer 2017). Eine wesentliche Hürde bei der gewerkschaftlichen Organisierung von Crowdworker besteht hingegen darin, dass für sie ein Engagement, die Arbeitsbedingungen auf diesem Nebenschauplatz ihres Erwerbslebens zu verbessern, wenig lohnenswert scheint (Pongratz und Bormann 2017).

2. Bewertung von Crowdworking aus gewerkschaftlicher Perspektive

ver.di hat gemeinsam mit dem Arbeitssoziologen Hans Pongratz eine Umfrage unter seinen Mitgliedern durchgeführt und sie nach ihren Erfahrungen mit selbstständiger Arbeit sowie mit Arbeit auf Crowdworking-Plattformen gefragt (Pongratz und Bormann 2017; Bormann und Pongratz 2017). Aus den Erfahrungen der von uns befragten ver.di-Mitglieder sowie der internationalen Forschung zu Crowdworking lassen sich folgende Probleme erkennen:

Preisdumping: Viele der befragten ver.di-Mitglieder kritisieren die Bezahlung auf Crowdworking-Plattformen. Dabei bezieht sich die Kritik an der Bezahlung keineswegs nur auf Microtasking-Plattformen, sondern trifft auch auf komplexere Tätigkeiten zu. Auf den Plattformen findet ein verschärfter Wettbewerb statt. Nicht nur konkurrieren Menschen mit unterschiedlichen Qualifikationen,

Wohnorten und Interessen miteinander, sondern insbesondere in der Einstiegsphase sehen sich selbst beruflich erfahrene Erwerbstätige dazu gezwungen, eine schlechte Bezahlung zu akzeptieren, um überhaupt einen Auftrag und damit eventuell eine erste positive Bewertung in ihrer Online-Reputation zu ergattern (Schörpf et al. 2017).

Unbezahlte Arbeit: Einige der befragten ver.di-Mitglieder kritisieren unbezahlte Leistungen und Nacharbeiten, etwa mit folgendem Kommentar: „(...) wegen technischen Fehlern wird man trotz aller Muehe/fertigen Aufgaben nicht mal bezahlt". Eine Teilnehmerin schreibt: „Ob das Ergebnis der Arbeit angenommen wird, ist oft Glückssache (z.B. ob bei einem Webseiten/App-Test Bugs angenommen werden)", und verweist auf die Konkurrenz untereinander, „Wenn es um Fehlersuche geht, ist die Konkurrenz unter den Testern sehr groß (nur wer als erster einen Fehler gefunden hat, wird bezahlt)." Auf vielen Plattformen ist vertraglich geregelt, dass Kund*innen für Leistungen, mit denen sie nicht zufrieden sind, die Bezahlung ohne Begründung verweigern können. Ein weiterer Grund für unbezahltes Arbeiten besteht auf einigen Plattformen im Wettbewerbsprinzip. Crowdworker reichen fertige oder fast-fertige Produkte ein, bezahlt wird allerdings nur derjenige, der den Wettbewerb gewinnt.

Rechteverlust: Im Fall einiger Plattformen ist sogar in den Allgemeinen Geschäftsbedingungen (AGB) geregelt, dass die Erwerbstätigen die Urheberrechte an ihrem Werk abtreten, selbst wenn ein anderer das Preisgeld erhält. Dies ist in Deutschland nicht rechtskonform (Däubler 2015).

Informationsungleichgewicht: Die meisten Plattformen räumen den Auftraggebern erhebliche Informationsvorteile ein. Die Leistungskennziffern der Auftragnehmer*innen werden in deren persönlichem Profil veröffentlicht. Diese Angaben sind transparent und direkt vergleichbar. Hingegen fehlen Angaben über das Verhalten der auftraggebenden Unternehmen. Im Bereich Mikrotasking bleiben sogar viele Auftraggeber anonym. Dies führt zu einem Informationsungleichgewicht, was die Machtasymmetrie zwischen Auftraggeber und Auftragnehmer*innen noch verstärkt.

Persönlichkeitsrechte: Die Plattformen gestalten auf der Grundlage der anfallenden Daten den öffentlichen Marktauftritt der Crowdworker. Diese Online-Reputation ist entscheidend für weitere Erwerbschancen. Für die Erwerbstätigen ist es aber weder transparent, wie diese Daten zustande kommen, noch haben sie Einfluss auf diese Art der Verwertung ihrer Daten.

Entwertung von Qualifikationen: Crowdworker müssen sich zunächst eine Online-Reputation erarbeiten, um an bessere Aufträge auf einer Plattform zu gelangen. Dabei ist die Verfügbarkeit solcher Aufträge keineswegs garantiert.

Durch dieses System werden herkömmliche Qualifikationsnachweise entwertet. Online-Reputationen können hingegen nicht mitgenommen werden, dadurch entsteht eine gewisse Abhängigkeit zur Plattform.

Dies sind eine Reihe zentraler Probleme im Kontext von Crowdworking. Die Gestaltung von Crowdworking ist aufgrund der drei geteilten Governance-Struktur zwischen auftraggebenden Unternehmen, Crowdworking-Plattform und Erwerbstätigen besonders schwierig. Hinzu kommt, dass die Plattformen zwar ganz wesentlich das Marktgeschehen bestimmen und arbeitgeber- und auftraggeberähnliche Funktionen übernehmen, sich in der Regel aber als reine Software-Unternehmen präsentieren und die Verantwortung für dieses Marktgeschehen von sich weisen. Allerdings muss an dieser Stelle betont werden, dass es sich hierbei um Probleme von Crowdworking-Plattformen handelt. Das Beispiel MyHammer weist hier einige Unterschiede auf und übernimmt vergleichsweise stärker eine klassische Vermittlungsfunktion.

Plattformbasiertes Arbeiten im Allgemeinen wird in Zukunft an Bedeutung gewinnen. Wie allerdings Crowdworking in Zukunft die Arbeitsorganisation in Deutschland verändern wird, ist derzeit nur schwer auszumachen. Noch ist die Zahl jener Unternehmen, die in Deutschland Crowdworking nutzen, relativ gering (Ohnemus et al. 2016). Derzeit stellt Crowdworking primär ein Experimentierfeld für Unternehmen dar in Sachen Zerstückelung von Wissensarbeit, Integration extern Arbeitender in ihre Wertschöpfung und „Radikalisierung von Vermarktlichung und Ergebnisorientierung" (Menz und Cárdenas Tomažič 2017: 17). Dies erfordert gewerkschaftliches Handeln, weil hier Entwicklungstendenzen wie Outsourcing, ergebnisorientierte Leistungssteuerung und digitale Erfassung von Fähigkeiten intensiviert, miteinander verbunden und weiterentwickelt werden.

3. Selbstständige und Gewerkschaften

Lorig problematisiert in seinem Artikel die Auflösung eines vermeintlichen Normalarbeitsverhältnisses aufgrund plattformbasierter Arbeit wie Crowd- und Gigworking. Die auf MyHammer arbeitenden Handwerker*innen seien überwiegend unfreiwillig selbstständig, befänden sich in einem hierarchischen Abhängigkeitsverhältnis und wären nicht in der Lage, solidarisch zu handeln. Im Folgenden möchte ich vor dem Hintergrund praktischer Erfahrungen der ver.di eine andere Facette selbstständiger Arbeit und der gewerkschaftlichen Organisierung Solo-Selbstständiger skizzieren.

In ver.di sind ca. 30.000 hauptberuflich selbstständig Erwerbstätige organisiert, von denen viele eine schwierige Einkommenssituation haben. So nennen ver.di-Mitglieder in der erwähnten Umfrage (Pongratz 2017) als häufigste Herausforderungen „regelmäßig und ausreichende Einkommen zu erzielen", sowie „neue Aufträge zu erhalten" und „mich für Krankheit, Alter, Auftragslosigkeit abzusichern". Das Problem der sozialen Absicherung bringt auch der Kommentar eines Befragten zum Ausdruck: „Angst vor dem Alter, weil trotz inzwischen 30 Jahren Arbeit meine Rente NIE ausreichen wird für ein erträgliches Leben". Die befragten Mitglieder sprechen sich für ein stärkeres Engagement ihrer Gewerkschaft für die Anliegen Solo-Selbstständiger aus, am häufigsten für die „Einflussnahme auf politische Regelungen" gefolgt von dem Wunsch nach Beratung und Vernetzung mit anderen Selbstständigen. Darüber hinaus äußern mehrere Befragte den Wunsch nach einer stärkeren Anerkennung ihrer selbstständigen Arbeit in der Gesellschaft. Die Gewerkschaft solle sich dafür einsetzen, dass Qualifikation und geleistete Arbeit eine höhere gesellschaftliche Wertschätzung erfahren und sich dies auch in den Honoraren widerspiegelt. Zudem gibt es den Appell an ver.di, die Besonderheiten ihrer oftmals freiwillig gewählten Beschäftigungsform besser zu verstehen und zu akzeptieren. Selbstständige in ver.di wünschen von ihrer Organisation eine höhere Anerkennung sowohl ihrer Beschäftigungsform als auch ihres gewerkschaftlichen Engagements, wie dies auch im folgenden Zitat zum Ausdruck kommt „Wertschätzung, dass ich stark gewerkschaftlich orientiert arbeite, statt Missachtung wegen angeblicher Konkurrenz". Selbstständige in ver.di wünschen in der Gewerkschaft eine höhere Anerkennung ihrer Beschäftigungsform als auch eine stärkere Anerkennung ihres gewerkschaftlichen Engagements.

Was hierbei deutlich wird: Die meisten Selbstständigen haben sich bewusst für diese Arbeitsform entscheiden – obgleich sie dabei prekäre Arbeitsbedingungen kritisieren. Freiwillig Selbstständige wollen sich nicht weisungsgebunden einem Chef bzw. einer Chefin unterordnen. Sie sind dabei durchaus fähig, kollektiv zu handeln und Solidarität zu üben. Und Gewerkschaften sind in der Lage, diese Solidarität zu organisieren. Daher ist ein differenziertererer gewerkschaftlicher Blick auf selbstständiges Arbeiten wichtig.

4. Strategien der ver.di zur Ansprache von Solo-Selbstständigen

Selbstständige Crowd- und Gigworker können bei ver.di – wie auch Solo-Selbstständige generell – Mitglied werden.[4] Neben der politischen Interessenvertretung

---

4   ver.di verfügt als einzige DGB-Gewerkschaft über ein eigenständiges Referat und eigene ehrenamtliche Strukturen und Gremien für selbstständig Erwerbstätige (vgl. Mirschel 2017).

bietet ihnen ver.di Beratung, Vernetzung, Entwicklung gemeinsamer Aktivitäten und Rechtsschutz. Zudem handelt ver.di Tarifverträge für Selbstständige aus.[5] ver.di adressiert selbstständige Crowd- und Gigworker nicht als eigenständige Gruppe, sondern spricht sie über ihre Profession sowie ihren Erwerbsstatus an, denn viele Solo-Selbstständige verfügen über ein Gruppenselbstverständnis: Sie verfügen über statusbezogene Gemeinsamkeiten. Es eint sie die bewusste Entscheidung für diese Erwerbsform wie auch die Herausforderungen. Insbesondere die, regelmäßig ausreichende Einnahmen zu erzielen sowie sich für Krankheit, Alter und Auftragslosigkeit abzusichern.

Eine Beratung für Crowdworker bietet ver.di im Rahmen der Selbstständigen-Beratung an.[6] Die erfolgt über einen sehr umfassenden Online-Ratgeber sowie jährlich in rund 2.000 längeren Gesprächen mit oder Beratungs-Mails an Solo-Selbstständige. Dazu hat ver.di ein komplexes und aufwändiges Beratungsnetzwerk von Selbstständigen für Selbstständige etabliert, das sowohl Mitglieder als auch Nicht-Mitglieder anspricht. Die Erfahrungen zeigen, dass eine statusbezogene Berufsberatung weit mehr als ein individueller Service ist. Sie leistet einen wichtigen Beitrag, die Entsolidarisierung entlang des Erwerbsstatus zu verhindern, weil bei der Beratung gleichzeitig kollektive Lösungswege angeregt werden (Haake 2016). So werden Beratene in fast jedem Gespräch darauf hingewiesen, ob, wo und wie ihr Problem auch kollektiv gelöst werden kann. Wenn zum Beispiel ein großer Auftraggeber seine Allgemeinen Geschäftsbedingungen (AGB) ändert, können die bei ver.di Anfragenden individuell wenig tun ohne Auftragslosigkeit zu riskieren. ver.di kann allerdings auf der Grundlage eines gemeinsamen Interesses seiner Mitglieder eine wettbewerbsrechtliche Klage gegen die AGB führen. Generell orientiert die Beratung nicht darauf, Selbstständigen Vorteile gegenüber anderen „Mitbewerber*innen" zu verschaffen und spricht das Thema kollektiver Handlungsmöglichkeiten gegenüber Auftraggebern und Markt in fast jedem Gespräch an.

Zur Verbesserung der Arbeits- und Lebensbedingungen der Arbeitenden führt ver.di darüber hinaus Gespräche mit den Plattformen, die für das Marktgeschehen eine wesentliche Verantwortung tragen. ver.di sensibilisiert Betriebsräte, Einfluss auf die Gestaltung von Crowdwork zu nehmen und engagiert sich politisch für faire Arbeitsbedingungen und Bezahlung von Crowdworkern. Wichtige ge-

---

5 Gewerkschaften können seit der Erweiterung des Tarifvertragsgesetzes um den § 12a im Jahr 1974 für wirtschaftlich abhängige und sozial schutzbedürftige – sogenannte arbeitnehmerähnliche Personen – Tarifverträge verhandeln (Mirschel 2017).

6 Siehe www.selbststaendigen.info

sellschaftspolitische Forderungen sind u.a. die Einführung einer allgemeinen Erwerbstätigenversicherung unabhängig vom Erwerbsstatus, branchenbezogene Mindesthonorare, eine öffentliche Kontrolle der Allgemeinen Geschäftsbedingungen von Plattformen, die Beteiligung von Plattformen und Auftraggebern am System der sozialen Sicherung sowie Änderungen des Wettbewerbsrechts, um ein kollektives Handeln von Solo-Selbstständigen insbesondere im Bereich der Niedrigeinkommen zu stärken oder überhaupt erst zu ermöglichen.

5. Fazit

Wir sollten die Chancen selbstständiger Arbeitsformen bei der Erwerbsarbeit stärker anerkennen. Selbstständiges Arbeiten bietet für viele Erwerbstätige ein hohes emanzipatorisches Potenzial jenseits einer von Gewerkschaften oft idealisierten Normalarbeit. Zentrale Aufgabe ist es, auf der individuellen Ebene – unabhängig vom Erwerbsstatus –, Fragen des Einkommens und der sozialen Sicherung zu klären. Auf der kollektiven Ebene gilt es, Formen der politischen Vertretung sowie der Interessenvertretung innerhalb und jenseits gewohnter Mitbestimmungsstrukturen zu etablieren. Perspektivisch könnten Gewerkschaften mit Crowdworking-Plattformen Verträge abschließen, die Haustarifen gleichen. Unternehmensinitiativen wie der bestehende Code of Conduct[7] sind zwar ein erster Schritt zur Verständigung, aber wegen ihrer Unverbindlichkeit und der weiter bestehenden starken Machtasymmetrie zwischen Plattform und der dort Arbeitenden kein langfristiger Ersatz für verbindliche kollektive Regelungen.

Eine wirksame Kollektivierung von Interessen bedarf allerdings auch hier der Mobilisierung von Organisationsmacht. Die große Schwierigkeit sieht ver.di dabei weniger in der Vereinzelung und Entsolidarisierung der Crowdworker, als vielmehr im weitverbreiteten Zuverdienstcharakter des Crowdworkings. Dass Selbstständigkeit und Gewerkschaft keine Gegensätze sind, zeigen unsere Erfahrungen mit der Organisierung von mehr als 30.000 Solo-Selbstständigen. Jährlich treten ver.di knapp 1.500 Selbstständige neu bei – nicht mitgezählt sind hier nebenberuflich Selbstständige. Wir gehen davon aus, dass alle Gewerkschaften in ihrem Organisationsbereich Crowdworker gezielt über ihren Erwerbsstatus als Selbstständige adressieren können und sie durchaus für eine gewerkschaftliche Organisierung empfänglich sind, wenn ihre Arbeits- und Lebenssituation beachtet und ernst genommen wird – vorausgesetzt, sie arbeiten im relevanten

---

7   www.crowdsourcing-code.de

Umfang auf Online-Plattformen. Bei der Mehrheit der Crowdworker, die der Arbeit auf Plattformen nur gelegentlich nachgehen, ist (zumindest bei ver.di) eine starke Selbstorganisation nicht zu verspüren und damit das Risiko einer reinen Stellvertreterpolitik sehr groß. Auch die kann ihren Platz haben, aber im Schwerpunkt ist es weiterhin notwendig, Gesellschaft, Gesetzgeber und Gewerkschaften zu adressieren, um auf allen Ebenen bessere Bedingungen sowie Strukturen der Selbstvertretung für Solo-Selbständige zu erreichen.

Literatur

Boes, Andreas/Kämpf, Tobias/Langes, Barbara/Lühr, Thomas/Steglich, Steffen (2014): Cloudworking und die Zukunft der Arbeit. Kritische Analysen am Beispiel der Strategie „Generation Open" von IBM, herausgegeben von input Consulting und ver.di Bildungswerk Hessen.

Bormann, Sarah/Pongratz Hans J. (2017): Arbeitsbelastung bei Online-Arbeit. Zur sozial-räumlichen Dimension von Crowdwork, in: Schröder, Lothar/Urban Hans-Jürgen (Hg.): Gute Arbeit. Ökologie der Arbeit – Impulse für einen nachhaltigen Umbau, Frankfurt a.M., 300-312.

Pongratz, Hans J. (2017b): Interessenvertretung dringend erwünscht: Was Selbstständige von ihrer Gewerkschaft erwarten, in: WSI-Mitteilungen, 8/2017, 605-613.

Pongratz, Hans J./Bormann, Sarah (2017): Online-Arbeit auf Internet-Plattformen. Empirische Befunde zum 'Crowdworking' in Deutschland, in: Arbeits- und Industriesoziologische Studien, 10(2), 158-181.

Schörpf, Philip/Flecker, Jörg/Schönauer, Annika/Eichmann, Hubert (2017): Triangular love-hate: management and control in creative crowdworking, in: New Technolgy, Work and Employment, 32(1), 43-58.

Däubler Wolfgang (2015): Internet und Arbeitsrecht. Web 2.0, Social Media und Crowdwork, Frankfurt a.M.

Ohnemus, Jörg/Erdsiek Daniel/Viete, Steffen (2016): Nutzung von Crowdworking durch Unternehmen: Ergebnisse einer ZEW-Unternehmensbefragung. BMAS-Forschungsbericht 473, Berlin.

Menz, Wolfgang/Cárdenas Tomažič, Ana (2017): Gerechte neue Arbeitswelt? Crowdworking aus normativ-empirischer Perspektive der Soziologie, in: Dabrowski, Martin/Wolf, Judith (Hg.): Crowdworking und Gerechtigkeit auf dem Arbeitsmarkt, Paderborn, 9-31.

Haake, Gunter (2016): Digitalisierung und Gewerkschaften: Solo-Selbstständige integrieren, in: Schröder, Lothar/Urban Hans-Jürgen (Hg.): Gute Arbeit. Digitale Arbeitswelt – Trends und Anforderungen, Frankfurt a.M., 310-321.

Mirschel, Veronika (2017): Interessenvertretung von (zeitweise) Selbstständigen in der Medienbranche, in: Bührmann, Andrea D./Fachinger, Uwe/Welskop-Deffaa Eva M. (Hg.) Hybride Erwerbsformen, Wiesbaden, 131-153.

Katja Köhler / Christian Menz

Leiharbeit aus Sicht einer Beratungsstelle
10 Jahre „Service-Hotline Zeitarbeit und Werkvertrag"

Einleitung

Leiharbeit ist kein rechtsfreier Raum, vielmehr gibt es allerhand Rechte in dieser besonderen Vertragskonstruktion. Für Beschäftigte erweist es sich jedoch oftmals als problematisch, Kenntnisse über diesen Rechtsrahmen und die Ansprüche zu erlangen. Auch bei der Durchsetzung von Ansprüchen tauchen vielfach Schwierigkeiten auf.

An dieser Stelle setzt das Projekt „Service-Hotline Zeitarbeit und Werkvertrag" (kurz: Hotline) in Nordrhein-Westfalen (NRW) an. Es wird getragen vom DGB NRW und dem Arbeitsministerium NRW (MAGS NRW), im Rahmen des operationellen Programms für die Umsetzung des Europäischen Sozialfonds (ESF) in NRW. Die „Service-Hotline Zeitarbeit und Werkvertrag" hat den Auftrag, ein schnelles und unkompliziertes Informations- und Beratungsangebot für Leiharbeitskräfte und Arbeitsuchende bereitzustellen. Der Kontakt zu den Berater*innen kann telefonisch oder über das Internetportal www.zeitarbeit.nrw.de erfolgen. Unterstützung vor Ort wird durch Informationsstände auf Jobmessen und Betriebsrätekonferenzen, Vorträgen in Jobcentern oder Agenturen für Arbeit, oder in Betrieben, bei denen Leiharbeit eingesetzt wird, geboten.

Im Rahmen dieses Projekts, das seit 2008 besteht und aufgrund der Nachfrage fünf Mal verlängert wurde, haben die Berater*innen einen umfangreichen Einblick in die Problemlagen und Fragestellungen der Ratsuchenden erhalten.·

In dem vorliegenden Erfahrungsbericht werden die Konstellationen in der Leiharbeit erläutert und kritisch beleuchtet. Es folgen die zentralen Meilensteine der gesetzlichen Entwicklung, insbesondere die gesetzlichen Neuerung in 2017. Im Anschluss daran werden die Probleme der Ratsuchenden an der „Service-Hotline Zeitarbeit und Werkvertrag" erläutert. Hierbei werden mögliche Umgehungsstrategien zur Aushebelung von Arbeitnehmerrechten und Herausforderungen für die Beschäftigten thematisiert. Abschließend werden Handlungsfelder umrissen, bei denen Leiharbeitskräfte Unterstützung benötigen.

Das Dreiecksverhältnis in der Leiharbeit

Nach Arbeitnehmerüberlassungsgesetz (AÜG) besteht das Leiharbeitsverhältnis – oder auch Zeitarbeit genannt – aus drei juristischen Personen: der Leiharbeitskraft, dem Verleiher und dem Entleiher. Die Leiharbeitskraft hat einen Arbeitsvertrag mit dem Verleiher (Zeitarbeitsunternehmen). Dieser Arbeitsvertrag entspricht den Grundsätzen des Nachweisgesetzes und muss schriftlich niedergelegt werden. Inhaltlich müssen Punkte wie Namen, Anschrift, Dauer des Arbeitsverhältnisses, Arbeitsort, Tätigkeit, Arbeitsentgelt, Arbeitszeit, Erholungsurlaub, Fristen für Kündigung und Hinweise auf einen angewendeten Tarifvertrag aufgeführt sein. Speziell in der Leiharbeit müssen noch Informationen bezüglich der Arbeitnehmerüberlassungserlaubnis, dass der Arbeitnehmer im Rahmen der Arbeitnehmerüberlassung eingesetzt wird, sowie der Höhe der Leistungen in verleihfreier Zeit (§ 11 Abs. 1 AÜG) enthalten sein.

Die Arbeitnehmerüberlassungserlaubnis ist ein Schriftstück, das der Verleiher, also die Zeitarbeitsfirma, bei der Bundesagentur für Arbeit beantragen muss, um gewerblich als Leiharbeitsunternehmen tätig werden zu können (§ 1 Abs. 1 AÜG). Ohne diese Erlaubnis darf die Zeitarbeitsfirma nicht aktiv werden. Verstöße können zu einer Untersagung der Gewerbeausübung führen sowie Straf- und Bußgeldtatbestände erfüllen (§ 16 Abs. 1 AÜG). Nur zuverlässige Verleiher sollen so das Gewerbe ausüben können. Das Arbeitsverhältnis besteht somit zwischen dem Verleiher und der Leiharbeitskraft.

Nun erfolgt der Einsatz der Leiharbeitskraft in einem Entleihbetrieb. Damit dies möglich ist, muss diese dritte juristische Person einen Überlassungsvertrag mit dem Verleihbetrieb abschließen. Dieser Überlassungsvertrag zwischen den beiden Unternehmen muss auch der Schriftform entsprechen und die Erlaubnis enthalten. Außerdem müssen die Merkmale der Tätigkeit sowie die erforderliche Qualifikation der Leiharbeitskraft aufgeführt werden. Sofern kein Tarifvertrag gilt, müssen auch die wesentlichen Arbeits- und Entgeltbedingungen eines vergleichbaren Beschäftigten im Einsatzbetrieb angegeben werden (§ 12 AÜG). Eine Neuregelung seit 2017 ist, dass im Überlassungsvertrag sowohl der Name der Leiharbeitskraft als auch der Umstand, dass der Einsatz im Rahmen der Arbeitnehmerüberlassung erfolgt, schriftlich fixiert werden muss.

Die angeforderte Leiharbeitskraft wird dann in einem Entleihbetrieb eingesetzt. Das Beschäftigungsverhältnis besteht nun, und der Entleiher darf die

Arbeitsleistung der Leiharbeitskraft abrufen. Der Einsatzbetrieb ist gegenüber der Leiharbeitskraft bezüglich Zeit, Dauer, Ort, Inhalt und Durchführung der Arbeitstätigkeit weisungsbefugt. Interessant ist, dass die Betriebs- und Personalräte sowohl des Verleihers als auch des Entleihers zuständig für die Leiharbeitskraft sind. Die Arbeitnehmervertretung des Entleihers ist Ansprechpartner bei Problemen im Betrieb bezogen auf den konkreten Arbeitsplatz. Der Betriebsrat der Verleihfirma ist für alle Fragen zuständig, die sich aus dem Arbeitsvertrag ergeben, wie etwa die richtige Eingruppierung.

Kritische Bestandsaufnahme

Beschäftigte in der Leiharbeit

Seit der rechtlichen Ermöglichung der Leiharbeit im Jahr 1972 ist die Anzahl der Leiharbeitnehmer bis 2017 nach jeder Gesetzesreform angestiegen (Bundesagentur für Arbeit 2018a: 6, Deutscher Bundestag 2018: 10). Im Juni 2017 zählte die Bundesagentur für Arbeit schließlich 1.043.405 Leiharbeitskräfte. Dies entspricht etwa 2,7 Prozent der gesamt sozialversicherungspflichtigen Beschäftigten (Bundesagentur für Arbeit 2018a: 8, Bundesagentur für Arbeit 2018b: Tabelle 1.1.1.).

Wenn einzelne Aspekte dieser Beschäftigungsform beleuchtet werden, fällt auf, dass der Anteil in den Produktionsberufen deutlich stärker ausgeprägt ist (Bundesagentur für Arbeit 2018a: 9).[1] Die Dienstleitungsbranche ist unterproportional vertreten, nimmt aber kontinuierlich zu (Bundesagentur für Arbeit 2018a: 9).

Was die konkreten Tätigkeiten in den Einsatzbetrieben angeht, werden Leiharbeitskräfte vermehrt im Helferbereich eingesetzt und haben überproportional niedrigere Qualifikationsniveaus (Institut für Arbeitsmarkt- und Berufsforschung 2014: 43.). Unabhängig von der Qualifikation, vom Helfer bis zum Experten, bestehen deutliche Lohndifferenzen zwischen Stammbeschäftigen und Leiharbeitskräften. Eine Vollzeitkraft verdient in der Leiharbeit im Durchschnitt 42 Prozent weniger als Vollzeitbeschäftigte insgesamt (Bundesagentur für Arbeit 2018a: 19).

Im Vergleich zu den sozialversicherungspflichtig Beschäftigten insgesamt, sind Leiharbeitsverhältnisse durch eine hohe Beschäftigungsdynamik gekennzeichnet.

---

1   Siehe auch Institut für Arbeitsmarkt- und Berufsforschung 2014: 22-23. Für die Zuordnung von Berufen zu Berufssektoren und -segmenten siehe Bundesagentur für Arbeit 2015.

Bei Veränderung der Auftragslage und der Konjunktur kann die Arbeitnehmerüberlassung relativ schnell zurückgefahren werden, das Risiko aus Leiharbeit heraus arbeitslos zu werden, ist ca. fünf Mal höher als aus einem Normalarbeitsverhältnis (Bundesagentur für Arbeit 2018a: 14-18). Dies zeigte sich beispielsweise in Folge der Wirtschafts- und Finanzkrise 2008 (ebd.:13). Erkennbar ist die Beschäftigungsdynamik auch an den Zu- und Abgängen der Arbeitnehmerüberlassungsstatistik. Rund 47 Prozent der im ersten Halbjahr 2017 beendeten Leiharbeitsverhältnisse hatte lediglich eine Dauer von unter drei Monaten (ebd.). Die Beschäftigungsdynamik variiert je nach Berufsabschluss. In der Tendenz lässt sich nachweisen: Je höher die Qualifikation, desto länger die Beschäftigungsdauer (Institut für Arbeitsmarkt- und Berufsforschung 2014: 34). Dieses statistische Abbild findet Niederschlag in der Arbeitszufriedenheit der Beschäftigten. Diese ist deutlich geringer im Vergleich zu den Normalbeschäftigten, wozu unter anderem die größere Arbeitsplatzunsicherheit beiträgt. Daran ändert auch der erhoffte Klebeeffekt nichts, also dass die Leiharbeitskraft übernommen wird und im Einsatzbetrieb „kleben" bleibt. Statistisch lässt sich dieser nicht valide abbilden, je nach Studie wird ein Effekt zwischen sieben und 30 Prozent nachgewiesen (Bundesagentur für Arbeit 2018a: 16; Institut für Arbeitsmarkt- und Berufsforschung 2014: 45; Eichhorst et al. 2010: 22.). Aus diesem Grund kommen Lehmer und Ziegler zu dem Schluss, Leiharbeit sei „keine breite Brücke, sondern wohl eher ein schmaler Steg" in ein Normalarbeitsverhältnis (Lehmer und Ziegler 2010: 4).

Attraktivität für Arbeitgeber

Unternehmen sollen mit Leiharbeit flexibel auf Auftragsspitzen reagieren können. Vielfach wird kritisch in Frage gestellt, ob man mit einer Höchstüberlassungsdauer von über drei Monaten diesem Ziel noch gerecht werden kann oder ob Leiharbeit ein Instrument geworden ist, um Personalkosten zu sparen (Ulber 2017: 88). Denn es zeigt sich, dass Leiharbeit vermehrt ein fester Bestandteil der Personalplanung ist und sich die Personaldecke der Stammbeschäftigten reduziert. Dies ist für Arbeitgeber insofern attraktiv, da Beschäftigungsrisiken auf Fremdfirmen ausgelagert werden können, wie beispielsweise der Kündigungsschutz oder Such-, Einstellungs-, Entlassungs-, Fluktuations- und Sozialkosten. Im Falle, dass das Auftragsvolumen sinkt, können Einsätze von Leiharbeitskräfte unkompliziert beendet werden. Es reduzieren sich auch die Kosten bei der Anbahnung eines Arbeitsverhältnisses, Such- und Einstellungskosten trägt der Verleiher (Vgl. Holst et al. 2009: 16f.). Auch Kosten, die in Zusammenhang mit der Personalentwicklung entstehen oder Qualifizierungsmaßnahmen, die vielleicht für Stammbeschäftigte durchgeführt werden, fallen im Entleihbetrieb nicht an. Eine starre Bilanzorientierung ist nach Holst et al. wohl einer der Hauptgründe für die Attraktivität der Leiharbeit (vgl. ebd.: 42).

Betriebs- und tarifpolitische Auswirkungen

Betriebspolitisch kann sich eine Zersplitterung der Belegschaft auf die Arbeit der Betriebs- und Personalräte auswirken. Das fängt bei der Reduzierung der Betriebsratsgröße an, weil diese an die Zahl der wahlberechtigten Beschäftigten gekoppelt ist, und hört bei möglichen Entsolidarisierungsprozessen zwischen Stammbeschäftigten und Leiharbeitskräften auf. Denn das subjektiv erhöhte individuelle Risiko eines betrieblichen Abstiegs durch die Substituierbarkeit im Arbeitsprozess verschärft bei den Stammbeschäftigten ein Bedrohungsgefühl und wirkt disziplinierend (Vgl. ebd.:45f., Ulber 2017:88). Die Existenzangst unter den Stammbeschäftigten und der Druck, der auf den Betriebsräten lastet, ist eine Herausforderung für die Interessenvertretung vor Ort und erfordert Kapazitäten (Holst et al.: 49f.). Zudem wirkt sich Leiharbeit auf wichtige Schwellenwerte aus: So kann die Reduzierung der Stammbelegschaft dazu führen, dass der Kündigungsschutz nicht mehr greift. Ein ähnlicher Mechanismus lässt sich auch bei den Themen Massenentlassung oder Sozialplan beobachten. Durch Leiharbeit und die damit verbundene Verkleinerung der Stammbelegschaft können die gesetzlichen Schwellenwerte womöglich nicht erreicht werden.

Tarifpolitisch kann Leiharbeit den Geltungsbereich der Tarifverträge in den Einsatzbetrieben aushebeln und als „Flucht" aus diesen beschrieben werden – gerade in den Branchen, in denen der Lohn der Leiharbeitskraft deutliche Abweichungen von den tariflichen Entgelten der Stammbelegschaft aufweist. Auch die Durchsetzungsfähigkeit der Gewerkschaften in den Betrieben kann sinken, da die Belegschaft nicht mehr vereint ein gemeinsames tarifpolitisches Ziel verfolgt.

Gesetzliche Entwicklungen. Ein Überblick

Vom Schutzgesetz zur Deregulierung (1972–2004)

Die Dreieckskonstellation zwischen Leiharbeitskraft, Verleiher und Entleiher hat sich vom Prinzip her nicht verändert, aber die Rechte und Pflichten der jeweiligen Parteien sind im Zuge politischer Zielsetzungen, gesellschaftlicher Problemlagen, Fehlentwicklungen oder Skandale angepasst worden. Um den aktuellen Gesetzesstand einordnen zu können, ist es unerlässlich, den Blick in die Vergangenheit zu richten. Erstmals 1972 gesetzlich geregelt, um Zeitarbeit von der Vermittlungstätigkeit der Bundesanstalt für Arbeit abzugrenzen, sollte Leiharbeit nur eine begrenzte wirtschaftliche Funktion erfüllen. Der Einsatz sollte beispielsweise nur erfolgen, wenn vorübergehend ein Arbeitnehmer ausfällt oder bei vorübergehender dringender Arbeit. Eine Substitution von regulären Arbeitsplätzen sollte vermieden werden. Zentral war zudem der Schutzcharakter des Gesetzes „bei der Arbeitnehmerüberlassung Verhältnisse herzustellen, die den Anforderungen des sozialen Rechtsstaats entsprechen und eine Ausbeutung der betroffenen Arbeitnehmer ausschließen." Das Arbeitgeberrisiko, beispielsweise keine Aufträge zu erhalten, sollte nicht der Arbeitnehmer tragen. Der Schutz der Leiharbeitskräfte wurde insbesondere durch folgende vier Eckpfeiler sichergestellt. Das Synchronisationsverbot hat verhindert, dass Leiharbeitskräfte nur für die Dauer eines akquirierten Einsatzes eingestellt wurden. Es gab außerdem das Verbot einer kurzfristigen Wiedereinstellung nach vorausgehender Entlassung. Dies sollte kurzfristige Einsätze bei Entleihbetrieben zu dauerhaften Beschäftigungsverhältnissen befördern. Zudem betrug die Überlassungshöchstdauer in den Entleihbetrieben drei Monate, und Zeitarbeitsunternehmen hatten Lohnfortzahlungspflicht bei fehlenden Einsätzen (Linne und Vogel 2003: 16f., Ulber 2017: 65, Deutscher Bundestag 1971). Auch die Erlaubnispflicht zur Arbeitnehmerüberlassung rührt vom Willen des Gesetzgebers daher, dass nur zuverlässige Verleiher das Gewerbe ausüben sollen.

Schritt für Schritt haben sich die gesetzlichen Eckpfeiler verändert. Nach Missbräuchen wurde 1982 der Verleih von Arbeitern im Baugewerbe verboten. Aus einem übergeordneten arbeitsmarktpolitischen Gesamtinteresse heraus, die Arbeitslosenquote zu senken, ist die Überlassungshöchstdauer verlängert worden. Im Jahr 1985 wurde die Überlassungshöchstdauer dann von drei auf sechs Monate und im Jahr 2000 nochmal auf neun Monate verlängert. Mit dem Job-AQTIV-Gesetz wurde der Einsatz in einem Betrieb bis zu 24 Monate möglich gemacht. Auf der anderen Seite wurde im Sinne des Schutzes der Beschäftigten ein Gleichbehandlungsgrundsatz nach dem 12. Monat eingeführt, der die gleiche Entlohnung der Leiharbeitskräfte wie die Stammbeschäftigten vorgesehen hat.

Weitreichende Änderungen sind im Jahr 2004 mit dem „Ersten Gesetz für moderne Dienstleistungen am Arbeitsmarkt" (Hartz I) verabschiedet worden. Zentrale Schutzklauseln der Arbeitnehmerüberlassung wurden aufgehoben. Dazu zählen das Synchronisationsverbot und das Wiedereinstellungsverbot, genauso wie die Höchstüberlassungsdauer, die mit allen vorherigen Reformen schrittweise ausgeweitet worden war.

Hinzu kam der Anspruch auf Equal Pay ab dem ersten Einsatztag. Leiharbeitskräfte sollten die gleiche Bezahlung wie vergleichbare Mitarbeiter*innen im

Kundenbetrieb erhalten. Jedoch kann mit einer einzelvertraglichen Inbezugnahme auf einen Tarifvertrag davon abgewichen werden.

Diese Möglichkeit wurde nach Inkrafttreten der Liberalisierung im Jahr 2003 genutzt. Partner bei diesem folgenreichen Abschluss waren die kleine Tarifgemeinschaft christlicher Gewerkschaften für Zeitarbeit und Personalserviceagenturen (CGZP) und der Interessenverband Nordbayerischer Zeitarbeitsunternehmen (INZ), der später im Arbeitgeberverband Mittelständischer Personaldienstleister (AMP) aufging. Enorm arbeitgeberfreundliche Tarifverträge, welche sie schon nach kürzester Zeit – lange vor den DGB-Gewerkschaften – mit der Industrie abschlossen, sorgten für einen wahren Tarifvertrags-Boom. Während die Gewerkschaften in Industrie, Handel und Servicesektor immer größere Mühe hatten, die Flucht der Unternehmen aus der Tarifbindung zu stoppen, passierte in der Leiharbeitsbranche genau das Gegenteil. Die Unternehmen erkannten schnell, dass es lohnend war, Tarifverträge zu vereinbaren, weil sie so den im Gesetz formulierten Gleichbehandlungsgrundsatz aushebeln konnten (vgl. Menez 2013: 293ff.). Unter diesem Druck haben dann die DGB-Gewerkschaften Tarifverträge abgeschlossen, wobei auch diese nicht dem Gleichbehandlungsgrundsatz entsprachen (Krause 2012, Vitols 2008: 197f.). So versuchten die DGB-Gewerkschaften zu retten, was zu retten war (vgl. Menez: 293ff; Krause 2012: 23; Vitols 2008: 194f.).

Verdi hat die Tariffähigkeit der CGZP vom Bundesarbeitsgericht 2010 prüfen lassen und diese wurde verneint. Das Gericht begründete dies mit den Argumenten, dass den 1383 Mitglieder der Gewerkschaft insgesamt etwa 760.000 Arbeitnehmer*innen in der Zeitarbeit gegenüberstanden und somit nicht repräsentativ für die Branche seien. In Folge der Unwirksamkeit der Verträge mussten die Zeitarbeitsunternehmen die Sozialversicherungsbeiträge für die Lohndifferenz der letzten vier Jahre an die Sozialversicherungsträger nachträglich entrichten. Die rund 280.000 betroffenen Beschäftigten konnten Nachzahlungen einklagen.

Erste Schritte zur Eindämmung des Missbrauchs (2011–2017)

„Es sind Fälle des missbräuchlichen Einsatzes von Arbeitnehmerüberlassung bekannt geworden, die mit dem bisherigen Arbeitnehmerüberlassungsgesetz (AÜG) und allein mit tarifvertraglichen Regelungen nicht zu unterbinden sind" (Deutscher Bundestag 2011: 1). Von 2011 bis 2012 sind neben dem Ziel der Eindämmung des Missbrauchs und der Umsetzung der EU-Richtlinie über Leiharbeit (RL 2008/104/EG) weitere gesetzliche Anpassungen vorgenommen worden. Die Richtlinie legte erstmals einheitliche Mindeststandards für die Arbeitsbedingungen der Leiharbeitnehmer in Europa fest.

Eingeführt wurde eine sogenannte „Drehtürklausel". Anstoß hierfür waren Missbräuche bei dem Drogeriediscounter Schlecker. Scheidet eine Beschäftigte aus einem Arbeitsverhältnis aus und wird als Leiharbeitsarbeitskraft bei diesem Arbeitgeber innerhalb von sechs Monaten wieder eingesetzt, so wird die Leiharbeitskraft gleichgestellt mit der Stammbelegschaft. Damit soll verhindert werden, dass Angehörige der Stammbelegschaften in Leiharbeitnehmer*innen „umgewandelt" und zu schlechteren Konditionen wieder eingestellt werden (Oschmiansky et al.: 2014).

Es wird auch wieder eine Überlassungshöchstdauer eingeführt. Leiharbeit ist nur noch „vorübergehend" zulässig. Diese Grenze der Überlassungshöchstdauer beschrieb Ingrid Schmidt, Präsidentin des Bundesarbeitsgerichts (BAG), als „Mysterium" und sagte hierzu in einem Interview vor dem Hintergrund von Klagen zum Übernahmeanspruch, das BAG „spielt den Ball zum Gesetzgeber zurück und sagt, mach deine Hausaufgaben und setz eine konkrete Grenze." (Deutschlandfunk 2013).

Es ist außerdem der Anspruch verankert worden, dass Leiharbeitskräfte Zugang zu Gemeinschaftseinrichtungen oder -diensten im Unternehmen erhalten sowie ein Recht auf Weiterleitung von internen Stellenausschreibungen haben. Eine unterschiedliche Behandlung von Stammbeschäftigten und Leiharbeitskräften sollte damit verhindert werden.

Auch bei den Entgelten gab es Verbesserungen. Tarifvertragsparteien können seitdem einen bundesweit einheitlichen Mindeststundenlohn vereinbaren. Dieser kann dann durch das Bundesministerium für Arbeit per Rechtsverordnung verbindlich festgesetzt werden. Für Leiharbeitskräfte gilt seit 2011 eine allgemeinverbindlich erklärte Lohnuntergrenze (§ 3a AÜG). Doch nicht nur eine Lohnuntergrenze ist eingeführt worden, seit 2012 haben sich außerdem tarifvertraglich Änderungen ergeben, indem die ersten Branchenzuschläge in Kraft getreten sind. Anspruch auf diesen Zuschlag hat, wer in einem Kundenbetrieb der betroffenen Branchen/Wirtschaftszweige eingesetzt ist – sukzessive erhält die Leiharbeitskraft für die Dauer des ununterbrochenen Einsatzes beim Kunden einen Zuschlag zu ihrem Grundlohn. Es kam Bewegung in die Tarifpolitik.

Weitere Gesetzesnovellierung zur Eindämmung des Missbrauchs (2017)

Der Missbrauch wurde durch die bisherigen Nachjustierungen nicht ausreichend eingedämmt. Aus diesem Grund hat die damalige Bundesregierung aus CDU/CSU/SPD als Reformvorhaben im Koalitionsvertrag verankert, den „Missbrauch von Werkvertragsgestaltungen zu verhindern und Arbeitnehmerüberlassung weiterzuentwickeln". Um dies zu erreichen, wurde eine Equal Pay-Regelung eingeführt, die nach neun vollendeten Einsatzmonaten greift, wobei dieser Zeitraum auf 15 Monate ausgedehnt werden kann, wenn ein Branchenzuschlagstarifvertrag gilt. In den Branchenzuschlagstarifverträgen kann nach diesen 15 Monaten eine Entgeltstufe fixiert werden, die dem gleichwertigen Entgelt entspricht. Das heißt, nicht mehr der konkrete Lohn des Stammbeschäftigten wird gezahlt, sondern der tarifliche Grundlohn der Leiharbeitskraft und eine Zuschlagsstufe, die dem gleichwertigen Entgelt eines Stammbeschäftigten entsprechen soll.

Die Überlassungshöchstdauer ist begrenzt auf 18 Monate, wobei hier Ausnahmen möglich sind. Tarifvertraglich kann von dieser Frist abgewichen und die Höchstüberlassungsdauer kann zwischen den Tarifparteien ausgehandelt werden. Sollte der Einsatzbetrieb keinen Tarifvertrag anwenden, besteht auch die Möglichkeit, den repräsentativen Tarifvertrag der Branche in Form einer Betriebsvereinbarung nachzuzeichnen und dadurch eine verlängerte Einsatzdauer zu ermöglichen. Tarifverträge können auch Öffnungsklauseln vorsehen, so dass innerhalb der Betriebe über die Überlassungshöchstdauer verhandelt werden kann. Außerdem ist ein Streikbrecherverbot eingeführt worden, das verhindert, dass Leiharbeitskräfte Tätigkeiten von Streikenden übernehmen.

Mit der zunehmenden Regulierung von Leiharbeit gewann das Instrument der Werkverträge an Bedeutung. Werkverträge haben sich insofern als neues Problemfeld herauskristallisiert, als dass Leiharbeit vielfach durch Werkverträge ersetzt wurde. Bei einer Eingliederung des Werkvertragsbeschäftigten in die Betriebsorganisation des Einsatzbetriebes wird dies als „illegale Arbeitnehmerüberlassung" oder „Scheinwerkvertrag" bezeichnet. Anders als bei Leiharbeit gibt es bei Werkverträgen keine Lohnuntergrenze oder Branchenzuschläge, und es bestehen keine Ansprüche nach dem AÜG. Zwar gibt es keine offiziellen statistischen Zahlen, doch haben Befragungen von Betriebsräten durch die Gewerkschaften einen vermehrten Einsatz von Werkverträgen nachgewiesen (Däubler 2011, Drews et al. 2013, Klein-Schneider und Beutler 2013, Koch und Wohlhüter 2012, Lorig 2012). Arbeitgeberverbände selbst haben Werkverträge als Alternative zur teurer gewordenen Leiharbeit befürwortet (Zentrum für Arbeitsbeziehungen und Arbeitsrecht 2011).

Aus diesem Grund sah der Koalitionsvertrag vor, rechtswidrige Vertragskonstellationen zulasten von Arbeitnehmer/innen zu verhindern. Neben Abgrenzungskriterien sollte verdeckte Arbeitnehmerüberlassung wirkungsvoll sanktioniert werden. Auch Betriebsräte sollten mehr Rechte erhalten, indem der Informationsanspruch nicht auf den eigenen Betrieb beschränkt bleibt, sondern auf die Zeitarbeitsunternehmen ausgeweitet wird. Dazu ist im novellierten

Gesetz der Arbeitnehmerbegriff definiert worden. Unter Wiedergabe der höchstrichterlichen Rechtsprechung gibt es nun Kriterien, die einen Arbeitnehmer von einem Selbstständigen bzw. Werkvertrag unterscheiden. Die sogenannte „Vorratsverleiherlaubnis" ist nicht mehr möglich. Hiermit konnten Arbeitgeber Scheinwerkverträge nachträglich als Leiharbeit etikettieren und dadurch die im Arbeitnehmerüberlassungsgesetz vorgesehenen Sanktionen für die sogenannte illegale Arbeitnehmerüberlassung verhindern. Zukünftig muss Leiharbeit von vornherein als solche bezeichnet werden. Die Informationsrechte des Betriebsrates über die Anzahl und die vertragliche Ausgestaltung der eingesetzten Werkvertragsnehmer*innen im eigenen Betrieb sind gesetzlich verankert worden.

Einschätzung der „Service-Hotline Zeitarbeit und Werkvertrag"

Die „Service-Hotline Zeitarbeit und Werkvertrag" begleitet seit 2008 die gesetzlichen Entwicklungen. Seitdem haben über 3655 Ratsuchende die Hotline kontaktiert. Anhand eines Fragebogens werden die Problemstellungen erfasst und können seit 2014 auch einzelnen Themengebieten zugeordnet werden. Unabhängig von den gesetzlichen Entwicklungen bestehen zur Kündigung und zur Entgeltabrechnung durchgehend die meisten Fragen, insbesondere zu den Informationsblöcken Entgelt, gearbeitete Stunden/Arbeitszeitkonto und zuletzt die Fahrtkosten.

Fahrtkosten

Grundsätzlich haben abhängig Beschäftigte einen Rechtsanspruch auf Fahrtkostenerstattung nach § 670 BGB. Der Anspruch auf Fahrtkostenerstattung taucht in der Hotline-Beratung regelmäßig als Frage auf. Beschäftigte bekommen teilweise gar keine oder zu niedrige Fahrtkosten erstattet. Dabei besteht der Anspruch auf die vollständige Erstattung der tatsächlich gefahrenen Kilometer für die Hin- und Rückfahrt vom Zeitarbeitsunternehmen zum Einsatzbetrieb. Es sind auch Fälle bei der Hotline aufgetaucht, bei denen das Zeitarbeitsunternehmen und der Einsatzbetrieb die gleiche Adresse hatten. Das ist immer dann der Fall, wenn eine Zeitarbeitsfirma ein eigenes Büro auf dem Gelände des Entleihers betreibt. Erstattungsfähige Fahrtkosten fallen in solchen Fällen nicht an. Sicher gibt es in vielen Fällen gute sachliche Gründe für diese Adressidentität, insbesondere dann, wenn Zeitarbeitsunternehmen über einen längeren Zeitraum eine Vielzahl an Leiharbeitskräften an einen Einsatzbetrieb verleihen. Dennoch kommt es auch vor, dass ein solches Büro nur zum Schein unterhalten wird, um Fahrtkosten zu sparen.

Arbeitszeiten

Das Arbeitszeitkonto dient dazu, Stunden anzusammeln, die über die individuelle regelmäßige Arbeitszeit hinausgehen. Hierbei liegen die Höchstwerte in der Regel bei 151 Stunden. Dies liegt daran, dass Leiharbeitskräfte meist eine vertragliche Arbeitszeit von 35 Stunden pro Woche haben, im Einsatzbetrieb jedoch beispielsweise 40 Stunden arbeiten. Diese Differenz wird dann auf das Arbeitszeitkonto übertragen.

Das bereits angeführte Arbeitszeitkonto dient auch dazu, die fehlenden Stunden auszugleichen, wenn die Arbeitszeit an einem Arbeitstag nicht voll erreicht wird. Der Gesetzgeber hat nicht vorgesehen, dass das Arbeitszeitkonto dazu dienen soll, in verleihfreien Zeiten, also wenn keine Einsätze vorliegen, dieses Konto abzubauen. Das Arbeitgeberrisiko in Bezug auf auftragsarme Phasen darf nicht auf den Beschäftigten übertragen werden. In der Praxis zeigt sich doch vielfach, dass in der verleihfreien Zeit das Arbeitszeitkonto abgebaut wird und Tage ohne Einsatz damit überbrückt werden.

Dies kann ein Anreiz sein, Beschäftigte in eine niedrigere Entgeltgruppe einzugruppieren, als ihnen zusteht. Denn in der verleihfreien Zeit muss der Grundlohn gezahlt werden. Je niedriger die Entgeltgruppe, je niedriger ist der Lohn und sind die Kosten für das Zeitarbeitsunternehmen. Diese Problematik einer nicht korrekten Eingruppierung beschreiben viele Beschäftigte. Es gibt auch Beschäftigte, denen – anstatt einer korrekten Eingruppierung – eine Zulage während des Einsatzes angeboten wird, um den Differenzbetrag auszugleichen. Dies ist jedoch nachteilig, denn der Anspruch auf diese Zulage fällt in der verleihfreien Zeit meist weg.

Anknüpfend an diese beiden Sachverhalte Arbeitszeitkonto und Entgeltberechnung haben viele Anrufer/innen Fragen bezüglich ihrer Lohnfortzahlung im Krankheitsfall und Urlaubsentgelt. Diese Berechnung basiert auf einem Durchschnitt der letzten drei Monate, bei der sowohl der Zeit- und der Geldwert berücksichtigt werden. Es tauchen immer wieder Unklarheiten auf, welche Entgeltbestandteile einfließen.

Entgeltansprüche

Das Entgelt der Leiharbeitskraft wird festgelegt nach der Tätigkeit, die im Entleihbetrieb ausgeübt wird. Je nach Qualifikation und Berufserfahrung, die dafür erforderlich ist, entspricht dies einer der neun Entgeltgruppen der Tarifverträge iGZ oder BAP mit den DGB-Gewerkschaften. Dieser Grundlohn, der aus der Entgeltgruppe und den Einsatzzeiten resultiert, macht zusammen mit möglichen Zuschlägen (beispielsweise für Nacht-, Sonntags- oder Feiertagsarbeit) und Zulagen das Entgelt aus. Zulagen können einsatzbezogen sein, das heißt für bestimmte Einsätze erhält der Beschäftigte eine Zulage. Vermehrt betreffen Fragen an die Hotline den Umstand, dass Tariferhöhungen mit der Zulage verrechnet werden, was je nach arbeitsvertraglicher Regelung rechtlich korrekt ist. Als weitere Zulage gibt es seit 2012, wie bereits erläutert, die Möglichkeit des Branchenzuschlags.

Arbeitszeitkonto, Zulagen, Zuschläge und Branchenzuschläge unterliegen jeweils einzelnen Regelungen in Tarifverträgen oder Branchentarifverträgen, im Arbeitsvertrag oder in jeweiligen Einsatzmeldungen. Die Vielzahl dieser Rechtsgrundlagen zu durchschauen, ist für viele Beschäftigte nicht einfach. Dies zeigt sich insbesondere am Beispiel der Branchenzuschläge. Diese schreiben vor, dass die Leiharbeitskraft zusätzlich zum Grundlohn nach iGZ und BAP Tarifvertrag mit den DGB-Gewerkschaften einen prozentualen Zuschlag erhalten muss, der mit zunehmender Einsatzdauer ansteigt.

Das durch den Zuschlag erhöhte Entgelt der Leiharbeitskraft kann jedoch – für die ersten 15 Einsatzmonate – auf 90 Prozent des Bruttoentgelts eines vergleichbaren Stammmitarbeiters gedeckelt werden. Anders ausgedrückt, der Grundlohn und der Branchenzuschlag addiert erreichen nicht die gleiche Höhe wie das Entgelt der Stammbeschäftigten, sondern können zehn Prozent darunter liegen.

Viele Beschäftigte sind unsicher, ob es sich bei ihrer Deckelung wirklich um einen zehnprozentigen Lohnabstand zum Stammbeschäftigten handelt. Die Plausibilität dieses Lohns ist schwer nachprüfbar und Ratsuchende zweifeln aufgrund von Gesprächen mit der Stammbelegschaft den Vergleichslohn an. Dabei ist unklar, wer überhaupt als Referenz dient und welche Vergütungsbestandteile berücksichtigt werden. Gibt es keinen Betriebsrat, hat die Leiharbeitskraft eine geringe Handhabe.

Zudem verfallen die Ansprüche, wenn der Einsatz länger als drei Monate unterbrochen wird. Die Branchenzuschläge werden dann auf null reduziert und es müssen erneut – je nach Branchenzuschlagstarifvertrag – vier bis sechs Einsatzwochen vollendet werden, bis die erste Zuschlagsstufe erreicht wird. Anrufer/innen haben wiederholt davon berichtet, dass sie regelmäßig vor Erreichen bestimmter Einsatzzeiten das Entleihunternehmen wechseln müssen, also zwischen verschiedenen Einsatzbetrieben rotieren. Ein Personalkarussell wird so in Gang gesetzt, um Branchenzuschläge zu umgehen.

Beschäftigungsdynamik und Übernahme

Die Beschäftigungsdynamik in der Zeitarbeit spiegelt sich anhand der Fragestellungen wider, die die Kündigung in der Probezeit, Kündigungsfristen oder auch Kündigung bei Krankmeldungen betreffen. Gerade der letzte Fall taucht immer wieder auf. Bei Krankmeldungen wird davon berichtet, dass sie direkt eine Kündigung nach sich ziehen. Dies wirkt sich natürlich auch auf die Disziplinierung der Beschäftigten aus. Anrufer/innen berichten davon, dass sie sich aus Angst vor einer Kündigung nicht krank melden. Die zwischen der Interessengemeinschaft Deutscher Zeitarbeitsunternehmen (iGZ) und Bundesarbeitgeberverband der Personaldienstleister (BAP) mit der DGB-Gemeinschaft geschlossenen Tarifverträge sehen Kündigungsfristen in der Probezeit vor. Dennoch bestehen rechtlich nahezu keine Möglichkeiten, Kündigungen in der Probezeit anzufechten. Auch bei der Durchführung der Schulungsangebote in den Jobcentern und Agenturen für Arbeit berichten Mitarbeiter immer wieder von dieser Problematik: Kündigung in der Probezeit und nach kurzer Arbeitslosigkeit, der wiederholte Einsatz in der gleichen Zeitarbeitsfirma. Fragen zum Klebeeffekt sowie zum Anspruch auf die internen Stellenausschreibungen sind selten ein Thema. Was jedoch immer wieder auftaucht, sind Fragen zur „Ablösesumme". Dies ist ein Betrag, den der Einsatzbetrieb für die Zeitarbeitskraft bezahlt, wenn diese übernommen wird. Zeitarbeitsunternehmen sind keine Personalvermittlungen, so dient die Ablöse dazu, anfallende Kosten zu decken. Ratsuchende an der Hotline berichten, dass Einsatzbetriebe sie wegen der Ablösesumme nicht einstellen würden. Die Ablösesumme steht nur im Überlassungsvertrag, der für die Zeitarbeitskraft nicht einsehbar ist. Für Beschäftigte ist dies eine intransparente Situation und möglicherweise ein Hindernis der Übernahme.

Auswirkungen der Gesetzesnovellierung 2017

Die gesetzlichen Neuregelungen haben zu einem Anstieg der Anrufe von Beschäftigten und Betriebsräten bei der „Service-Hotline Zeitarbeit und Werkvertrag" geführt. Equal Pay muss alle Bruttoentgeltvergütungsbestandteile berücksichtigen, doch was heißt das konkret bei Prämien oder Bonuszahlungen? Wie viel Prozent werden diesbezüglich für Leiharbeitskräfte im Vorfeld angesetzt? Wie verhält es sich bei Krankheitstagen, wenn Tarifverträge der Einsatzbranchen bessere Regelungen für die Bezahlung vorsehen und Equal Pay auch hier anzuwenden ist? Equal Pay wirft viele Fragen auf und ist noch nicht ausreichend durch die Rechtsprechung ausgelegt.

Doch auch offensichtliche Rechtsverstöße haben Anrufer/innen beschrieben, indem ihre Fahrtkosten, bei gleicher Fahrtstrecke, im Zuge der Angleichung an Equal Pay gekürzt wurden. Wie bereits erläutert, sind Fahrtkosten unabhängig vom Entgelt und beziehen sich auf das BGB. Ein brisanter Fall ist aufgetreten, bei dem Ansprüche auf Branchenzuschläge bestehen und alle Leiharbeitskräfte Änderungsverträge unterschreiben sollten, in denen sie zwei Entgeltgruppen niedriger eingestuft wurden, obwohl sich die ausgeübte Tätigkeit nicht verändert hat. Da der Grundlohn für die prozentuale Berechnung des Branchenzuschlags herangezogen wird, fällt dieser bei einer niedrigeren Entgeltgruppe deutlich geringer aus. Auf diese Art wird durch eine niedrigere Eingruppierung Equal Pay umgangen.

Es gibt zudem einige Beschäftigte, die von Kündigungen und Abmeldungen berichten, wobei sie vorher lange in den Betrieben eingesetzt wurden und die Arbeit theoretisch noch vorhanden sei.

Auf betrieblicher Ebene sind Fälle aufgetaucht, bei denen Arbeitgeber offensiv mit Betriebsvereinbarungen auf Arbeitnehmervertretungen zugegangen sind, um Abweichungen von der gesetzlichen Höchstüberlassungsdauer zu vereinbaren. Dieses Verhandlungsinteresse der Arbeitgeberseite können Betriebs- und Personalräte unter Umständen strategisch nutzen, um den Einsatz von Leiharbeit im Betrieb zu regulieren.

Auch bei der Abgrenzung von legalen zu illegalen Werkverträgen wird die Hotline um Unterstützung gebeten. Die Regelungen zu Werkverträgen sind nichts Neues, das BAG hatte bereits in der Rechtsprechung diese Kriterien zu Grunde gelegt. Es zeigen sich jedoch vermehrt Aktivitäten der Arbeitgeberseite, die Abgrenzung betrieblich umzusetzen. Schichten werden getrennt, in der Frühschicht werden Werkverträge und in der Spätschicht Stammbeschäftigte eingesetzt. Es gibt sehr klare Anweisungen in Betrieben, dass beispielsweise nicht mit den Werkvertragsbeschäftigten gesprochen werden darf. Nach Erfahrungen der Hotline wird auf Werkverträge nicht verzichtet, sondern die Abgrenzung wird konsequenter durchgesetzt.

Fazit

Gesetzlich ist viel passiert, die Anfragen an der Hotline bewegen sich jedoch über die Jahre meist in ähnlichen Themenfeldern. Auffällig ist, dass Beschäftigte die Regelungen rund um die Zeitarbeit vielfach als komplex und schwer verständlich empfinden.

Hier lag und liegt eine der Hauptaufgaben der Hotline: aufzuklären. Durch die tarifvertraglichen und gesetzlichen Neuregelungen in den Jahren 2011 und

2017 haben sich die Konditionen in vielen Bereichen verbessert, beispielsweise durch die Lohnuntergrenze in der Zeitarbeit. Eine Grauzone für Beschäftigte bleibt jedoch die mangelnde Transparenz der Bestimmungen, so dass die Beschäftigten nicht immer nachvollziehen können, welche Ansprüche bestehen. Aktuell gibt es insbesondere Unsicherheiten bezüglich der Höhe von Equal Pay bis hin zur Einsatzdauer in den Betrieben, die je nach Tarifvertrag oder Betriebsvereinbarung variieren können. Hier sind Betriebs- und Personalräte gefordert, die Überlassungsverträge auf den korrekten Vergleichslohns zu achten. Auch tragen sie Verantwortung bei der Aushandlung von Betriebs- oder Dienstvereinbarungen. Es wäre fatal, wenn Regelungen zulasten der Leiharbeitskräfte und zugunsten der Stammbeschäftigten abgeschlossen würden. Dies wäre denkbar, wenn etwa die Verlängerung der Höchstüberlassungsdauer auf der einen Seite mit Zugeständnissen beispielsweise in anderen Betriebsvereinbarungen, von denen nur die Stammbeschäftigten profitieren, verknüpft wird.

Eine Kontinuität an der Hotline zeigt sich in Fällen, die nicht rechtmäßig erscheinen. Die eher geringe Durchsetzungsfähigkeit der Beschäftigten hat sich in den Jahren kaum gewandelt. So wägen die Betroffenen vielfach aus Angst zwischen Arbeitslosigkeit und dem Verzicht auf rechtmäßig zustehende Lohnbestandteile ab. Im gering qualifizierten Bereich ist dies erklärbar durch geringe arbeitsmarktpolitische Alternativen und eine starke ökonomische Abhängigkeit gegenüber dem Arbeitgeber.

Bei illegalen Werkverträgen sind die Hürden weiterhin recht hoch. Zwar bestehen Informationsrechte des Betriebsrats bezüglich des Vertrags und Abgrenzungskriterien, doch die Beweise eines illegalen Einsatzes muss der Arbeitnehmer liefern. Als wertende Gesamtbetrachtung muss der Sachverhalt vor einem Gericht entschieden werden. Bei den Fällen, die die Service-Hotline begleitet hat, wurde aus Angst vor dem Verlust der Arbeitsstelle nicht geklagt.

Diese Ausführungen sind ein Ausschnitt der Erfahrungen einer Beratungs-Hotline. Es handelt sich nicht um eine repräsentative Studie, sondern um Berichte von Beschäftigten, die vor Problemen stehen und Unterstützung benötigen. Sicher ist nicht die gesamte Branche der Zeitarbeit problembehaftet, doch gilt es, die auftauchenden Probleme wahr und ernst zu nehmen. Nur durch Transparenz, Aufklärung und Stärkung der Rechte können für Leiharbeitskräfte faire Arbeitsbedingungen gewährleistet werden.

Literatur

Bundesarbeitsgericht (2008): *Tariffähigkeit einer Spitzenorganisation – Tarifgemein- schaft Christlicher Gewerkschaften für Zeitarbeit und Personalserviceagenturen (CGZP)*. Beschluss vom 14.12.2010, 1 ABR 19/10. Erfurt: Bundesarbeitsgericht. http://juris.bundesarbeitsgericht.de/cgi-bin/rechtsprechung/document.py?Gericht =bag&Art=en&nr=15001 (letzter Zugriff am 25.04.2018).

Arbeitsgericht Stuttgart (2013): *Vergleichsentgelt – Branchenzuschlag – Darlegungslast des Verleihers*. ArbG Stuttgart Urteil vom 21.11.2013, 24 Ca 4398/13. Stuttgart: Arbeitsgericht Stuttgart. http://lrbw.juris.de/cgi-bin/laender_rechtsprechung/do- cument.py?Gericht= bw&nr=17515 (letzter Zugriff am 25.04.2018).

Brehmer, Wolfram/Seifert, Hartmut (2008): *Sind atypische Beschäftigungsverhältnisse prekär? Eine empirische Analyse sozialer Risiken*. In: Zeitschrift für ArbeitsmarktFor- schung, 41(4), 501-531. http://doku.iab.de/zaf/2008/2008_4_zaf_Brehmer_Seifert. pdf (letzter Zugriff am 25.04.2018).

Bundesagentur für Arbeit (2015): *Berufssektoren und Berufssegmente auf Grundlage der KldB 2010*. Nürnberg: Bundesagentur für Arbeit. https://statistik.arbeitsagentur. de/Statischer-Content/Grundlagen/Methodenberichte/Uebergreifend/Generische- Publikationen/Methodenbericht-Berufssektoren-und-Berufssegmente.pdf (letzter Zugriff am 25.04.2018).

Bundesagentur für Arbeit (2018a): *Aktuelle Entwicklungen in der Zeitarbeit*. Berich- te: Blickpunkt Arbeitsmarkt, Februar 2018. Nürnberg: Bundesagentur für Arbeit. https://statistik.arbeitsagentur.de/Statischer-Content/Arbeitsmarktberichte/Bran- chen/generische-Publikationen/Arbeitsmarkt-Deutschland-Zeitarbeit-Aktuelle- Entwicklung.pdf (letzter Zugriff am 25.04.2018).

Bundesagentur für Arbeit (2018b): *Leiharbeitnehmer und Verleihbetriebe*. Stichtag 30.06.2017. Nürnberg: Bundesagentur für Arbeit. https://statistik.arbeitsagentur. de/Navigation/Statistik/Statistik-nach-Themen/Beschaeftigung/Arbeitnehmer ueberlassung/Arbeitnehmerueberlassung-Nav.html (letzter Zugriff am 25.04.2018).

Deutscher Bundestag (1971): *Entwurf eines Gesetzes zur Regelung der gewerbsmäßigen Arbeitnehmerüberlassung*. http://dipbt.bundestag.de/doc/btd/06/023/0602303. pdf (letzter Zugriff am 25.04.2018).

Deutscher Bundestag (Hrsg.) (2011): *Entwurf eines Ersten Gesetzes zur Änderung des Arbeitnehmerüberlassungsgesetzes – Verhinderung von Missbrauch der Arbeitnehme- rüberlassung*. 17. Wahlperiode, Drucksache 17/4804, 17.02.2011. Berlin: Deutscher Bundestag. http://dip21.bundestag.de/dip21/btd/17/048/1704804.pdf (letzter Zu- griff am 25.04.2018).

Deutscher Bundestag (Hrsg.) (2018): *Antwort der Bundesregierung auf die Kleine Anfrage der Abgeordneten Beate Müller-Gemmeke, Markus Kurth, Dr. Wolfgang Strengmann- Kuhn, weiterer Abgeordneter und der Fraktion BÜNDNIS 90/DIE GRÜNEN – Drucksache 19/906 – Bundesagentur für Arbeit – Vermittlung in Leiharbeit*. 19. Wahl- periode, Drucksache 19/1167, 13.03.2018. Berlin: Deutscher Bundestag. http://dipbt. bundestag.de/dip21/btd/19/011/1901167.pdf (letzter Zugriff am 25.04.2018).

Deutschlandfunk (2013): *Weiterhin keine konkreten Begrenzungen für Leiharbeit.* Bundesarbeitsgerichtpräsidentin Ingrid Schmidt im Gespräch mit Christoph Heinemann. 13.12.2013. http://www.deutschlandfunk.de/arbeitsmarkt-weiterhin-keine-konkreten-begrenzungen-fuer.694.de.html?dram:article_id=271895 (letzter Zugriff am 25.04.2018).

Däubler, Wolfgang (2011*): Regulierungsmöglichkeiten im Zusammenhang mit Werkverträgen.* Expertise erstellt im Auftrag der Bundesfraktion Die Linke.

Drews, Kathrin/Beutler, Kai/Bremer, Falko/Suhr, Hans/Rothe, Karsten (2013): *Onsite-Werkvertragsarbeit. Handlungsfeld für den Betriebsrat im Einsatzbetrieb.* In: Arbeitsrecht im Betrieb, Heft 5, 290-296.

Dütsch, Matthias (2011): *Wie prekär ist Zeitarbeit: Eine Analyse mit dem Matching-Ansatz.* In: Zeitschrift für ArbeitsmarktForschung, Jg. 43, H. 4, 299-318. http://doku.iab.de/zaf/2011/2011_4_zaf_duetsch.pdf (letzter Zugriff am 25.04.2018).

Eichhorst, Werner/Marx, Paul/Thode, Eric (2010): *Atypische Beschäftigung und Niedriglohnarbeit: Benchmarking Deutschland: Befristete und geringfügige Tätigkeiten, Zeitarbeit und Niedriglohn-beschäftigung.* Gütersloh: Bertelsmann Stiftung.

Europäisches Parlament/Europäischer Rat (2008): *Richtlinie 2008/104/EG des Europäischen Parlaments und des Rates vom 19. November 2008 über Leiharbeit.* Amtsblatt der Europäischen Union, L327 vom 5.12.2008, S. 9-14. http://eur-lex.europa.eu/LexUriServ/LexUriServ.do?uri=OJ:L:2008:327:0009:0014:DE:PDF (letzter Zugriff am 25.04.2018).

Frankfurter Allgemeine Zeitung (FAZ) (2010): *Bundesarbeitsgericht: Tarifverträge in der Zeitarbeit sind ungültig.* Aktualisiert am 14.12.2010. http://www.faz.net/aktuell/wirtschaft/recht-steuern/bundesarbeitsgericht-tarifvertraege-in-der-zeitarbeit-sind-ungueltig-1595364.html (letzter Zugriff am 25.04.2018).

Holst, Hajo/Nachtwey, Oliver/Dörre, Klaus (2009): *Funktionswandel von Leiharbeit: Neue Nutzungsstrategien und ihre arbeits- und mittbestimmungspolitischen Folgen.* Eine Studie im Auftrag der Otto-Brenner-Stiftung. Frankfurt a.M.: Otto-Brenner-Stiftung. https://igmetall-muenchen.de/uploads/media/Funktionswandel_von_Leiharbeit090818.pdf (letzter Zugriff am 25.04.2018).

Jahn, Elke (2011): *Entlohnung in der Zeitarbeit: Auch auf die Mischung kommt es an.* IAB-Forum, Nr. 1, 40-49. http://doku.iab.de/forum/2011/Forum1-2011_Jahn.pdf (letzter Zugriff am 25.04.2018).

Klein-Schneider, Hartmut/Beutler, Kai (2013): *Werkvertragsunternehmen: Outsourcing auf dem Betriebsgelände.* In: WSI-Mitteilungen, Heft 2, 144-148.

Koch, Manfred (2007): *Letzter Ausweg Leiharbeit? Die prekäre Wirklichkeit einer flexiblen Beschäftigungsform.* Kooperationsstelle Wissenschaft-Arbeitswelt. Dortmund. http://www.sfs.tu-dortmund.de/odb/Repository/Publication/Doc/176/beitr154_letzter_ausweg.pdf (letzter Zugriff am 25.04.2018).

Koch, Andreas/Wohlhüter, Andreas (2012): *Werkverträge in der Arbeitswelt.* Otto Brenner Stiftung-Arbeitspapier 2, Frankfurt a.M. https://www.fokus-werkvertraege.

de/w/files/igm031/studien/studie-otto-brennner-stiftung_werkvertraege.pdf (letzter Zugriff am 25.04.2018).

Krause, Rüdiger (2012): *Tarifverträge zur Begrenzung der Leiharbeit und Durchsetzung von Equal Pay*. Rechtsgutachten im Auftrag des Hugo Sinzheimer Instituts für Arbeitsrecht. Frankfurt a.M.: Hugo Sinzheimer Institut für Arbeitsrecht. http://www.hugo-sinzheimer-institut.de/fileadmin/user_data_hsi/Veroeffentlichungen/HSI_Schriftenreihe/Ruediger_Krause.pdf (letzter Zugriff am 25.04.2018).

Kvasnicka, Michael/Werwatz, Axel (2002): *Lohneffekte der Zeitarbeit*. DIW-Wochenbericht, 49/2002. https://www.econstor.eu/bitstream/10419/151188/1/02-49-1.pdf (letzter Zugriff am 25.04.2018).

Lehmer, Florian/Ziegler, Kerstin (2010): *Brückenfunktion in Leiharbeit: Zumindest ein schmaler Steg*. IAB-Kurzbericht, 13/2010, Nürnberg. http://doku.iab.de/kurzber/2010/kb1310.pdf (letzter Zugriff am 25.04.2018).

Linne, Gudrun/Vogel, Berthold (Hrsg.) (2003): *Leiharbeit und befristete Beschäftigung: Neue Formen sozialer Gefährdung oder Chance auf Arbeitsmarktintegration?* Arbeitspapier 68. Düsseldorf: Hans-Böckler-Stiftung. https://www.boeckler.de/pdf/p_arbp_068.pdf (letzter Zugriff am 25.04.2018).

Lorig, Philipp (2012): *Werkverträge – Die neue Lohndumping Strategie?!* Studie im Auftrag der Rosa-Luxemburg-Stiftung. https://www.rosalux.de/news/id/5689/ (letzter Zugriff am 25.04.2018).

Menez, Raphael (2013): *Arbeitgeberverbände in der ITK und Zeitarbeit*. In: Wolfgang Schröder/Bernhard Weßels (Hrsg.): Arbeitgeber- und Wirtschaftsverbände in Deutschland. Wiesbaden: VS Verlag für Sozialwissenschaften, 183-208.

Oschmiansky, Frank/Kühl, Jürgen/Obermeier, Tim (2014): *Leiharbeit, Zeitarbeit, Arbeitnehmerüberlassung*. http://www.bpb.de/politik/innenpolitik/arbeitsmarktpolitik/55357/leiharbeit-zeitarbeit-arbeitnehmerueberlassung?p=all (letzter Zugriff am 25.04.2018).

Ulber, Jürgen (Hrsg.) (2017): *AÜG Arbeitnehmerüberlassungsgesetz: Kommentar für die Praxis*. 5. Auflage 2017. Frankfurt a.M.: Bund-Verlag.

Vitols, Katrin (2008): *Zwischen Stabilität und Wandel: Die Sozialpartnerschaft in Deutschland und die atypische Beschäftigungsform Zeitarbeit*. Hamburg: Verlag Dr. Kovac.

Zentrum für Arbeitsbeziehungen und Arbeitsrecht (ZAAR) (2011): „Freie Industriedienstleistung als Alternative zur regulierten Zeitarbeit". 3. ZAAR-Tagung, Düsseldorf. http://www.zaar.uni-muenchen.de/veranstaltungen/tagungen/archiv/zt03/index.html (letzter Zugriff am 25.04.2018).

Michael Erhardt

Leiharbeit aus der Sicht einer Geschäftsstelle der IG Metall

Nachfolgend soll aus Sicht einer lokalen Geschäftsstelle der IG Metall beschrieben werden, welche Faktoren zur Entstehung prekärer Beschäftigung beitragen und welche Ansätze zu ihrer Zurückdrängung und zur Verbesserung der Lage von Leiharbeiterinnen und Leiharbeitern verfolgt werden. Die IG Metall Geschäftsstelle Frankfurt betreut überwiegend Betriebsräte der entleihenden Betriebe und hat damit eine andere Perspektive als Katja Köhler und Christian Menz, die überwiegend die Sicht der Leiharbeiter*innen schildern (s. Beitrag in diesem Band). Gleichwohl ist festzustellen, dass wir durch die Anstrengungen der letzten Jahre inzwischen auch eine ganze Reihe von prekär Beschäftigten organisieren konnten. Durch ihre Kampagne zum Thema Leiharbeit und Werkverträge hat die IG Metall bundesweit zur Verbesserung der Lage der prekär Beschäftigten beigetragen.

Ist-Zustand

Die Motivation der Arbeitgeberseite zum Einsatz von Leiharbeiter*innen ist häufig eine andere als die vorgegebene: Eine ganze Reihe von Firmen gebraucht Leiharbeit zur Personalrekrutierung und damit zur Disziplinierung von Beschäftigten im Vorfeld einer möglichen dauerhaften Beschäftigung. Oft schließt sich an Leiharbeit zunächst eine befristete Beschäftigung an, sodass die Betroffenen zum Teil jahrelang nicht wissen, ob sie eine Chance auf einen Dauerarbeitsplatz haben. Sowohl der häufig behauptete „Klebeeffekt", also die Möglichkeit, als bereits bekannter Beschäftigter Kontakte zu knüpfen, die eigene Leistung unter Beweis stellen zu können und damit „einen Fuß in der Tür" des Entleihunternehmens zu haben, werden überschätzt. Maßgeblich für die Personalpolitik, gerade in Konzernen, sind stattdessen die Anzahl der genehmigten Stellen und Personalstrategien, nach denen bisweilen aus Gründen der Agilität einen Anteil von zwanzig bis dreißig Prozent prekär Beschäftigter an der Gesamtbelegschaft als normal und erstrebenswert gelten.

Vor den Hartz-Reformen und der Agenda 2010 war Leiharbeit oftmals tatsächlich teurer als heute – zumindest dann, wenn Leiharbeiter dauerhaft eingesetzt wurden und das Argument der Spitzenabdeckung hatte zumindest einen wirtschaftlichen Sinn. Im Zuge der Agenda 2010 wurden viele Reglementierungen für die Leiharbeit abgebaut, dazu kamen zum Teil skandalös niedrige Entlohnungen. Im Ergebnis war dann der Dauereinsatz von Leiharbeiter*innen zum Teil billiger als der von Festbeschäftigten. Dies hat sich in den letzten Jahren insbesondere durch die Tarifpolitik der Gewerkschaften, aber auch durch das Einwirken auf und durch den Gesetzgeber, geändert. Der Einsatz von Leiharbeiter*innen ist inzwischen oft teurer als der Einsatz regulär Beschäftigter. Denn Leiharbeitsfirmen haben Verwaltungskosten, müssen sich vor Risiken absichern und wollen zudem Gewinn machen. Trotzdem setzen viele Firmen aktuell so viele Leiharbeiterinnen und Leiharbeiter ein, wie nie zuvor. Im Sommer 2018 sind dies bundesweit 1,3 Millionen Beschäftigte gewesen, von denen ca. vierzig Prozent in der Metall- und Elektroindustrie arbeiten.

Der Grund für die weitere Steigerung der prekären Beschäftigung liegt im weit verbreiteten Kopfzahl-Denken, im Glauben an die Auslagerung von Komplexität durch Zukauf von Personal und im Vermeiden von Auseinandersetzungen um Personalreduzierung und teure Sozialpläne. Zudem wirkt der Einsatz von prekär Beschäftigten, die jederzeit nach Hause geschickt werden können, disziplinierend auf die Stammbelegschaft.

Insbesondere bei den Industriegewerkschaften hat das Thema Leiharbeit in den letzten Jahren erheblich an Stellenwert gewonnen. Die erreichten Erfolge führten zu einer Verteuerung der Leiharbeit, auf die die Arbeitgeber als Ausweichverhalten mit dem verstärkten Einsatz des Instruments der Werkverträge reagieren. So ist zum Beispiel beim Schiffbau und in der Bauindustrie längst eine Mischung aus Leiharbeit und nationalen sowie internationalen Werkverträgen üblich. Unter diesen Bedingungen Arbeitsplatzsicherheit und gerechte Entlohnungen sowie vernünftige Arbeitsbedingungen zu erzielen ist nicht einfach.

Gleicher Lohn für gleiche Arbeit muss durchgesetzt werden. Dies bezieht sich nicht nur auf die Gleichbehandlung von Leiharbeiter*innen – Tarifflucht durch Austritt aus dem Arbeitgeberverband, Neugründungen, Outsourcing oder Offshoring sind ebenso beliebte Arbeitgeberstrategien, die auf Ungleichbehandlung zielen.

Was wollen wir erreichen?

Arbeitsplatzsicherheit ist für viele Leiharbeiter*innen ein noch drängenderes Problem als die Bezahlung. Sie wollen überwiegend in eine unbefristete Beschäftigung. Es gibt allerdings auch Sonderfälle im Bereich der Hochqualifizierten, bei denen die Bezahlung in der Leihfirma besser ist als in der entleihenden Firma. Vom Ziel der gleichen Entlohnung von Beschäftigten der Stammbelegschaft und Leiharbeiter*innen ist es noch ein weiterer Schritt zur vollständigen Gleichbehandlung – vom Equal-Pay zu Equal-Treatmant. Spätestens wenn letztere erreicht ist, ist es auch wirtschaftlich unattraktiv für Unternehmen, Leiharbeiter*innen auf Stellen mit Daueraufgaben zu beschäftigen.

Rechtlicher Rahmen

Zu den im Zuge der Agenda 2010 umgesetzen Deregulierungsmaßnahmen zählten insbesondere die Aufhebung des Synchronisationsverbotes, die Ausweitung der Überlassungshöchstdauer, die Abschaffung der Lohnfortzahlungspflicht und des Verbots der kurzfristigen Wiedereinstellung nach vorausgehender Entlassung (Vgl. der Beitrag von Köhler/Menz in diesem Band). Besonders perfide sind die tarifdispositiven gesetzlichen Regelungen, die einen Standard definieren, der durch Tarifverträge verschlechtert werden kann. Diese sind der Grund dafür, dass es nach den Hartz-Gesetzen ein hohes Arbeitgeberinteresse in der Leiharbeitsbranche gab, Tarifbindungen herzustellen, die dann zunächst in Form von Dumping-Tarifverträgen mit Schein-Gewerkschaften, realisiert wurden. Dies ist inzwischen durch Rechtsprechung des Bundesarbeitsgerichtes korrigiert. Die Tarifverträge des Deutschen Gewerkschaftsbundes wurden allerdings zunächst unter diesen Bedingungen der Schmutzkonkurrenz und faktisch ohne gewerkschaftliche Kampfkraft in den Leiharbeitsfirmen geschlossen. Inzwischen konnten deutliche Verbesserungen der Tarife und zum Teil erhebliche Branchenzuschläge, die mit den Verbänden der entleihenden Unternehmen abgeschlossen wurden, von gewerkschaftlicher Seite durchgesetzt werden. Die Hoffnung, die nationalen Gerichte oder der EuGH würden helfen, Equal-Pay oder die Begrenzung der Höchstüberlassungsdauer zu erreichen, scheitern auch daran, dass die Beschäftigten der Leiharbeitsbranche sich häufig nicht trauen, zu klagen. Oft fehlt auch das Wissen über eigene Ansprüche und Transparenz über die Bezahlungs- und Beschäftigungsbedingungen in den entleihenden Firmen.

Nach wie vor gibt es zahlreiche Erscheinungsformen des Missbrauchs der Leiharbeit: Leiharbeiter*innen werden reihenweise auf Stellen mit Daueraufgaben eingesetzt. Es werden neue Leihfirmen engagiert, die ihre Leute wieder weit unter Tarifniveau bezahlen. Die Arbeitgeber versuchen, Festbeschäftigte loszuwerden, die dann über Werkverträge oder Leiharbeit wiedereingestellt werden. Werkvertragsnehmer*innen, die schlechter bezahlt werden als Leiharbeiter*innen, werden eingegliedert in die Betriebsorganisation.

All dies muss mit politischen, aber auch rechtlichen Mitteln bekämpft werden. Geklärt ist inzwischen, dass Leiharbeiter*innen ein Recht haben, an Streiks der Entleihbetriebe teilzunehmen und dass es ihnen verboten ist, sich vom Entleihbetrieb als Streikbrecher*innen einsetzen zu lassen.

Betriebspolitik und Tarifpolitik zur Durchsetzung von Verbesserungen

In neuerer Zeit muss sich die IG Metall vermehrt mit Werksvertragsfirmen auseinandersetzen, die weder eine Tarifbindung noch einen Betriebsrat haben. In der Leiharbeitsbranche ist dies anders. Die Grundvergütung, die Eingruppierung und die Arbeitszeit sind dort zumeist tariflich geregelt. Durch die Regelungen für Branchenzuschläge in der Metall- und Elektroindustrie erhalten Leiharbeiter*innen nach neun Monaten zumindest annähernd Equal-Pay.

Viel kann in den Entleihfirmen getan werden. Dies betrifft zunächst die Begrenzung der Entleih-Dauer. Hierzu ist in der Metall- und Elektroindustrie ein Rahmen geschaffen worden, der betrieblich auszugestalten ist. Bei Vorliegen eines Sachgrundes sind allerdings weiter lange Verleihdauern möglich. Das tarif- und betriebspolitische Ziel bleibt jedoch die Begrenzung der Beschäftigungszeit von Leiharbeiter*innen und der Übergang in unbefristete Beschäftigungsverhältnisse in den Entleihbetrieben.

Den Betriebsräte kommt bei der Gestaltung von Leiharbeit eine entscheidende Rolle zu. In der Leiharbeitsbranche ist zu klären, was in verleihfreien Zeiten passiert, wie möglichst wohnortnahe Einsätze erfolgen können, wer für Fahrtgeld, Arbeitskleidung und Arbeitsmittel aufkommt.

Bei den Entleihbetrieben fängt es mit der Nutzung von Informationsrechten durch den Wirtschaftsausschuss an. Warum wird Leiharbeit eingesetzt? Wie ist die perspektivische Auslastung und Personalbedarfsplanung? Einige Leiharbeitsfirmen verlangen auch Ablösesummen, wenn Beschäftigte in ein festes Arbeitsverhältnis beim Entleiher wechseln. Von daher sind durchaus auch die Verträge zwischen Entleiher und Verleiher ein wichtiger Gegenstand betriebsrätlicher Kontrolle und gewerkschaftlicher Beratung. Die Mitbestimmung bei der Einstellung muss durchgesetzt werden. Zur Frage der Übernahme von Leiharbeiter*innen ist zunächst zu bemerken, dass es durchaus Firmen gibt, die gar keine Leiharbeit haben. Dort sind die Betriebsräte so stark, dass das Unternehmen auf dieses Flexibilisierungsinstrument verzichtet.

Wenn Leiharbeiter*innen zu übernehmen sind, müssen oft Druckmöglichkeiten genutzt werden, bei denen der Arbeitgeber die Kooperation der Betriebsräte braucht. Auch wenn inzwischen geklärt ist, dass der Betriebsrat zuständig für die Leiharbeiter*innen ist und diese auch wahlberechtigt zum Betriebsrat sind, ist noch viel zu tun. Manche Betriebsräte haben irrigerweise nach wie vor das Selbstverständnis, dass eine ihrer Hauptaufgaben der Schutz der Stammbelegschaft sei. Im Übrigen argumentieren manche Arbeitgeber auch durchaus erfolgreich, dass Leiharbeit ein Instrument zur Vermeidung von Massenentlassung und Sozialplänen ist. Wenn Equal-Pay und Equal-Treatment durchgesetzt werden sollen, sind es vor allem die Betriebsräte, die die Nutzung von Schlupflöchern und Missbrauch verhindern müssen, denn viele Leiharbeitsfirmen agieren so, als sei alles statthaft, was nicht verboten ist. So werden Beschäftigten zum Beispiel keine Fahrtkosten gezahlt oder sie werden in verleihfreien Zeiten in Zwangspausen geschickt. Fehlerhafte Eingruppierungen, das Vorenthalten von Arbeitskleidung und andere Beispiele von schlechterer Behandlung sind auch deshalb möglich, weil die Leiharbeiter*innen sich nicht trauen, rechtlich gegen diese Behandlung vorzugehen. Bei den Branchenzuschlägen wird zum Teil versucht, diese zu umgehen, wenn es zu einem erneuten Einsatz nach einer Pause kommt. Die Firmen versuchen sich vor Übernahmeverpflichtungen zu drücken, indem Leiharbeiter kurz vor Erreichen der Zeitschwelle abgemeldet werden.

Eine erfolgreiche Arbeit der Betriebsräte setzt Informationen über das Personalmanagement des Entleihbetriebs voraus – dies gilt erst recht, wenn die Arbeitgeber auf Werkverträge ausweichen wollen. Auch hier ist es allerdings durchaus möglich, dass die Betriebsräte Sand ins Getriebe der weiteren Flexibilisierung zu Lasten der Beschäftigten werfen.

Strategie der IG Metall bei Leiharbeit und organisationspolitische Voraussetzungen

Betriebliche Strategien und politische Strategien, die auf eine Veränderung der Gesetzeslage abzielen, müssen Hand in Hand gehen, wenn prekäre Beschäftigungsverhältnisse zurückgedrängt werden sollen. Die möglichst weitgehende Rücknahme der gesetzlichen Verschlechterungen insbesondere durch die Agenda 2010 ist durch entsprechende Einwirkung auf den Gesetzgeber durchzusetzen. Denn mit der Tarif- und Betriebspolitik allein lassen sich die gesetzlichen Verschlechterungen nur sehr begrenzt reparieren.

Die erreichten tariflichen Verbesserungen sind weiterzuentwickeln. Dies gilt sowohl in der Leiharbeitsbranche als auch bei den Entleihunternehmen. Mit einer guten Betriebspolitik werden die Betriebsräte in die Lage versetzt, sich umfassende Informationen über die Personalstrategie und die Behandlung von Leiharbeiter*innen, die im Betrieb eingesetzt werden, zu beschaffen. Gute Betriebsvereinbarungen regeln insbesondere die Übernahme in feste Arbeitsverhältnisse. Hier müssen alle Druckmöglichkeiten genutzt werden. Dies gilt erst recht, wenn Missbrauch verhindert werden muss. In diesem Zusammenhang kann es auch sinnvoll sein, sich mit dem Management der Verleihunternehmen und dem Verleihunternehmen an den Tisch zu setzen.

Um die vorgestellten Ziele durchzusetzen ist die organisationspolitische Verankerung von entscheidender Bedeutung. Von allein wird es nicht besser, also müssen wir uns organisieren: Mehr Betriebsräte und mehr gewerkschaftlicher Einfluss tun Not. Die Kernfrage ist dabei in den Verleihunternehmen, wie die Kolleg*innen in den Einsatzbetrieben erreicht werden können und wer mit ihnen spricht. Entscheidende Akteure hier sind oft die Betriebsräte und die Vertrauensleute in den Entleihbetrieben; die gewerkschaftlichen Strukturen in den Verleihfirmen selbst sind allerdings auch auszubauen. Die Großen der Branche haben immerhin tausende Beschäftigte und entsprechend große Betriebsräte mit Freigestellten. Am wichtigsten ist aber, dass die Gewerkschafter*innen in den Entleihbetrieben Solidarität organisieren und für die Leiharbeiter*innen erfahrbar machen. Dazu gehört auch, dass die Kolleg*innen, die sich organisieren und politisch aktiv werden, keine Angst vor negativen Konsequenzen haben müssen. Als Gewerkschafter*innen sind wir selbst dafür verantwortlich, uns nicht spalten zu lassen – und die Zeichen für eine solche notwendige Kultur der Solidarität stehen nicht schlecht: Inzwischen gibt es eine Vielzahl von positiven Beispielen, die zeigen, dass es möglich ist, Erfolge auf der betrieblichen und überbetrieblichen Ebene zu erzielen, wenn Solidarität und Zusammenhalt in den Belegschaften flankiert werden von gewerkschaftlicher Unterstützung und Know-How.

Karina Becker

Care Work Migration – eine Beschäftigungsform ohne nennenswerte strukturelle Machtressourcen

Abstract

Familien aus der Mittelklasse greifen für die Verrichtung von Haus- und Sorgearbeit bevorzugt auf Pflegekräfte aus Ost-/Mitteleuropa zurück. Die Aushandlung von Arbeits- und Beschäftigungsbedingungen erfolgt dabei, angesichts schwacher Regulierung und des Charakters der Arbeit, unmittelbar zwischen Pflegekräften und Familien, teils auch zwischen Pflegenden und Sorgebedürftigen selbst. Die Folge sind private Pflegearrangements, die davon geprägt sind, dass es wenig institutionelle Standards und gesetzliche Vorgaben gibt. Damit fehlen den Beschäftigten Machtressourcen, die sie in den Aushandlungen mit ihrem/ihrer Arbeitgeber*in nutzen könnten. Es kommt zu Normalitätskonstruktionen, die gegen geltendes Arbeitsrecht verstoßen und von den Migrant*innen hingenommen oder auch mitgetragen werden. Machtressourcen zum Aufbau solidarischer Gegenmacht können sich die Migrant*innen am ehesten durch Netzwerke erschließen.

War es lange Zeit eine Selbstverständlichkeit, dass Care-Leistungen, wie die Betreuung von Kindern und pflegebedürftigen Familienmitgliedern, unentgeltlich und vornehmlich von Frauen geleistet wurden, während Männer in relativ stabile Erwerbsarbeitsstrukturen integriert waren, erfährt die im Privaten verrichtete Haus- und Sorgearbeit derzeit einen strukturellen und kulturellen Wandel: Mit der zunehmenden Erwerbstätigkeit von Frauen trägt diese traditionelle gesellschaftliche Arbeitsteilung nicht mehr, Care-Arbeit wird vermehrt an meist kommunale Institutionen wie Kindertagesstätten und Pflegeheime ausgelagert oder als private Dienstleistung (z.B. Tagesmütter) eingekauft. Zugleich übersteigt der Bedarf an Pflegeplätzen und ausgebildeten Pflegefachkräften schon heute die vorhandenen Kapazitäten: Im Jahr 2005 fehlten bereits 39.000 Pflegevollkräfte und es wird davon ausgegangen, dass dieses Defizit bis zum Jahr 2050 auf 214.000 Pflegevollkräfte anwachsen wird (Statistisches Bundesamt 2010).

Insbesondere auf dem Pflegemarkt hat sich dafür in den letzten Jahren ein diversifiziertes Angebot entwickelt, das von Unterstützungsleistungen wie „Essen auf Rädern" über ambulante Pflegedienste, in denen die Pflegebedürftigen externe Hilfe erhalten und dabei in ihrer gewohnten Umgebung bleiben, über Formen von betreutem Wohnen bis hin zu vollumfänglichen Live-ins reichen. Letztere zeichnet aus, dass die Pflegebedürftigen zuhause bleiben können und von einer Dienstleisterin, die im selben Haushalt wohnt und arbeitet, rund um die Uhr betreut werden. Diese sehr anspruchsvolle Variante ermöglichen in erster Linie Arbeitsmigrantinnen (in erster Linie Frauen) aus meist mittelosteuropäischen Heimatländern, die dafür im Monat ungefähr 1000 Euro bei freier Kost und Logis bekommen.[1] Den Angehörigen und zu Pflegenden bietet sie eine hochwertige Pflege, die sich die Angehörigen der Mittelklassen i.d.R. auch leisten können.

Denn während in Pflegeheimen in den letzten Jahren eine zunehmende Standardisierung der Arbeitsabläufe beobachtet werden kann (Stichwort Minutenpflege), ist die Haus- und Sorgearbeit in Privathaushalten davon gekennzeichnet, dass sowohl die Beschäftigungsverhältnisse als auch die Arbeitsinhalte – also die ausgeübten Tätigkeiten selbst – in hohem Maße von der Spezifik des Haushalts abhängen und sich daher nur zum Teil standardisieren lassen (Geissler 2010: 8). Ein Beispiel dafür ist, dass die Migrantinnen in ihrer Arbeit nicht nur Grund- und Behandlungspflege erbringen sowie Leistungen der Hauswirtschaft und Betreuung, sondern vielfach auch den ganzen Tag mit ihnen verbringen und dabei emotionale Fürsorge leisten. Im Folgenden wird gezeigt, dass sich die migrantischen Pflegekräfte dabei auf wenig rechtliche und arbeitsvertraglich geregelte Standards sowie sozialpolitische Sicherheiten beziehen können. Ihre Beschäftigungsbedingungen im Privaten sind daher atypisch, vielfach auch prekär. Aufgrund der schwachen Regulierung und des Charakters der Arbeit sind sie zudem darauf verwiesen, ihre Arbeits- und Beschäftigungsbedingungen mit den Familien, zum Teil auch mit den Sorgebedürftigen selbst, auszuhandeln.

Der vorliegende Beitrag setzt an diesen aktuellen und weitgehend unerforschten Entwicklungen an und fasst die Ergebnisse einer Studie zusammen (Becker 2016; 2018), in der einerseits Expert*inneninterviews mit den von den Gewerkschaften eingerichteten Beratungsstellen für mobile Beschäftigte, mit kommunalen Migrationsberatungsstellen und mit einer gewerkschaftlichen Expertin für Gesundheitspolitik geführt wurden, sowie andererseits 27 problemzentrierte Interviewleitfäden mit migrantischen Pflegekräften, die in deutschen Privathaushalten Haus- und Pflegearbeit verrichten, ihren Arbeitgeber*innen (die Angehörigen) und – wenn dies möglich war – Pflegebedürftigen. Im Beitrag wird

---

1 Verlässliche Zahlen darüber, wie viele in deutschen Haushalten arbeiten, gibt es nicht; Schätzungen gehen von 100.000 aus (Böning 2013).

zunächst gezeigt, wie sich das Arbeits- und Lebensarrangement im Beziehungs-
dreieck – Pflegebedürftige, migrantische Beschäftigte und Angehörige – gestaltet:
Welche Konsequenzen ergeben sich für die Arbeits- und Lebensbedingungen
der Pflegedienstleisterinnen durch die Nicht-Standardisierung der häuslichen
Pflege? Da den hier betrachteten erwerbsbasierten Beziehungen eine Interes-
sendivergenz zugrunde liegt, werden dabei die Machtverhältnisse analytisch
in den Blick genommen. Dabei zeigt sich, dass sich migrantische Pflegekräfte
vielfach in einer Situation struktureller Machtlosigkeit befinden. Ausgehend von
diesen Ergebnissen fragt der Beitrag anschließend nach Handlungsoptionen von
Pflegekräften, um solidarische Gegenmacht zu entwickeln.

1. Care-Arbeit als atypische und prekäre Beschäftigungsform

1.1 *Unzureichende institutionelle Standards und Kontrollen*
in der häuslichen Pflege

Die Delegation von Sorge- und Familienarbeit an Migrantinnen aus struktur-
schwachen Ländern, die dafür ihre eigenen Care-Verpflichtungen an Verwandte
(vornehmlich Großmütter, Schwestern und Schwägerinnen) abgeben, wird in der
Forschung unter dem Begriff *Care Chain* diskutiert (Ehrenreich/Hochschild
2002; Lutz 2009). Dass deutsche Familien dabei vor allem auf Frauen aus Mit-
tel- und Osteuropa zurückgreifen, hängt zum einen mit der Nachfragesituation
zusammen (Satola 2013); zum anderen damit, dass die Frauen dort vielfach immer schon einer Erwerbsarbeit nachgingen, dies häufig in ihren Heimatländern
aufgrund der ökonomischen Situation jedoch nicht mehr können (Morokvasic-
Muller 2003).[2] Sie gehören nicht zu den Ärmsten der Armen in ihren Herkunfts-
ländern, sondern sind emanzipiert und vielfach auch gebildet (Rerrich 2006).

Studien zur Arbeits- und Lebenssituation von Migrantinnen, insbesondere
jenen, die in Privathaushalten beschäftigt werden, machen deutlich, dass diese
vielfach in unregulierten Verhältnissen und ohne institutionalisierte soziale
Kontrollmechanismen arbeiten (Lutz 2009; Hettlage/Baghdadi 2013). Dazu
gehören arbeits- und sozialrechtliche Normen, die als gesellschaftliche Standards für andere (vor allem männliche) Beschäftigtengruppen, spätestens seit
der Nachkriegsphase des Fordismus, in Deutschland als etabliert gelten. Faktisch
wirksam wurde dies in den verschiedenen Feldern des deutschen Arbeitsrechts,

---

2   Wie Sabine Hess (2009) zeigt, kommen auch viele in Deutschland als Au-Pair arbei-
    tende Frauen aus postkommunistischen Ländern.

so z.B. im Kündigungsschutz, im Arbeitszeit- und Arbeitsschutzgesetz, der Interessenvertretung nach dem Betriebsverfassungsgesetz. Diese arbeitsrechtlichen Standards gelten für alle (legalen) Beschäftigungsverhältnisse; Migrantinnen sind zumindest formal nicht davon ausgenommen (Karakayali 2010). Mit der Konvention der International Labour Organization „Menschenwürdige Arbeit für Hausangestellte" (Übereinkommen Nr. 189 und Empfehlung Nr. 201), die Deutschland 2013 ratifiziert hat, und dem Arbeitnehmerentsendegesetz (§ 2 AEntG) ist zudem der rechtliche Rahmen für die Beschäftigung mittel-/osteuropäischer Migrantinnen in den Haushalten durch europäisches und internationales Recht gesetzt; die konkrete 'Übersetzung' dieser Vorgaben und vor allem deren nachhaltige Kontrolle obliegt jedoch nationalen Behörden, die dieser Aufgabe nur unzureichend nachkommen.

Vor diesem Hintergrund ist eine Schlussfolgerung der Studie, dass die schon seit längerem bestehende Versorgungslücke im Bereich der Pflege in der deutschen Gesetzgebung weder dazu führt, den Status der in den Privathaushalten beschäftigten Migrantinnen zu legalisieren, noch gibt es regierungsseitig Initiativen, den damit entstehenden Markt zu regulieren. Stattdessen wurde die staatliche Überwachungsfunktion im Fall legaler Beschäftigungsverhältnisse an den Versicherungsträger delegiert, der diese Aufgabe mit seinen Ressourcen nur unzureichend erfüllen kann (Becker 2015). Staatliche Instrumente wie das Pflegegeld fördern den expandierenden irregulären Markt – die Bezahlung einer Pflegekraft ist auch bei der höchsten Pflegstufe nach dem deutschen Tarifsystem ohne zusätzliche private Aufwendungen nicht leistbar, wie eine gewerkschaftliche Expertin für Gesundheitspolitik im Interview erklärte.

1.2 Herausbildung eines atypischen und informellen Beschäftigungssegments mit multiplen Arbeitsstandards

Die Beschäftigung von konzessionsbereiten Migrantinnen wird von den interviewten Familien als *Win-Win*-Situation beschrieben. Einige der interviewten Familien und Pflegebedürftigen haben die Erfahrung gemacht, dass die Unterbringung in einem Pflegeheim zur Folge hat, dass deutliche Abstriche bei der Versorgung der Bedürftigen in Kauf genommen werden müssen. Wechselt man die Perspektive und fragt, was der Zugewinn an Qualität und Flexibilität bei geringerer finanzieller Aufwendung für die Pflegekräfte bedeutet, wird deutlich, dass diese Verbesserungen auf ihre Kosten gehen. Zwar bietet die Anstellung der Pflegekräfte in privaten Haushalten den Migrantinnen eine Erwerbsmöglichkeit, die sie in ihren Heimatländern nicht hätten, allerdings gelten viele Rechte und

Gewissheiten des deutschen Beschäftigungssystems für migrantische Pflegekräfte nicht. Dazu gehören Anforderungen, die mit dem deutschen Arbeitszeitgesetz nicht vereinbar sind, wie die 24-Stunden-Pflege, sieben Tage in der Woche. Sie werden in vielen Fällen zu einer von den Familien der zu Pflegenden, den Pflegebedürftigen selbst und auch der migrantischen Pflegekraft geteilten Selbstverständlichkeit. In anderen Fällen gründet die Bereitschaft der Migrantinnen, sich auf solch weitreichende Anforderungen einzulassen, auf deren Angewiesenheit auf das Einkommen, auf Alternativlosigkeit, oft verknüpft mit der Hoffnung auf ein besseres Leben. Einige Pflegevereinbarungen sind nach einem Rotationsprinzip[3] organisiert, andere leisten diese 24-Stunden-Pflege für unbestimmte Zeit.

Alle untersuchten Beschäftigungen liegen in einer gesetzlichen Grauzone, die zu einer weiteren Schwächung der rechtlichen und sozialen Situation von Migrantinnen sowie zu einem Ansteigen von Personen mit prekärem Beschäftigungsstatus führt und in den meisten Fällen asymmetrische Machtstrukturen zugunsten der Familien nach sich zieht. Dieser sogenannte „graue Pflegemarkt" fußt auf den Grundsätzen des Wettbewerbsgedankens des europäischen Binnenmarktes. In der Praxis ließen sich anhand der Expert*inneninterviews vier Varianten dieser allesamt atypischen Beschäftigungsverhältnisse ausmachen.

I. Illegale Beschäftigung: Davon kann gesprochen werden, wenn die Migrantinnen ohne Arbeitsgenehmigung und/oder Aufenthaltstitel beschäftigt werden oder einer Beschäftigung nachgehen. Die Beschäftigten werden bei dieser, wie auch bei der zweiten Beschäftigungsvariante, als Haushaltshilfen oder Hauswirtschafterinnen entlohnt, übernehmen über diese Tätigkeiten hinaus aber auch weiterreichende pflegerische Aufgaben. In der fehlenden Berufs- oder Tätigkeitsbezeichnung manifestiert sich die Wertigkeit der Arbeit: sie gilt als unqualifiziert, die den Ausübenden keine professionellen Kenntnisse abverlangt.

II. Tarnung als Haushaltshilfen: Das „normale", sozialversicherungspflichtige Beschäftigungsverhältnis, das auf der Arbeitnehmerfreizügigkeit basiert, wird genutzt, um den eigentlichen Beschäftigungszweck zu verschleiern. Der Privathaushalt fungiert als Arbeitgeber, mit dem die Migrantinnen einen Arbeitsvertrag abschließen. Da die Migrantinnen formal als Haushaltshilfen beschäftigt werden,

---

3   In der Praxis gibt es dafür ganz unterschiedliche Modelle: Zum Beispiel arbeitet und lebt die Migrantin bis zu zwölf Wochen bei dem/der Pflegebedürftigen, reist dann in ihr Herkunftsland und eine andere migrantische Pflegekraft übernimmt ihre Aufgaben in dieser Zeit. In diesen Fällen lässt sich die Migrantin nur für die Zeit ihrer Abwesenheit – deren Dauer mit den Familien verabredet werden muss – vertreten. In anderen pendelt sie (meist monatlich) zwischen ihrem Heimatland und dem Arbeitsort.

waren bis Einführung des branchenübergreifenden Mindestlohns am 01.01.2015 die Mindestlohnregelungen aus der Pflege nicht wirksam – selbst dann nicht, wenn diese überwiegend Grundpflegeleistungen erbrachten.

III. Zeitlich befristete Arbeitskräfte im Auftrag von Dienstleistern: Im Rahmen der Dienstleistungsfreiheit können seit 2011 im Ausland ansässige Pflegeunternehmen ihre Dienstleistung in EU-Ländern anbieten. Dafür schließt ein Pflegedienstanbieter mit der Pflegekraft einen zeitlich befristeten Vertrag ab, zu dem im Herkunftsland geltenden Mindestlohn, und schickt seine Pflegekraft unmittelbar nach Abschluss des Vertrags für eine Dienstreise nach Deutschland, die synchron zu ihrer Anstellung bei dem Pflegeunternehmen verläuft. In Deutschland kann die formal im Herkunftsland arbeitende Pflegekraft im Bereich der häuslichen Betreuung und Pflege für diesen Zeitraum eingesetzt werden, ohne dass sie als Dienstleister*in dafür eine Arbeitserlaubnis benötigt. Sowohl juristisch als auch praktisch ist die Zahlung der Vergütung daher vielfach die einzige Verbindung, die zwischen der Agentur und ihren Arbeitnehmerinnen besteht; formal unterliegen sie jedoch ihrem Weisungsrecht. Faktisch sind die Pflegekräfte mehr als in jedem anderen Beschäftigungsverhältnis den Weisungen der Familien unterworfen, mit denen sie jedoch keinen Vertrag abschließen. Zwar gelten für die Beschäftigten die deutschen arbeitsrechtlichen Schutzbestimmungen – die Beschäftigung fällt damit formal auch in den Zugriff behördlicher Kontrollen – die Untersuchung zeigt jedoch, dass sie vor allem sich selbst überlassen sind.

IV. Pseudo-Entsendung: Diese Variante basiert auf der Niederlassungsfreiheit, der gemäß grenzüberschreitend selbstständig tätige Haushalts- und Pflegekräfte ihre Dienstleistung in einem anderen EU-Mitgliedstaat anbieten können. Der Vertrag wird hierbei zwischen den Pflegebedürftigen und der Pflegekraft selbst abgeschlossen, die für ihre Beschäftigung keine Arbeitserlaubnis benötigt. Die Pflegekraft muss nachweisen, dass sie für mehr als eine*n Auftraggeber*in tätig ist, andernfalls wird das Arbeitsverhältnis als eine Form der Scheinselbstständigkeit bewertet. Dies kollidiert vielfach mit den Anforderungen der Arbeitgeber*in an eine „Rundum-Betreuung": In der Regel werden sie über eine in ihrem Heimatland ansässige Agentur mit Dienstleistungsversprechen wie „24-Stunden-Pflege" oder auch „Pflege – Rund um die Uhr" an eine deutsche Familie vermittelt. Viele der Migrantinnen wissen jedoch – auch wegen der Sprachbarrieren – weder um die Besonderheit ihres Beschäftigungsstatus, noch um die konkreten Arbeitsinhalte und Anforderungen, die den Familien von den Vermittlungsagenturen zugesagt werden. Im Glauben, sie seien Arbeitnehmerinnen eines Entsendeunternehmens, gehen sie vielmehr davon aus, dass die Agentur in der Pflicht sei, sich für ihre Interessen einzusetzen und Missstände zu beseitigen, was in den untersuchten

Fällen jedoch nicht geschieht. Da sie über keine Organisationsmitgliedschaft verfügen (nicht angestellt sind), können sie sich dabei auch auf keine allgemeinen Arbeitnehmer*innenrechte beziehen, wie sie etwa das Arbeitsschutzgesetz vorsieht.

2. Häusliche Pflegearrangements als machtbasierte Aushandlungen

2.1 Machtressourcen als Analyseansatz

Im Folgenden wird ausgehend vom empirischen Material die Wirkungsweise von Primär- und Sekundärmachtressourcen in den untersuchten Beziehungsdreiecken dargelegt. In den „Labor Revitalization Studies" erfuhr der Machtressourcenansatz v.a. zur Untersuchung der Handlungsmöglichkeiten von Lohnabhängigen in den letzten Jahren Auftrieb (Dörre 2017; Dörre/Schmalz 2010; siehe auch Ludwig/Simon/Wagner: Einleitung in diesem Band). Dabei wird zwischen struktureller Macht, Organisationsmacht und institutioneller Macht, sowie, in jüngeren Studien, gesellschaftlicher Macht (z.B. betriebliche Kooperationen mit NGOs in Auseinandersetzungen vor Ort) unterschieden.

Strukturelle Macht ist eine primäre Machtressource, die Beschäftigte direkt, ohne kollektive Interessenvertretung in der Interaktion mit dem Kapital, einsetzen können. Sie hängt zumeist von der Marktsituation ab, die durch Faktoren wie Qualifikation, Arbeitslosenquote und dem Zugang zu alternativen Einkommensquellen bestimmt wird. Als Primärmachtressource kann sie in Form individueller Verhandlungsmacht in einer angespannten Arbeitsmarktsituation eingesetzt werden. Im hier betrachteten Fall der Pflegearbeit könnte Primärmacht aus der Angewiesenheit der Pflegebedürftigen auf die Pflegekraft erwachsen. *Organisationsmacht*, die auf dem Zusammenschluss von kollektiven, politischen oder gewerkschaftlichen Organisationen beruht (Silver 2005, 30ff.) und institutionelle Macht stellen sekundäre Machtressourcen dar. Institutionelle Macht leitet sich aus „bereits kollektiv erkämpften bzw. staatlich gesetzten Regelungen und Institutionen" ab (Jürgens/Naschold 1984, 61), in Form von Arbeits- und Tarifverträgen, dem Arbeitsschutzgesetz, aber auch absichernden behördlichen Kontrollen. Macht kann demnach auch in depersonalisierter Form als strukturelle Festlegung ihre Wirkung entfalten (Strange 1996).

2.2 Illegale Beschäftigung konterkariert Sekundärmacht

Dass den Migrantinnen klar definierte gesetzliche Bestimmungen fehlen bzw. diese für sie keine „Haltepunkte" darstellen, ist ein Kennzeichen, das alle untersuchten Beschäftigungsverhältnisse durchzieht. In zwei analysierten Fällen mit Selbstständigen (Variante IV) bzw. illegal Beschäftigten (Variante I) werden die fehlenden Arbeitnehmer*innenrechte von den Familien auch als Druckmittel in die Aushandlungen mit den Pflegekräften eingebracht. Hinzu kommt, dass hier geltende Pflegestandards außer Kraft gesetzt werden, wie ein Beispiel zeigt, bei dem eine Pflegekraft beim Wechseln des Inkontinenzmaterials bei der Pflegebedürftigen Handschuhe tragen möchte:

> „In solchen Situationen sagt sie mir dann, dass sie mich eigentlich gar nicht hier arbeiten lassen dürfte. Das ist dann schon wie eine Drohung, wenn ich das nicht so mache, wie sie es will, sucht sie sich eine andere. Naja, was soll ich dann machen, trage ich keine Handschuhe."

Die Migrantinnen sitzen in den hier untersuchten Fällen hinsichtlich der Illegalität ihres Beschäftigungsverhältnisses mit den Familien als ihren Arbeitgeber*innen nicht etwa 'in einem Boot'. Der widerrechtliche Charakter der Beschäftigung wird stattdessen in den Aushandlungen als in der Verantwortung der Migrantinnen liegend angeführt und entsprechend instrumentalisiert. Auch eine (angedrohte) Skandalisierung unzumutbarer Arbeits- und Lebensbedingungen ließ sich nicht als machtgenerierende Strategie der Migrantinnen ausmachen.

In einem von einer Expertin berichteten Beispiel führt die illegale Praxis der 24-Stunden-Pflege von Selbstständigen (Variante IV) zu deren individuellen Verunsicherung, nicht jedoch dazu, dass Sekundärmachtpotentiale ausgeschöpft werden konnten. Die Pflegekraft wandte sich telefonisch an die Beratungsstelle des Deutschen Gewerkschaftsbundes, die sie aus der Familie holte und versuchte, ihre Bezahlung einzufordern – allerdings ohne Erfolg. Heute, so weiß die gewerkschaftliche Expertin zu berichten, beschäftigt diese Familie eine andere migrantische Pflegekraft, unter vermutlich ähnlichen Bedingungen.

2.3 Migrantischer Reservearmeemechanismus schwächt Primärmacht

In allen untersuchten Fällen gestalteten sich die Beschäftigungsverhältnisse primär nach den individuellen Bedürfnissen der Pflegeempfänger*innen. Dazu gehört, dass es Aufgabe der Pflegekraft ist, die Versorgung des Pflegebedürftigen über die Feiertage sicherzustellen. Lösungen, wie die eigenen Kinder zu Weihnachten für ein paar Tage in den Haushalt der deutschen Familie zu holen, werden als Zugeständnis an die Migrantinnen kommuniziert. Im Gegenzug wird von ihnen eine „außergewöhnliche Leistungsbereitschaft" erwartet.

Aussagen der Migrantinnen wie „Bei denen [die Familie] hatte ich es dann besser" unterstreichen deren generelle Angewiesenheit auf das Gutdünken der

Familien. Werden die Anforderungen der Familien nicht erfüllt, trennen sie sich relativ schnell von ihnen. Das ist auch dann der Fall, wenn sie schon einen längeren Zeitraum bei den Familien und damit nicht mehr in der üblicherweise als Probezeit geltenden Zeitspanne sind. Aus den geringen formalen Qualifizierungsanforderungen erwächst für die Familien als Nachfrager der Dienstleistung eine Machtressource, die sie in die Lage versetzt, relativ problemlos den Anbieter der Pflegeleistung zu wechseln. Das zeigt u.a. folgendes Zitat: „Funktionieren die Frauen nicht, weil sie körperlich und seelisch am Limit sind, werden sie ausgewechselt und nach Hause geschickt." Für Nachschub sorgt die migrantische „Reservearmee", die das Primärmachtpotential der Pflegekräfte drastisch einschränkt.

2.4 Normalitätskonstruktionen statt Sekundärmachtpotentiale

Fehlende institutionelle Standards und deren Kontrolle führen dazu, dass Arbeitszeiten rund-um-die-Uhr in sieben der neun untersuchten Familien als normal gelten und zum Alltag der Pflegekräfte gehören. Die Inanspruchnahme freier Zeit, etwa einen Abend in der Woche zur freien Verfügung zu haben, wird von den Familien als Zugeständnis vermittelt:

> „Ich habe ihr dann für den Abend freigegeben. Das darf aber nicht einreißen, dass sie jetzt ständig deswegen fragt und ich mir immer Gedanken machen muss, dass ich jetzt abends eine andere Betreuung organisieren muss."

Von den Pflegekräften wird dies vielfach auch so internalisiert: „Ich muss rund-um-die-Uhr verfügbar sein, dafür bin ich hier." Emotionale Anrufungen wie „Wer füttert denn jetzt die Oma, wenn du das heute nicht mehr machen willst?" zielen darauf, die Grenzen der Versorgungsarbeit, die bei dieser Art von Tätigkeit ohnehin schwer zu ziehen sind (Becker 2014), so zu verwischen, dass Arbeit und Leben der Pflegenden ineinander übergehen.

Was als normal in diesem Beschäftigungssegment gilt, erfahren die Pflegekräfte von den Familien oder anderen migrantischen Kolleginnen, die sie in der Anfangsphase einarbeiten. Damit kommt es zu Normalitätskonstruktionen, die gesetzlichen Regelungen zuwiderlaufen. Die meisten Migrantinnen opponieren nicht gegen diese Anforderungen oder machen Sekundärmachtressourcen geltend (indem sie z.B. auf das Arbeitszeitgesetz verweisen), weil ihre Beschäftigung in der Auslegung der Familien ohnehin außerhalb der für die in Deutschland geltenden beschäftigungsbezogenen Standards verortet wird.

In der Untersuchung lässt sich dies in erster Linie bei den selbstständigen Pflegekräften und illegal Beschäftigten konstatieren. Im Fall der sozialversicherungspflichtigen Beschäftigung (Variante II) bieten Formulierungen, wie „der

Arbeitgeber hat für eine angemessene Unterkunft Sorge zu tragen" (Bundesagentur für Arbeit, Zentrale Auslands- und Fachvermittlung 2013: 4) Inter-
pretationsspielraum, der in der Praxis so ausgelegt wird, dass die Migrantinnen
im selben Zimmer wie der zu Pflegende untergebracht werden und damit auch
erzwungenermaßen ständig abrufbereit sind. Was als angemessene Unterkunft
gilt, wird vom Gesetzgeber auf die Aushandlungsebene zwischen den Familien
und Arbeitsmigrantinnen verschoben, mit der Folge, dass die machtvolleren
Akteure die Deutungshoheit darüber übernehmen.

2.5 Ungebremste Verwertung der Arbeitskraft führt zu Erosion von institutioneller Macht

Für alle in die Auswertung einbezogenen Fälle und damit auch für alle Beschäf-
tigungsvarianten zutreffend ist, dass Migrantinnen – wenn sie sich keine externe
Unterstützung suchen – nahezu sich selbst überlassen sind. Sowohl die Bundesagentur als auch private Pflegeagenturen verstehen sich in den untersuchten Fällen
ausschließlich als Vermittler von Arbeitskraft, für die konkreten Bedingungen
ihrer Verausgabung fühlen sie sich nicht zuständig. In legalen wie illegalen Beschäftigungsverhältnissen wird eine Gefährdung von Pflegekräften und den zu
Pflegenden in Kauf genommen.

Dies scheint auch in der Beschäftigungsbestimmung für „Haushaltshilfen
in Haushalten mit Pflegebedürftigen" der Arbeitsagentur auf, in der formuliert
wird: „Berufliche, sprachliche und sonstige Qualifikationen werden nicht vorausgesetzt. Sie können jedoch von Vorteil sein, wenn sie von den Arbeitgebern
erwünscht werden." (ebd.: 2) Nach Ansicht einer Expertin einer Beratungsstelle
wissen die gesetzgebenden Akteure um die Kluft zwischen formalem Anspruch
und Wirklichkeit: In den meisten Fällen verrichten die angeworbenen Arbeitsmigrantinnen mehr als die in der Beschäftigungsbestimmung definierten Tätigkeiten, die sich nur auf die Grundpflege (z.B. An- und Auskleiden, Waschen,
Fortbewegung innerhalb und außerhalb der Wohnung etc.) beziehen. Faktisch
wird von den Migrantinnen jedoch erwartet, dass sie auch Aufgaben übernehmen, die darüber hinausgehen. Dazu zählen in den meisten Fällen medizinische
Aufgaben, wie etwa Spritzen zu setzen oder Wundverbände auszuwechseln.
Dies führt zu Situationen, in denen die Migrantinnen laut der Expertin einer
Beratungsstelle „nicht nur die Gesundheit der Senioren und Seniorinnen oder
der zu pflegenden Personen durch unsachgerechte Behandlung mangels Wissens
bedrohen, sondern es gibt auch Fälle, wo das für ihre eigene Gesundheit eine
Gefahr darstellt."

Die Befunde lassen den Schluss zu, dass Migrantinnen aufgrund unzureichender institutioneller Kontrollen und Regulierungen nahezu ohne Rücksicht auf ihre Gesundheit, ihr Wohlergehen und ihre Lebenserwartung ausgebeutet werden. Ist die Machtlosigkeit – so lässt sich vor dem Hintergrund dieser Befunde fragen – in die Struktur dieser Beschäftigungsverhältnisse eingeschrieben oder können die Pflegekräfte ihre Primärmacht nutzen, um die Asymmetrie auszubalancieren? Aus der Nicht-Standardisierung der Arbeitsinhalte, so meine Anfangsvermutung, könnten machtgenerierende Verhaltensoptionen erwachsen, die Pflegekräfte in die Aushandlungen mit den Familien einbringen.

2.6 Nicht-standardisierte Arbeitsinhalte schwächen Primärmacht

Die Tatsache, dass Standards, die die Qualität der Arbeit betreffen, nur in Grenzen definier- und auch kontrollierbar sind, wird von einem Teil der Familien in den Interviews als Problem und Belastung benannt: Wie regelmäßig, strukturiert und gründlich die Haus- und Pflegearbeiten verrichtet werden, variiert vor dem Hintergrund individueller Vorstellungen und Erfahrungen der Migrantinnen und erfordert vor allem am Anfang der Anstellung einen hohen kommunikativen Aufwand. In der Regel bilden sich darauf bezogene Routinen in der sozialen Interaktion heraus, die in eben jenen Pflegearrangements von den Familien weitgehend dominiert werden. Den dafür erforderlichen Einarbeitungs- und Kontrollaufwand verbuchen die Familien als anfänglich anfallende Transaktionskosten, die sich jedoch 'amortisieren' sollten. Die Tochter einer pflegebedürftigen Seniorin bringt das wie folgt auf den Punkt: „Die Pflege und alles was anfällt, muss dann laufen, ohne dass ich noch nachschauen muss, wie geht es Oma. Sodass ich komplett abschalten kann und meine Sachen machen kann. Und klar, wenn da drüben [die zu pflegende Mutter wohnt im Nachbarhaus der Familie] mal nicht so viel zu tun ist, erwarte ich, dass sie auch hier hilft. Eine Putzfrau werde ich bei mir nicht noch zusätzlich einstellen."

Damit besteht für die Familien einerseits der Anreiz, die einmal eingearbeiteten Pflegekräfte möglichst lange anzustellen. Andererseits sind viele Familien jederzeit bereit, die Zusammenarbeit aufzukündigen, wenn die Migrantinnen „nicht funktionieren". „Das ging dann nicht mehr, dass ich dann immer fragen musste, was habt ihr heute gemacht und auch nachhalten musste, dass Opa was Gesundes zu Essen bekommt. Da muss ich sagen, gibt es andere, die das besser machen und solch eine haben wir dann auch gefunden."

Dass die Standardisierung von Arbeitsprozessen zu einer Enteignung von Primärmacht führt, gehört zum festen Bestandteil der sozialwissenschaftlichen

Theorietradition. Die Nicht-Standardisierung der Tätigkeiten und deren Ergebnis haben beim hier betrachteten Gegenstand offenbar nicht den gegenteiligen, nämlich ermächtigenden Effekt, sondern führen sogar zu einer Schwächung der Primärmacht der Migrantinnen. Die Referenzfolie 'angemessener Arbeitsleistungen' bildet ein soziales Konstrukt, das dadurch stabilisiert wird, dass die Familien die Rollenanforderungen der Migrantinnen bewusst diffus halten, wie auch jenes Zitat einer Angehörigen deutlich macht: „Ich kann ihr unmöglich aufs Neue sagen, was sie alles machen soll. Das muss sie schon selbst sehen. Sonst kann ich es ja gleich selbst machen."

Es sind andere Faktoren, die die Machtbeziehung strukturieren. Wenngleich einige der Familien ihre Angewiesenheit auf eine Pflegekraft thematisieren[4], handeln sie in dem Bewusstsein, dass eine disponible migrantische Reservearmee innerhalb des europäischen Binnenmarktes einen Wechsel des Dienstleistungsanbieters jederzeit unkompliziert möglich macht.

3. Aufbau von Gegenmacht? Netzwerke als Machtressource

In illegalen wie legalen Beschäftigungsverhältnissen spielt die räumliche Lage des Haushalts für die Bereitschaft der Pflegekräfte, den weitreichenden Arbeitsanforderungen ihrer Arbeitgeber*innen nachzukommen und dabei hohe Belastungen in Kauf zu nehmen, eine große Rolle. Vor allem in ländlichen Regionen leben und arbeiten die Migrantinnen gesellschaftlich isoliert. Wenn sie über kein eigenes Telefon und keinen Zugang zum Internet verfügen, sind die Pflegebedürftigen und Angehörigen ihre einzigen Interaktionspartner*innen. Diese Medien bräuchten sie jedoch, um ihre Rechte, etwa gegenüber der Arbeitsagentur oder dem Entsendeunternehmen, vortragen und später auch einklagen zu können. Anlaufstellen werden allerdings in der Regel erst dann aufgesucht, wenn die Arbeits- und Lebensbedingungen für die Migrantinnen nicht mehr tragbar sind; damit endet dann zumeist auch das Beschäftigungsverhältnis. Haben die Migrantinnen jedoch Kontakt zu anderen Kolleginnen – durch den Besuch von Stammtischen oder Internetforen – nutzen sie diese, um sich auszutauschen; Unzufriedenheit wird damit zum Diskussionsgegenstand. Wie die Organisatorin eines solchen Stammtisches im Interview berichtet, führt der Austausch von Beispielen, in denen es Migrantinnen gelang, legitime Rechte gegenüber ihren Arbeitgeber*innen auszuhandeln, zu einem *Empowerment* der Migrantinnen, die

---

4   In der Untersuchung von Hettlage und Baghdadi (2013) wird von einer gegenseitigen Abhängigkeit von Pflegekräften und Angehörigen gesprochen.

sie mit Primärmacht (in Form von Selbstbewusstsein, rechtlicher Kompetenz, Strategiefähigkeit) gegenüber den Familien ausstattet. Normalitätskonstruktionen werden dabei hinterfragt und zum Teil auch zum Einsturz gebracht.

4. Fazit

Die untersuchten Pflegearrangements in deutschen Haushalten basieren darauf, dass Familienarbeit von einer Person geleistet wird, die zwar wie ein Familienmitglied zeitlich und räumlich im Wohn- und Lebensbereich der pflegebedürftigen Person anwesend ist, aber keineswegs wie ein Familienmitglied behandelt wird. Vielmehr agieren die Angehörigen und Pflegebedürftigen als Arbeitgeber*innen, die weitgehend rechtlose Arbeitnehmerinnen beschäftigen. Möglich wird dies vor allem deshalb, weil für die Arbeit in Privathaushalten kaum Beschäftigungsstandards (z.B. hinsichtlich des Arbeits- und Gesundheitsschutzes) definiert sind und die wenigen Vorgaben, die es gibt, nicht kontrolliert werden. Verschärfend kommt hinzu, dass der Beschäftigungsstatus von Migrantinnen auf dem grauen Pflegemarkt an unterschiedliche Zwecksetzungen gebunden ist und die Betroffenen selbst selten ihre Rechte kennen und/oder zu weitgehenden Konzessionen bereit sind. Was sich für die Angehörigen und Pflegebedürftigen als qualitativ gute Pflege, mit einer hohen Flexibilität bei geringer finanzieller Aufwendung erweist, geht auf Kosten der migrantischen Beschäftigten. Dazu gehören Anforderungen, die mit dem deutschen Arbeitszeitgesetz nicht vereinbar sind, wie die 24-Stunden-Pflege, sieben Tage in der Woche. Sie werden in vielen Fällen zu einer von den Familien der zu Pflegenden, den Pflegebedürftigen selbst und auch der migrantischen Pflegekraft geteilten Selbstverständlichkeit.

Damit diese Normalitätskonstruktionen hinterfragt und gegebenenfalls zum Einsturz gebracht werden können, sollten die Migrantinnen über ihre Rechte und die in Deutschland geltenden Standards aufgeklärt werden. Hilfestellung dabei bieten die von den Gewerkschaften eingerichteten Beratungsstellen für mobile Beschäftigte (siehe auch den Kommentar von Sylwia Timm in diesem Band). Deren Arbeit beginnt nach eigenen Aussagen allerdings in der Regel erst dann, wenn die Arbeits- und Lebensbedingungen für die Migrantinnen nicht mehr tragbar sind – damit endet dann zumeist aber auch das Beschäftigungsverhältnis. Bevor es dazu kommt, können Arbeitsmigrantinnen von der Integration in Netzwerke mit Kolleginnen – durch den Besuch von Stammtischen oder Internetforen – profitieren. Die Gründerin eines Migrantinnen-Stammtisches berichtet im Rahmen der für diese Studie erhobenen Interviews etwa davon, dass der Kontakt zu anderen dazu genutzt wird, sich über die unterschiedlichen

Arbeits- und Lebensverhältnisse auszutauschen. Beispiele, in denen es Migrantinnen gelang, legitime Rechte gegenüber ihren Arbeitgeber*innen auszuhandeln, führten dazu, dass die Migrantinnen mit Machtressourcen ausgestattet wurden – in Form von Selbstbewusstsein, rechtlicher Kompetenz, Strategiefähigkeit, die sie in die Aushandlungen mit den Familien einbringen konnten.

Diese Befunde der Untersuchung lassen den Schluss zu, dass sich auf der Rückseite unserer Arbeitsgesellschaft ein ungeschützter Bereich von Erwerbsarbeit etabliert hat, der von Teilen der Gesellschaft akzeptiert und von gesetzlicher Seite stillschweigend toleriert wird. Dass kaum Anstrengungen zur Regulierung dieses Bereichs erkennbar sind, hängt auch mit der mangelnden Wertschätzung zusammen, die eher auf Tätigkeitsfelder gerichtet ist, die von einer verwertungsorientierten Arbeit geprägt sind. Die Folge ist, dass sich neue, atypische, informelle Beschäftigungsstandards etablieren, die in vielerlei Hinsicht hinter das Niveau des fordistischen Normalarbeitsverhältnisses zurückfallen. Orientiert man sich an den dafür gültigen Standards, lässt sich davon sprechen, dass die Nicht-Standardisierung im Bereich migrantischer Pflegearbeit der Standard ist. Aus der intersektionalen Forschungsperspektive lassen sich diese Beschäftigungsformen als neue Formen nicht-standardisierter Beschäftigungsverhältnisse charakterisieren, deren zentrales Merkmal die Verstetigung nachteiliger Positionen auf dem Arbeitsmarkt ist.

Literatur

Becker, Karina (2018): Migrantische Dienstleisterinnen in deutschen Haushalten. Erwerbsarbeit mit familiärer Arbeitsorientierung, in: Baron, Daniel/Hill, Paul (Hg.): Atypische Beschäftigung und ihre sozialen Konsequenzen. Wiesbaden, 75-94.

– (2016): Live-in and Burn-out? Migrantische Pflegekräfte in deutschen Haushalten, in: Arbeit. Zeitschrift für Arbeitsforschung, Arbeitsgestaltung und Arbeitspolitik, 25(1-2), 21-46.

– (2015): Macht und Gesundheit. Der informelle Handel um die Vernutzung von Arbeitskraft, in: Berliner Journal für Soziologie 25(1-2), 161-185.

– (2014): Von Florence Nightingale zu Adam Smith? Wenn PatientInnen zu KundInnen und Gesundheitsdienstleistungen zu Waren werden, in: Zeitschrift für Wirtschafts- und Unternehmensethik 14(3), 33-52.

Böning, Marta (2013): Besondere Probleme im Bereich der häuslichen Pflege, in: Ministerin für Bundesangelegenheiten, Europa und Medien des Landes Nordrhein-Westfalen (Hg.): Tagung zur sozialen Dimension Europas. Europäische arbeitsrechtliche Entwicklungen, Arbeitnehmerentsendung und Arbeitnehmerüberlassung. Düsseldorf, 71-73.

Bundesagentur für Arbeit, Zentrale Auslands- und Fachvermittlung (2013): Merkblatt zur Vermittlung von Haushaltshilfen in Haushalte mit Pflegebedürftigen nach Deutschland. Bonn.

Dörre, Klaus (2017): Gewerkschaften, Machtressourcen und öffentliche Soziologie. Ein Selbstversuch, in: Österreichische Zeitschrift für Soziologie 2(42), 105-128.

Dörre, Klaus/Schmalz, Stefan (2010): Der Machtressourcenansatz: Ein Instrument zur Analyse gewerkschaftlichen Handlungsvermögens, in: Industrielle Beziehungen 21(3), 217-237.

Geissler, B. (2010): Haushaltsarbeit und Haushaltsdienstleistungen, in: Böhle, Fritz/Voß, G. Günter/Wachtler, Günther (Hg.): Handbuch der Arbeitssoziologie. Wiesbaden, 931-962.

Ehrenreich, Barbara/Hochschild, Arlie (Hg.) (2002): Global Woman. Nannies, Maids, and Sex Workers in the New Economy. New York.

Karakayali, Juliane (2010): Transnational Haushalten. Biografische Interviews mit care workers aus Osteuropa. Wiesbaden.

Kelle, Udo/Kluge, Susan (1999): Vom Einzelfall zum Typus. Fallvergleich und Fallkontrastierung in der qualitativen Sozialforschung. Opladen.

Hess, Sabine (2009): Globalisierte Hausarbeit. Au-pair als Migrationsstrategie von Frauen aus Osteuropa, 2. Aufl. Wiesbaden.

Hettlage, Raphaela/Baghdadi, Nadia (2013): Fragil und prekär? Private Care-Arbeit in der Schweiz, in: Arbeit 2013 (1), 212-223.

Jürgens, Ulrich/Naschold, Frieder (Hg.) (1984): Arbeitspolitik. Materialien zum Zusammenhang von politischer Macht, Kontrolle und betrieblicher Organisation der Arbeit. Opladen.

Lutz, Helma (2009): Who Cares? Migratinnen in der Pflegearbeit in deutschen Privathaushalten, in: Larsen, Christa/Joost, Angela/Heid, Sabine (Hg.): Illegale Beschäftigung in Europa. Die Situation in Privathaushalten älterer Personen. München/Mering, 41-50.

Morokvasic-Muller, Mirjana (2003): Gender-Dimensionen der postkommunistischen Migrationen in Europa, in: Apitzsch, Ursula/Jansen, Mechthild M. (Hg.): Migration, Biographie und Geschlechterverhältnisse. Münster, 143-171.

Rerrich, Maria (2006): Die ganze Welt zu Hause. Cosmobile Putzfrauen in privaten Haushalten. Hamburg.

Satola, Agnieszka (2013): Komplexität und die Paradoxien des Handelns in der häuslichen Pflege am Beispiel der Pflegemigration von polnischen Frauen, in: Jahrbuch für Kritische Medizin und Gesundheitswissenschaften (48).

Silver, Beverly (2005): Forces. Arbeiterbewegungen und Globalisierung seit 1870. Berlin/Hamburg.

Statistisches Bundesamt (2010): Wirtschaft und Statistik. Wiesbaden.

Strange, Susan (1996): The Retreat of the State: The Diffusion of Power in the World Economy. Cambridge.

Sylwia Timm

„Die Macht der Agenturen ist die Geduld der Frauen"[1]
Zur Konzessionsbereitschaft osteuropäischer Pflegekräfte als Grundlage der 24- Stunden-Betreuung-und-Pflege in Deutschland

Seit mehr als zwei Jahrzehnten kommen osteuropäische Frauen[2] nach Deutschland und arbeiten in der 24-Stunden-Betreuung-und-Pflege in Privathaushalten unter nicht geregelten Arbeitsbedingungen und für einen Niedriglohn. Sie bedienen einen Teil des wachsenden Pflegearbeitsmarktes, von dem nicht die Beschäftigten sondern vor allem private Vermittler*innen und Pflegevermittlungsagenturen profitieren. Die Arbeitsverhältnisse der Care-Migrantinnen ruhen auf der extremen Konzessionsbereitschaft dieser Frauen, die ihren 24-stündigen Einsatz im privaten Haushalt in Deutschland möglich macht. Diese Form der Beschäftigung osteuropäischer Pflegekräfte in Deutschland ist weit verbreitet. Sie gilt inzwischen als etabliert. Zugleich verstößt sie klar gegen das deutsche Arbeitszeitgesetz und die europäische Arbeitszeitrichtlinie.

1. Von der Schwarzarbeit in die Scheinselbständigkeit

Die ersten Care-Migrantinnen, die Ende der 80er Jahre nach dem Fall des Eisernen Vorhangs aus Polen nach Deutschland kamen,[3] wurden vor allem in illegalen Arbeitsverhältnissen beschäftigt. Der EU-Beitritt Polens im Jahr 2005 brachte keine Veränderung in dieser Hinsicht: Die damalige rot-grüne Bundesregierung schränkte für die polnischen EU-Bürger die Arbeitnehmerfreizügigkeit für eine Übergangsfrist von sieben Jahren ein. Die Folge davon war, dass der

---

1   Paraphrasierter Titel eines dokumentarischen Spielfilms vom Cristina Perincioli aus dem Jahr 1978. Der Titel des Films lautet im Original: „Die Macht der Männer ist die Geduld der Frauen".

2   Die Beratungspraxis zeigt, dass auch Männer aus Osteuropa in der 24-Std.-Betreuung arbeiten. Sie stellen in dieser Branche allerdings eine Minderheit dar. Der vorliegende Beitrag umfasst auch ihre Situation in der häuslichen Pflege mit.

3   In dem Beitrag wird insbesondere auf die Situation von polnischen Pflegekräften eingegangen.

legale Zugang zum deutschen Arbeitsmarkt, also auch zur Arbeit in der häuslichen Betreuung und Pflege, lediglich im Rahmen der Dienstleistungs- oder Niederlassungsfreiheit möglich wurde. Damit hatte die Geburtsstunde der deutsch-polnischen Pflegevermittlung geschlagen. Im Laufe der nächsten Jahre entwickelte sie sich zu einem in Öffentlichkeit und Politik wenig beachteten und ökonomisch unterschätzten Wirtschaftszweig.[4] Nun standen den polnischen arbeitssuchenden Care-Migrantinnen zwei Möglichkeiten offen: Sie konnten ihrer Arbeit in Deutschland entweder als entsandte Beschäftigte oder als selbständig Gewerbetreibende nachgehen. Damit wurden vor allem den privaten Vermittler*innen und Pflegevermittlungsagenturen sowie den mit ihnen kooperierenden Entsendeunternehmen in Polen die Türen für die freie Gestaltung der Rahmenbedingungen für den Einsatz der Care-Migrantinnen in der häuslichen 24-Std.-Pflege geöffnet.

So öffneten in dieser Zeit denn auch die ersten Pflegevermittlungsagenturen in Deutschland, die im Rahmen der Niederlassungsfreiheit lukrative Geschäftsmodelle zur Vermittlung von selbstständigen Pflegehilfskräften aus Polen entwickelten. Die Agenturen meldeten für die angeworbenen Frauen ein Gewerbe in Deutschland an, händigten ihnen vorgefertigte Verträge aus, führten (zum Teil unzureichend) Buchhaltung und vermittelten sie in die Familien. Für ihre Vermittlungstätigkeiten verlangten sie Provisionen, die teilweise bis zu zwei Drittel der Bruttomonatseinkommen der Care-Migrantinnen erreichten.

Dieses Geschäftsmodell hat sich sehr schnell verbreitet. Auf diese Art und Weise wurden ost- und auch südeuropäische Care-Migrantinnen in die häusliche Pflege in Deutschland eingeführt. Auch die Tatsache, dass Ende 2008 gerichtlich klar gestellt wurde, dass bei den üblichen Arrangements in der 24-Std.-Betreuung selbständig Gewerbetreibende für Scheinselbständige gehalten werden,[5] stellte ein Hindernis bei der Entwicklung des Vermittlungsmarktes dar. Die arbeitssuchenden Care-Migrantinnen wurden trotzdem in die Scheinselbständigkeit gedrängt.

Die Beschäftigung ost- und südeuropäischer Pflegekräfte, die in Privathaushalten hauswirtschaftliche und grundpflegerische Aufgaben übernehmen, läuft seitdem fast ausschließlich über in Deutschland ansässige Pflegevermittlungsagen-

---

4   Zu den marktführenden Unternehmen in diesem Bereich gehören in Deutschland Hausengel Holding AG und in Polen Promedica24, die inzwischen europaweit Care-Migrantinnen rekrutieren.

5   AG München, Urteil v. 10.11.2008 1115 – OWi 298 Js 43552/07

turen.[6] Sie ziehen das Modell der Selbständigkeit in der Betreuung vor.[7] Auch ihr Geschäftsmodell hat sich kaum geändert: Sie erzielen unverhältnismäßig hohe Einnahmen[8] für reine Vermittlungstätigkeiten, ohne Verantwortung für die Qualität der vermittelten Pflege oder Haftung für die vermittelten Arbeitsbedingungen zu tragen.

2. Scheinentsendung

Eine Alternative zur Scheinselbständigkeit und Schwarzarbeit schien Ende 2008 in der Entsendung von Pflegehilfskräften im Rahmen der Dienstleistungsfreiheit zu liegen. Diese Möglichkeit nutzten vor allem polnische Unternehmen, die sich schnell auf die Rekrutierung und Entsendung von Care-Migrantinnen spezialisierten und in Europa eine Vorreiterrolle in der Branche einnahmen. Zu letzterer zählen heute ca. 700 Unternehmen.[9] Sie schlossen Kooperationsverträge mit deutschen Vermittlungsagenturen, die neben der Scheinselbständigkeit auch die Entsendung der polnischen Frauen als eine Beschäftigungsform für die Arbeit in der häuslichen Pflege anboten.

---

6 Nach einer Marktanalyse von Stiftung Warentest (2017: 88ff.) waren in Deutschland 2017 schätzungsweise 270 Vermittlungsagenturen für ausländische Betretungskräfte aktiv.

7 Die Lobby der Vermittlungsagenturen fordert immer lauter von der Politik, die 24-Stundenbetreuung für selbständig Gewerbetreibende nach dem Beispiel Österreichs zu legalisieren (siehe etwa Deutschlandfunk 2017).

8 Nach den Angaben der Beschäftigten und Familien belaufen sich die Einnahmen der Pflegevermittlungsagenturen im Durchschnitt auf ca. 150 bis 600 Euro im Monat pro vermittelte Person. Zum Vergleich: Das Einkommen der von ihnen vermittelten Care-Migrantinnen schwankt zwischen ca. 800 bis 1.100 Euro netto monatlich. Die Vermittlungsagentur Hausengel, die selbständige Betreuungskräfte im Franchisesystem vermittelt, gibt z.B. an, dass sie für ihre Vermittlungsdienste monatlich 615 Euro von den ausländischen Care-Migrantinnen als Franchisekosten erhebt (Stiftung Warentest 2017: 93).

9 Diese Zahl an Pflegevermittlungsagenturen in Polen und Deutschland stammt von einer Lobbyorganisation polnischer Entsendeunternehmen. Sie wird nicht weiter aufgeschlüsselt (vgl. Polnische Arbeitgeberkammer 2017). Auf dem Vermittlungsmarkt sind die Verbindungen zwischen deutschen Vermittlungsagenturen und polnischen „Entsendeunternehmen" sehr eng. Es gibt deutsche Agenturen, die ausschließlich mit polnischen Entsendeunternehmen kooperieren. Zudem haben einige deutsche (sowie polnische) Unternehmen „Kooperationsunternehmen" in Polen (oder Partneragenturen in Deutschland) gegründet. (vgl. ebd.)

Spätestens nach der Eröffnung der Beratungsstelle für entsandte Beschäftigte des Deutschen Gewerkschaftsbundes (DGB) Berlin-Brandenburg im Jahr 2010 und der ersten auf Pflege spezialisierten Beratungsstelle von *Faire Mobilität* ein Jahr später in Berlin zeigte sich aber, dass auch die durch die polnischen Unternehmen praktizierte Entsendung ungeschützte und prekäre Arbeitsverhältnisse in der häuslichen Pflege erzeugt.

Die Beratungsstellen zeigten auf, dass der Einsatz von entsandten Arbeitnehmerinnen in der häuslichen Pflege regelmäßig unter Missachtung der Vorgaben des deutschen Arbeitnehmer-Entsendegesetzes[10] – und zwar fast in der ganzen Breite des gesetzlichen Schutzbereiches – erfolgte. Zahlreich meldeten sich Frauen, die von massiven Verstößen hinsichtlich der Einhaltung der Höchstarbeitszeiten, Mindestruhezeiten, Mindestvergütungen, Mindestjahresurlaub, der Sicherheit, des Gesundheitsschutzes und der Hygiene am Arbeitsplatz berichteten. Darüber hinaus kamen noch weitere Probleme wie die Entsendung durch Briefkastenfirmen, Kettenentsendungen, fehlende A1-Bescheinigungen[11] oder Krankenversicherungsschutz der Care-Migrantinnen hinzu.

Auch zeigte sich, dass die Entsendepraxis aus Polen im Bereich der häuslichen Pflege vor allem auf der Intransparenz bei der Arbeitsentgeltauszahlung und dem Abzug der Sozialversicherungsbeiträge basiert. Die Beratungsstellen deckten auf, dass der Arbeitseinsatz der Care-Migrantinnen im Privathaushalt von den polnischen Pflegevermittlungsagenturen regelmäßig als Auslandsdienstreise deklariert wurde. Dafür erhielten die Beschäftigten sozialversicherungs- und steuerfreie Spesen. Die Spesen stellten jedoch keine Lohnzulage dar, sondern wurden vollumfänglich auf das Arbeitsentgelt angerechnet und machten damit den Großteil der Vergütung der Care-Migrantinnen aus. Diese Praktiken bei der Lohnauszahlung führten in der Folge zur Senkung der Lohnnebenkosten, die zum Nachteil der Care-Migrantinnen auf das gesetzliche Minimum schrumpften. Die „Nettolohnoptimierung" machte die „Entsendung nach polnischem Modell" sehr attraktiv für die Vermittlungsagenturen in Deutschland und in

---

10 Das Gesetz über zwingende Arbeitsbedingungen für grenzüberschreitend entsandte und für regelmäßig im Inland beschäftigte Arbeitnehmer und Arbeitnehmerinnen vom 20.04.2009 (BGBl. I S. 799) (kurz: „Arbeitnehmer-Entsendegesetz" oder auch „AentG") schreibt ausländischen Unternehmen, die ihren Sitz in einem anderen EU-Staat als Deutschland haben und in Deutschland Dienstleistungen erbringen wollen, die Einhaltung bestimmter, in Deutschland geltender arbeits- und sozialversicherungsrechtlicher Mindeststandards vor.

11 Die A1-Bescheinigung weist aus, welchen Landes Rechtsvorschriften zur sozialen Sicherheit angewendet werden.

Polen. Einerseits konnten sie auf diese Weise den Pflegefamilien in Deutschland eine bezahlbare 24-Std.-Betreuung und -pflege anbieten und andererseits die Lohnnebenkosten sparen. Damit wurden auf Kosten der Beschäftigten die eigenen Gewinne gesteigert.

Diese Missstände wurden aufgedeckt und in den Medien regelmäßig skandalisiert. Trotzdem hat sich an der Situation der Care-Migrantinnen bislang nichts verändert. Das systematische Wegschauen des Staates ist schon für sich genommen ein Skandal. Trotz – oder vielmehr gerade wegen – solcher Lohn- und Sozialdumpingpraktiken in diesem Betreuungs- und Pflegemodell[12] ist letzteres allerdings für die deutsche Pflege-Politik eine kaum entbehrliche Hilfe bei der Bewältigung des „Pflegenotstandes". Eine angemessene Entlohnung nach geltenden Standards im Rahmen sozialversicherungspflichtiger Beschäftigung würde die ohnehin schon gegebene Unterfinanzierung der deutschen Pflegeversicherung massiv verschärfen. Auch die Einführung der vollen Arbeitnehmerfreizügigkeit für polnische Arbeitnehmer*innen im Mai 2011 brachte in dieser Hinsicht keine Verbesserungen. Die profitablen Geschäftsmodelle zur Vermittlung im Rahmen der Dienstleistungs- und Niederlassungsfreiheit verdrängten die Modelle zur Direkteinstellung als Arbeitnehmer*innen im Haushalt.

3. Die fehlende nationale Regulierung und ihre Konsequenzen

Die skizzierte Entwicklung auf dem grauen Pflegemarkt führte zur Entstehung von verschiedenen Beschäftigungsformen, komplexen Vertragskonstruktionen, Konstellationen mit grenzüberschreitenden Elementen und unterschiedlichen Vertragstypen. All das hat dazu beigetragen, dass sowohl Care-Migrantinnen als auch Pflegefamilien nicht sicher sind, ob sie sich beim Eingehen eines Vertragsverhältnisses noch im rechtlich zulässigen Rahmen bewegen oder nicht. Da die juristische Bewertung der Beschäftigung der Care-Migrantinnen in deutschen Haushalten höchst komplex ist, sind Pflegefamilien kaum imstande selber zu beurteilen, ob die ihnen vermittelte Care-Migrantin legal beschäftigt ist. Von diesem Informationsdefizit und der Rechtsunsicherheit sind also insbesondere die Care-Migrantinnen und Pflegefamilien betroffen, während die Vermittler*innen profitieren.

---

12 Der Verband für häusliche Betreuung und Pflege e.V, eine Lobbyorganisation der Vermittlungsagenturen spricht in diesem Zusammenhang von der „dritten Säule der Versorgung alter und kranker Menschen" (VHBP o.J.).

Für den Einsatz der Care-Migrantinnen fehlt es daher an Transparenz und einem rechtlichen Rahmen, der die Anforderungen an die Vermittlungsagenturen, an die Care-Migrantinnen und an den Pflegehaushalt definiert und der die Arbeitsbedingungen einheitlich bestimmt. Es fehlen gesetzliche Haftungsregeln für die vermittelten Arbeitsbedingungen und die Qualität der vermittelten Pflege sowie gesetzlich geregelte Provisionssätze. Den Markt der häuslichen Betreuung und 24-Std.-Pflege kontrollieren heute die Pflegevermittlungsunternehmen. Sie haben sich im Laufe der Jahre zu einem undurchsichtigen Konglomerat von Firmen entwickelten, die in Deutschland und Polen als Pflegevermittlungsagenturen agieren.

Gut veranschaulicht das die folgende Darstellung eines Firmenkonstrukts mit Sitz in Deutschland und Polen. Er scheint von einer Person auszugehen, die Care-Migrantinnen in deutsche Privathaushalte vermittelt. Eine polnische Betreuungskraft, die sich im Jahr 2017 an die Berliner Beratungsstelle *Faire Mobilität* gewandt hat, weil sie Probleme mit ihrer Sozialversicherung hatte, stand bei ihrem Arbeitseinsatz im Vertragsverhältnis mit zwei dieser Firmen. Zusätzlich wurden ihr, vor ihrer „Auslandsdienstreise" in einen Privathaushalt mit einem deutschen Senioren, weitere Unterlagen (z.B. für die Zustimmung zur Datenweitergabe) von einer dritten Firma aus diesem Konglomerat vorgelegt.

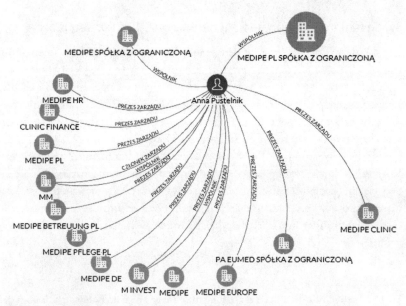

Quelle: https://mojepanstwo.pl/medipe-pl-spolka-z-ograniczona-odpowiedzialnoscia,
Zugriff am 28.5.2018

4. Realität in der häuslichen Pflege: Entgrenzte Arbeit

Die Beratungserfahrung bestätigt die im vorangegangenen Beitrag von Karina Becker gemachten Beobachtungen, dass in der 24-Std.-Betreuung die geltenden arbeits- und sozialrechtlichen Regelungen missachtet werden. Geschlossene Verträge bilden die faktischen Arbeitsverhältnisse hinsichtlich der Arbeitszeit, der Höhe der Entlohnung und anderer wesentlicher Arbeitsbedingungen kaum ab. Verträge werden mit den Beschäftigten also lediglich *pro forma* geschlossen, um die Legalität der Beschäftigungsverhältnisse vorzutäuschen. Die faktischen Arbeitsverhältnisse in der häuslichen Pflege und Betreuung in Deutschland (Normalitätskonstruktionen) ruhen in der Regel auf mündlichen Absprachen und tatsächlichen Arrangements zwischen Pflegekräften und Pflegefamilien einerseits sowie zwischen Pflegekräften und Vermittlungsagenturen andererseits. Diese Normalitätskonstruktionen gehen massiv zu Lasten der Care-Migrantinnen, insbesondere hinsichtlich der Arbeitszeit, Vergütung und mangelnder sozialer Absicherung, die in Hinblick auf Krankheit, Arbeitsunfälle, Arbeitslosigkeit oder Alter wichtig ist. Sie tragen damit entscheidend zur Prekarisierung der Arbeit in der häuslichen Pflege, insbesondere in der sozialrechtlichen Dimension, bei.

Die Care-Migrantinnen berichten, dass sie keine Alternative zu dieser prekären, weil rechtlich entgrenzten Arbeit haben, wenn sie in der häuslichen Pflege in Deutschland arbeiten möchten. Entweder akzeptieren sie die Arbeitsbedingungen, die ihnen die Vermittlungsagenturen und Pflegefamilien stellen, oder sie werden nicht vermittelt bzw. verlieren von einem auf den anderen Tag ihre Arbeitsstelle: Sie werden auf die Straße gesetzt. Daher machen sie Zugeständnisse, um vermittelt zu werden. Ihre Verträge werden nicht verhandelt, häufig werden sie ihnen nicht einmal vor dem Arbeitseinsatz ausgehändigt. Ihre Erfahrung zeigt ihnen, dass nur diese Konzessionsbereitschaft vor dem Verlust ihrer Existenzquelle schützt. Sie ist die Grundlage ihrer Arbeit.

5. Keine Kontrollen: Ausbeutung der Care-Migrantinnen auch bei Pflegediensten

Die Arbeit der Care-Migrantinnen unterliegt keiner Aufsicht von staatlicher Seite. Zwar hat die Finanzkontrolle der Schwarzarbeit die Möglichkeit, auch Privathaushalte zu prüfen. Sie verfügt aber nicht über eine Betretungsbefugnis.[13] Der Zutritt zu den privaten Räumlichkeiten kann schlicht verweigert werden.

---

13 § 3 Abs. 1 und § 4 Abs. 1 des SchwarzArbG

So bleibt der Markt den privaten Vermittler*innen und Vermittlungsagenturen überlassen, die einerseits von der wirtschaftlichen Not der migrantischen Pflegekräfte und andererseits von der Not der Pflegebedürftigen und ihrer Angehörigen haftungsfrei profitieren.

Die fehlenden Kontrollen in der häuslichen Pflege führen u.a. dazu, dass inzwischen sogar ambulante Pflegedienste die Care-Migrantinnen aus Osteuropa zur Arbeit „Rund-um-die-Uhr" im Privathaushalt ihrer Kunden einstellen und straflos davon kommen (FAZ 2018).

6. Fazit

Die schwierige Beweissituation und die meist nur kurzfristigen Arbeitseinsätze in Deutschland machen die Durchsetzung der Rechte von Care-Migrantinnen fast unmöglich. Zudem werden ihnen mit den Verträgen noch Verpflichtungserklärungen[14] vorgelegt, die die Durchsetzung ihrer Rechte zusätzlich erschweren sollen. Die Care-Migrantinnen erleben sich als machtlos. Ihre extreme Konzessionsbereitschaft, auf der ihre Arbeitsverhältnisse beruhen, macht die häusliche Pflege in Deutschland bezahlbar. Sie geht massiv zu Lasten der osteuropäischen Frauen. Von der Situation profitieren Vermittlungsagenturen und die Politik, die keine erfolgversprechenden Vorschläge für die Lösung der strukturellen Probleme und der Finanzierung der häuslichen Betreuung macht.

Um die Situation zu ändern, müssen rechtliche Lösungen in Richtung Regulierung und Standarisierung der häuslichen Pflege sowie Haftung der Vermittlungsagenturen eingeführt werden. Als eine Herausforderung für die Gewerkschaften bleibt die Unterstützung und Organisierung der Care-Migrantinnen. *Empowerment* der Care-Migrantinnen und Anerkennung der ausländischen Betreuungs- und Pflegekräfte als Berufsgruppe sowie die an die Politik gerichtete Forderung zur Regulierung des Vermittlungsmarktes sollen als Anregung dienen, wie der Entgrenzung der Care-Migrantinnen begegnet werden kann. Das wäre zugleich Ausdruck einer grenzüberschreitenden Solidarität mit diesen Migrantinnen. Im Übrigen hat sich im Rahmen der Beratungstätigkeit gezeigt, dass bei den Care-Migratinnen eine beträchtliche Bereitschaft – etwa über soziale

---

14 So die polnische Arbeitgeberkammer: „Słynne są na rynku 'cyrografy' – oświadczenia znacząco utrudniające pracownikom dochodzenie roszczeń." (Deutsche Übersetzung: „Auf dem Markt gibt es die berühmten 'Scheine' (pol. „cyrografy"), die den Arbeitnehmer*innen die Durchsetzung ihrer Rechte bedeutsam erschweren.") (Polnische Arbeitgeberkammer 2017).

Medien – zur kollektiven Organisation ihrer Interessen besteht. Bisher wurde dies aber leider nicht aufgegriffen.

Angesichts des Ausmaßes der auch von Karina Becker dargestellten Probleme wäre es begrüßenswert eine gewerkschaftliche Initiative zur Organisierung von Migrantinnen in der häuslichen Pflege in Deutschland zu gründen. Zu einer ihrer wichtigsten Aufgaben neben der Organisierung der Care-Migrantinnen müsste eine aktive und systematische politische Arbeit zur Verbesserung ihrer Arbeitssituation auf der nationalen und internationalen Ebene gehören. Wie die Erfahrung aus dem Projekt „Faire Mobilität" zeigt, erwirken Beratung und Skandalisierung einzelner Fälle allein leider keine weitreichende Veränderung der Arbeits- und Lebenssituation der Care-Migrantinnen. Und auch bessere Kenntnisse von Arbeitnehmerrechten bringen ihnen *per se* keinen Schutz, wenn der politische und gesellschaftliche Wille fehlt, diese Rechte auch konsequent durchzusetzen.

Literatur

Deutschlandfunk (2017): Bernhard Emunds vs. Frederic Seebohm. Osteuropäische Betreuungskräfte daheim statt Pflegeheim?, 02.06.2018, online unter https://www. deutschlandfunk.de/bernhard-emunds-vs-frederic-seebohm-osteuropaeische.2927. de.html?dram:article_id=419311 (letzter Aufruf: 07.12.2018)

FAZ (2018): Pflegekollaps unter deutschen Dächern, 11.5.2018, online unter: https:// www.faz.net/aktuell/beruf-chance/beruf/pflegekollaps-unter-deutschen-dae-chern-15583674.html (letzter Aufruf: 07.12.2018).

Polnische Arbeitgeberkammer (2017): Akcja polskiego fiskusa wymierzona w polskie firmy opiekuńcze, online unter: http://instytutopieki.eu/akcja-polskiego-fiskusa-wymierzona-w-polskie-firmy-opiekuncze.html (letzter Aufruf: 07.12.2018)

Stiftung Warentest (2017): Pflege. Betreuungskraft aus Osteuropa – die besten Vermittler, in: test 5/2017.

VHBP (o.J.): Ziele, online unter: http://www.vhbp.de/ziele (letzter Aufruf: 07.12.2018)

II.
Räumliche Entgrenzung:
Transnationale Solidarität?

Florian Butollo

Die Hölle friert zu
Machtressourcen und Organizing bei Ryanair

Eher werde die Hölle zufrieren, als dass Ryanair mit den Gewerkschaften verhandelt – mit dieser Provokation hat sich Geschäftsführer Michael O'Leary ein Eigentor geschossen. Die Fluggesellschaft war Ende 2017 nicht nur gezwungen, die Gewerkschaften als Verhandlungspartner anzuerkennen, Ryanair steht inzwischen einer wahrhaften Revolte ihrer Belegschaften in mehreren europäischen Ländern gegenüber. Dies ist bemerkenswert, da zuvor weder die erschütternden Arbeits- und Beschäftigungsbedingungen noch die hierarchische Managementkultur im Unternehmen auf Protest gestoßen waren. Es ist auch bemerkenswert, weil nicht nur die gut organisierten und verhandlungsstarken Pilot*innen in den Ausstand traten, sondern auch das Kabinenpersonal. Somit wurde die soziale, ethnische und geschlechtliche Spaltung innerhalb der Belegschaft in Frage gestellt. Denn das in Deutschland beschäftigte Kabinenpersonal kommt im Gegensatz zu den Pilot*innen ausschließlich aus krisengebeutelten Regionen Süd- und Osteuropas, ist prekär beschäftigt und überwiegend weiblich.

Diese Beschäftigungsstruktur ist ein wesentlicher Bestandteil des Geschäftsmodells. Ryanair ist Pionier und Taktgeber des so genannten „no frills" Modells, bei dem der Passagier nur das Anrecht auf die Beförderung erwirbt, während alle weiteren Services zugekauft werden müssen. Im Einklang mit diesem Modell drückt Ryanair auch die Personalkosten durch die Ausnutzung der Ungleichheiten innerhalb Europas, während die Arbeitsdisziplin durch ein autoritäres Disziplinarregime erzwungen wird. Neben der Alternativlosigkeit der Krisengeneration auf den heimischen Arbeitsmärkten beruhte die bisherige Stabilität des Beschäftigungsmodells auf der Tatsache, dass es sich für den überwiegenden Teil der Belegschaft um eine Lebensabschnittsbeschäftigung handelte. Es ist für viele der erste Job nach dem Schul- oder Hochschulabschluss und für die wenigsten handelt es sich dabei um eine langfristige Karriereentscheidung. Entsprechend hoch ist die Fluktuation in der expandierenden Airline. An der Basis in Berlin-Schönefeld, die 2015 eröffnet wurde, war im Sommer 2018 gut ein Drittel der Belegschaft seit weniger als einem halben Jahr bei Ryanair beschäftigt.

Diese Umstände – eine prekär beschäftigte und international zusammengesetzte Belegschaft mit sehr hoher Fluktuation in einem entschieden gewerkschaftsfeindlichen Unternehmen – sind ein schwieriges Terrain für gewerkschaftliches Organizing. Wie konnte es unter solchen Bedingungen zu einer derart starken Mobilisierung der Belegschaften kommen, so dass binnen weniger Wochen immerhin zwei bundesweite Streiktage (der Letztere am 28.09. gar im Kontext eines internationalen Streiks) mit starker Beteiligung der Belegschaften durchgeführt werden konnten? In der folgenden Darstellung skizziere ich die Gelegenheitsstrukturen, die den Hintergrund für die laufende Kampagne darstellen und die Grundzüge des erfolgreichen Organizingprozesses. Da es sich hierbei um eine laufende Auseinandersetzung handelt,[1] umreiße ich anschließend die Kräfteverhältnisse mit Rückgriff auf den Machtressourcenansatz (vgl. Schmalz und Dörre 2013). Die Analyse offenbart, wie latent vorhandene Machtressourcen im Rahmen einer Organizingkampagne strategisch ins Feld geführt werden können. Zugleich lassen sich im Angesicht einer Verhärtung des Konflikts (vorbehaltlich einer plötzlichen Einigung im Tarifkonflikt) neue Herausforderungen hinsichtlich der Mobilisierung gesellschaftlicher Macht und der Verfestigung von Organisationsmacht identifizieren.

Jenseits des deutschen Arbeitsrechts?
Prekäre Beschäftigung über den Wolken

Im Preiskampf unter den Billigfluganbietern hat sich Ryanair mittlerweile als größte innereuropäische Airline etabliert. Im Kontext des harten Verdrängungswettlaufs setzt das Unternehmen implizit auch Benchmarks für Arbeitsstandards in der gesamten Branche, denn auch bei anderen Anbietern sind die Lohn- und Beschäftigungsstandards in den letzten Jahren erodiert (vgl. Plehwe 2013).[2]

---

1 Die folgenden Ausführungen stellen Zwischenergebnisse aus einem laufenden Forschungsprojekt dar. Sie beruhen auf zehn Interviews mit Beschäftigten des Kabinenpersonals und mit Pilot*innen sowie umfassenden Daten aus teilnehmender Beobachtung bei internationalen Koordinierungstreffen, lokalen Organizingtreffen an den Basen Berlin Schönefeld und Tegel, Telefonkonferenzen, Aktivitäten und Aktionen im Rahmen des Organizingprozesses sowie der Teilnahme an den Streiks am 12.09.2018 und am 28.09.2018 in Berlin Schönefeld.

2 Es ist in der wissenschaftlichen Forschung umstritten, ob es eine allgemeine Tendenz zu niedrigen Löhnen und prekären Arbeitsverhältnissen gibt. Einige AutorInnen postulieren eine Divergenz der Managementpraktiken, da es Wettbewerber gibt, die ihren Beschäftigten deutlich bessere Bedingungen bieten (z.B. Harvey und Turnbull

Grundlage dieser Entwicklungen ist die Deregulierung der Luftfahrtindustrie seit 1987, welche die neuen Geschäftsmodelle der Low-Cost Airlines ermöglicht und zugleich zu einer Erosion des Normalarbeitsverhältnisses in der Branche geführt hat. Im Ergebnis konnten die Unternehmen „rule shopping" betreiben, indem sie die internationale Belegschaft nach den jeweils für sie günstigsten Konditionen eines EU Mitgliedsstaates beschäftigten (vgl. Wilke, Schmid und Gröning 2016: 28-30) – im Fall von Ryanair bedeutet dies, dass alle Festangestellten, auch die Pilot*innen, unabhängig vom Ort ihrer Beschäftigung irische Arbeitsverträge erhalten, deren laxe Regelungen Praktiken Tür und Tor öffnen, die laut deutschem Arbeitsrecht illegal wären. So gewährt das Unternehmen beispielsweise keine Lohnfortzahlung im Krankheitsfall und die Mitarbeiter*innen müssen ihre gesundheitlichen Beschwerden offenlegen. Diese Praxis ist jedoch widersinnig, da das gesamte Flugpersonal dauerhaft an einer im nationalen Rechtsraum angesiedelten Basis verankert ist, wohin es (auch zur Einsparung von Übernachtungskosten) täglich zurückkehrt. Inzwischen gerät Ryanair auch von juristischer Seite unter Druck. Gemäß einem belgischen Gerichtsurteil, das 2017 vom EuGH bestätigt wurde, liegt die Gerichtsbarkeit bei arbeitsrechtlichen Auseinandersetzungen in dem Land, in dem die jeweiligen Mitarbeiter*innen stationiert sind. Damit ist es zumindest theoretisch nicht mehr möglich, das dortige Arbeitsrecht durch laxere Bestimmungen in den irischen Verträgen zu unterlaufen – obwohl Ryanair vorerst an den genannten Praktiken festhält.

Etwa zwei Drittel des Kabinenpersonals in Deutschland – insgesamt etwa 700 Beschäftigte – sind jedoch nicht einmal direkt bei Ryanair beschäftigt, sondern werden durch Leiharbeitsfirmen angeworben und oftmals per Kettenbefristung längerfristig beschäftigt. Aufgrund der saisonalen Rhythmen in der Branche ist die Beschäftigung außerdem Schwankungen ausgesetzt, deren Risiken ausschließlich die Beschäftigten tragen, deren Arbeitsvolumen sinkt – in manchen Fällen bis hin zur unbezahlten Beurlaubung. Leiharbeiter*innen erhalten zudem kein Basisgehalt, sondern bekommen nur die tatsächlichen Flugstunden bezahlt – was weder Wartezeiten bei Verspätungen noch die Vorbereitungszeiten der Flüge einschließt, die einen großen Teil der tatsächlichen Arbeitszeit ausmachen.

2010). Plehwe (2013) argumentiert jedoch, dass eine Angleichung aufgrund des Wettbewerbsdrucks stattfinde, entweder im Sinne einer Low Road durch die Angleichung der Bedingungen nach unten oder eines etwas verbesserten Low Cost Modells, sollten die Gewerkschaften erfolgreich für die Rechte der Beschäftigten eintreten.

Die Entgelte des Kabinenpersonals betragen netto etwa 1.000–1.300 Euro für Einsteiger und 1.300–1.800 Euro für Purser.[3] Die große Mehrheit der Beschäftigten entschied sich im Zuge der offensiven Anwerbestrategie der kooperierenden Arbeitsagenturen *Crewlink* und *Workforce* in Städten der europäischen Peripherie für die Arbeit bei Ryanair. Dies ist meist keine bewusste Karriereentscheidung, sondern ein kurzfristiger Impuls im Zuge der angespannten Arbeitsmarktlage in den Ursprungsländern, wo die Einstiegsgehälter oft weniger als die Hälfte des Gehalts bei Ryanair betragen. Kurzfristig gewährt die Beschäftigung auch finanzielle und räumliche Unabhängigkeit vom Elternhaus. Doch der initiale Motivationsschub wird schnell ausgebremst, denn die Löhne reichen kaum aus, um den Lebensunterhalt zu decken – insbesondere in den Basen in Frankfurt und Berlin, wo Miete und allgemeine Lebenshaltungskosten rasant steigen.

Neben der niedrigen Entlohnung führt jedoch auch die Gängelung durch das Management zu Frustration. Neue Mitarbeiter*innen können generell ihren Einsatzort nicht wählen und werden den Basen je nach Bedarf zugeteilt. Dort müssen sie sich ohne Unterstützung des Unternehmens und ohne Sprachkenntnisse selbst um Unterkunft und andere praktische Dinge des Lebens kümmern. Wünsche über Versetzungen können zwar angegeben werden, doch ist weder der Prozess dafür noch jener für Beförderungen transparent. Ein entscheidendes Kriterium dafür sind neben disziplinarischen Fragen die Erlöse bei Verkäufen von Lebensmitteln und anderen Artikeln an Bord. Die Verkaufserlöse werden individuell abgerechnet, digital registriert und regelmäßig in *Debriefings* seitens der Vorgesetzten thematisiert. Dennoch berichten viele Mitarbeiter*innen, dass der Modus der Abrechnung für sie trotz der akribischen Dokumentation im Alltag nicht transparent, die Höhe des ausgezahlten Lohns oft nicht nachvollziehbar ist. Ein weiterer Stein des Anstoßes ist der Druck, dem die Beschäftigten bei Erkrankung ausgesetzt sind. Wie erwähnt hat das Unternehmen Einsicht in die Krankenakten und greift bei mehrmaliger Erkrankung zu Disziplinarmaßnahmen. Selbst Pilot*innen wurden somit in die Unternehmenszentrale nach Dublin eingeflogen, wo sie sich für häufige Krankmeldungen rechtfertigen mussten.

Bei einer Befragung von 280 Beschäftigten des Kabinenpersonals im August und September 2018 gehörte der Druck in Bezug auf Verkäufe an Bord sowie

---

3   Dieser Begriff bezeichnet erfahrenere Flugbegleiter*innen, die die Hauptverantwortung für die Crew eines Fluges tragen. Eine Ausnahme stellen Beschäftigte mit älteren Arbeitsverträgen dar, die von der damals noch gängigen höheren Bezahlung profitieren und keine deutschen Sozialabgaben auf ihre Gehälter bezahlen müssen.

bei Krankmeldungen zu den am schärfsten kritisierten Missständen.[4] Wie einige
Beschäftigte in Interviews ausführten, liegt dies nicht nur an der tagtäglichen
Gängelung durch die Vorgesetzten, sondern auch an Arbeitsabläufen, die im
Widerspruch zu den arbeitsinhaltlichen Ansprüchen der Beschäftigten stehen.
Die individuelle Leistungsbemessung unterminiere den für die Arbeit der Crew
notwendigen Geist der gegenseitigen Unterstützung und lenke von den notwendigen Fragen der Sicherheit und der Unterstützung der Fluggäste ab. Aufgrund
der repressiven Regelungen bei Erkrankung kommt es zudem regelmäßig vor,
dass erkrankte Kolleg*innen Flüge durchführen, was nicht nur als Demütigung,
sondern auch als erhebliches Sicherheitsrisiko wahrgenommen wird. Der Mangel
an Verantwortung und Respekt wird insofern immer wieder als Motivation
für die eigene gewerkschaftliche Aktivität angegeben. Dieser äußert sich nicht
zuletzt darin, dass die Beschäftigten sich Verpflegung und Wasser selbst an Bord
mitbringen oder zu regulären Preisen erwerben müssen.

Die wenigen Kabinenbeschäftigten, die schon seit mehreren Jahren bei Ryanair
arbeiten, haben jeweils ihren Weg gefunden, sich mit der Managementkultur zu
arrangieren, indem sie die verpflichtenden Aufgaben zur Routine und sich selbst
emotional unabhängig gegenüber dem Druck des Managements machen. Im Gespräch schildern viele Beschäftigte jedoch einen stillen Unmut, der sich angestaut
und kein Ventil gefunden hatte. Ein wesentlicher Grund für das Arrangement
der älteren und der jüngeren Mitarbeiter*innen ist das Disziplinarregime, das auf
Einschüchterung beruht. Aufgrund der Beschäftigtenstruktur befindet sich ein
Großteil der Beschäftigten in Probezeit – entweder als Leiharbeiter*innen oder
aufgrund der Neuanstellung bei Ryanair. Doch selbst abgesicherte Beschäftigte
befinden sich oftmals in einer Bittstellerposition gegenüber dem Unternehmen,
etwa wenn die Beförderung oder die Versetzung an eine Basis im Heimatland
angestrebt wird. Die Angst entlassen zu werden, ist nach Aussagen der Beschäftigten stets präsent und wurde zu einem zentralen Thema während der
Streikauseinandersetzungen.

Gelegenheitsstrukturen: externe Auslöser und Organizing

Die Kampagne zur Organisierung der etwa 1.000 Kabinenbeschäftigten begann
im Herbst 2017. Ausgehend von einer zunächst versteckt operierenden Kerngrup-

---

4   Die quantitative Auswertung wurde im September 2018 am Wissenschaftszentrum
     Berlin für Sozialforschung durchgeführt. Weitere als bedeutsam wahrgenommene
     Missstände sind das Entlohnungssystem und die allgemein niedrige Entlohnung.

pe konnte binnen eines Jahres eine ausreichende Mitgliederstärke erreicht werden, die es ver.di erlaubte, im September 2018 streikfähig zu werden. Dieser Erfolg ist umso beachtlicher, führt man sich die starke Volatilität der Belegschaft und den hohen Anteil neu eingestellter Beschäftigter vor Augen, die noch wenige Erfahrung aus erster Hand mit den bereits skizzierten Managementpraktiken hatten.

Der Auslöser für die Kampagne kam zunächst von außen. Ryanair war aufgrund eines akuten Pilotenmangels gezwungen im Herbst und Winter über 2.000 Flüge ausfallen zu lassen. In internen Stellungnahmen war verharmlosend von Problemen mit der Koordinierung der Urlaubspläne die Rede gewesen. Tatsächlich gingen die Turbulenzen jedoch nicht nur auf einen allgemeinen Mangel an Pilot*innen zurück, die aufgrund starker Nachfrage besser dotierte Stellen bei der innereuropäischen, aber auch der internationalen Konkurrenz annehmen konnten, sondern auf eine schärfere Kontrolle der Vorschriften zu maximalen Flugstunden. Ryanair hatte diese Vorschrift bisher dadurch umgangen, dass zu viel geleistete Flugstunden jeweils ins nächste Kalenderjahr verschoben wurden.

Für die Gewerkschaften stellte dieser Kontext eine günstige Gelegenheitsstruktur dar. Zum einen konnte insbesondere von Seiten der Pilot*innen erheblicher Druck ausgeübt werden, da das Unternehmen ohnehin schon Flugausfälle aufgrund von Personalmangel hinnehmen musste. Zum anderen stand Ryanair aufgrund des Brüsseler Urteils, nachdem für Pilot*innen und Kabinenbeschäftigte das jeweils nationale Arbeitsrecht gelten solle, ohnehin unter dem Druck, Verhandlungen mit Gewerkschaften in verschiedenen europäischen Ländern aufzunehmen.

Der Aufbau gewerkschaftlicher Kampagnen war allerdings von einer doppelten Spaltung gekennzeichnet ist. Zum einen verfügen die Pilot*innen in den meisten Ländern über eine eigene Interessenvertretung, in Deutschland die *Vereinigung Cockpit* (VC), und verhandeln somit unabhängig über einen Tarifvertrag. Da es in vielen Ländern eine Konkurrenz zwischen den Branchengewerkschaften und den berufsständischen Organisationen der Pilot*innen gibt, gestalten sich Absprachen über die Verhandlungs- und Streiktaktik schwierig. In Deutschland bestreikten die Pilot*innen Ryanair bereits im Dezember 2017, um der Forderung nach einem Tarifvertrag Nachdruck zu verleihen. Zu diesem Zeitpunkt und auch im Verlauf der weiteren Auseinandersetzungen kam es zwar zu Absprachen mit ver.di als Vertretung des Kabinenpersonals, allerdings blieb die Zusammenarbeit prekär und erreichte nicht das Niveau einer gemeinsamen strategischen Planung.

Derselbe Binnenkonflikt unter den Arbeitnehmervertretungen existiert auch im Bereich des Kabinenpersonals. Der Gewerkschaftsdachverband *European Transport Federation* (ETF) vertritt entsprechend nicht alle Organisationen des Kabinenpersonals, da sich insbesondere in Portugal, relativ organisationsstarke

Berufsgruppenvertretungen gegründet haben. Auch in Deutschland erhebt die Unabhängige Flugbegleiterorganisation UFO einen Vertretungsanspruch für das Kabinenpersonal.

Ver.di traf im Herbst 2017 die strategische Entscheidung, einen Organizing-Prozess in Gang zu setzen, um einen Tarifvertrag zu erkämpfen. Neben dem bestehenden Team der Fachgruppe Luftverkehr wurde eine hauptamtliche Mitarbeiterin zur Organisation der Kampagne bei Ryanair eingestellt. Um der Basisarbeit an zwölf von vierzehn Basen in Deutschland gerecht werden zu können, wurde in den Sommermonaten zum Höhepunkt der Kampagne jedoch auch ein Team von externen Organizern hinzugezogen. Aufgrund des saisonalen Rhythmus der Branche bestand die Zielsetzung, noch während der Hauptsaison ausreichende Organisationsmacht aufzubauen, um im Ernstfall streikfähig zu sein. Im April 2018 erkannte Ryanair erstmals den gewerkschaftlichen Vertretungsanspruch an und begann Verhandlungen über einen Tarifvertrag in Deutschland.

Machtressourcen des Kabinenpersonals

Zur Vermessung der Kräfteverhältnisse hat sich in der jüngeren Forschung über industrielle Beziehungen der Machtressourcenansatz etabliert (vgl. Schmalz und Dörre 2013, Ludwig/Simon/Wagner in diesem Band), mit dessen Hilfe die folgende Vermessung des Feldes erfolgen kann, auf dem die gewerkschaftlichen Akteure operieren.

Produktionsmacht

Die Kategorie *Produktionsmacht* umreißt die Fähigkeit von Beschäftigtengruppen, durch Arbeitsverweigerung Druck auf das Unternehmen auszuüben. Während der Begriff zunächst auf die Stellung der Arbeiter und Angestellten im Produktionsprozess abzielt, kann er auch verwendet werden, um Machtpositionen in anderen wirtschaftlichen Kreisläufen, etwa der Zirkulation oder des Transports zu beschreiben. Für die oftmals starke Produktionsmacht von Beschäftigten im Transportsektor, neben Pilot*innen z.B. auch Lokführer*innen, wird auch der Begriff der Zirkulationsmacht verwendet.

Aufgrund operativer Zwänge und gesetzlicher Vorschriften sind zwei Pilot*innen und vier Flugbegleiter*innen eine Voraussetzung dafür, einen Flug durchführen zu können. Eine Person, im Branchenjargon der „Purser" bzw. bei Ryanair „Number One", hat hierbei die Gesamtverantwortung für die Crew, wofür eine Beförderung und Weiterbildung für diese Funktion Voraussetzung ist. Aufgrund dieser Regelung besitzen die Beschäftigten prinzipiell eine hohe Produktionsmacht. Selbst wenn nur eine Person des verbindlich vorgeschriebenen Personals die Arbeit verweigert, kann ein Flug nicht mehr durchgeführt werden. Allerdings verfügt eine Fluggesellschaft (auch für den Fall einer plötzlichen Flugunfähigkeit des Personals) über Puffer, die im Fall von Ausfällen die ordnungsgemäße Durchführung der Flüge gewährleisten, da Teile des Personals sich in „Airport Standby" oder in „Home Standby" befinden und somit kurzfristig Flügen zugeteilt werden können. In der Hauptsaison kann Ryanair zudem auf die umstrittene Praxis zurückgreifen, Beschäftigte bei Personalengpässen an ihren arbeitsfreien Tagen spontan einzubestellen („Flexi Days"). Trotz dieser Puffer besitzen die Beschäftigten bei Ryanair über ein relativ hohes Maß von Produktions- bzw. Zirkulationsmacht, da das Management stets auf die maximale Auslastung der verfügbaren Personalkapazitäten abzielt, also nicht mehr Beschäftigte an einer Basis angestellt werden, als für den regulären Betrieb benötigt werden. Insbesondere in der Hochsaison werden die Personalkapazitäten daher vollständig ausgelastet, so dass sogar im Normalbetrieb regelmäßig auf die Flexi-Days-Regelung zurückgegriffen wird. Bei angekündigten Streiks reagierte das Unternehmen allerdings, indem ein Großteil der Verbindungen vorab gestrichen wurde, wodurch mehr Kabinenpersonal zur Besetzung der verbleibenden Flüge zur Verfügung stand, die Produktionsmacht zu deren Bestreikung also kurzfristig erodierte. Im Vorfeld des Pilotenstreiks am 12. September 2018 wurden zudem Pilot*innen von italienischen Basen als Streikbrecher*innen eingesetzt, was aber keinen entscheidenden Einfluss auf den verhältnismäßig erfolgreichen Streikverlauf hatte.

Der direkte ökonomische Schaden der mit einem Vorlauf von 24 Stunden angekündigten Warnstreiks in der Sommersaison 2018 hielt sich dennoch in Grenzen. Ryanair ist bei vorheriger Absage nicht zu einer monetären Kompensation der Passagiere verpflichtet, denen lediglich eine Rückerstattung des Flugpreises oder eine kostenlose Umbuchung angeboten wurde. Vor allem trifft ein Streik innerhalb nationaler Grenzen nur einen Bruchteil des täglichen Umsatzes. Der Pilotenstreik am 10. August 2018 hatte beispielsweise die Streichung von 250 Flügen zur Folge. Im Jahresdurchschnitt führt die Fluggesellschaft europaweit jedoch mehr als 2.000 Flüge täglich durch, in der Hochsaison weit mehr. Die Pilot*innen bestreikten am 10. August 2018 nur 250 von rund 2.400 von und nach Deutschland durchgeführten Flüge. Dies hängt auch damit zusammen, dass ein großer Teil der Flüge von Belegschaften durchgeführt wird, die an Basen im Ausland stationiert sind und daher nicht zum Streik aufgerufen werden können.

Das Unternehmen verfügt zudem über die Verlagerung von Kapazitäten zwischen den Basen über zusätzliches Druckpotenzial. Zwar stellt Deutschland für

Ryanair einen der wichtigsten Wachstumsmärkte dar, doch können Flughäfen in Deutschland prinzipiell auch von Basen im Ausland angeflogen werden. Gegenwärtig erweitert das Unternehmen seine Kapazitäten vor allen Dingen in den zentralen Knotenpunkten Berlin und Frankfurt. Im Streikverlauf wurde jedoch die Schließung beziehungsweise Verkleinerung von Basen mit geringerer strategischer Bedeutung zu einem zentralen Gegenstand der Auseinandersetzung. Das Unternehmen kündigte an, den Flughafen Bremen auch nach der geplanten Schließung im November 2018 von ausländischen Basen anzufliegen.

In Bezug auf die Produktionsmacht der Beschäftigten ergibt sich somit ein ambivalentes Bild. Das hohe Disruptionspotenzial individueller Crews kann durch den flexiblen Personalersatz sowie taktische Manöver des Unternehmens im Streikfall abgefedert werden. Der ökonomische Druck punktueller Streiks im nationalen Rahmen betrifft zudem nur einen Bruchteil des täglichen Umsatzes des von 86 Basen in 37 Ländern operierenden Unternehmens. Die Diskussion des Disruptionspotenzials der Belegschaften verweist somit auf Herausforderungen in Bezug auf die Streiktaktik und der internationalen Streikkoordinierung, die in den folgenden Abschnitten diskutiert werden.

Insgesamt war bei den Streiks im Sommer 2018 der Imageschaden sowie der symbolische Effekt einer massenhaften Arbeitsverweigerung bedeutsamer als der unmittelbare ökonomische Druck: Er brachte die Bereitschaft einer Mehrheit der Beschäftigten zum Ausdruck, sich der Kontrolle des Managements zu entziehen, die ein wesentlicher Bestandteil des Geschäftsmodells von Ryanair ist und in der Vergangenheit dazu geführt hatte, dass die Beschäftigten ihre theoretisch vorhandene Produktionsmacht nicht einsetzten.

Marktmacht

Der Begriff der *Marktmacht* bezeichnet Machtpotenziale, die sich aus der mangelnden Austauschbarkeit bestimmter Beschäftigtengruppen ergeben, was ihnen eine günstige Verhandlungsposition gegenüber dem Management verleiht. Grundlage des Beschäftigungsmodells bei Ryanair war stets die geringe Marktmacht des Kabinenpersonals. Angesichts der frappierenden Jugendarbeitslosigkeit insbesondere in den südeuropäischen Ländern war das Unternehmen ein Profiteur der Eurokrise, da stets willige Anwärter auf Stellen in ausreichender Zahl zur Verfügung standen. Die Verantwortung für die Rekrutierung wurde dabei vollständig an Leiharbeitsfirmen delegiert, die auch für die sechswöchige Ausbildung des Personals verantwortlich sind. Die Fluktuation des Personals wurde dabei billigend in Kauf genommen. Bei Ryanair gibt es keinerlei Vergütungen nach Betriebszugehörigkeit, die Anreize für eine längerfristige Beschäftigung im Unternehmen darstellen könnten.

Diese Beschäftigungspraxis kommt nun jedoch von mehreren Seiten unter Druck. *Erstens* hat sich die Arbeitsmarktlage in verschiedenen europäischen Ländern verbessert, was den ständigen Zulauf jungen Personals reduziert. *Zweitens* steht Ryanair aufgrund des stetigen Wachstums unter erhöhtem Druck, mehr Personal zu gewinnen. Insbesondere an neueren Basen wie Frankfurt am Main, Berlin Schönefeld und Berlin Tegel ergeben sich daraus Schwierigkeiten, den regulären Betrieb mit sehr jungen Belegschaften zu gewährleisten und zu stabilisieren. *Drittens* gelingt es der Konkurrenz, insbesondere Easyjet, wo seit 2012 ein Tarifvertrag mit deutlich höheren Entgelten besteht, erfahrene Crewmitglieder abzuwerben.

Die Leiharbeitsfirmen reagierten auf diese Engpässe, indem die Geographie der Rekrutierung zunehmend in osteuropäische Länder mit noch niedrigerem Lohnniveau (Rumänien, Bulgarien, Slowakei) verschoben wird. Außerdem wurde in 2018 die Regelung abgeschafft, dass BerufsanwärterInnen die Kosten ihrer Ausbildung von rund 3.000 Euro selbst bezahlen müssen. Schließlich wurden die Anforderungen bei der Auswahl der Beschäftigten gesenkt, indem die Aufnahmeprüfung vereinfacht und die allgemeinen Voraussetzungen (Englischkenntnisse, äußerliches Erscheinungsbild, etc.) gesenkt wurden. Weder die Leiharbeitsfirmen noch Ryanair sind zum gegenwärtigen Zeitpunkt jedoch zu substanziellen Zugeständnissen hinsichtlich der Entlohnung und der Arbeitsbedingungen bereit.

Inwieweit sich diese subtile und indirekte Form der Arbeitermacht zu einer Ressource in Arbeitskämpfen entwickelt, hängt maßgeblich davon ab, inwieweit es im Rahmen des gewerkschaftlichen Organizing gelingt, Perspektiven für die kollektive Verbesserung der Arbeitsbedingungen in der Belegschaft zu verankern. Bleibt dies aus, kann sich eine hohe Marktmacht auch in individuellen Exit-Strategien materialisieren, die keinen Einfluss auf den Bargaining-Prozess haben. Umgekehrt kann die erhöhte Marktmacht im Konfliktfall jedoch eine erhöhte Risikobereitschaft der Belegschaft mit sich bringen, sowohl in dem Sinne, dass einige erfahrene Beschäftigte eine Bewerbung bei anderen Airlines ins Auge fassen, als auch hinsichtlich der allgemein verbesserten Arbeitsmarktsituation, die das Arbeitsverhältnis bei Ryanair als weniger alternativlos erscheinen lässt.

Organisationsmacht

Die *Organisationsmacht* des Kabinenpersonals, ihr Zusammenschluss in kollektiven Arbeiterorganisationen, hat sich innerhalb nicht einmal eines Jahres spektakulär vervielfacht, und das trotz denkbar ungünstigen Voraussetzungen. Im hier untersuchten Fall der Basis Berlin Schönefeld ist gut ein Drittel der Belegschaft seit weniger als sechs Monaten im Unternehmen aktiv, durchweg unter Leiharbeit und mit entsprechend geringen Arbeitserfahrungen. Zudem handelt es sich um eine international zusammengesetzte Belegschaft mit entsprechend heterogener Herkunft, wenngleich die vorausgesetzten Englischkenntnisse, eine ähnliche Altersstruktur und ein vergleichbarer sozialer Hintergrund als vereinigendes Moment wirken.

Ausschlaggebend für einen Organisationsgrad, der letztendlich eine hohe Streikbeteiligung bewirkte, war jedoch ein konzentrierter Organizingprozess an neun der vierzehn deutschen Basen. Die strategische Planung der Mitgliedergewinnung verknüpfte diese mit dem Ziel der Streikfähigkeit zum Ende der Hauptsaison Ende September, de facto eine Form der bedingungsgebundenen Tarifarbeit, wenngleich diese Praxis nicht explizit und systematisch verfolgt wurde (vgl. Neuner 2013).

Zunächst wurden systematisch Kernaktive gewonnen und in die strategische Planung mit einbezogen, denen aufgrund ihrer subjektiven Bereitschaft und ihres Ansehens in der Belegschaft eine verantwortungsvolle Position zugesprochen wurde. In regelmäßigen Abständen wurde zu gewerkschaftlichen Events – so genannten Strukturtests zur weiteren Organisierung und Bestimmung der Mobilisierungsfähigkeit – eingeladen, während sukzessive die Mitgliedergewinnung forciert wurde. Eine wesentliche Rolle spielten „Union Debriefings", die mehrmals wöchentlich an den Crew-Eingängen der Flughäfen durchgeführt wurden. Im Anschluss an das reguläre Ryanair Debriefing, bei dem Ereignisse während der Flüge und die Verkaufszahlen rekapituliert werden, präsentierten externe Aktivist*innen mit Unterstützung von Kernaktiven aus der Belegschaft die Anliegen der Kampagne für einen deutschen Tarifvertrag, luden zu den gewerkschaftlichen Events ein und versuchten, die Beschäftigten von der Mitgliedschaft in der Gewerkschaft zu überzeugen. Binnen einer Woche konnten im August in Berlin Schönefeld auf diese Weise rund 30 neue Mitglieder (bei einer Gesamtbelegschaft von 200) gewonnen werden. Die bereits organisierten Mitglieder der zu diesen Tagen arbeitenden Belegschaft bereiteten diese Aktionen vor, indem sie schon im Vorfeld mit ihren Kolleg*innen über gewerkschaftliche Themen sprachen und sie zu den Debriefing-Aktionen mitnahmen. Die ständige Präsenz der Gewerkschaftsaktivist*innen, die ab einem bestimmten Zeitpunkt über eine starke Verankerung unter respektierten Kolleg*innen verfügten, vermochte es, die Frage der Mitgliedschaft in der Gewerkschaft von einem subversiven Akt in jenen einer legitimen und akzeptierten Interessenvertretung zu verwandeln, woraufhin der überwiegende Teil der unzufriedenen Beschäftigten ver.di beitrat.[5] Doch trotz dieser starken Präsenz erwiesen sich auch die Streiks selbst als wichtiges Rekrutierungsevent. Ver.di trug dieser Tatsache Rechnung, indem auch Mitgliedern, die am selben Tag in die Gewerkschaft beitraten, ein Recht auf Streikgeld und rechtlichen Beistand zugesprochen wurde.

Infolge der erfolgreichen Organizingarbeit konnten Defizite, die sich aus der sozialen Zusammensetzung der jungen und international zusammengesetzten Belegschaft und deren hoher Fluktuation ergeben, teilweise ausgeglichen werden. Grundlegend dafür war der stille Unmut, der sich erstmals in einer Kampagne manifestierte. Die Kampagnenführung konnte dabei auf eine kollektive Identität rekurrieren, die als entgegenwirkendes Moment der verschiedenen Spaltungslinien und der Flüchtigkeit der Beschäftigungssituation wirkte: Das Kabinenpersonal ist im Arbeitsalltag auf die Kooperation untereinander angewiesen und bezieht seine Arbeitsidentität maßgeblich aus dem Stolz, Passagieren einen guten Service zu bieten und für deren Sicherheit zuständig zu sein. Dieser Teamgeist übersetzte sich im Kampagnenverlauf in eine Ressource der Solidarität, die zusätzlich dadurch unterfüttert wurde, dass das Kabinenpersonal über eine ähnliche Altersstruktur und über die geteilte Lebenserfahrung verfügt, die Arbeit bei Ryanair vor dem Hintergrund der schlechten Arbeitsmarktlage in den Ursprungländern angenommen zu haben. Die Erfahrung der Solidarität im Kampagnenverlauf inspirierte außerdem einen motivationalen Überschuss, ohne den erfolgreiche Organizingprozesse kaum denkbar sind. Für einige Kernaktive ging es bei der Auseinandersetzung um mehr als ihre eigene (ohnehin temporär angelegte) Beschäftigungssituation, sondern auch um die Bedingungen für die nachfolgenden Generationen.

Doch der bisherige Erfolg der Kampagne bei Ryanair sollte nicht über anhaltende Probleme in Bezug auf die Organisationsmacht hinwegtäuschen: Die Geschlossenheit der noch jungen Belegschaft ist nach wie vor weit geringer als beispielsweise jene der Belegschaft von Easyjet, als diese 2012 einen Tarifvertrag erkämpfte. Damals betrug der Organisationgrad nach Beschäftigtenaussagen um die 95% und die fest in Deutschland stationierte Belegschaft weitgehend ohne Migrationshintergrund teilte nicht nur sprachliche, kulturelle und identitäre

---

5 Bei einem Flug, dem der Autor als Passagier wahrnahm, stellte das Kabinenpersonal sogar offen Symbole der Gewerkschaft zur Schau und nahm Bestellungen der Passagiere mit ver.di-Kugelschreibern auf. Während des Fluges wurde der aktuelle Stand der Auseinandersetzung diskutiert und sogar eine Kollegin von der Mitgliedschaft in der Gewerkschaft überzeugt.

Aspekte, sondern auch die langjährige Erfahrung der Zusammenarbeit. Die Belegschaft von Ryanair ist demgegenüber weniger erfahren und geeint, was sich unter anderem in Schwierigkeiten äußert, verbindliche Verantwortlichkeiten und verlässliche Teilnahme an Aktivitäten zu gewährleisten, wofür nicht nur die versetzten Einsatzpläne verantwortlich sind. Die mangelnde Verbindlichkeit in der Kampagnenführung zeigte sich auch im Streikfall: Nicht alle jungen Gewerkschaftsmitglieder folgten beispielsweise den Aufrufen von ver.di zu den Streiks im September 2018.

Institutionelle Macht

Der Begriff der *institutionellen Macht* bezeichnet die Fähigkeit von Beschäftigten und ihrer Vertretungen, über verbriefte Rechte, Vereinbarungen zwischen den Tarifparteien oder die Beteiligung an anderweitigen institutionellen Aushandlungsprozessen Interessen durchzusetzen. Bis zum Frühjahr 2018 wurden die Bedingungen der Beschäftigung einseitig seitens des Managements dekretiert, da es zuvor weder Verhandlungen zwischen den Tarifparteien noch einen Tarifvertrag gab. Zudem ist die rechtliche Position der Belegschaft fragil. Aufgrund §117 des Betriebsverfassungsgesetzes ist Beschäftigten in der Luftfahrt das Recht verwehrt, ohne vorherige Regelung innerhalb eines Tarifvertrages einen Betriebsrat zu gründen, wodurch wesentliche Bereiche der Gestaltung der Arbeitsbeziehungen dem Zugriff der Beschäftigten entzogen sind.

Institutionelle Machtpotenziale ergeben sich jedoch aus der Praxis von Ryanair, die in Deutschland stationierten Crews gemäß den Regelungen des irischen Arbeitsrechts zu beschäftigen. Dieses umstrittene und dem belgischen Gerichtsurteil zufolge auch illegale Vorgehen stellt insofern ein Handlungsfeld der Gewerkschaften dar, als dass sie ursächlich für die Konfliktführung war (siehe Abschnitt 2) und auch im Laufe des Konfliktes Ansatzpunkte eröffnete, etwa in Bezug auf die Anwendung des Streikrechts.

Dies ist jedoch, und das ist für die Konfliktführung ein wesentliches Hindernis, erst retrospektiv der Fall und mit einem hohen Aufwand bezüglich der juristischen Beweisführung verbunden. Für den laufenden Konflikt bedeutete dies, dass illegale Praktiken des Unternehmens zwar angeprangert, aber nicht unterbunden werden konnten. Ryanair verschickte beispielsweise vor dem ersten Streik am 12. September 2018 Mitteilungen an die Belegschaft, die den Streik irreführenderweise als illegal erklärten. Streikenden wurde zudem ein Eintrag wegen unerlaubten Fehlens verpasst, was nach deutschem Streikrecht einer illegalen Handlung gleichkommt.

Gesellschaftliche Macht

Der Begriff der *gesellschaftlichen Macht* bezeichnet die Fähigkeit von Beschäftigtengruppen, ihren Forderungen durch Koalitionsbildung mit anderen Akteuren und allgemeiner öffentlicher Unterstützung Nachdruck zu verleihen. Aus Sicht des Kabinenpersonals stellt das Verhältnis zu den Pilot*innen im Kontext der organisatorischen Spaltung der Belegschaften die unmittelbar bedeutsamste Form der Koalitionsbildung dar. Als Berufsgruppe verfügen die Pilot*innen aufgrund ihrer hohen Marktmacht, des akuten Pilotenmangels bei Ryanair und ihrer starken Produktionsmacht über ein außerordentlich hohes Disruptionspotenzial. Aufgrund von Reibereien zwischen ver.di und VC bei Tarifauseinandersetzungen mit anderen Fluggesellschaften ist das Verhältnis zwischen den Organisationen angespannt, was eine gemeinsame Planung von Aktivitäten erschwert. Dennoch kam es im September erstmals zu Absprachen und der Durchführung gemeinsamer Streiks, wobei jeweils eine Seite zunächst den Termin setzte. Beim ersten Streik konnten die Kabinenbeschäftigten daher auf „geliehene" Machtressourcen der Pilot*innen zurückgreifen, deren Streikankündigung die Streichung eines Großteils der Flüge bewirkte. Das spannungsvolle Verhältnis zwischen den Organisationen reproduziert sich auch an der Basis, da viele Pilot*innen nicht mit ver.di-Aktivitäten in Verbindung gebracht werden wollen. Trotz der sozialen Kluft zwischen Pilot*innen und Kabinenpersonal herrscht untereinander ein solidarischer Umgang und einige Pilot*innen unterstützen unter der Hand die Organisierungsprozesse ihres Kabinenpersonals.

Ver.di kümmerte sich des Weiteren intensiv um die Unterstützung seitens Berufspolitiker*innen und anderen Personen des öffentlichen Lebens, die als Pat*innen öffentlich als Unterstützer*innen der Kampagne in Erscheinung traten. Einzelne Abgeordnete von der Linken und der SPD luden die Beschäftigten in den Bundestag ein, um ihr Anliegen vorzutragen und um politische Eingriffsmöglichkeiten zu diskutieren. Zum Streik am 28. September 2018 konnte darüber hinaus auch prominente Unterstützung von den Grünen und dem Arbeitnehmerflügel der CDU mobilisiert werden. Eine starke Signalwirkung hatte die nachdrückliche Unterstützung durch Bundesarbeitsminister Heil, der auf der Streikkundgebung in Berlin Schönefeld zu den Beschäftigten sprach und ihnen zusicherte, persönlich aktiv zu werden, sollte es zu Repressionen gegenüber den Streikenden kommen. Zwar kann die Politik aufgrund des Prinzips der Tarifautonomie die Verhandlungen zwischen den Tarifpartnern nicht direkt beeinflussen, sie stellte sich jedoch als wichtigen Rückhalt für die streikenden Beschäftigten heraus. Bedeutsam ist zudem die deutliche Signalwirkung an das Management von Ryanair, dass illegale Geschäftspraktiken und die Nichtanerkennung des Streikrechts rechtliche

Konsequenzen nach sich ziehen würden. Schließlich kann die Politik auch auf die Rahmenbedingungen des Streiks Einfluss nehmen, beispielsweise durch die Streichung des bereits erwähnten §117 BetrVG oder durch eine Einflussnahme der Landesregierungen als Teilgesellschafter der Flughäfen.

Streikverlauf und Repressionen

Die beiden Streiks im September 2018 bezeugten mit einer starken aktiven Beteiligung des Kabinenpersonals an der Mehrheit der Basen in Deutschland die Organizing-Erfolge der Gewerkschaft. Obwohl der parallele Streik der Pilot*innen und die damit zusammenhängenden Flugausfälle die Streikführung erleichterten, versuchte Ryanair die größtmögliche Zahl der verbleibenden Flüge durchzuführen, was in den wenigsten Fällen verhindert werden konnte. Entsprechend übte das Unternehmen einen hohen Druck auf die Beschäftigten aus. Drei Mitteilungen an die gesamte Belegschaft am Vortag des ersten Streiks stellten diesen als illegal dar und viele Beschäftigte wurden telefonisch kontaktiert, um ihre Arbeitsbereitschaft zu testen. Am Streiktag selbst erhielten alle streikenden Mitarbeiter*innen einen Eintrag wegen unerlaubten Fehlens („No Show"), was insbesondere von Beschäftigten in der Probezeit als existenzgefährdend wahrgenommen wurde. In Berlin-Schönefeld erschien schließlich der lokale Base Manager am Streikposten und fotografierte die Streikenden. Angesichts dieses Gegenwindes waren aktive Streikposten von großer Bedeutung, die versuchten, ihre Kolleg*innen für den Streik zu gewinnen, was in der Mehrzahl der Fälle auch gelang.

In Folge des ersten Warnstreiks vom 12. September 2018 legte Ryanair erstmals ein Angebot vor, das jedoch keine Verbesserungen in Bezug auf die Kernforderungen des Kabinenpersonals beinhaltete und zudem nur für die direkt bei Ryanair beschäftigten Mitarbeiter*innen galt und somit die große Zahl der Leiharbeiter*innen außen vor ließ. Obwohl der erste Streik durchaus als Erfolg wahrgenommen wurde, führte die Maßnahme der No Shows zu großer Verunsicherung bei den Beschäftigten. Ver.di unternahm große Anstrengungen, über die Unrechtmäßigkeit dieser Maßnahme aufzuklären und erreichte in einer siebenstündigen Verhandlungssitzung, dass Ryanair allen Mitarbeiter*innen schriftlich mitteilte, dass die No Shows nicht als Disziplinarmittel eingesetzt werden würden. Dieser Verhandlungserfolg ist als wesentlicher Grund anzusehen, dass ver.di auch am 28. September 2018 streikfähig blieb, wobei die aktive Beteiligung jene während des ersten Streiks übertraf.

In Folge dieses Streiks holte Ryanair jedoch zu einem Gegenschlag aus. Am 1. Oktober 2018 kündigte das Unternehmen an, die Basen in Bremen und Eindhoven aus wirtschaftlichen Gründen zu schließen und die Zahl der stationierten Flugzeuge in Weeze zu reduzieren. Diese Entscheidung wurde mit dem Anstieg der Kerosinpreise und die wirtschaftlichen Einbußen in Folge der Streiks begründet. Tatsächlich veröffentlichte das Unternehmen eine Gewinnwarnung an die Aktionäre, da der erwartete Gewinn in 2018 1,1 bis 1,2 Milliarden Euro statt der erwarteten 1,25 bis 1,35 Milliarden Euro betragen würde (Irish Times 04.10.2018).[6] Trotz dieser Begründung ist diese Maßnahme aufgrund ihrer Terminierung und ihres Inhalts als bewusste Antwort auf die Streiks zu werten. An der Basis in Bremen arbeiten untypischerweise mehrheitlich Beschäftigte mit langjähriger Berufserfahrung und überdurchschnittlich hohen Einkommen, deren Familien lokal verwurzelt sind. Zugleich sind sowohl der gewerkschaftliche Organisationsgrad als auch die Streikbereitschaft an dieser Basis besonders hoch.

Gegenmacht durch Ausweitung der Organisationsmacht?

Die Ankündigung der Schließung der Ryanair Basis in Bremen war ein wesentlicher Faktor, der über Erfolg oder Misserfolg der Kampagne entschied. Sie stellte die Handlungsfähigkeit der Gewerkschaften auf einem Terrain auf die Probe, das zunächst geringe Einflussmöglichkeiten bot. Schließlich rechtfertigte Ryanair die Entscheidung im Einklang mit dem geltenden Recht mit wirtschaftlichen Gründen und es gab keinen Betriebsrat, um über die Form und die Folgen dieser Kapazitätsverlagerung zu verhandeln. Entscheidungen über den Weiterbetrieb der Basen liegen zudem außerhalb der Inhalte, die innerhalb der Tarifverhandlungen thematisiert werden können.

Somit verblieb aus Sicht der Gewerkschaften zunächst die Aufgabe, gesellschaftliche Macht gegen die angekündigte Schließung zu mobilisieren. Ein Ansatzpunkt war hierfür die Diskussion um den §117 BetrVG, der die Gründung eines Betriebsrates abhängig von dessen tariflicher Festschreibung, und damit

---

6   Vermutlich werden hierbei dennoch die direkten ökonomischen Effekte der Streiks überzeichnet, um die Beschäftigten einzuschüchtern. Die Schließung der Basen erscheint so als unmittelbares Resultat der Streiks. Es ist naheliegend, dass prinzipielle ökonomische Indikatoren wie die durchschnittliche Auslastung der Flüge die Entscheidung begründen, nicht kurzfristige Gewinneinbußen aufgrund der Streiks. Zudem bleibt unklar, wie die mittelfristige Zukunft der Basen aussieht. Ryanair kündigte an, einen Teil der Flüge nach Bremen und Eindhoven von anderen Basen im Ausland weiter zu operieren. Erfahrungsgemäß werden Ankündigungen über den Fortbestand, die Reduzierung oder den Ausbau von Basen zudem kurzfristig korrigiert.

von der Zustimmung des Unternehmens, macht. Sollte politische Unterstützung für die Abschaffung dieser Regelung mobilisiert werden können, so könnte dies möglicherweise Auswirkungen auf den Konflikt um die Basis in Bremen haben. Vor allem wäre aber die Ausgestaltung der allgemeinen Arbeitsbedingungen zustimmungspflichtig, was die gegenwärtigen Praktiken im Unternehmen auf vielfache Weise in Frage stellen würde.

Zugleich stellte sich die Frage, wie die bestehenden Machtressourcen ausgeweitet oder besser eingesetzt werden können, um substanzielle Verbesserungen für die Beschäftigten zu erzielen. Die Analyse des bisherigen Kampagnenverlaufs offenbarte, dass die Organisationsmacht durch eine offensive Organizingkampagne sprunghaft erhöht werden konnte und die Belegschaften somit Druck durch die Ausübung ihrer Produktionsmacht sowie sekundäre Effekte des Imageschadens ausüben konnten. Voraussetzung dafür waren eine günstige Gelegenheitsstruktur aufgrund der Personalengpässe bei der Airline sowie eine gestiegene Marktmacht der Beschäftigten, die dazu beitrug, dass der stille Unmut in kollektive Aktionen mündete. Die Gemeinsamkeiten der Beschäftigten, ihr Kollektivgeist aufgrund gemeinsamer Verantwortung in der Arbeitssituation sowie der geteilte Unmut über die Lebens- und Arbeitsbedingungen, wirkten trotz der heterogenen Herkunft der Belegschaften vereinigend, während die internationale Koordination der Streiks sowie die Vereinigung mit den Pilot*innen aufgrund von rechtlicher Limitierungen und wegen Rivalitäten zwischen den beteiligten Organisationen prekär blieb. Als zentrales Hindernis der Streikführung erwies sich die fehlende institutionelle Macht, die es dem Unternehmen nicht nur ermöglichte, die Bedingungen der Arbeitsverausgabung unilateral festzuschreiben, sondern insbesondere mit der Schließung bzw. Reduzierung der Basen in Bremen und Weeze einen Handlungsraum eröffnete, auf dem die Gewerkschaften verwundbar sind, da Ryanair nicht verpflichtet ist, den Betriebsrat über die Konditionen der Schließungen zu konsultieren. Die Problematiken des nationalen Tarifvertrags und der Streichung des §117 BetrVG stellten somit nicht nur einen zentralen Konfliktgegenstand dar, sondern wirken sich zugleich auf den Konfliktverlauf aus. Umso wichtiger erscheint die Ausweitung der Auseinandersetzung in den politischen Raum, da die Rechtsprechung in Punkto §117 BetrVG nicht von den Tarifparteien beeinflusst werden kann.

Die Diskussion verdeutlicht zudem, dass Produktionsmacht keine statische Größe ist und ihre Realisierung von den strategischen Kapazitäten (Ganz 2010) der Gewerkschaften abhängt. Das theoretisch hohe Disruptionspotenzial einzelner Belegschaften wird dadurch begrenzt, dass regional beschränkte Streiks in einem internationalen Unternehmen nur beschränkten Schaden anrichten und dass Ryanair die Effekte durch prophylaktische Flugstreichungen und Personalverlagerungen abfedern kann. Die Gewerkschaften können dem durch eine Internationalisierung und eine Veränderung der Streiktaktik entgegenwirken. Bereits der Ausstand am 28. September fand parallel in Portugal, Spanien, Italien, Belgien und den Niederlanden statt, was deren Durchschlagkraft gegenüber rein nationalen Streikszenarien erhöhte. Allerdings bleibt die Koordinierung solcher Aktivitäten prekär, was nicht nur mit den unterschiedlichen Konfliktdynamiken in einzelnen Ländern zu tun hat, sondern auch mit den nationalen Spezifika des Streikrechts, das z.b. in Deutschland einen Streik nur mit Bezug auf den Stand der jeweiligen Tarifauseinandersetzung legitimiert. Eine offizielle Koordinierung der Streikführung scheitert an den Regularien des deutschen Streikrechts.

Insofern stellt die Erhöhung des Disruptionspotenzials regional beschränkter Streiks eine wichtige Dimension der Konfliktführung dar. Flexible unangekündigte oder mehrtägige Streiks könnten hier höheren Druck entfalten. Im ersten Fall würde die Gewerkschaft zwar die Streikabsicht, nicht aber Zeitpunkt und Orte des Streiks verkünden, wodurch das Unternehmen keine prophylaktischen Flugstreichungen und die damit einhergehende taktische Personaleinsatzplanung vornehmen könnte. Im zweiten Fall nähme lediglich der direkte ökonomische Schaden durch die zeitliche Ausweitung der Streikaktivitäten zu. Die Ankündigung offensiverer Streikformen könnte sich zudem empfindlich auf das Image des Unternehmens und somit das Buchungsverhalten potenzieller Passagiere auswirken.

Solche Aktionsformen setzen jedoch eine größere Geschlossenheit innerhalb der Belegschaft voraus, da in diesem Fall weniger die symbolische Demonstration der Streikbereitschaft einer Mehrheit der Belegschaft im Vordergrund steht, sondern die tatsächliche Fähigkeit, von Ryanair angesetzte Flüge aktiv zu verhindern. Während die bisherigen Streiks von einer relativ kleinen Gruppe von Kernaktiven getragen wurde, denen es gelang, eine Mehrheit der Beschäftigten auf ihre Seite zu ziehen, setzt dies eine höhere Verbindlichkeit und einen hohen Aktivitätsgrad innerhalb der Mehrheit des Kabinenpersonals voraus. Sollte sich im Konflikt um einen Tarifvertrag mit Ryanair nicht doch eine Einigung auf ein tragbares Ergebnis abzeichnen, so steht der Organizingprozess erneut vor einer großen Herausforderung: der Anleitung eines rapiden Lernprozesses innerhalb der jungen Mitgliedschaft.

Postskriptum

Die Zuspitzung des Konfliktes, von dem im letzten Abschnitt dieses Beitrages die Rede ist, blieb aus. Ryanair machte ver.di als Vertretung des Kabinenpersonals ein substanziell verbessertes Angebot, das den meisten Forderungen der Kampagne des Kabinenpersonals entspricht. Das Angebot sieht erstmals einen deutschen Tarifvertrag für eine Laufzeit von zwei Jahren und drei Monaten vor. Bis zum Frühjahr 2020 werden die Löhne um 200–250 EUR pro Monat angehoben. Die Gehaltsordnung wird außerdem so umstrukturiert, dass durchschnittlich 600 EUR der leistungsabhängigen Zuschläge als Grundgehalt ausgezahlt werden. In Kombination zur tariflich festgeschriebenen Verpflichtung des Unternehmens, alle Mitarbeiter*innen zu mindestens 600 Flugstunden im Jahr zu beschäftigen, ist dies ein wesentlicher Schritt in Richtung eines garantierten regelmäßigen Einkommens. Bemerkenswert ist zudem, dass das Angebot für alle Beschäftigten einschließlich der Leiharbeiter*innen gilt. Statt der bislang vorherrschenden Willkür sollen Leiharbeiter*innen nun auch nach spätestens 18 Monaten von Ryanair übernommen werden, wie es das deutsche Recht vorsieht. Generell soll das deutsche Arbeitsrecht bis spätestens Februar 2019 an allen deutschen Basen Anwendung finden. Damit gewinnen die Beschäftigten das Recht auf die Lohnfortzahlung im Krankheitsfall, müssen ihre Krankenakte nicht offenlegen, können vom Kündigungsschutz Gebrauch machen, haben Recht auf bezahlten Urlaub und müssen auch während ihrer Ausbildungs- und Fortbildungszeiten entlohnt werden.

Dieses Angebot markiert eine deutliche Verbesserung der Entlohnung und der Beschäftigungsbedingungen bei Ryanair. Allerdings verwehrt sich das Unternehmen weiterhin der Forderung, das Recht auf einen Betriebsrat im Tarifvertrag festzuschreiben. Damit blieben wesentliche Aspekte der Gestaltung der Arbeitsbedingungen unverändert, wie zum Beispiel der Druck, die Verkaufserlöse an Bord zu maximieren. Auch fehlen im Angebot von Ryanair Zugeständnisse in Bezug auf eine Gehaltserhöhung gemäß den Jahren der Betriebszugehörigkeit – ein Ausdruck dessen, dass das Unternehmen nicht vom Modell einer Lebensabschnittsbeschäftigung junger Berufsanfänger*innen abrücken will. Schließlich könnte sich das Angebot auf eine Minderheit der Beschäftigten mit älteren Arbeitsverträgen negativ auswirken, da diese nicht mehr von der Sozialversicherungspflicht befreit sein würden.

Aus diesen und anderen Gründen wurde das Angebot innerhalb der Belegschaft recht kritisch diskutiert. Letztendlich entschied sich jedoch eine klare Mehrheit von über 80 Prozent dafür, eine Vorvereinbarung für den Abschluss eines Tarifvertrages zwischen Ryanair und ver.di zu akzeptieren, über die gegenwärtig verhandelt wird. Ausschlaggebend dafür war, dass Ryanair einen Sozialplan für die Mitarbeiter*innen an der Basis in Bremen anbot, die am 5. November 2018 geschlossen wurde. Der Sozialplan sollte aber nur in Kraft treten, wenn ver.di das Angebot des Unternehmens – de facto also ein Ultimatum – akzeptierte.

Doch wäre es verfehlt, die vorbehaltliche Einigung zwischen ver.di und Ryanair nur auf diese moralische Erpressung seitens des Unternehmens zurückzuführen. Ausschlaggebend ist vielmehr eine deutliche Verbesserung der Bedingungen für die Beschäftigten mit einem wesentlichen Manko: der Verweigerung, einen Betriebsrat zuzulassen. Diese Forderung konnte jedoch auf anderem Weg durchgesetzt werden. In Folge einer fokussierten Kampagne, bei der sich Crew-Mitglieder mit einzelnen Bundestagsabgeordneten trafen und über ihre Arbeitsbedingungen berichteten, beschloss das Bundeskabinett schon am 15. November 2018 den §117 BetrVG zu streichen, der die Zustimmung des Unternehmens zur Voraussetzung für die Gründung eines Betriebsrates macht. Die Kombination aus dem bevorstehenden soliden Tarifergebnis und der angestrebten Gesetzesänderung, die binnen weniger Wochen erfolgreich erkämpft wurde, macht den beeindruckenden Erfolg der Kampagne aus. Ausschlaggebend dafür war eine effektive Kampagnenführung, die die Machtressourcen der Beschäftigten gezielt zu nutzen vermochte, ein vorbildlicher Organizing-Prozess, der eine internationale Belegschaft unter schwierigsten Bedingungen zu vereinen vermochte und die strategische Entscheidung, die gesellschaftliche Macht der Beschäftigten einzusetzen und den Konflikt auf die politische Bühne zu heben.

Literatur

Ganz, Marshall (2010): Why David sometimes wins: leadership, organization, and strategy in the California farm worker movement, Oxford.

Harvey, Geraint/Turnbull, Peter (2010): On the Go: walking the high road at a low cost airline, in: The International Journal of Human Resource Management, 21(2), 230-241.

Neuner, Monika (2013): Bedingungsgebundene Tarifarbeit: Ein erfolgreicher Weg zur Erneuerung?, in: Schmalz, Stefan/Dörre, Klaus (Hg.): Comeback der Gewerkschaften? Machtressourcen, innovative Praktiken, internationale Perspektiven. Frankfurt a.M., 213-225.

Plehwe, Dieter (2013): Converging on strike revisited: deregulation and the rise of low cost employment regimes in the European airline industry, Berlin.

Schmalz, Stefan/Dörre, Klaus (2013): Comeback der Gewerkschaften?: Machtressourcen, innovative Praktiken, internationale Perspektiven, Frankfurt a.M.

Wilke, Peter/Schmid, Katrin/Gröning, Stefanie (2016): Branchenanalyse Luftverkehr Entwicklung von Beschäftigung und Arbeitsbedingungen, Düsseldorf.

„Den Arbeitskampf im Messenger führen"

Interview mit Mira Neumaier von ver.di über den Arbeitskampf bei Ryanair

Mira, Du hast als Kampagnenleiterin für ver.di den Arbeitskampf bei Ryanair begleitet. Wie ist die Tarifkampagne entstanden?
Ryanair ist seit einigen Jahren eine der größten und am schnellsten wachsenden Airlines Europas. Deshalb und aufgrund der besonderen Arbeitsbedingungen war das Unternehmen schon seit längerem im Blickpunkt. Das Beschäftigungsmodell von Ryanair hatte Einfluss auf die gesamte Luftverkehrsbranche und darüber hinaus. Daher war unsere Kampagne #CabinCrewUnited nicht der erste Versuch, Ryanair auf internationaler Ebene zu organisieren.

Jedoch kamen 2017 verschiedene Faktoren zusammen, die günstig für eine Tarifkampagne waren. Dazu gehörte ein für uns äußerst wichtiges EUGH-Urteil zum Gerichtsstand transnationaler Arbeitgeber. Zudem verbuchten wir durch intensive Lobbyarbeit auf europäischer Ebene durch unseren europäischen Dachverband für Transportbeschäftigte (ETF) Erfolge hinsichtlich einer weitreichenden Regulierung der Arbeitszeit für Flugbeschäftigte, was 2017 unmittelbar zu einem massiven Pilotenmangel führte und somit zu Ausfällen. Das brachte Ryanair in eine geschwächte Situation. Der aber wichtigste Aspekt war, dass sich die Kabinenbeschäftigten europaweit eigenständig vernetzten und in einigen Ländern bereits organisierten. Bevor die Beschäftigen auf uns Gewerkschaften zukamen, waren einige von ihnen bereits Teil eines solidarischen Netzwerkes.

Im September 2017 begann die Auseinandersetzung mit Ryanair. Nach zahlreichen Flugausfällen aufgrund von Personalknappheit bei den Pilot*innen lenkte das Unternehmen im Dezember erstmals ein – obwohl sie noch einen Tag zuvor angekündigt hatten, Gewerkschaften niemals anzuerkennen: Vorher werde „die Hölle zufrieren". Wenige Tage später ließ sich das Unternehmen auf den Verhandlungsprozess ein. Gleichzeitig vernetzten wir uns als Gewerkschaft mit den Kabinenbeschäftigten, die sich selbst bereits im kleinen Kreis organisierten. Diese anfänglichen Treffen waren aber noch sehr verdeckt – so war es zunächst keine Seltenheit, die Beschäftigten in einem abgelegenen Café und in vermummter Kleidung zu treffen. Relativ schnell wuchs die Bewegung allerdings an.

*Kommen wir noch einmal auf Ryanairs Geschäfts- und Beschäftigungsmodell zu spre-
chen. Wodurch ist es gekennzeichnet und inwieweit bewertet Ihr es als problematisch?*
Ryanair unterscheidet sich in seinem Geschäftsmodell nicht nur von anderen Airlines im Besonderen, sondern auch von anderen Unternehmen im Allgemeinen.
Es gab Zeiten, in denen das Modell „Ryanair" als derartig innovativ galt, dass
ganze Generationen von BWL-Student*innen von ihm geprägt wurden: Der ihm
zu Grunde liegende Ansatz von *no frills* – also einem kostensparenden Modell,
welches über alle Bereiche hinweg standardmäßige Sonderleistungen vermeidet
– wurde als neuer, vielversprechender Ansatz im Geschäftsfeld betrachtet. Hinzu
kommt, dass ein Großteil des Erfolges auf der hohen Risiko- und Investitionsbe-
reitschaft beruht. Entscheidungen wurden mit einer enormen Geschwindigkeit
getroffen, was zu einem rapiden Wachstum führte.

Ryanair hat zudem höchste Flexibilisierungsanforderungen an die Beschäf-
tigten gestellt. Damit hat es transnationale Beschäftigungsverhältnisse gewissermaßen neu definiert. So enthalten die Verträge aller Beschäftigten einen
Passus, der den Beschäftigten maximale Mobilität abverlangt: Binnen weniger
Tage ist es der Unternehmensleitung möglich, Beschäftigte uneingeschränkt ins
europäische Ausland zu versetzen. Somit haben die Beschäftigten weder soziale
Sicherheit noch geografische Gewissheit – es hat sich also eine höchst prekäre
Form der Beschäftigung etabliert. Ryanair konnte, auch durch die Lobbyarbeit
der Arbeitgeberverbände auf europäischer Ebene, die Bindung an nationales
Arbeits- und Sozialrecht vermeiden und den Heimvorteil des irischen Rechtes
auszunutzen, um besondere Ausbeutungsverhältnisse zu schaffen. Hinzu kam
schließlich die Wirtschaftskrise 2008, von der Ryanair in besonderem Maße pro-
fitierte: Sie sorgte dafür, dass das Unternehmen eine ganze Generation prekärer
Akademiker*innen kurzfristig rekrutieren konnte.

Der Kostenfaktor bei den Personalkosten des Unternehmens ist so gering
und unbedeutend, dass diese sich nicht weitreichend auf die Wachstumsstrategie
und den Erfolg des Unternehmens auswirken. Ein großer Teil unserer Kampagne basierte darauf, das Geschäftsmodell von Ryanair in Frage zu stellen, um
anschließend das Beschäftigungsmodell zu thematisieren.

*Wie habt Ihr, den prekären Beschäftigungsbedingungen bei Ryanair zum Trotz,
die europäische Kampagne #CabinCrewUnited entwickeln können? Welche Herausforderungen stellten sich Euch in der Koordination der Kampagne?*
Das besondere an der Ryanair-Kampange war, dass der Impuls von den Beschäftigen gekommen ist. Dadurch war die Dynamik eine ganz andere. Es muss betont
werden, dass es sich zunächst um eine soziale Bewegung handelte, aus der heraus

eine Tarifkampagne entwickelt werden konnte. Und im Kern ist es eine soziale Bewegung der Kabinenbeschäftigten geblieben – die Gewerkschaften haben die Bewegung dabei strukturell unterstützt.

Über Jahre erlebten die Kabinenbeschäftigten ein europaweit repressives System. Daher musste auch das Projekt ein Internationales sein. Wir erhielten strukturelle Unterstützung von der globalen Gewerkschaftsföderation, der International Transport Workers' Federation (ITF) und der European Transport Workers' Federation (ETF). Denn uns war von Anfang an klar, dass Ryanair nur auf internationalen Druck reagieren würde. Gemeinsam mit 14 nationalen Gewerkschaften starteten wir daher die Kampagne #CabinCrewUnited.

Die Zeit für einen Arbeitskampf war reif und wir wussten die Strategie des Unternehmens für uns zu nutzen. Das Unternehmen verließ sich auf die hohe Fluktuation der Mitarbeitenden, um eine Organisierung innerhalb der Belegschaft zu unterbinden. Aber genau das nutzten wir: Da ein Großteil der Belegschaft nicht langfristig an das Unternehmen gebunden ist, konnten wir sie motivieren, sich uns anzuschließen. An dieser Stelle waren die Aktivitäten der Organizer*innen in den Chat-Gruppen der Messenger-Dienste fast ebenso wichtig wie ihr Einsatz vor Ort an den Flughäfen. Es wurde eine Facebook-Gruppe gegründet, die innerhalb von vier Tagen 6.000 Mitglieder hatte – von 9.000 Kabinenbeschäftigten in Europa. Aufgrund der spezifischen Arbeitsanforderungen können sich alle Beschäftigten auf Englisch verständigen, was enorm wichtig für das Kollektiv war.

Die Gewerkschaften und ver.di standen dabei allerdings auch vor besonderen Herausforderungen: Wir mussten mit der Mobilität, den Spezifika von Kabinenbeschäftigten, dem irischen Arbeitsrecht und gleichzeitig mit der Problematik umgehen, dass europäische und internationale Gewerkschaftskoordination auch immer in einem Spannungsfeld zwischen Kontrolle und Autonomie steht. Darüber hinaus war der Aspekt einer auch durch Social Media geführten Tarifkampagne in dieser Form neu für uns.

Du sprichst von einer sozialen Bewegung der Kabinenbeschäftigten bei Ryanair: Wodurch zeichnet sich diese Belegschaft aus? Wer sind die Menschen, die hinter dieser Bewegung stehen und die für Ryanair in ganz Europa verstreut leben und arbeiten?
Ryanair ist in jedem europäischen Land anders aufgestellt. Spanien und England sind dabei die größten und wichtigsten Standorte. Deutschland hingegen ist der wichtigste Wachstumsmarkt. Hier steht Ryanair in direkter Konkurrenz mit der Lufthansa. Daher wird die europäische Marktstellung auf Dauer auch in dem kleinen, aber wichtigen deutschen Markt entschieden. In Deutschland gibt es viele kleine Standorte mit Beschäftigten, die zum Teil über zehn Jahre dabei

sind. Darunter sind viele Beschäftigte aus Osteuropa, die früh Arbeit in ganz Europa suchten. Damals konnten sie relativ schnell und unter besseren Arbeitsbedingungen arbeiten. Jetzt, da Ryanair internationale Flughäfen wie Frankfurt und Schönefeld als Standorte gewinnen konnte, bilden sich unterschiedliche Migrationsströme. Diese Arbeitsmigration ist besonders krisengeprägt und lässt sich in unterschiedliche Gruppen und Zeiträume einordnen. Es gibt eine große Gruppe von Beschäftigen in Deutschland, die aus Spanien und Portugal stammen und zur Zeit der Wirtschaftskrise immigrierten. Oder aber eine Welle italienischer Mitarbeiter*innen, die im Zuge der Krise 2014 Beschäftigung bei Ryanair suchten. Durch Beobachtung der Jugendarbeitslosigkeit lassen sich durch ganz Europa hindurch die jeweiligen Migrationswellen zeitlich recht genau bestimmen.

Besonders auffällig sind dabei die Fluktuationsraten in Deutschland. Es ist ein permanenter Wechsel, denn die wenigstens wollen langfristig im Unternehmen bleiben. Soziodemografisch ist festzustellen, dass die meisten Beschäftigten weniger als 30 Jahre alt sind. Es gibt einen hohen Anteil an Akademiker*innen in Deutschland, die in der Kabine angefangen haben, weil sie sonst arbeitslos wären. Und das spiegelt die Diskrepanz zwischen der polnischen Lehrerin und Mutter und dem Literaturwissenschaftler aus Bologna wider, die beide bei Ryanair in der Kabine arbeiten.

Insgesamt sind mehr Frauen im Kabinenpersonal beschäftigt, aber Ryanair hat mit über 30 Prozent einen der höchsten Männeranteile in der Branche. Das liegt daran, dass viele in ihrer Beschäftigung bei dem Unternehmen nur einen Lebensabschnitt sehen – und viele der Beschäftigten nie den Wunsch hatten, Flugbegleiter zu werden. Gleichzeitig gibt es auch Beschäftigte, die bei Ryanair arbeiten, weil sie bei anderen Gesellschaften nicht angenommen wurden und es als Einstieg sehen.

Noch einmal zur Beschäftigungsstruktur: Durch unsere Kampagne haben wir kostenfreies Training erreicht. Es handelte sich fast schon um ein Trickmodell, das sich bei Ryanair etabliert hatte: Die Beschäftigten mussten für Ausbildung, Unterkunft, Kleidung, Verpflegung und sonstige Kostenstellen selbst aufkommen und entstandene Schulden abarbeiten. Mit Schulden von bis zu 3.500 Euro starteten die Mitarbeiter*innen. Da die Tätigkeit miserabel bezahlt war, verging vielen die Motivation, langfristig zu bleiben.

Wo andere Unternehmen Angst vor Verlust ihrer Beschäftigten wegen des Wissenstransfers haben, war genau diese Fluktuation essentiell für Ryanairs Modell: Die Zeitarbeitsfirmen von Ryanair führten die Trainings durch und erschlossen sich zusätzliche Einnahmenquellen, die durch die hohe Fluktuation ständig reproduziert wurden. Dieses System wurde im März 2017 beendet, was einen wichtigen Erfolg darstellt.

Was bedeuten die Verhandlungsergebnisse für zukünftige Auseinandersetzungen im transnationalen Kontext?

Die Kampagne hatte vier Standbeine: Starke gewerkschaftliche Organisierung, unterstützt durch Organizer*innen, Lobbying und Air Campaigning für eine breite öffentliche und politische Unterstützung, rechtliche Strategien in Bezug auf Musterklagen auf europäischer Ebene und gezielte Aktionärsansprachen. Durch unsere Kampagne konnten wir Einfluss auf die Shareholder nehmen. Und durch unsere europäische Bewegung konnten wir starken Druck während der Verhandlung ausüben. In Deutschland haben wir viele Kolleg*innen von ver.di überzeugen können, zwei sehr erfolgreiche Streiks durchgeführt und dadurch gute Erfolge in der Verhandlung erzielt. Der größte Erfolg ist die Anwendung des deutschen Arbeits- und Sozialrechtes. Das war für uns zu Beginn der Kampagne noch undenkbar. Es war die klare Position des Unternehmens, niemals nationales Arbeitsrecht zu akzeptieren.

Dank des großen öffentlichen Interesses und der tatkräftigen Unterstützung der Politiker*innen, bis hin zum Bundesarbeitsminister Hubertus Heil, die sich als Paten für die Beschäftigten angeboten hatten, konnte mit viel politischem Druck schließlich sogar eine Novellierung des Betriebsverfassungsgesetzes erreicht werden, die es künftig nicht nur Ryanair-Beschäftigten, sondern auch fliegendem Personal anderer Fluglinien gestattet, Betriebsräte zu wählen.

Wir haben auch die Entgeltstruktur verändern können, ein weiteres Hauptanliegen der Beschäftigten. Als wir begonnen haben, waren die flexiblen Entgeltbestandteile so hoch, dass letztlich die Beschäftigten das Risiko des Unternehmens trugen. Wenn sie nicht auf genug Flugstunden kamen, konnten sie trotz Vollbeschäftigung nicht einmal Grundbedürfnisse befriedigen. Gerade in den Großstädten beklagten viele Beschäftigte, dass das Geld nicht für ihre Miete reicht. Nun haben wir den Grundlohn fast um 60% erhöhen können. Außerdem haben wir einen kleinen Erfolg bei der Entgelterhöhung insgesamt erreichen können, auch wenn es noch lange nicht dem Industriestandard entspricht. Ein zusätzlicher Erfolg ist der verhandelte Sozialplan, der die Hyperflexibilität einschränkt. Zum ersten Mal übernimmt Ryanair bei Schließung von Standorten oder der Reduzierung von Flugzeiten seine soziale Verantwortung. Im Falle einer strategischen Entscheidung zwecks Marktanpassung ist das Unternehmen gezwungen, diese zukünftig hinsichtlich ihrer

Auswirkungen auf die Beschäftigten zu kalkulieren. Darüber hinaus hat unsere Kampagne ein gesellschaftliches Bewusstsein dafür schaffen können, dass es keinen rechtsfreien Raum für transnationale Unternehmen geben darf. Das alles hätten wir nie erreicht, wenn nicht ein riesiges und geeintes Team europaweit hinter der Kampagne stünde. Das Eckpunktepapier mit Ryanair ist verhandelt und nun müssen wir es gemeinsam ausformulieren.

Mira, vielen Dank für Deine Einblicke. Welche Bilanz ziehst Du aus der Verhandlung und was können wir als Gewerkschafter*innen daraus lernen?

Ryanair hat uns allen gezeigt, dass es für uns Gewerkschaften ganz wichtig ist, sich neuen Herausforderungen zu stellen und dabei offen zu sein: Entstehende Bewegungen müssen von uns stärker unterstützt werden. Wir müssen lernen, uns darauf einzulassen.

Eine Herausforderung war es, sich international zu koordinieren. Wir müssen viel stärker eine übergreifende, internationale Gewerkschaftsarbeit anstreben. Internationale Arbeitsmärkte bieten neue Möglichkeiten der kollektiven Ausbeutung. Der europäische Rechtsrahmen reicht nicht aus, um Beschäftigte international zu schützen. Ryanair wird auch zukünftig versuchen, Beschäftigte außerhalb Europas zu gewinnen, um Rechtslücken nutzen zu können und unsere jüngsten Erfolge auszuhebeln. Wir dürfen uns von daher nicht auf unseren Erfolgen ausruhen.

Und das Narrativ der „sozialen Bewegung" ist ganz wichtig. Unsere Erfolge sind auf eine bestehende Bewegung sowie auf eine bestehende Unzufriedenheit zurückzuführen, die in der Selbstorganisierung der Beschäftigten mündete. Diesen Prozess haben wir begleitet und strategisch mit Organizing unterstützt. Wir haben strukturiert organisiert, aber es waren die Beschäftigen selbst, die die europäischen Gewerkschaften vor sich her getrieben und Druck gemacht haben. Sie waren der Motor dieser Kampagne. Dass die Social-Media-Kampagne sich als so wichtig erwiesen hat, ist sicher auch auf die Altersstruktur bei Ryanair zurückzuführen. Die soziodemografische Besonderheit der Beschäftigten, die Ryanair einst zum Marktvorteil ausnutzte, wurde am Ende zu einer der Machtressourcen der Kampagne: Das Unternehmen ist auf Mobile Devices angewiesen, da alle Anweisungen über die hauseigenen Apps kommuniziert werden. Die sozialen Medien haben einen kollektiven Raum geschaffen, der Solidarität mit einzelnen Beschäftigungsgruppen – ob nun Leiharbeiter*innen oder Vollzeitbeschäftigte – ermöglichte. Viele arbeiteten in der Schichtarbeit und waren daher privat sehr unflexibel. Durch Social Media aber konnten sie Kontinuität zurückgewinnen und Teil der Bewegung sein.

Und zuletzt ist wichtig zu erwähnen, dass Ryanair nicht nur eine Airline, sondern einer der erfolgreichsten Direktvermarkter ist. Durch den direkten Onlinevertrieb schaffte es das Unternehmen, Millionengewinne in naher Kundenbindung zu erzielen. Wir haben das Unternehmen dort getroffen, wo es erfolgreich ist – online.

Das zeigt, wie wichtig es ist, digitale Plattformen in zukünftige soziale Kämpfe einzubeziehen. Denn der Arbeitskampf bei Ryanair war erfolgreich, weil er sowohl, im Betrieb, auf der Straße, im Parlament als auch digital im Messenger geführt wurde.

Und zuletzt ist wichtig zu erwähnen, dass Ryanair nicht nur eine Airline, sondern einer der erfolgreichsten Direktvermarkter ist. Und dieser Erfolg stellt sogar Amazon in den Schatten. Durch den direkten Onlinevertrieb schaffte es das Unternehmen, Millionengewinne zu erzielen. Wir haben das Unternehmen dort getroffen, wo es erfolgreich ist – online.

Das zeigt, wie wichtig es ist, digitale Plattformen in zukünftige soziale Kämpfe einzubeziehen. Denn der Arbeitskampf bei Ryanair war erfolgreich, weil er sowohl auf der Straße als auch digital auf dem Newsfeed geführt wurde.

Das Interview führte Daniel Heinz.
Für weitere Informationen: https://www.cabincrewunited.org/

Tatiana López / Michael Fütterer

Herausforderungen und Strategien für den Aufbau gewerkschaftlicher Verhandlungsmacht in der Bekleidungswertschöpfungskette – Erfahrungen aus dem TIE-ExChains-Netzwerk

Abstract

Wir diskutieren in diesem Beitrag, warum Kampagnenstrategien im Rahmen von Transnational Advocacy Netzwerken (TAN) bisher nur eingeschränkt zur Stärkung von lokalen Gewerkschaften in Bekleidungsproduktionsländern beigetragen haben. Dabei argumentieren wir, dass eine nachhaltige Verbesserung von Arbeitsbedingungen nur auf Basis einer dauerhaften Machtverschiebung von Arbeit und Kapital möglich ist. Dies wiederum kann nur geschehen, indem Gewerkschaften organisatorische Macht in Form einer starken, handlungsfähigen Mitgliederbasis und Führung in den Fabriken aufbauen. Mit dem TIE-ExChains-Netzwerk stellen wir vor diesem Hintergrund einen alternativen Ansatz für eine transnationale Zusammenarbeit von Akteuren entlang der Wertschöpfungskette basierend auf dem Prinzip der Selbst-Organisation vor.

Auseinandersetzungen um Arbeitsbedingungen in der globalen Bekleidungsindustrie bestimmen immer wieder politische, wissenschaftliche und mediale Debatten. Zurecht stehen dabei die kostenorientierten Wettbewerbsstrategien und Einkaufspraktiken multinationaler Modeeinzelhändler im Fokus der Kritik: Der Preisdruck, den Einzelhändler auf ihre Zulieferer ausüben, wird von diesen an ihre Arbeiter*innen in Form von hohem Arbeitsdruck und strikter Arbeitskontrolle weitergegeben, was oft mit erheblichen Arbeitsrechtsverletzungen einhergeht und zudem die Organisierungsarbeit lokaler Gewerkschaften auf der Fabrikebene erschwert. Vor diesem Hintergrund haben Gewerkschaften in der Bekleidungsproduktion seit den 1990er Jahren ihren Handlungsfokus von der lokalen auf die internationale Ebene verlagert und Beziehungen zu NGOs und Menschenrechtsgruppen im Globalen Norden aufgebaut (Evans 2014: 261). Mit Hilfe von Kampagnen erzeugen diese öffentliche und mediale Aufmerksamkeit für Arbeitsrechtsverletzungen in der Bekleidungsproduktion und setzen damit Modeeinzelhändler unter Druck, für die Wahrung arbeitsrechtlicher Mindeststandards bei ihren Zulieferern zu sorgen. Obwohl die Kampagnen europäischer und US-amerikanischer NGOs und Aktivist*innen-Netzwerke in der Vergangenheit einzelne wichtige Erfolge erzielen konnten, haben sie bisher nur wenig zu einer dauerhaften Stärkung der gewerkschaftlichen Organisierung in den Produktionsländern beigetragen (Anner 2015: 165f.).

Wir untersuchen in diesem Beitrag Gründe für den eingeschränkten Erfolg von internationalen Kampagnenstrategien im Hinblick auf die Stärkung gewerkschaftlicher Organisierung und diskutieren mit dem TIE-ExChains-Netzwerk einen alternativen Ansatz. Der Ansatz des TIE-ExChains-Netzwerks basiert auf der Grundannahme, dass trotz der ungleichen Machtverteilung in der globalen Bekleidungsindustrie gewerkschaftliche Organisierung in den Bekleidungsfabriken möglich und notwendig ist, wenn ökonomische Machtverhältnisse dauerhaft zugunsten der Arbeiter*innen verschoben werden sollen. Ziel des Netzwerks ist es daher, durch Organisierung und Vernetzung von Arbeiter*innen entlang der Bekleidungswertschöpfungskette Gewerkschaften sowohl in der Bekleidungsproduktion als auch im Einzelhandel zu stärken. Zu diesem Zweck haben die Mitglieder des Netzwerks eine gemeinsame Verhandlungsstrategie entwickelt, die den Aufbau von Verhandlungsstrukturen und -macht sowohl auf Fabrikals auch auf der sektoralen und internationalen Ebene gegenüber Mode- und Einzelhandelskonzernen anstrebt (ExChains 2015a).

Im Folgenden geben wir nach einer theoretischen Einbettung Einblicke in die Umsetzung der Strategie und analysieren Herausforderungen für den Aufbau von gewerkschaftlicher Verhandlungsmacht in der Bekleidungsproduktion. Der vorliegende Beitrag ist dabei wesentlich motiviert durch den Reflexions- und Diskussionsprozess über die eigene gewerkschaftliche Praxis und die Grenzen von Kampagnenstrategien, der seit 2012 von den Mitgliedern des TIE-ExChains-Netzwerks geführt wird. Beide Autor*innen sind im TIE-ExChains-Netzwerk aktiv. Der Beitrag basiert in erster Linie auf teilnehmenden partizipativen Beobachtungen und Dokumentationen von Strategietreffen, publizierten Informationsmaterialien sowie Interviews mit Mitgliedern des Netzwerks und weiteren gewerkschaftlichen Akteuren in der Bekleidungsindustrie.

1. Theoretische Grundlagen: Governance und gewerkschaftliches Handeln in Globalen Produktionsnetzwerken

Henderson et al. (2002) definieren Globale Produktionsnetzwerke (GPN) als „Verflechtung vernetzter Funktionen und Operationen, durch die Güter und

Dienstleistungen produziert, vertrieben und konsumiert werden" (S. 445, eigene Übersetzung). Globale Produktionsnetzwerke verbinden alle Akteure, die an diesen Prozessen beteiligt sind: Dies sind u.a. Arbeiter*innen und deren Gewerkschaften, Firmen, Konsument*innen, NGOs und staatliche Organisationen. In sozialen Kämpfen bringen diese Akteure die konkreten Geographien und Outputs dieser Netzwerke hervor und handeln die Regulierung der Netzwerke aus (Cumbers et al. 2008: 371ff.). In Anlehnung an Gereffi (1994: 97) verwenden wir den Begriff der *Governance* um zu analysieren, welche Akteure im globalen Bekleidungsproduktionsnetzwerk in der Lage sind, Orte und Bedingungen der Produktions-, Verkaufs- und Konsumprozesse zu beeinflussen. Mit Cumbers et al. (2008: 372) verstehen wir diese Prozesse in GPN als lokal eingebettete Arbeitsprozesse, deren reibungslosen Ablauf das Kapital durch spezifische Kontrollmechanismen sicherstellen muss. Im Fokus unserer Analyse steht die Frage, wie Governancestrukturen in Bekleidungsproduktionsnetzwerken reproduziert werden und wie dadurch Räume für gewerkschaftliches Handeln geöffnet oder begrenzt werden.

Gewerkschaften betrachten wir dabei als kollektive Akteure, deren strategische Ausrichtung und Handlungen ebenfalls das Ergebnis von Aushandlungsprozessen zwischen ihren Mitgliedern darstellen. Gewerkschaften konstituieren Räume, in denen soziale Praxisformen herausgebildet werden (Weischer 1988: 121). In Gewerkschaften werden Widerspruchserfahrungen von Arbeiter*innen wertgeschätzt, begriffen oder marginalisiert. Gewerkschaften gestalten die Governancestrukturen im GPN mit und stehen damit in Aushandlungsprozessen mit den Akteuren*innen im GPN und mit ihren Mitgliedern. Um diese Prozesse wechselseitiger Beeinflussung besser fassen zu können, greifen wir zurück auf die von Ross (2007: 16ff.) eingeführte Unterscheidung zwischen dem kollektiven Handlungsrahmen, den internen Organisationspraktiken und dem strategischen Repertoire von Gewerkschaften. Der kollektive Handlungsrahmen bezeichnet die Vision und strategische Orientierung gewerkschaftlichen Handelns. Die internen Organisationspraktiken beziehen sich auf Prozesse der Repräsentation und Entscheidungsfindung sowie auf Hierarchien innerhalb der Gewerkschaft. Das strategische Repertoire umfasst die konkreten Taktiken und Aktivitäten. Im Folgenden werden wir zunächst die konkreten Governancestrukturen in der globalen Bekleidungsindustrie skizzieren und anschließend analysieren, wie diese sich auf Gewerkschaften auswirken.

2. Governance, Arbeitskontrolle und soziale Regulierung im globalen Bekleidungsproduktionsnetzwerk

Wo und zu welchen Bedingungen Produktions-, Verkaufs- und Konsumprozesse in globalen Bekleidungsproduktionsnetzwerken stattfinden, wird im Wesentlichen durch transnational agierende Mode- und Einzelhandelsunternehmen wie H&M, Primark, Nike oder Inditex bestimmt. Während sich diese Unternehmen auf die Operationen mit der höchsten Wertschöpfung, d.h. insbesondere Design, Marketing und Verkauf konzentrieren, lagern sie den arbeitsintensiven Produktionsprozess an Zulieferfirmen in Ländern mit niedrigen Lohnkosten, hauptsächlich nach Asien, Lateinamerika, Ost-Europa und Nord-Afrika aus (Dicken 2015: 452ff.). Obwohl formell-rechtlich unabhängig, sind diese Zulieferfirmen in strikte Kontrollstrukturen durch die Mode- und Einzelhändler eingebunden und unterliegen deren Vorgaben zu Design, Qualitätsstandards, Lieferumfang und Lieferzeiten (Sum und Ngai 2005: 183) Der Warenpreis ist einer der wichtigsten Wettbewerbsfaktoren im Bekleidungseinzelhandel. Um konkurrenzfähig zu sein, stehen Einzelhändler unter dem Druck stets neue Kollektionen zu günstigeren Preisen als die Konkurrenz anzubieten. Diesen Druck geben sie an ihre Zulieferer in Form immer kürzerer Produktionsfristen und niedrigerer Preise weiter (ibid.)

Um die Vorgaben der Marken- und Einzelhändler zu erfüllen, wenden Manager in den Bekleidungsfabriken verschiedene Strategien zur Kostenminimierung und zur Maximierung der Produktivität an. Ein möglichst reibungsloser Ablauf des Arbeitsprozesses und maximale Produktivität werden unter anderem durch die Vorgaben von Produktionszielen hergestellt. Bei Nicht-Erreichen dieser Ziele drohen den Arbeiter*innen Sanktionen in Form von unbezahlten Überstunden oder Kürzungen der Bonuszahlungen (López Ayala 2018). Viele direkte Zulieferfirmen großer Mode- und Einzelhandelskonzerne lagern zudem besonders arbeitsintensive Arbeitsschritte, wie etwa Stickarbeiten, weiter an informelle Produktionsbetriebe aus, die mangels offizieller Registrierung jenseits von Arbeits- und Sozialgesetzgebung agieren. Dies betrifft insbesondere Frauen, welche in den prekären Segmenten der Bekleidungswertschöpfungskette in der Regel überrepräsentiert sind (Barrientos 2007: 245). Die strikte Kontrolle über den Arbeitsprozess, die Fragmentierung der Arbeiter*innenklasse sowie gezielte Strategien des Fabrikmanagements zur Verhinderung von gewerkschaftlicher Organisierung erschweren den Aufbau einer starken Gewerkschaftsbasis am Arbeitsplatz und sichern so die Reproduktion der bestehenden Machtverhältnisse auf der Fabrikebene (López Ayala 2018). Die Organisierungsraten in der globalen

Bekleidungsindustrie sind dementsprechend niedrig: In Bangladesch und Indien, zwei der größten Bekleidungsexportländer, beträgt sie jeweils nur rund 5 Prozent (FWF 2015: 4; FWF 2016: 22).

Die massiven Verletzungen von Arbeits- und Gewerkschaftsrechten in der globalen Bekleidungsindustrie führten seit Ende der 1980er Jahre zur Formierung von Anti-Sweatshop-Bewegungen in den USA und in Europa. Ausgehend von diesen Bewegungen formierten sich seitdem zahlreiche NGOs und zivilgesellschaftliche Bündnisse, von denen viele in *Transnationalen Advocacy Netzwerken (TAN)* organisiert sind. Diese Netzwerke verbinden NGOs in Konsumentenländern mit Arbeitsrechtsorganisationen und Gewerkschaften in Produktionsländern. Durch breit angelegte Öffentlichkeitskampagnen üben TAN Druck auf Mode- und Einzelhändler aus. Als Reaktion haben transnationale Mode- und Einzelhandelskonzerne seit den 1990er Jahren verschiedene soziale Regulierungsmechanismen eingeführt. Das mit Abstand am weitesten verbreitete Instrument sind sogenannte Codes of Conducts (CoC), Verhaltenskodizes die meist auf den Kernarbeitsnormen der ILO basieren (Lund-Thomsen und Nadvi 2010: 1ff.). Für viele CoC, insbesondere für solche, die von Multi-Stakeholder-Initiativen aus Konzernen und NGOs in den Konsumentenländern herausgegeben werden, existieren eigene Beschwerdemechanismen. Über diese können Gewerkschaften und NGOs sowohl aus den Produktions- als auch aus den Konsumentenländern Verletzungen der in den CoC festgehaltenen Rechte anzeigen.

Codes of Conducts werden von TAN als Referenz für Kampagnen genutzt, um Druck auf transnationale Mode- und Einzelhandelskonzerne auszuüben, ihre selbst-auferlegte Verpflichtung zur Umsetzung von Mindestarbeitsstandards in Zulieferbetrieben zu erfüllen. Durch ihre räumliche und institutionelle Nähe zu den Zentralen transnationaler Mode- und Einzelhandelskonzerne und deren Konsument*innen sowie durch den Zugang zu finanziellen Ressourcen besitzen NGOs aus dem Globalen Norden Machtressourcen, die es ihnen erlauben, Einfluss auf Governancemechanismen in globalen Bekleidungsproduktionsnetzwerken zu nehmen. Gleichzeitig fungieren sie als zentrale Akteure im Hinblick auf die Überwachung der Einhaltung und Umsetzung dieser Regeln (Keck und Sikkink 1999: 89ff.). Um Informationen über Arbeitsrechtsverletzungen in der Bekleidungsproduktion zu erhalten sind NGOs aus dem Globalen Norden auf die Zusammenarbeit mit lokalen Gewerkschaften und NGOs in den Produktionsländern angewiesen. Die lokalen Partnerorganisationen liefern Informationen über Arbeitsrechtsverletzungen und erhalten in vielen Fällen auch eine finanzielle Förderung zur Umsetzung von Projekten zur Verbesserung der Arbeits- und Lebensbedingungen der Arbeiter*innen.

Für lokale Gewerkschaften in den Produktionsländern bietet die Zusammenarbeit mit NGOs aus dem Globalen Norden innerhalb von TANs einerseits Zugang zu finanziellen Ressourcen. Andererseits bietet sie mit der Möglichkeit des „Upscaling" von lokalen Konflikten auf die transnationale Ebene eine zusätzliche strategische Handlungsoption. Lokale Gewerkschaften nutzen Verbindungen zu NGOs in den Konsumentenländern, um Druck auf Mode- und Einzelhandelskonzerne zu erzeugen, damit diese die Einhaltung von arbeitsrechtlichen Mindeststandards bei ihren Zulieferern sicherstellen (Merk 2009: 606).

3. Durch Kampagnenstrategien zu besseren Arbeitsbedingungen und stärkeren Gewerkschaften in der Bekleidungsproduktion?

Unbestreitbar haben TAN in der Vergangenheit in konkreten Fällen von Arbeitsrechtsverletzungen Abhilfe und darüber hinaus ein öffentliches Bewusstsein für die Arbeitsbedingungen in der Bekleidungsindustrie geschaffen. Gleichzeitig zeigen vorhandene Studien jedoch auch die Grenzen von Kampagnenstrategien auf: So beschreibt Anner (2015: 165f.) verschiedene Fälle, in denen Kampagnen zur Unterstützung von Gewerkschaftskämpfen in der Bekleidungsproduktion nur zu einer kurzfristigen Verbesserung der Situation führten und Gewerkschaften nicht langfristig stärken konnten. Die Präsidentin der Garment Labour Union (GLU) in Bangalore, Rukmini V.P., berichtet von ähnlichen Erfahrungen in einem Konflikt um die geplante Verlegung einer Zuliefer-Bekleidungsfabrik für verschiedene US-amerikanische Marken: Um die Verlegung zu verhindern, nahm die Gewerkschaftsführung umgehend Verhandlungen mit dem Fabrikmanagement auf und kontaktierte gleichzeitig die US-amerikanische NGO *Workers Rights Consortium* (WRC). Das WRC forderte die US-Markenhändler auf, sicherzustellen, dass der Zulieferer bei Verlegung der Fabrik alle Arbeiter*innen weiter beschäftigen und zudem, den Arbeiter*innen einen regelmäßigen Bonus für den Transport zum neuen Standort auszahlen würde[1]. Während der Verhandlungen traten rund 90 Prozent der Arbeiter*innen der Gewerkschaft bei, um sicherzustellen, dass sie von einem eventuellen Abkommen zwischen Management und Gewerkschaft profitieren würden. Angesichts der zu erwartenden Kosten beschloss das Management schließlich, die Fabrik nicht zu verlegen. Die Gewerkschaft hatte gesiegt. Da das Problem jedoch nun gelöst war, sah die Mehrheit der neu eingetretenen Arbeiter*innen keine Notwendigkeit mehr für eine Mitgliedschaft in der Gewerkschaft und erneuerte im nächsten Jahr ihre

---

1   Dies ist eine im indischen Arbeitsrecht festgeschriebene Vorschrift.

Mitgliedschaft nicht. In einem anderen Fall konnte die GLU mit Hilfe einer Intervention durch das WRC die Wiedereinstellung eines entlassenen Gewerkschaftsaktivisten erreichen. Einige Wochen später versetzte das Management den Aktivisten jedoch an einen anderen Produktionsstandort, was zum Einbruch der Organisierungsarbeit in der Fabrik führte (Interview mit GLU Präsidentin, Bangalore, 23.09.2017).

Die geschilderten Fälle illustrieren eingängig die Grenzen von Kampagnenstrategien. Kampagnen haben, erstens, in der Regel einen defensiven Charakter: Sie streben lediglich die Wiedergutmachung von bereits geschehenen Arbeitsrechtsverletzungen bzw. den Erhalt eines Status Quo an. Zweitens ist der Erfolg von Kampagnen oft kurzlebig: Kampagnen erzeugen Druck auf Mode- und Einzelhandelskonzerne durch die Schaffung von Öffentlichkeit für einen spezifischen Konflikt für einen begrenzten Zeitraum. Ist jedoch die öffentliche Aufmerksamkeit wieder abgeflacht, lässt auch der Druck durch die Mode- und Einzelhändler auf ihre Zulieferer nach. Kampagnenstrategien sind daher keine geeignete Strategie um eine langfristige Transformation der Machtverhältnisse am Arbeitsplatz zu erwirken. Der Aufbau organisatorischer Machtressourcen in Form einer starken, mobilisierbaren und handlungsfähigen Führungsriege auf der Fabrikebene ist dafür die Voraussetzung. Eben dies ist jedoch im Rahmen der bisherigen Praxis von TANs nicht möglich.

Choudry und Kapoor (2013) führen dafür folgende Gründe an: Erstens sind TANs geprägt von einer Machtasymmetrie zwischen NGOs aus dem Globalen Norden und lokalen Gewerkschaften als „Partnerorganisationen" aus dem Globalen Süden. Da die NGOs den alleinigen Zugang zu finanziellen Ressourcen besitzen, treffen sie strategische Entscheidungen der Kampagnenplanung z.B. zu Themen oder zu Zeitpunkten für Aktionen auf Basis der Durchführbarkeit in ihrer eigenen Organisation und oft „ohne Absprache mit den Personen und Bewegungen, die sie zu vertreten vorgeben" (ebd.: 13, eigene Übersetzung). Ebenso sind es meist die NGOs aus dem Globalen Norden, welche mit den Marken- und Einzelhändlern Maßnahmen für die Behebung von Arbeitsrechtsverletzungen verhandeln. Die lokalen Gewerkschaften agieren in TAN hauptsächlich als Informationslieferanten. Zweitens kritisieren Choudry und Kapoor (2013: 5ff.) einen zunehmenden Trend der Professionalisierung sozialer Bewegungen und Basisorganisationen in Folge von deren zunehmender Einbindung in TAN. Dieser Trend führt dazu, dass soziale Bewegungen und Organisationen ihren strategischen Handlungsfokus von der politischen Organisierung auf eine maßgeblich an administrativen Kriterien ausgerichteten Arbeit verschieben. Da NGOs aus dem Globalen Norden oftmals selbst öffentliche Mittel kanalisieren, wählen sie ihre

Partnerorganisationen in erster Linie nach deren Fähigkeiten aus, Projektgelder zu verwalten. So wird auch der Erfolg einer Kampagne lediglich daran bemessen, ob die kritisierten Arbeitsrechtsverletzungen behoben wurden. Inwiefern die Kampagne soziale oder gewerkschaftliche Organisation vor Ort gestärkt hat, spielt bei der Evaluierung von Kampagnenergebnissen, wenn überhaupt, nur eine untergeordnete Rolle. Um mit NGOs aus dem globalen Norden im Rahmen von TAN zusammenzuarbeiten, müssen lokale Gewerkschaften außerdem ein mit einer Kampagnenstrategie kompatibles strategisches Repertoire sowie spezifische interne Organisationspraktiken aufweisen. Die Zusammenarbeit auf der Basis von Kampagnenstrategien verlangt schnelle Informationsflüsse und Abstimmungsprozesse zwischen NGOs im Globalen Norden und lokalen Gewerkschaften in den Produktionsländern. Dies führt zu einer herausgehobenen Position der oftmals mit Projektgeldern bezahlten englischsprechenden Angestellten (ibid.). Demgegenüber gibt es für die Aktivist*innen auf Fabrikebene und andere Mitglieder der Gewerkschaft bei Kampagnenstrategien meist keine Räume, in denen sie Kommunikations-, Führungs- und strategische Kompetenzen ausbilden können. Mitglieder werden lediglich punktuell für öffentliche Demonstrationen mobilisiert, die dazu dienen starkes Bildmaterial für Öffentlichkeitskampagnen zu produzieren.

4. Aufbau gewerkschaftlicher Verhandlungsmacht entlang der Wertschöpfungskette im TIE-ExChains-Netzwerk: Die Verhandlungsstrategie

Angesichts dieser Kritik stellt sich die Frage, wie eine transnationale Zusammenarbeit im globalen Bekleidungsproduktionsnetzwerk aussehen kann, die lokale Gewerkschaften stärkt. Das TIE-ExChains-Netzwerk, welches Betriebsrät*innen aus dem Bekleidungseinzelhandel in Deutschland und ihre Gewerkschaft ver.di mit Gewerkschafter*innen aus der Bekleidungsindustrie in Bangladesch, Indien, Sri Lanka und der Türkei verbindet[2], verfolgt dieses Ziel seit seiner Gründung im Jahr 2002. Das TIE-ExChains-Netzwerk ist Teil des globalen TIE-Gewerkschaftsnetzwerks, welches bereits im Jahr 1978 von Gewerkschafter*innen, Aktivist*innen und Wissenschaftler*innen aus Deutschland, USA, Großbri-

---

2   Dazu gehören die Garment and Textile Workers Union (GATWU), die Garment and Fashion Workers Union (GAFWU), die Free Trade Zone Workers & General Services Employee's Union (FTZ & GSEU), die National Garment Workers Federation (NGWF) und die DİSK Tekstil İşçileri Sendikası.

tannien, Japan, Brasilien und Südafrika mit dem Ziel gegründet wurde, eine internationale basisorientierte Gewerkschaftsarbeit aufzubauen (Moody 1997: 249ff.; siehe auch Jürgensen sowie López zum TIE Orangensaft-Netzwerk in diesem Band). Das TIE-ExChains-Netzwerk besteht aus fünf Gewerkschaften in Indien, Sri Lanka, Bangladesch und der Türkei.[3] In Deutschland beteiligen sich die Gewerkschaft ver.di und Betriebsrät*innen der Modeeinzelhändler Zara, H&M, Primark und Esprit am Netzwerk.

Anspruch des TIE-ExChains-Netzwerkes ist es, sich in konkreten betrieblichen und gewerkschaftlichen Kämpfen zu unterstützen und gemeinsame internationale Strategien für die Bekleidungsindustrie zu entwickeln. Damit tritt das Netzwerk dem weitverbreiteten Narrativ entgegen, dass aufgrund der Machtverhältnisse in der Bekleidungsindustrie gewerkschaftliche Organisierung vor Ort weder möglich noch zwingend notwendig sei, um Arbeits- und Lebensbedingungen in der Bekleidungsindustrie dauerhaft zu verändern. Das Netzwerk geht davon aus, dass eine solche Transformation nur auf Basis einer Machtverschiebung zwischen Kapital und Arbeit durch die gewerkschaftliche Organisierung der Arbeiter*innen selbst erreicht werden kann: Internationale Kooperation kann dies unterstützen, ersetzt aber nicht die Notwendigkeit der Gegenwehr vor Ort. Probleme wie Arbeitsdruck oder Willkür am Arbeitsplatz werden durch die konkrete Organisation des Arbeitsprozesses verursacht und verlangen Verhandlungsmacht am Arbeitsplatz, um dauerhaft angegangen werden zu können (Fütterer 2016: 212). Eine zentrale Aufgabe im TIE-ExChains-Netzwerk besteht daher darin, geeignete Organisierungsformen, soziale Räume und Strategien zu entwickeln, in denen Arbeiter*innen selbst Akteur*innen der Veränderung werden, indem sie auf unterschiedlichen Ebenen Handlungskapazitäten aufbauen und weitergehende politische Forderungen formulieren. Formen internationaler Kampagnen, die ohne den Aufbau einer Gewerkschaftsbewegung auskommen, werden daher von den Mitgliedern des Netzwerks kritisch gesehen, auch wenn sie in einzelnen konkreten Fällen helfen können, Arbeitsrechtsverletzungen zu beheben (Feldnotizen vom ExChains-Strategietreffen, Colombo, 27.5.2018).

Diskussionen darüber, wie eine alternative gewerkschaftliche Praxis gelingen kann, finden u.a. auf regelmäßigen Treffen in Deutschland und Südasien sowie auf jährlich stattfindenden Treffen des gesamten Netzwerkes statt. Auf diesen Treffen

---

3 Dazu gehören die Garment and Textile Workers Union (GATWU), die Garment and Fashion Workers Union (GAFWU), die Free Trade Zone Workers & General Services Employee's Union (FTZ & GSEU), die National Garment Workers Federation (NGWF) und die DİSK Tekstil İşçileri Sendikası.

werden Strategien diskutiert und neue Organisierungsinstrumente entwickelt, um eine aktive betriebliche Basis aufzubauen. Dabei steht im Vordergrund, ein besseres Verständnis von den eigenen Lebens- und Arbeitsbedingungen zu schaffen, Forderungen zu entwickeln und beides in eine konkrete gewerkschaftliche Praxis zu überführen, mit der Kräfteverhältnisse verändert werden können[4]. Gewerkschaften sollen als soziale Räume entwickelt werden, in denen Erfahrungen von Arbeiter*innen wertgeschätzt, Widersprüche artikuliert und Strategien gebildet werden können (Fütterer 2016: 204). Um der gewerkschaftlichen Praxis im Netzwerk einen gemeinsamen kollektiven Handlungsrahmen zu geben, haben die Mitglieder des TIE-ExChains-Netzwerks eine gemeinsame Verhandlungsstrategie entwickelt, welche gewerkschaftliche Verhandlungsmacht auf der lokalen Ebene durch die Stärkung von Fabrikgewerkschaften, auf der sektoralen Ebene durch die Stärkung der Gewerkschaftsverbände und auf der internationalen Ebene durch die Entwicklung gemeinsamer Forderungen gegenüber den internationalen Managements der Mode- und Einzelhändler aufbauen soll (ExChains 2015a). Die Forderungen und Strategien sollen dabei von den Beschäftigten und ihren Interessenvertretungen in den Bekleidungsfabriken und Modegeschäften entwickelt werden. Forderungen, die auf der lokalen Ebene verhandelbar sind, sollen von den Fabrikgewerkschaften oder Betriebsräten direkt mit dem Fabrikmanagement bzw. mit der Geschäftsleitung verhandelt werden, z.b. bezüglich der Ausstattung mit Arbeitsmitteln oder der räumlichen Infrastruktur. Forderungen, die den gesamten Sektor betreffen, sollen von der jeweiligen Gewerkschaft mit den entsprechenden Akteuren auf regionaler oder nationaler Ebene, wie der nationalen Konzernleitung oder dem Arbeitgeberverband verhandelt werden. Das kann z.b. die wöchentlichen Arbeitsstunden, Löhne oder Bonuszahlungen betreffen.

---

4 Ein Beispiel dafür ist das Arbeitsplatzmapping. Mit dieser Methode identifizieren Arbeiter*innen zunächst gesundheitliche Probleme und deren Ursachen. Diese sind in den meisten Fällen bedingt in der Art der Arbeitsorganisation in ihrem Betrieb, wie beispielsweise durch hohen Arbeitsdruck, Unterbesetzung, unzureichende Bereitstellung von Arbeits- und Hilfsmitteln etc. Die Mappings ermöglichen es den Arbeiter*innen daher, zunächst scheinbar individuelle Probleme der Arbeiter*innen als kollektive Probleme mit strukturellen Ursachen zu verstehen. In einem zweiten Schritt werden die Auswirkungen der Probleme am Arbeitsplatz auf die Lebenswelt der Arbeiter*innen wie beispielsweise auf Familie und Freizeit diskutiert. Somit wird die Sphäre der Lohnarbeit als ein Teil der gesamten Lebenswelt der Arbeiter*innen verstanden und thematisiert. Aufbauend auf den Ergebnissen der Mappings entwickeln die Arbeiter*innen in einem dritten Schritt Forderungen an ihre jeweilige Betriebs- oder Fabrikleitung. Für mehr Informationen siehe ExChains 2015b.

Verhandlungserfolge sollen dabei Stück für Stück Handlungsfähigkeit aufbauen und Beschäftigte darin bestärken, für ihre Interessen solidarisch einzutreten.

Die gemeinsame Entwicklung dieses kollektiven Handlungsrahmens für die Arbeit im TIE-ExChains-Netzwerk hat bereits zu konkreten Veränderungen des strategischen Handlungsrepertoires einiger Mitgliedsgewerkschaften geführt. So hat die Organisierungsarbeit der *Garment and Textile Workers Union* in Indien einen neuen strategischen Fokus bekommen: Während die Organisierungsarbeit vorher räumlich gestreut in möglichst vielen Gemeinden erfolgte, hat GATWU im Rahmen der Verhandlungsstrategie fünf Fokusfabriken ausgewählt, die für H&M und/oder Zara produzieren. Während GATWU früher möglichst viele Mitglieder zu gewinnen suchte, die für einzelne Events wie Demonstrationen mobilisierbar sein sollten, besteht das Ziel nun darin, in den Fokusfabriken eine starke Mitgliederbasis und handlungsfähige Fabrikgewerkschaften aufzubauen, die eigenständig Forderungen verhandeln können. In vier der fünf Fokusfabriken ist dies bereits gelungen. Die solidarische Zusammenarbeit im TIE-ExChains-Netzwerk spielte dabei eine wichtige Rolle:

Als GATWU im Jahr 2014 die Organisierungsarbeit in einer der Fokus-fabriken, welche hauptsächlich für H&M produziert, intensivierte, reagierte das Fabrikmanagement mit der Entlassung von vier Gewerkschaftsaktivisten. Durch die Schaffung einer breiten innerbetrieblichen Öffentlichkeit konnten Betriebsrät*innen von H&M Deutschland erreichen, dass H&M den Zulieferer aufforderte, die entlassenen Aktivist*innen wiedereinzustellen und GATWU als Verhandlungspartner zu akzeptieren. Durch die Intervention von H&M konnten schließlich nicht nur die Wiedereinstellung der Aktivist*innen, sondern auch ein Rückgang der Diskriminierung und Gewalt gegen Gewerkschaftsmitglieder in der Fabrik erreicht werden. Der Erfolg in diesem Kampf stärkte sowohl die Glaubwürdigkeit von GATWU bei den Arbeiter*innen in der Fabrik als auch ihre Verhandlungsposition gegenüber dem Management. Während das Management vor der Intervention von H&M jegliche Kommunikation mit Repräsentant*innen der GATWU verweigert hatte, waren sie in nachfolgenden Konflikten bereit zu Gesprächen (Interview mit GATWU-Präsidentin, Bangalore, 12.04.2017). Solidarität funktioniert im TIE-ExChains-Netzwerk dabei ebenfalls von Süden nach Norden: Als im Sommer 2017 drei Betriebsratsvorsitzende von deutschen H&M-Filialen entlassen wurden, publizierten GATWU, die *National Garment Workers Federation* (NGWF) aus Bangladesh und die DİSK *Tekstil İşçileri Sendikası* aus der Türkei öffentliche Solidaritätsbekundungen. Die NGWF sandte zudem einen Brief an das Produktionsbüro von H&M in Bangladesch, in dem sie die Wiedereinstellung der gekündigten Betriebsratsvorsitzenden forderte (ExChains 2017a).

Die Entwicklung und Verhandlung von Forderungen auf der Fabrikebene soll
in der Verhandlungsstrategie mit dem Entwickeln und Verhandeln gemeinsamer
Forderungen von Gewerkschaften und Betriebsräten auf der internationalen
Ebene verbunden werden. Das TIE-ExChains-Netzwerk versucht daher neue
Räume für gemeinsame Verhandlungen von lokalen bzw. sektoralen Gewerkschaften in Bekleidungsindustrie und Einzelhandel mit Konzernen wie H&M,
Inditex, Primark und Esprit zu erschließen. Einen ersten Schritt in diese Richtung
unternahmen Vertreter*innen von GATWU, NGWF und des H&M Gesamtbe-
triebsrates im Juni 2017 mit der Übergabe eines gemeinsamen Forderungskom-
muniqués an die deutsche Konzernleitung von H&M. In dem Kommuniqué
forderten die unterzeichnenden Parteien H&M dazu auf, den Einfluss der Einkaufspraktiken des Konzerns auf die Arbeitsbelastung der Arbeiter*innen in der
Bekleidungsproduktion unter Einbezug lokaler Gewerkschaften zu untersuchen
und Verhandlungen über Produktionsziele zwischen lokalen Gewerkschaften
und Fabrikmanagements einzuleiten. Für den Einzelhandel forderten die Mitglieder des Netzwerks unter anderem die Unterlassung von Arbeit auf Abruf,
Maßnahmen zur Förderung der Vereinbarkeit von Arbeit und Familie sowie die
Abschaffung prekärer Beschäftigungsformen (ExChains 2017b). Die Übergabe
des Kommuniqués markierte einen ersten Schritt hin zum Aufbau triangulärer
Verhandlungsstrukturen zwischen lokalen Gewerkschaften, Zulieferern und
Konzernen.

5. Herausforderungen bei der Umsetzung der Verhandlungsstrategie

Während die Entwicklung der Verhandlungsstrategie den strategischen Fokus der
Gewerkschaften im ExChains-Netzwerk insgesamt stärker auf die Organisierung
in strategisch ausgewählten Fabriken gelenkt und die Mode- und Einzelhan-
delskonzerne als zusätzliche Verhandlungspartner in den Fokus gerückt hat, so
haben sich auf der Ebene der konkreten Umsetzung der Strategie verschiedene
Herausforderungen gezeigt. Die wichtigste Herausforderung betrifft die internen
Organisationspraktiken: Die Umsetzung der Verhandlungsstrategie erfordert den
Aufbau demokratischer und basisorientierter Gewerkschaftsstrukturen, die die
Entwicklung der Kommunikations-, Führungs- und analytischen Kompeten-
zen der Mitglieder fördern. Entscheidungs- und Strategieprozesse sind bei den
Gewerkschaften im TIE-ExChains-Netzwerk bisher tendenziell bei der Gewerk-
schaftsführung konzentriert. Dies ist insbesondere bei den Gewerkschaften der
Fall, die neben den transnationalen Beziehungen im TIE-ExChains-Netzwerk

auch noch Beziehungen im Rahmen von TAN unterhalten, z.B. im Rahmen von Projekten oder Kampagnenstrategien. Neu entwickelte basisorientierte Organisierungsinstrumente wurden von den Gewerkschaftsführungen bisher nur vereinzelt genutzt und zur Entwicklung von Forderungen auf Fabrikebene eingesetzt. Sie wurden bislang jedoch nicht in eine breitere Debatte über die grundsätzlichen strategischen Schwerpunkte der Gewerkschaften eingebettet. Um die demokratischen Strukturen innerhalb der Gewerkschaften zu stärken und handlungsfähige, selbst-organisierte Fabrikgewerkschaften aufzubauen, müssen sich die Gewerkschaften der Herausforderung stellen, interne Machtverhältnisse und Hierarchien zu verändern. Mit diesem Ziel hat beispielsweise die NGWF einen Organisationsveränderungsprozess begonnen. Gemeinsam mit der TIE Asien-Koordinatorin analysiert die NGWF in einer Reihe von Workshops mit unterschiedlichen Akteuren innerhalb der Gewerkschaft Hürden für den Aufbau von Verhandlungsmacht auf Fabrikebene und entwickelt Strategien für die Einbindung von Fabrikaktivist*innen in die Strategiebildungs- und Entscheidungsprozesse der Gewerkschaft.

Die Transformation interner Organisationspraktiken hin zu demokratischen und basisorientierten Strukturen erfordert neben der Transformation interner Machtverhältnisse auch eine Transformation des Finanzierungsmodells: Wie viele der Gewerkschaften im Bekleidungssektor in Asien finanzieren die Gewerkschaften im TIE-ExChains-Netzwerk ihre Arbeit zumindest teilweise über Projektgelder von NGOs, mit denen sie im Rahmen von TAN in Verbindung stehen. Dies schränkt die Gewerkschaft ein, selbst strategische Schwerpunkte unter Einbeziehung der Mitglieder und Aktivist*innen auf der Fabrikebene zu setzen. Projektdokumentation und Fördermittelverwaltung binden zeitliche Ressourcen der hauptamtlichen Organizer*innen, welche den Fokus ihrer Arbeit auf die Implementierung und Dokumentation von Projektaktivitäten legen müssen.

Vor diesem Hintergrund besteht aktuell ein wichtiger Schritt darin, die Zahl der zahlenden Mitglieder zu erhöhen und gleichzeitig ein Bewusstsein unter den Mitgliedern für die Notwendigkeit und die Verwendung der Mitgliedsbeiträge zu schaffen. Der jährliche Mitgliedsbeitrag der GATWU beispielsweise beträgt mit 60 Rupien weniger als 1% des Monatsgehalts einer Fabrikarbeiterin. Um die Bereitschaft der Mitglieder zu schaffen, höhere Beiträge zu zahlen, sind jedoch wiederum Veränderungen in den internen Organisationsstrukturen und des strategischen Handlungsrepertoires notwendig. Die langjährige Praxis basierend auf Kampagnenstrategien, bei denen die Macht zur Veränderung nicht von organisierten Beschäftigten ausging, hat das politische Verständnis der Arbeiter*innen geschwächt, die Gewerkschaften als ihre Organisation zu begreifen. Um den Anteil der Finanzierung durch Mitgliedsbeiträge zu erhöhen, ist es daher notwendig, die Gewerkschaftsmitglieder stärker in Strategiebildungs- oder Verhandlungsprozesse einzubinden und Räume zu schaffen, in denen sie ihre Kompetenzen weiter entwickeln können. Gleichzeitig stärkt die Finanzierung durch Mitgliedsbeiträge die demokratischen Strukturen innerhalb der Gewerkschaft, da die Gewerkschaftsführung dann primär gegenüber den Mitgliedern und nicht, wie bei Projekt- oder Kampagnengeldern im Rahmen von TAN, primär dem Mittelgeber rechenschaftspflichtig ist.

6. Fazit

Wir haben in diesem Artikel diskutiert, warum Kampagnenstrategien im Rahmen von *Transnational Advocacy* Netzwerken bisher wenig zur Stärkung von lokalen Gewerkschaften in Bekleidungsproduktionsländern beigetragen haben und mit der Verhandlungsstrategie des TIE-ExChains-Netzwerks einen alternativen Ansatz für eine solidarische Zusammenarbeit von Akteuren entlang der Wertschöpfungskette basierend auf dem Prinzip der Selbst-Organisation vorgestellt. NGOs aus dem Globalen Norden sind seit den 1990er Jahren zu einem wichtigen Akteur in der Governance von globalen Bekleidungsproduktionsnetzwerken geworden, da sie durch öffentliche Kampagnen Einfluss auf die Ausgestaltung von Regeln und Mechanismen sozialer Regulierung nehmen. Gewerkschaften aus den Produktionsländern arbeiten vor diesem Hintergrund mit NGOs aus dem Globalen Norden zusammen, um für Arbeitsrechtsverletzungen auf der Fabrikebene öffentliche Aufmerksamkeit auf internationaler Ebene zu generieren und eine Intervention von Mode- und Einzelhändlern zu erreichen. Studien und empirische Daten aus unseren Interviews zeigen jedoch, dass Kampagnen zwar dazu beigetragen haben, einzelne Arbeitsrechtsverletzungen zu beheben, jedoch lokale Gewerkschaften nicht nachhaltig stärken konnten. Um die Organisation des Arbeitsprozesses und die Arbeitsbedingungen dauerhaft zu verändern, ist es notwendig die Machtbalance zwischen Arbeit und Kapital zu verschieben. Die kann nur geschehen, indem Gewerkschaften organisatorische Macht in Form einer starken, handlungsfähigen Mitgliederbasis und Führung in den Fabriken aufbauen.

Gewerkschaften entlang der Bekleidungswertschöpfungskette zu stärken ist das Ziel der Verhandlungsstrategie des TIE-ExChains-Netzwerks. Betriebsräte aus dem deutschen Modeeinzelhandel sowie Gewerkschaften aus der südasiatischen Bekleidungsproduktion arbeiten gemeinsam daran, Verhandlungsmacht sowohl gegenüber Managements von Bekleidungsfabriken als auch gegenüber

Modeeinzelhandelskonzernen aufzubauen. Dies bedeutet für viele der Gewerkschaften eine profunde Neuorientierung des kollektiven Handlungsrahmens weg von kampagnenbasierten Strategien und hin zu einem strategischen Fokus auf den Aufbau organisatorischer Macht. Dies bringt eine Reihe von Herausforderungen mit sich. Kampagnenstrategien im Rahmen von TAN und der Aufbau nachhaltiger Verhandlungsmacht erfordern unterschiedliche interne Organisationspraktiken von Gewerkschaften. Während in TAN die strategische Leitung von Kampagnen den NGOs aus dem Globalen Norden ggf. unter Einbezug der englischsprachigen Gewerkschaftsführung obliegt, basiert die Verhandlungsstrategie auf der Organisation von Aktivist*innen auf Fabrikebene. Diese sollen eigenständig Forderungen entwickeln und diese zusammen mit ihren Erfahrungen am Arbeitsplatz in die gesamtstrategischen Debatten und Entscheidungsprozesse der Gewerkschaft mit einbringen. Der Aufbau von gewerkschaftlicher Handlungsmacht entlang der Wertschöpfungskette verlangt also eine Transformation von Gewerkschaften nicht nur hinsichtlich ihres kollektiven Handlungsrahmens, sondern auch hinsichtlich ihres strategischen Repertoires und ihrer internen Organisationspraktiken: Diese müssen Arbeiter*innen langfristig zu aktiven Mitgliedern in der Gewerkschaft machen und ihre Handlungskapazitäten fördern.

Inwieweit die Verhandlungsstrategie des ExChains-Netzwerks erfolgreich sein wird, hängt somit einerseits von der Bereitschaft der Mitglieder ab, ihre Praktiken und internen Strukturen einer kritischen Analyse zu unterziehen. Andererseits bedarf es der Schaffung von Räumen und Strukturen, in denen lokale Gewerkschaften als aktive Verhandlungspartner und Strategiemacher nicht nur auf lokaler Ebene, sondern auch auf internationaler Ebene agieren können. Hier bieten sich auch Anknüpfungspunkte für die Zusammenarbeit mit NGOs aus dem Globalen Norden an: Im Rahmen einer Kooperation, die auf den Prinzipien der Selbst-Organisation und Ermächtigung der Gewerkschaften basiert, können NGOs als einflussreiche Akteure im Globalen Bekleidungsproduktionsnetzwerk zur Öffnung von Räumen für den Aufbau von gewerkschaftlicher Gegenmacht beitragen.

Literatur

Anner, Mark (2015): Social Downgrading and Worker Resistance in Apparel Global Value Chains, in: Newsome, Kirsty/Taylor, Phil/Bair, Jennifer/Rainnie, Al (Hg.): Putting Labour in its place. Labour Process Analysis and Global Value Chains, London, 152-170.

Barrientos, Stephanie (2007): Gender, codes of conduct, and labor standards in global production systems, in: van Staveren, Irene/Elson, Diane/Grown, Caren/Çağatay, Nilüver (Hg.): The feminist economics of trade, London, 239-256.

Choudry, Aziz/Kapoor, Dip (2013): Introduction. NGOization: Comlicity, Contradictions and Prospects, in: Choudry, Aziz/ Kapoor, Dip (Hg.): NGOization. Complicity, contradictions and prospects, London [u.a.], 1-23.

Dicken, Peter (2015): Global shift: mapping the changing contours of the world economy, New York.

Egels-Zandén, Niklas/Merk, Jeroen (2014): Private Regulation and Trade Union Rights: Why Codes of Conduct Have Limited Impact on Trade Union Rights, in: Journal of Business Ethics 123(3), 461-473.

Egels-Zandén, Niklas/Lindberg, Kajsa/Hyllman, Peter (2015): Multiple institutional logics in union-NGO relations. Private labor regulation in the Swedish Clean Clothes Campaign, in: Business Ethics 24(4), 347-360.

Esbenshade, Jill (2004): Monitoring Sweatshops. Workers, Consumers, and the Global Apparel Industry, Philadelphia.

Evans, Peter (2014): National Labor Movements and Transnational Connections: Global Labor's Evolving Architecture Under Neoliberalism. IRLE Working Paper No. 116-14, Berkeley.

ExChains (2015a): Internationale Solidarität zwischen Beschäftigten entlang der Textil-, Bekleidungs- und Einzelhandelskette. Online: http://www.exchains.org/exchains_newsletters/2015/ExChains_Strategie_2015_screen.pdf

– (2015b): Basisgewerkschaften stärken, Verhandlungsmacht aufbauen! Gewerkschaftliche Organisierung anhand von Gesundheitsthemen. Online: http://www.exchains.org/exchains_newsletters/2015/exchains_NL_6_2015_screen.pdf

– (2017a): ExChains Nachrichten 7/2017: Solidarität mit deutschen H&M-Beschäftigten. Online: www.exchains.org/exchains_newsletters/2017/ExChains_Nachrichten_7_2017_GL.pdf

– (2017b): ExChains Nachrichten 6/2017: Gemeinsam sind wir stärker! Besuchsreise im Zeichen solidarischer Gewerkschaftsarbeit entlang der globalen Zulieferkette für Bekleidung. Online: http://www.exchains.org/exchains_newsletters/2017/exchains_NL_6_2017_72dpi.pdf

Fair Wear Foundation (FWF) (2015): Bangladesh Country Study 2016. Online: https://www.fairwear.org/wp-content/uploads/2016/06/BangladeshCountryStudy2016.pdf

– (2016): India Country Study 2016. Online: https://www.fairwear.org/wp-content/uploads/2016/09/CSIndia2016-1.pdf

Fütterer, Michael (2016): Gewerkschaft als internationale soziale Bewegung: Das ExChains-Netzwerk in der Bekleidungsindustrie, in: PERIPHERIE Nr. 142/143, 36, 201-223.

Gereffi, Gary (1994): The Organization of Buyer-Driven Global Commodity Chains: How U.S. Retailers Shape Overseas Production Networks, in Gereffi, Gary/Korzeniewicz, Miguel (Hg.): Commodity Chains and Global Capitalism, Westport, 95-122.

Henderson, Jeffrey/Dicken, Peter/Hess, Martin/Coe, Neil/Yeung, Henry Wai-Chung (2002): Global production networks and the analysis of economic development, in: Review of International Political Economy 9(3), 436-464.

Keck, Margaret E./Sikkink, Kathryn (1999): Transnational advocacy networks in international and regional politics, in: International Social Science Journal 51(159), 89-101.

López Ayala, Tatiana (2018): Multi-level Production of the Local Labour Control Regime in the Bangalore Readymade Garment Cluster, in: Butsch, Carsten//Follmann, Alexander/Müller, Judith (Hg.): Aktuelle Forschungsbeiträge zu Südasien. 8. Jahrestagung des AK Südasien, 19./20. Januar 2018, Köln, Berlin, 20-23.

Lund-Thomsen, Peter/Nadvi, Khalid (2010): Global value chains, local collective action and corporate social responsibility. A review of empirical evidence, in: Business Strategy and the Environment 19(1), 1-13.

Merk, Jeroen (2009): Jumping Scale and Bridging Space in the Era of Corporate Social Responsibility. Cross-border labour struggles in the global garment industry, in: Third World Quarterly 30(3), 599-615.

Moody, Kim (1997): Workers in a lean world. Unions in the international economy, London/New York.

Ross, Stephanie (2007): Varieties of Social Unionism. Towards a Framework for Comparison, in: Just Labour: A Canadian Journal of Work and Society 11 (Autumn 2007), 16-34.

Sum, Ngai-Ling/Ngai, Pun (2005): Globalization and Paradoxes of Ethical Transnational Production: Code of Conduct in a Chinese Workplace, in: Competition & Change, 9(2), 181-200.

„Selbstorganisation und solidarische Zusammenarbeit von Beschäftigten in der Bekleidungswertschöpfungskette stärken"

Interview mit der H&M Kollegin Gudrun Willner über ihr Engagement im TIE-ExChains-Netzwerk und die Bedeutung für ihre Arbeit als Betriebsrätin

Gudrun, seit wann arbeitest du bei H&M und wie bist du dazu gekommen, dich im Betriebsrat zu engagieren?

Ich arbeite seit April 2002 bei H&M. Ich habe erst als Store-Controllerin und dann als Führungskraft gearbeitet. Als Führungskraft hat H&M mich auch zu einigen Fortbildungsseminaren geschickt. Eins davon war zum Thema „Wie verhindere ich Betriebsräte?". Das fand ich richtig schräg, denn gleichzeitig habe ich gewusst, dass es bei uns in der Filiale auch schon unter der Decke brodelte. Ich hatte damals den Auftrag von der Filialleitung immer gleich zu melden, wenn ich das Gefühl hatte, dass Gefahr besteht, dass Kolleg*innen einen Betriebsrat gründen. Aber da ich einen sehr guten Kontakt zu meinen Kolleg*innen hatte, haben die mich angerufen und gesagt: „Gudrun, wir haben vor, einen Betriebsrat zu gründen. Wärst du bereit da mitzumachen?" Da habe ich gesagt: „Ja, natürlich." Somit bin ich also von der einen Seite auf die andere gesprungen, was auch der richtige Weg war. Ich habe es nie bereut, auch wenn ich dann natürlich ganz schnell keine Führungskraft mehr war. Ich bin dann auch recht schnell in den H&M Gesamtbetriebsrat (GBR) gewählt worden und bin so nun mittlerweile schon zehn Jahre als Betriebsrätin aktiv.

Was sind aktuell Themen in deiner Betriebsratsarbeit?

Momentan haben wir bei H&M große Probleme mit Filialschließungen, das beschäftigt uns gerade vor allem im GBR. Unser Store in Sindelfingen ist aber aktuell nicht von Schließung bedroht. Bei uns in der Filiale ist das große Thema momentan, wie in vielen anderen Filialen auch, der hohe Arbeitsdruck. Alle Mitarbeiter*innen sollen zeitlich flexibel sein und am besten rund um die Uhr sieben Tage die Woche zur Verfügung stehen. Vor allem alleinerziehende Mütter stehen unter Druck. Von denen verlangen sie spät zu arbeiten, d.h. zu Zeiten, wo sie keine Kinderbetreuung haben. Dabei sagen sie dann immer „Wir zwingen hier ja niemand". Aber wenn dann das siebte Mitarbeitergespräch stattfindet, wo es immer noch heißt „Wir brauchen andere Verfügbarkeiten" und „Wir wollen ja nicht mit Aufhebungsverträgen arbeiten", dann kommt das für mich schon einer Drohung gleich. Es gibt dann natürlich auch Kolleg*innen, die aufgeben, die kündigen, die lieber arbeitslos sind, als unter so einem Druck zu stehen. Das finde ich ganz schlimm.

Aktuell kämpfen wir gegen eine neue Arbeitszeitregelung, die der Arbeitgeber einführen will: Wir sollen in Zukunft immer drei Wochen am Stück in der Spätschicht arbeiten und dann eine Woche in der Frühschicht. Einen freien Samstag gibt es nur in der einen Woche mit der Frühschicht. Die Gefährdungsbeurteilung, die wir in unserer Filiale durchgeführt haben, hat aber gezeigt, dass Spätschicht in Kombination mit Samstagsarbeit für die Kolleg*innen besonders belastend ist. Sie brauchen dann einfach das Wochenende als Erholungszeit.

Du setzt Dich aber nicht nur für Gesundheit am Arbeitsplatz in deiner eigenen Filiale ein, sondern engagierst Dich auch im TIE-ExChains-Netzwerk für gute Arbeitsbedingungen in der Bekleidungsproduktion in Südasien. Wie kamst Du dazu?
Dazu kam ich eigentlich aus reiner Neugierde. Als ich noch als Führungskraft gearbeitet habe, hatten wir auch Schulungen zu den Produktionsbedingungen bei H&M. Da wurde uns immer vermittelt „Es ist alles toll in unseren Produktionsstätten in Asien, den Arbeiter*innen geht es gut". Ich habe mich dann immer gefragt, ob das wohl wirklich so ist. Als ich dann über ver.di Heiner Köhnen von TIE kennenlernte, der mit dem ExChains-Netzwerk regelmäßig Reisen mit Betriebsrät*innen nach Südasien organisierte, war mir klar, dass ich bei so einer Reise auch mal dabei sein wollte. Ich habe dann an Reisen nach Indien, Sri Lanka und Bangladesch teilgenommen und konnte mir mit eigenen Augen ein Bild von der Lebens- und Arbeitssituation der Kolleg*innen in den Fabriken machen. Am Anfang war ich schon ziemlich überrascht, dass nichts von dem stimmt, was sie uns bei H&M erzählen. Ich bin dann auf die Betriebsversammlungen von anderen Filialen gegangen und habe den Kolleg*innen berichtet, was ich gesehen habe. Der Arbeitgeber fand das natürlich nicht so gut. Er hat gesagt, er möchte nicht, dass ich auf Betriebsversammlungen von meinem privaten Urlaub erzähle und wollte es mir verbieten. Das gab mir aber erst recht den Ansporn weiterzumachen.

Auf den Reisen haben wir gemeinsam mit den Kolleg*innen aus Asien auch Körpermappings[1] durchgeführt. Da wurde ganz deutlich, wie sehr wir alle mit

---

1 Für einer Erläuterung der Methode der Körpermappings siehe Fußnote auf Seite 184 im Beitrag von Fütterer und López.

ähnlichen Problemen zu kämpfen haben: Rücken- und Gliederschmerzen, weil wir lange Arbeitstage haben und kaum Pausen machen können und immer die Angst, nächsten Monat nicht zu wissen, wie wir über die Runden kommen werden. Dahinter steht hier wie auch in Asien die Profitlogik von H&M und von den anderen großen Modeunternehmen. Wenn wir also nachhaltig etwas verändern wollen, können wir das nur zusammen.

Die Körpermappings nutzt du auch hier in Deutschland für deine Betriebsratsarbeit: Ihr habt in eurer Filiale mit Hilfe von Mappings selbst eine Gefährdungsbeurteilung durchgeführt. Warum habt ihr euch dafür entschieden und wie habt ihr das Mapping konkret genutzt?

Der Arbeitgeber ist in Deutschland gesetzlich dazu verpflichtet, in regelmäßigen Abständen eine Gefährdungsbeurteilung durchzuführen, um Gefährdungen für die Gesundheit und Sicherheit der Mitarbeiter*innen am Arbeitsplatz festzustellen. Der Betriebsrat hat dabei ein Mitspracherecht, wenn es darum geht die konkrete Form für die Durchführung der Gefährdungsbeurteilung festzulegen. Wir haben dann im H&M GBR gesagt, wir wollen die Erfassung von Problemen in unseren Stores nicht einfach nur irgendwelchen Expert*innen überlassen, die vom Arbeitgeber beauftragt werden, sondern wir wollen selbst aktiv werden. Wir wissen schließlich am besten, was uns krank macht. Und bei der Mapping-Methode, die TIE entwickelt hat, geht es ja genau darum.

Die erste Herausforderung war dann aber erst einmal die Kolleg*innen aus dem Store von der Idee zu überzeugen, selbst eine Gefährdungsbeurteilung durchzuführen. Die konnten mit dem Thema Gesundheit am Arbeitsplatz erst mal nicht viel anfangen. Um die Kolleg*innen zu überzeugen, haben wir Heiner Köhnen von TIE zu einer Betriebsversammlung eingeladen, damit er mit den Kolleg*innen ein Mapping durchführt. Zur Einführung sollten sich die Kolleg*innen erst einmal im Raum den Begriffen Arbeit, Gesundheit und Leben zuordnen und überlegen, was sie am wichtigsten fanden. Faszinierend fand ich, dass am Ende sogar die Filialleitung, die eigentlich immer gegen uns als Betriebsrat war, mitgemacht hat. Da ist dann eine richtig rege Diskussion entstanden und alle Kolleg*innen haben auf einmal gemerkt: „Okay, Moment, die Themen Gesundheit und Arbeit sind wichtig für mein Leben". In dem anschließenden Mapping zeigte sich dann, dass für die meisten Kolleg*innen vor allem psychische Belastungen durch die Arbeit im Vordergrund stehen: der ganze Stress und die ständige Unsicherheit, wann und wie oft, oder sogar ob man nächsten Monat noch arbeitet, machen auf Dauer krank.

Wir haben daher dann gemeinsam entschieden zunächst eine psychische Gefährdungsbeurteilung durchzuführen. Dafür haben wir dann noch einmal ein

Mapping durchgeführt, bei dem wir aber nicht nur Probleme gesammelt haben, sondern auch schon überlegt haben, was wir vom Arbeitgeber brauchen, um diese Probleme zu lösen. Diese Forderungen haben wir dann mit in die Einigungsstelle genommen.

Im TIE-ExChains-Netzwerk geht es darum, dass sich Beschäftigte entlang der Wertschöpfungskette gegenseitig in ihren Kämpfen für bessere Arbeitsbedingungen unterstützen. Welche Erfahrungen hast Du bisher mit der solidarischen Zusammenarbeit im Netzwerk gemacht?
Wir haben durch die Zusammenarbeit in den letzten Jahren schon einige Erfolge erzielen können. Als wir 2014 bei einem ExChains-Treffen in Bangalore waren, gab es zum Beispiel gerade einen Vorfall bei der Garment and Textile Workers Union (GATWU) in Bangalore, Indien. Drei Kollegen hatten in einer Fabrik eine Betriebsgewerkschaft gegründet und waren dann unter falschen Anschuldigungen vom Management gefeuert worden und wurden sogar polizeilich gesucht. Als wir damals zurück nach Deutschland gereist sind, habe ich im Monatsgespräch beim GBR der deutschen Geschäftsleitung von H&M, meiner Filialgeschäftsleitung und allen Kolleg*innen von dem Vorfall erzählt. Zusammen mit den Kolleg*innen von der GATWU und TIE haben wir dann ein Forderungspapier entwickelt, das wir der Geschäftsleitung übergeben haben. Darin haben wir gefordert, dass das Management die Strafanzeige gegen die Kolleg*innen fallen lässt, dass sie sofort wieder eingestellt werden und dass sie in der Fabrik frei Mitarbeiter*innen organisieren dürfen. Von H&M Deutschland kam dann natürlich zuerst nur die übliche Reaktion: „Da können wir gar nichts machen, da ist der Verantwortungsbereich der Konzernleitung in Schweden". Aber wir haben nicht locker gelassen und weiter intern Druck gemacht, nicht nur in meiner Filiale und beim GBR, sondern auch noch in vielen anderen Filialen. So lange bis H&M Deutschland schließlich die Konzernleitung in Schweden überzeugt hat, sich bei dem Zulieferer für die Forderungen einzusetzen. Und wir haben es im Endeffekt geschafft: Die Kollegen sind wieder eingestellt worden und die Strafverfolgung wurde eingestellt. Das war für uns und vor allem natürlich für die Kolleg*innen von der GATWU in Indien ein toller Erfolg. Für uns hier in Deutschland war es eine wichtige Erfahrung, die uns darin bestärkt hat, auch mit eigenen Problemen auf die Geschäftsleitung zuzugehen. Denn wir haben gemerkt, dass sie irgendwann reagieren müssen, wenn wir nur genügend Druck machen.

Solidarität funktioniert im TIE-ExChains-Netzwerk ja aber auch andersherum: Als in 2017 drei Betriebsratsvorsitzende in H&M-Filialen gekündigt wurden, gab

*es zahlreiche Solidaritätserklärungen der Gewerkschaften aus Asien. Wie haben
die Kolleg*innen hier in Deutschland das wahrgenommen?*
Sie waren eigentlich nicht überrascht, sie waren erfreut über die ganzen Brie-
fe, Fotos und Videos mit den Botschaften der Kolleg*innen aus Asien. Und sie
waren auch stolz darauf, dass wir so eine Vernetzung haben und dass es da so
einen großen Zusammenhalt gibt. Das gibt uns das Gefühl „Wir sind hier nicht
allein, wenn bei uns etwas passiert. Wir haben in der Produktion Kolleg*innen,
die sich für uns einsetzen und andersrum genauso." Das stärkt, das gibt Kraft.
Es gab ja darüber hinaus auch viele Solidaritätsbekundungen von Kolleg*innen
hier in Deutschland aus anderen Unternehmen, von Zara, Esprit und Primark
zum Beispiel, die auch im TIE-ExChains-Netzwerk organisiert sind. Zu wissen,
dass man nicht alleine kämpft, nimmt einem ein bisschen die Angst davor, selbst
auch einmal in so eine Situation zu kommen.

*Du bist nicht nur Betriebsrätin, sondern auch aktives ver.di-Mitglied. Wie ist eure
Arbeit im Netzwerk auch in der Gewerkschaft verankert?*
Mit ver.di sind wir als Betriebsräte natürlich ständig im direkten Kontakt. Wir
haben bei ver.di den Arbeitskreis Junge Mode, den mit Damiano Quinto auch
ein ehemaliger Kollege von H&M koordiniert. Dort ist die Zusammenarbeit
im TIE-ExChains-Netzwerk auch immer ein Thema. Unsere GBR-Vorsitzende
Saskia Stock ist schon lange Mitglied im Arbeitskreis Junge Mode. Sie hat daher
die Zusammenarbeit entlang der Wertschöpfungskette auch zu einem Schwer-
punktthema im GBR gemacht.

*Zu guter Letzt noch die wichtigste Frage: Wenn ich als Betriebsrätin oder Beschäftig-
ter in einem Modeunternehmen daran interessiert bin, im TIE-ExChains-Netzwerk
mitzuarbeiten, was kann ich tun?*
Wir haben ungefähr einmal im Quartal hier in Deutschland TIE-ExChains-
Seminare mit den aktiven Betriebsrät*innen. Das ist immer eine gute Möglichkeit, um das Netzwerk und die Arbeit kennenzulernen. Dort machen wir auch
unsere strategische Planung und bereiten gemeinsame Aktionen in den Stores vor.
Momentan arbeiten wir beispielsweise an einer Strategie, um noch viel stärker
mit den Mappings zu arbeiten und diese als ein Instrument nicht nur für die
Gefährdungsbeurteilung, sondern auch für die Organisierung der Kolleg*innen
zu nutzen. Außerdem fahren wir im Netzwerk bereits aktive Betriebsräte auf
Anfrage auch auf Betriebsversammlungen in anderen Filialen, nicht nur von
H&M, sondern auch von anderen Unternehmen wie Primark, Zara und Esprit,
und berichten dort über das TIE-ExChains-Netzwerk. Allen, die sich einen

Überblick über die Themen und Aktivitäten im Netzwerk verschaffen möchten, kann ich außerdem unsere Homepage empfehlen.

Vielen Dank, Gudrun, für das Interview.

Das Interview führte Tatiana López.

Für weitere Informationen zum Tie ExChains-Netzwerk siehe:
http://www.exchains.org/
https://handel-bawue.verdi.de/themen/exchains

Carmen Ludwig / Hendrik Simon

Solidarität statt Standortkonkurrenz
Transnationale Gewerkschaftspolitik entlang der globalen Automobil-Wertschöpfungskette

Abstract

Während sich kapitalgesteuerte Produktion weitgehend einzelstaatlicher Regulierung entzieht, sind Gewerkschaften in ihren Handlungskompetenzen häufig auf nationale Regulierungsräume begrenzt. Zugleich werden sie aber von den Schattenseiten einer ungleich globalisierten Welt herausgefordert. Dieses asymmetrische Verhältnis von entgrenzter Produktion und weitgehend begrenzter Solidarität erfordert neue gewerkschaftliche Ansätze und Formen transnationaler Solidarität entlang globaler Wertschöpfungsketten. Der vorliegende Beitrag entwickelt dieses Argument ausgehend von Initiativen der IG Metall und der südafrikanischen Metallarbeitergewerkschaft Numsa zur Stärkung einer betriebsbasierten transnationalen Zusammenarbeit in der Automobilindustrie.

Beschäftigte und Gewerkschaften auf der ganzen Welt sehen sich mit einer massiven Umstrukturierung nationaler und globaler Wertschöpfungsketten konfrontiert. Wurde der Begriff „Wertschöpfungskette" ursprünglich verwendet, um die Beschaffungs- und Produktionsprozesse innerhalb eines Unternehmens zu beschreiben, ist damit heute die gesamte Produktionskette von der Rohstoffversorgung über die Entwicklung, Herstellung, Verarbeitung und Vermarktung eines Produktes gemeint. In dieser semantischen Bedeutungsveränderung der „Wertschöpfungskette" spiegelt sich zugleich eine ganz grundlegende Transformation in der Automobilproduktion wider, die Teil einer allgemeinen Restrukturierung der globalen Wirtschaft in den letzten dreieinhalb Jahrzehnten ist (Giddens 1990, Beck 1997, Dicken 2010, Kocka 2013).

Waren vor rund 30 Jahren Produktentwicklung, Montage, Vertrieb und Marketing eines Produktes in der Regel in ein einzelnes Unternehmen integriert, so bestehen Wertschöpfungsketten heute aus einer Vielzahl von Zulieferer- und Dienstleistungsunternehmen, die einzelne Teilschritte der Produktionskette übernehmen. Es ist also, mit anderen Worten, zu einer Fragmentierung der Produktionsprozesse gekommen. An die Stelle des gesamtproduzierenden Betriebs als kohärente arbeitspolitische Einheit (Brinkmann/Nachtwey 2013, vgl. auch Simon 2016) tritt auf lokaler wie auf globaler Ebene die „fragmentierte Fabrik" (Durand 2007), deren ausdifferenziertes Wertschöpfungs- und Organisationssystem der Steuerungslogik globaler Märkte folgt.

Diese von *outsourcing* und *offshoring* begleitete Restrukturierung der Automobilindustrie, die insbesondere seit den 1990er Jahren deutlich zugenommen hat (Pries 1999, Meißner 2012, Dörre 2014), wird besonders vehement von den weltweit agierenden Fahrzeugherstellern (OEM's – *Original Equipment Manufacturer*, im Folgenden auch „Endhersteller" genannt) vorangetrieben. Sie haben sich, um es hier bereits thesenhaft vorwegzunehmen, als dominante Machtzentren nationaler sowie globaler Wertschöpfungsketten etabliert. Zentraler Bestandteil ihrer auf Gewinnmaximierung und Schwächung gewerkschaftlicher Organisierungsmacht abzielenden Strategien ist das Modell der „schlanken Produktion" *(lean production).* Letztere zielt auf eine zeitliche und räumliche Flexibilisierung des Produktionsapparates – und damit der Arbeit (Bieling/Dörre/Steinhilber/ Urban 2001) – zugunsten betriebswirtschaftlicher Effizienzsteigerung ab.

In Hinblick auf die Grenzen und Chancen transnationaler und globaler gewerkschaftlicher Solidarisierung zeigt sich ein für globale Wertschöpfungsketten spezifischer Doppeleffekt der Globalisierung von Arbeitnehmermacht: Einerseits führt die globale Restrukturierung von ganzen Produktionsnetzwerken wie beschrieben zu einer Fragmentierung der Arbeit bei gleichzeitiger Effizienz- und Wettbewerbssteigerung. Andererseits ist die eng verzahnte Just-in-Time (JIT) Produktion abhängig vom reibungslosen Funktionieren der einzelnen Produktionsprozesse und damit in besonderem Maße störanfällig. Gezielte Arbeitsniederlegungen an strategischen Schnittstellen können große Teile des Wertschöpfungskette beeinträchtigen oder lahmlegen (Bieler et al. 2015, Webster et al. 2008, Silver 2003, Herod 2000).

Diese Paradoxie und das in Gewerkschaften bislang nur unzureichende Wissen über die (sich stetig wandelnde) Struktur und Verfasstheit globaler Wertschöpfungsketten unterstreicht die Notwendigkeit, neue gewerkschaftliche Ansätze transnationaler Gegenmacht entlang dieser Produktionsnetzwerke zu entwickeln (Fichter 2015, Ganter/Mund/Wannöffel 2010, Fichter/Mund 2015). Ganz in diesem Sinne widmen sich seit 2016 gemeinsame Initiativen der IG Metall und der *National Union of Metalworkers of South Africa* (Numsa) dem Aufbau gewerkschaftlicher Netzwerke entlang der Wertschöpfungskette Automobil. Sowohl IG Metall als auch Numsa haben in Beschlüssen die Notwendigkeit betont, Beschäftigte entlang der Wertschöpfungskette zu organisieren (Ludwig 2014, Monaisa 2017).

Das Besondere des Ansatzes ist sein Fokus auf der betriebsbezogenen Vernetzung und damit dem Aufbau von an der Basis verankerten gewerkschaftlichen Netzwerken auf transnationaler Ebene. In einem ersten Schritt wurde ein gemeinsames Forschungsprojekt zur Struktur der Wertschöpfungsketten von VW und Daimler (Mercedes-Benz) in beiden Ländern sowie ein Workshop in Südafrika im Mai 2017 durchgeführt, der Betriebsrät*innen und *shop stewards*[1] entlang der Wertschöpfungskette zusammenbrachte. Der Workshop eröffnete einen Raum für betriebliche Vertreter*innen aus Südafrika und Deutschland, um in transnationaler Perspektive betriebliche und gewerkschaftliche Strategien einer Organisierung entlang der Wertschöpfungskette zu diskutieren. Die begonnene Kooperation wird aktuell im Rahmen der IG Metall Netzwerkinitiative bei dem Automobilzulieferer *Lear Corporation* fortgesetzt.[2]

Der vorliegende Beitrag widmet sich zunächst den in den Projekten gewonnenen Erkenntnissen zur Struktur der Automobilwertschöpfungskette sowie zu ihren Konsequenzen für Arbeitnehmer*innen. Dabei gehen wir davon aus, dass die Fragmentierung von Produktionsnetzwerken geeignet ist, Ungleichheit zwischen Arbeitnehmer*innen zu forcieren. Wir beschreiben diese daher, thesenhaft und in Anlehnung an die kritische Forschung zu Wertschöpfungsketten (Selwyn 2017, 2016), als *Katalysatoren von Ungleichheit*. In einem zweiten Schritt werden die bisherigen Erfahrungen im Projekt zum Aufbau grenzüberschreitender Solidarität von Gegenmacht analysiert und Schlüsse für die gewerkschaftliche Praxis gezogen.

1. *Katalysatoren von Ungleichheit:* Zur asymmetrischen Vermachtung globaler Wertschöpfungsketten

Benjamin Selwyn (2016) argumentiert, dass globale Wertschöpfungsketten vor allem als „globale Armutsketten" zu verstehen sind. Richtet man den Fokus der

---

1 Die *shop stewards* stellen die betriebliche Arbeitnehmervertretung in Südafrika dar. Sie werden von den Gewerkschaftsmitgliedern im Betrieb gewählt und als legitimierte Repräsentant*innen der Gewerkschaften und Verhandlungspartner vom Management anerkannt.

2 Die Erkenntnisse basieren auf Experteninterviews mit betrieblichen Vertreter*innen aus sechs Betrieben in Deutschland und Südafrika sowie auf teilnehmender Beobachtung im Rahmen von zwei Workshops im Mai 2017 und im Juni 2018 in Südafrika. Am Projekt zur Organisierung entlang der Wertschöpfungskette waren federführend ebenfalls Michael Knoche vom Funktionsbereich Transnationale Gewerkschaftspolitik der IG Metall sowie Melanie Roy und Sharon Nembaleni von Numsa beteiligt, vgl. auch Ludwig/Simon 2017.

Analyse nicht, wie in der Forschung sonst üblich, primär auf die Beziehungen zwischen Unternehmen, sondern auf jene zwischen Kapital und Arbeit, werden Problemlagen in globalen Produktionsnetzwerken wie die Reproduktion von Armut und globaler Ungleichheit deutlich. Entsprechend ist der Frage nachzugehen, „wie die Löhne von Beschäftigten in diesen Ketten systematisch unter das Existenzminimum gedrückt werden, wie transnationale Unternehmen ihre globale Monopolstellung nutzen, um sich den Löwenanteil der in diesen Ketten generierten Wertschöpfung zu sichern und wie diese Beziehungen zum Wachstum der Verelendung beitragen." (Selwyn 2016: 1, eigene Übersetzung)

Begreift man Wertschöpfungsketten folglich nicht allein als (vermeintliche) Faktoren ökonomischer Effizienzsteigerung, sondern als Prozesse der Vermachtung (transnationaler) sozioökonomischer Beziehungen, fällt zunächst der asymmetrische Charakter dieser Machtrelationen in den Blick: Transnationale Unternehmen kontrollieren mittlerweile 80 Prozent des Welthandels und haben sich damit als dominante Akteure in globalen Wertschöpfungsketten behauptet (Fichter 2015, Hübner 2015). Die auf nationaler Ebene bereits ungleichen Machtverhältnisse zwischen Arbeit und Kapital werden damit auf transnationaler Ebene zusätzlich verstärkt, weil entgrenzt: Denn mit Wertschöpfungsketten verbindet sich eine „wettbewerbsgetriebene Landnahme", die Klaus Dörre als Expansion kapitalistischer sozialer und ökonomischer Strukturen auf Kosten des vormals nicht-kapitalistischen „Anderen" definiert hat (Dörre 2012, 2014). Wie in der Einleitung dieses Bandes bereits angedeutet wird, ist die erhebliche Machtsteigerung transnationaler Unternehmen Teil der jüngeren Entgrenzung des Kapitalismus. Letztere ist eingebettet in eine durch das Ende des Kalten Krieges noch begünstigte Finanzialisierung des Kapitalismus (Dörre/Brinkmann 2005) ebenso wie in seine neoliberale Deregulierung seit den 1970er Jahren (Streeck 2009, 2013).

Diese Monopolisierung von Macht in globalen Wertschöpfungsketten ermöglicht es transnationalen Unternehmen Standorte und Arbeitnehmer*innen gegeneinander auszuspielen, unter dem Narrativ der „Wettbewerbsfähigkeit" unter Druck zu setzen und zu kontrollieren. Wie die Ergebnisse unserer Forschung nahelegen, gilt diese Machtkonzentration insbesondere für Fahrzeughersteller wie VW, BMW oder Daimler (OEMs). Sie stellen nicht nur die Spitzen der Wertschöpfungsaufträge, sondern, damit eng verbunden, auch die Epizentren von Machtressourcen in den Produktionsketten dar. Alle befragten südafrikanischen *shop stewards* und alle deutschen Betriebsrät*innen aus Zulieferer- und Logistikunternehmen sehen sich mit einer grundsätzlichen Abhängigkeit von den OEMs konfrontiert.

So haben OEMs weitreichende Eingriffs- und Kontrollkompetenzen in der Zusammenarbeit mit ihren Zuliefererbetrieben. Sie sind in der Lage, Produktionskosten und Verantwortlichkeiten (Produktion, Lagerung) innerhalb der Wertschöpfungskette auf Zulieferer auszulagern. Ein besonders starkes Instrument in der Hand der OEMs ist die Möglichkeit, Vertragsstrafen bei verspäteter Lieferung und Stillstand der Montagelinie geltend zu machen. Während die Lieferanten verpflichtet sind, die Pünktlichkeit in der Wertschöpfungskette sicherzustellen, sind die OEMs in der Lage, Druck auf die Lieferanten auszuüben und Lieferzeiten zu beschleunigen, auch wenn spätere Fristen vereinbart wurden, oder Produkte kurzfristig zu bestellen (z.B. bei einer Lieferunterbrechung eines anderen Lieferanten). Aufgrund des hohen Wettbewerbs in der Branche sind die Anbieter vielfach gezwungen, die an sie gestellten Anforderungen zu erfüllen und damit die Angebote ihrer Wettbewerber zu unterbieten – und damit, wie es ein deutscher Betriebsrat eines Zuliefererbetriebes formulierte, „nach der Pfeife [des OEM] zu tanzen" (Interview am 30.03.2017).

Die enorme Distributions- und Kontrollmacht der OEMs zeigt sich auch in ihrer Fähigkeit, Zulieferer als *A-, B- oder C-Zulieferer* zu klassifizieren. Während ein „A-Zulieferer" als befähigt klassifiziert gilt, nahezu alle Produktionsaufgaben nach Kundenwunsch abwickeln zu können, decken als „B-Zulieferer" klassifizierte Zulieferer zusätzlichen Bedarf, während ein „C-Zulieferer" nur bei Lieferengpässen zum Einsatz kommt. Durch die Herabstufung von Zulieferern können OEMs (aber auch andere Zulieferer) ihre eigenen Produktionskosten senken. So erinnert sich ein deutsches Betriebsratsmitglied, dass ein wichtiges Unternehmen damit gedroht habe, das Werk eines kleineren Zulieferers von A nach B oder C zu degradieren, falls Verhandlungen um Aufträge scheitern sollten.

Zudem können Kunden die Effizienz der Produktion im Werk eines Zulieferers jederzeit in *Audits* und unter Einsatz eigener Expert*innen überprüfen lassen. Ausgehend von dieser Fähigkeit verfügen Akteure auf höheren Ebenen der Wertschöpfungskette, an erster Stelle also OEMs, über weitreichende Handlungskompetenzen, ihre Zuliefererbetriebe zu kontrollieren und den eigenen Erwartungen zuwiderlaufendes Verhalten zu sanktionieren. Zulieferer sind damit, wie es Betriebsräte mehrfach betonten, zunehmend zu „verlängerten Werkbänken" ihrer Kunden geworden.

Ein weiteres Beispiel für die enorme Macht und Handlungskompetenz von OEMs ist ihre *open book*-Philosophie. Lieferanten müssen den OEM bei ihrer Bewerbung um einen Auftrag über Kostenfaktoren aller Komponenten informieren. Ein Betriebsrat eines Lieferanten in Deutschland berichtet, dass circa 80 Prozent der Kosten eines Produktes Materialkosten sind, die direkt vom OEM entschieden werden und nicht vom Lieferanten beeinflusst werden können. Damit bleiben dem Lieferanten knapp 20 Prozent der direkt beeinflussbaren Produktionskosten, darunter die Lohnkosten, als Einsparpotenzial. Verschärft wird der Druck durch Vertragsvereinbarungen, die auf eine kontinuierliche Reduzierung der Produktpreise zielen. Um die Produktivität zu erhöhen, werden Zeitzuschläge gestrafft, so dass Mitarbeiter*innen entweder schneller und damit unter erhöhtem physischen und psychischen Druck arbeiten oder weniger verdienen, da der Lohn ebenfalls häufig auf Akkordsätzen basiert.

Im Falle von Deutschland haben OEMs zudem von Zulieferunternehmen verlangt, Angebote aus Billiglohnländern in Osteuropa abzugeben. Zunehmender Wettbewerb und Verlagerungsstrategien haben zu Zugeständnissen der Belegschaften sowie zu Werksschließungen in Deutschland und Südafrika geführt. An kleineren Produktionsstandorten oder bei hoher Abhängigkeit eines Zulieferers von nur einem OEM ist der Verlust eines Auftrags schwer zu kompensieren. Ein weiterer Indikator für eine starke Abhängigkeit vom Kunden ist die Tatsache, dass OEMs in Einzelfällen ohne negative Auswirkungen von Verträgen mit Lieferanten in Deutschland zurücktreten konnten.

Aufgrund des zunehmenden Wettbewerbs lässt sich ein anhaltender Trend zur Verlagerung von Produktionsprozessen in die Nachbarländer beobachten: von Deutschland insbesondere nach Osteuropa, von Südafrika vor allem nach Lesotho und Botswana. In unserer Stichprobe verdienen die Mitarbeiter*innen in Botswana etwa ein Drittel des Stundenlohns einer Mitarbeiter*in im südafrikanischen Werk. Das drastische Lohngefälle wird auch im Vergleich von Deutschland und Südafrika deutlich:[3] Bei einem Zulieferer von Elektronik und Sitzsystemen in Südafrika wurden die Löhne von umgerechnet 3,40 Euro auf einen Stundensatz von 2,20 Euro für neu eingestellte Beschäftigte gesenkt. Dadurch konnte sich der Zulieferer einen Wettbewerbsvorteil sichern, um einen Mitbewerber zu unterbieten. Mehr als die Hälfte der Belegschaft sind Leiharbeitnehmer*innen, die zwar ebenfalls einen Stundenlohn von 2,20 Euro erhalten, aber im Unterschied zu der Stammbelegschaft auf Rentenzahlungen und eine Krankenversicherung verzichten müssen.[4]

---

3 Die Zahlen stammen aus 2017 und wurden im Rahmen des Projekts erhoben, Umrechnung auf Basis des Wechselkurses vom August 2017.

4 Für einen genaueren Vergleich der Löhne wären im nächsten Schritt die Kaufkraftparitäten einzubeziehen. Es ist jedoch nicht zu erwarten, dass sich dadurch ein wesentlich anderes Bild im Hinblick auf die skizzierten Ungleichheiten ergibt. Nicht einbezogen sind zudem die weiteren Arbeitsbedingungen wie z.B. Arbeitszeit und zusätzliche Leistungen, die das Gefälle tendenziell weiter vergrößern.

Die Beschäftigten mit den höchsten Löhnen des Zulieferers in Südafrika verdienen weniger als die Hälfte der Beschäftigten bei Volkswagen und gerade mal 28 Prozent des niedrigsten (Textilsektor) bzw. 15 Prozent des höchsten Lohnes (Metall und Elektro) des Zulieferers in Deutschland. Der grobe Vergleich macht deutlich, dass sich hier deutliche Gewinnmargen für den Zulieferer bzw. die OEMs auf Kosten der Beschäftigten ergeben. Die Löhne bei dem globalen Zulieferer liegen damit zwar leicht oberhalb des 2018 in Südafrika eingeführten gesetzlichen Mindestlohns, aber weit unterhalb eines von Gewerkschaften geforderten existenzsichernden Einkommens.[5]

Um das bisher Gesagte zusammenzufassen: Wie sich zeigt, besteht in nationalen und globalen Wertschöpfungsketten eine deutliche Machtasymmetrie, die sich auf mehrere Ebenen erstreckt. Unserer Analyse zufolge verhärtet sich einerseits die klassische Machtasymmetrie zwischen Arbeit und Kapital, andererseits konzentriert sich die Macht klar bei den OEMs, gefolgt von größeren, wettbewerbsstarken Zulieferern mit Monopolstellung. Kleine Zulieferer und Kontraktlogistikunternehmen stehen sowohl in Deutschland als auch in Südafrika in der Regel am unteren Ende der Wertschöpfungskettenhierarchie.

Als direkte Folge dieser asymmetrischen Machtstrukturen entlang von Wertschöpfungsketten sind Arbeitnehmer*innen nicht nur hinsichtlich ihrer Handlungsmöglichkeiten, sondern auch ihrer Löhne starken Ungleichheiten ausgesetzt – häufig bei gleichen oder vergleichbaren Tätigkeiten. So führt der hohe Kostendruck zugleich zu einer hohen Lohnungleichheit sowie zu deutlich schlechteren Arbeitsbedingungen entlang der Wertschöpfungskette.

2. Solidarität und gewerkschaftliche Gegenmacht

Die internationale *Netzwerkinitiative* (NWI) ist Bestandteil einer strategischen Neuausrichtung der transnationalen Gewerkschaftsarbeit der IG Metall. Die NWI zeichnet aus, dass durch transnationale Netzwerke ein globaler Unterbie-

---

5 Der 2018 eingeführte gesetzliche Mindestlohn liegt bei einem Stundenlohn von 1,30 Euro. Von dem Gewerkschaftsdachverband *South African Federation of Trade Unions*, dem Numsa angehört, wird er als zu niedrig kritisiert. Stattdessen wird ein „living wage" von 12.500 Rand (ca. 790 Euro) monatlich gefordert, was bei einer 40-Stundenwoche einem Stundenlohn von knapp 5 Euro entspräche. Die Forderung geht zurück auf den Streik der Bergleute 2012 und 2014/15 in Südafrika. Bei dem Massaker von Marikana 2012 wurden 34 Bergleute von der Polizei erschossen und mindestens 78 verletzt (siehe u.a. Marinovich 2016, Sinwell/Mbatha 2016, Becker/Grimm/Krameritsch 2018).

tungswettbewerb in Hinblick auf Arbeitsbedingungen verhindert und gemeinsam mit den Partnergewerkschaften Gegenmacht aufgebaut werden soll (IG Metall 2016, siehe auch Fichter 2017 sowie Varga in diesem Band). Die Initiative weist drei Besonderheiten auf, die uns als wichtige Voraussetzungen für das Gelingen transnationaler Gewerkschaftskooperation erscheinen:

Zum einen unterscheidet sich der Ansatz der IG Metall von der klassischen Solidaritätsarbeit, die auf (einseitige) Hilfsangebote setzt. Vielmehr ist die Zusammenarbeit von den jeweiligen Eigeninteressen der Gewerkschaften geprägt. Nur durch eine Stärkung gewerkschaftlicher Organisierung weltweit lassen sich langfristig Arbeitsstandards, auch in Deutschland, sichern. Eine Kooperation, von der sich beide Partner einen Nutzen versprechen, trägt dazu bei, Augenhöhe und Reziprozität herzustellen. Die „Erwartung gegenseitiger Unterstützung für den Fall, dass diese für gemeinsame Ziele und Interessen benötigt wird" (Zeuner 2015: 56), stellt eine wichtige Grundlage für solidarisches Handeln dar. Nicht selten bedarf sie eines Vertrauensvorschusses auf beiden Seiten. Mit dem Ansatz, der Standortkonkurrenz den internationalen Schulterschluss entgegenzusetzen, wird der Versuch unternommen, Solidarität grenzüberschreitend zu organisieren und damit „inklusiver"[6] zu gestalten (Zeuner 2004, 2015).

Zum anderen liegt der Fokus auf dem Aufbau betriebsbezogener gewerkschaftlicher Netzwerke und damit auf einer Verbreiterung transnationaler Arbeit über die Gewerkschaftszentralen hinaus. Die IG Metall leistet über die Initiative Unterstützung und stellt Ressourcen zur Verfügung. Die Projekte werden jedoch von den Aktiven im Betrieb initiiert und getragen, die somit entscheidenden Einfluss auf deren Ausgestaltung nehmen und für eine Verankerung der transnationalen Arbeit an der Basis sorgen. Durch die aktive Beteiligung in den Betrieben soll eine langfristige Kooperation und stabile Beziehungen gefördert werden, die über ein punktuelles Engagement hinausgehen.

Nicht zuletzt muss sich (transnationale) Solidarität in der Praxis entwickeln und im kollektiven Handeln bewähren (Bieler 2015). In der Netzwerkinitiative wird dies zunächst darüber erreicht, dass sich alle Beteiligten auf gemeinsame Ziele und Vorhaben verständigen, die gegenüber dem Unternehmen durchgesetzt werden sollen. Dadurch werden praktische Erfahrungen in der konkreten Zusammenarbeit gemacht, die die Basis für weitergehende Formen gegenseiti-

---

6 Inklusive Solidarität basiert im Unterschied zu exklusiver Solidarität auf einem Gewerkschaftsverständnis, das Vorteile der eigenen Mitglieder nicht auf Kosten anderer Gruppen sucht, sondern das Solidarität als prinzipiell erweiterungsfähig ansieht (Zeuner 2015: 57-58, siehe auch Ludwig/Simon/Wagner in diesem Band).

ger Unterstützung legen können. Die *strukturelle Gewerkschaftsmacht*[7] könnte beispielsweise durch eine gegenseitige Streikunterstützung gestärkt werden, wie sie anfänglich im Workshop zwischen Betriebsrät*innenen und *shop stewards* diskutiert wurde, z.b. indem eine streikbedingte Verlagerung von Produktionskapazitäten in andere Werke von den dortigen Belegschaften verhindert wird. Dafür ist nicht nur der Aufbau tragfähiger betrieblicher Netzwerke notwendig, sondern auch ein besseres Verständnis der vielfach intransparenten Produktionszusammenhänge in der Wertschöpfungskette.

2.1 Ansätze zur Organisierung entlang der Wertschöpfungskette

Die gemeinsamen Initiativen von IG Metall und Numsa zielten bislang im Wesentlichen auf den Aufbau von *Organisationsmacht* entlang der Wertschöpfungskette. Dazu diente zum einen der Austausch zwischen Betriebsrät*innen und *shop stewards* zur Struktur der Wertschöpfungskette sowie zu betrieblichen Herausforderungen, gewerkschaftlichen Strategien und Organisierungsansätzen. Auch wenn bisherige Vernetzungsversuche entlang der Wertschöpfungskette vor allem lokal bzw. regional beschränkt sind, wie Beispiele aus dem Workshop nahelegen, zeigen sie doch Potenziale für den Aufbau gewerkschaftlicher Gegenmacht auf.

Ein besonders instruktives Beispiel ist der regionale Arbeitskreis 'Just-in-time' der IG Metall Bremen, der einmal im Monat Betriebsratsmitglieder und Vertrauensleute von Daimler sowie von Zuliefer- und Logistikunternehmen zusammenbringt. Ziel des Arbeitskreises ist es, ein regionales Netzwerk entlang der Lieferkette aufzubauen, in dem strategische Informationen ausgetauscht und gegenseitige Unterstützung bei der gewerkschaftlichen Erschließung von Betrieben, etwa bei Betriebsratsgründungen oder im Falle von Tarifauseinandersetzungen geleistet werden. Perspektivisch soll damit eine Angleichung der Arbeitsbedingungen entlang der Wertschöpfungskette, insbesondere mit Blick auf die bislang schlecht organisierten und kaum tarifgebundenen Unternehmen der Kontraktlogistik, erreicht werden. Die Tatsache, dass die Arbeitnehmervertretungen der Zulieferer in der Lage sind, eine eigene Verbindung zu den Betriebsräten der Endhersteller aufzubauen und strategisch relevante Informationen zu erhalten, übt Druck auf das Management aus und erhöht die Verhandlungsmacht des Betriebsrats in den Zuliefer- und Logistikunternehmen. Umgekehrt konnten Betriebsrät*innen von Daimler ihre starke Stellung nutzen, um die Arbeitnehmervertretung bei den

---

7   Zu den verschiedenen Typen von Machtressourcen siehe Ludwig/Simon/Wagner in diesem Band.

Zuliefer- und Logistikunternehmen zu unterstützen und ihrerseits Druck auszuüben. Angesichts der engen Verquickung der JIT- Produktionsprozesse haben
die Endhersteller ein Interesse daran, dass Konflikte zwischen Management und
Beschäftigten in den Zulieferbetrieben schnell und reibungslos beigelegt werden.
Das Beispiel des Arbeitskreises zeigt auch, dass die hohe Organisationsmacht in
den OEMs dazu genutzt werden kann, die gewerkschaftliche Organisierung bei
Zulieferern und Logistikunternehmen zu unterstützen.

Die Einrichtung weiterer Arbeitskreise, die Arbeitnehmer*innen auf den verschiedenen Ebenen entlang der Wertschöpfungskette zusammenbringen, könnte
also ein Weg sein, gemeinsame Strategien und Gegenmacht zu entwickeln. Der
transnationale Austausch im Workshop hat einerseits deutlich gemacht, dass
es wichtig ist, zunächst Transparenz im Hinblick auf Produktionszusammenhänge und ungleiche Arbeitsstandards herzustellen, um die Anonymität und
Vereinzelung in der Wertschöpfungskette aufzubrechen. Andererseits konnten
Betriebsrät*innen und *shop stewards* auch vielfach gemeinsame Herausforderungen und Anliegen identifizieren – unterschiedlichen sozioökonomischen
Kontexten und Arbeitsbeziehungen zum Trotz.

Das betrifft allgegenwärtige Problemfelder wie Arbeitsbedingungen entlang
der Wertschöpfungskette und Verlagerungsstrategien der Unternehmen. Beschäftigte etwa der Kontraktlogistik übernehmen zahlreiche Tätigkeiten auf
dem Werksgelände des OEM, arbeiten aber unter schlechteren Bedingungen und
für weniger Geld als direkt beim OEM angestellte Beschäftigte. Betriebe werden
damit nicht nur in Hinblick auf ihre Tätigkeitsbereiche, sondern auch in Hinblick
auf ihre Belegschaften fragmentiert. Auch angesichts tiefgreifender Entwicklungen wie der Digitalisierung und Elektrifizierung besteht dringender Bedarf nach
Austausch über betriebliche Strategien sowie über Folgen dieser Entwicklungen
für die ohnehin schon entgrenzte Arbeit entlang von Wertschöpfungsketten.

Des Weiteren hat das Kennenlernen zu einem besseren gegenseitigen Verständ-
nis zwischen den teilnehmenden deutschen und südafrikanischen Belegschaften
beigetragen und tragfähige Beziehungen entstehen lassen, die auch nach dem
Workshop in einigen der Betriebe fortbestehen. So hat der Workshop etwa die
Basis für das Folgeprojekt bei dem Zulieferer *Lear* im Rahmen der IG Metall
Netzwerkinitiative gelegt. Dennoch ist zugleich festzustellen, dass eine gelingende
Verstetigung der betrieblichen Zusammenarbeit in der Regel kein Selbstläufer
ist, sondern einer aktiven, begleitenden gewerkschaftlichen Unterstützung und
dem Einsatz von Ressourcen bedarf.

2.2 Transnationale betriebliche Netzwerke stärken

Der multinationale Zulieferer *Lear Corporation* unterhält mehr als 240 Standorte in 37 Ländern weltweit und beschäftigt rund 165.000 Mitarbeiter*innen. Er ist spezialisiert auf die Bereiche Sitze, Elektronik- und Innenausstattung. Ein wichtiger Kunde in Deutschland und Südafrika ist Daimler. Innerhalb des Unternehmens bilden Europa und Afrika eine Organisationseinheit, weshalb ein Ziel des Folgeprojekts auf einer stärkeren Vernetzung der Arbeitnehmervertretungen in Europa und Afrika liegt. In Afrika unterhält das Unternehmen Standorte in Südafrika und in Marokko.

Das im Rahmen der Netzwerkinitiative der IG Metall im Zeitraum zwischen März 2018 und Dezember 2019 durchgeführte Projekt zielt zunächst auf die Stärkung der gewerkschaftlichen Organisationsmacht bei *Lear*. Dazu sollen bestehende betriebliche Arbeitnehmervertretungen unterstützt und die Achtung grundlegender Organisationsrechte im Unternehmen durchgesetzt werden. In Südafrika zeigt sich, dass Organisationsrechte trotz starker gewerkschaftlicher Strukturen im Betrieb vom Management wiederholt unterlaufen werden. Die Beschäftigten in Südafrika beklagen zudem niedrige Löhne, unbezahlte Kurzarbeit und einen besonders hohen Anteil an Leiharbeitnehmer*innen, der bei circa 50 Prozent in den südafrikanischen Standorten liegt (siehe Chiwota in diesem Band).

Ein weiteres Ziel des Projekts ist eine Erweiterung der Gremien des Europäischen Betriebsrats (EBR) von Lear um Mandate für Vertreter*innen der afrikanischen Standorte. Diese könnten ihre Anliegen selbst in die Beratungen des EBR einbringen und gegenüber dem Management vertreten. Für die Delegierten aus Süd- und Nordafrika ergäbe sich so die Möglichkeit, Zugang zu relevanten Informationen des Unternehmens zu erhalten, die wiederum für die strategische Arbeit vor Ort genutzt werden könnten. Umgekehrt zielt die Initiative auf eine Stärkung des EBR, der bislang in der Organisationseinheit nur einen Teil der Beschäftigten vertritt. Die Initiative zur Erweiterung des EBR sowie zur Vereinbarung von Mindeststandards in Form eines Globalen Rahmenabkommens zielt damit auch auf die Stärkung gewerkschaftlicher *institutioneller Macht* im Unternehmen.

3. Fazit: Asymmetrische Machtstrukturen und transnationale Solidarität

In den untersuchten Projekten zeigt sich bislang, dass der Aufbau transnationaler Solidarität entlang globaler Wertschöpfungsketten möglich, dabei allerdings anspruchsvoll und voraussetzungsvoll ist. Eine grundlegende Herausforderung für die Stärkung gewerkschaftlicher Gegenmacht entlang von globalen Wertschöpfungsketten liegt in der undurchsichtigen, komplexen, wettbewerbsgetriebenen und in mehrfacher Hinsicht asymmetrischen Struktur dieser Produktionsnetzwerke begründet (Kapital > Arbeit; OEM > starker Zulieferer > schwacher Zulieferer > Logistikunternehmen; transnationale Unternehmen vs. nationale Gewerkschaften). Durch das Machtmonopol der OEMs als hegemoniale Akteure werden diese intransparenten und asymmetrischen Strukturen in Automobil-Wertschöpfungsketten verstetigt und verschärft. Die Kosten (vermeintlicher) Effizienzsteigerung werden dabei besonders von Beschäftigten am Ende der Produktionskette getragen. Sie verrichten die gleiche Arbeit bei abgesenktem Lohn und unter deutlich schlechteren Arbeitsbedingungen. Wie im Beitrag argumentiert wurde, können globale Wertschöpfungsketten daher als *Katalysatoren der Ungleichheit* verstanden werden – eine Perspektive, die in der gegenwärtigen Forschung noch eine Mindermeinung ausmacht.

Wie das beschriebene Projekt allerdings gezeigt hat, besteht Bedarf an kritischer Forschung zu Wertschöpfungsketten, die ungleiche Arbeitsbedingungen und Lebensverhältnisse von Arbeitnehmer*innen ebenso wie Potenziale erfolgreicher gewerkschaftlicher Solidarität auf transnationaler Ebene in den Fokus rückt. Häufig wissen weder die Beschäftigten im Betrieb noch hauptamtliche Gewerkschafter*innen genau, wie die dichten und sich ständig wandelnden Zuliefererbeziehungen in den Produktionsketten beschaffen sind. Wissenschaftliche Forschung zu Wertschöpfungsketten, sei es in der Rekonstruktion dieser Zuliefererbeziehungen oder aber der vergleichenden Darstellung von Arbeits- und Lebensbedingungen an unterschiedlichen Punkten der Wertschöpfungskette, kann für die erfolgreiche gewerkschaftliche Organisierung also unmittelbar von Bedeutung sein.

Eine wichtige Voraussetzung für eine erfolgreiche Organisierung entlang globaler Wertschöpfungsketten scheint uns ein sensibler Umgang der handelnden Akteure mit Ungleichheitserfahrungen in differenten lokalen Kontexten und der Aufbau von Vertrauen zwischen diesen Akteuren zu sein. Transnationale Begegnungen können dazu beitragen, das politische Bewusstsein für Ausbeutung und Ungerechtigkeit in den Arbeitsbedingungen zu schärfen, die jeweiligen Lebensrealitäten vor Ort erfahrbar zu machen und eine „gefühlte Solidarität" (Jungehülsing 2015) zwischen den Beteiligten entstehen zu lassen. Solidarische Gegenwehr setzt nicht zuletzt „Erfahrungen, Lernprozesse, Kommunikation und Vertrauen voraus" (Zeuner 2015: 59). Dieser Aspekt wird auch von den Beteiligten im Projekt hervorgehoben.

„Der Austausch mit den Kolleginnen und Kollegen Südafrikas gab uns die Möglichkeit nicht abstrakt über Probleme in der Branche zu sprechen, sondern sehr spezifisch über die Probleme im Unternehmen. Ein weiterer positiver Aspekt ist die Möglichkeit sich intensiv kennenzulernen, dadurch wächst Vertrauen. Das gewonnene Vertrauen ist die Basis und unserer Meinung nach das Erfolgsgeheimnis guter Zusammenarbeit. Es ist förderlich für einen gemeinsamen Austausch in beide Richtungen. Der Austausch hat unseren Blick geschärft für die Bedingungen unserer Kolleg*innen vor Ort. Regelungen, die in Deutschland erzwingbar sind oder selbstverständlich erscheinen, sind in Südafrika nicht vorhanden, arrogantes Auftreten des Managements ist an der Tagesordnung. Es ist eine komplett andere Welt – im gleichen Unternehmen mit dem gleichen Management. Wissen ist Macht, und nichts liegt dem Management näher als schlecht informierte Arbeitnehmervertretungen zu haben. So können Begehrlichkeiten seitens der Arbeitnehmervertretungen immer klein gehalten werden. Gute Kooperationen können diese fehlenden Informationen kompensieren." (Interview mit Holger Zwick, Gesamtbetriebsratsvorsitzender und Mitglied des EBR von *Lear* am 12.10.2018)

Die Gefahr eines Unterbietungswettkampfs in Hinblick auf Löhne und Arbeitsbedingungen besteht – sie war auch während der bisherigen Projektdurchführung ein allgegenwärtiges Thema. Der neuere Ansatz zur transnationalen Kooperation der IG Metall ist vor diesem Hintergrund interessant: Um auf die zunehmende Standortkonkurrenz solidarisch reagieren zu können, zielt die Netzwerkinitiative auf eine stärkere transnationale Zusammenarbeit zwischen Gewerkschaften und Arbeitnehmervertretungen auf der betrieblichen Ebene. Damit hat sie das Potenzial, Handlungskompetenzen der gewerkschaftlich Aktiven vor Ort und damit partizipative Strukturen in der transnationalen Arbeit zu stärken.

Literatur

Beck, Ulrich (1997): Was ist Globalisierung? Irrtümer des Globalismus – Antworten auf Globalisierung, Frankfurt a.M.

Becker, Britta/Grimm, Maren/Krameritsch, Jakob (2018) (Hg.): Zum Beispiel: BASF. Über Konzernmacht und Menschenrechte, Wien.

Bieler, Andreas (2015): Free Trade and Transnational Labour Solidarity: Structural and Agential Challenges for the Twenty-First Century, in: Bieler, Andreas/Erne, Roland/Golden, Darragh/Helle, Idar/Kjeldstadli, Knut/Matos, Tiago/Stan, Sabina (Hg.): Labour and Transnational Action in Times of Crisis, London/New York, 41-52.

Bieler, Andreas/Erne, Roland/Golden, Darragh/Helle, Idar/Kjeldstadli, Knut/Matos, Tiago/Stan, Sabina (2015) (Hg.): Labour and Transnational Action in Times of Crisis, London/New York.

Bieling, Hans-Jürgen/Dörre, Klaus/Steinhilber, Jochen/Urban, Hans-Jürgen (2001) (Hg.): Flexibler Kapitalismus, Analysen – Kritik – Politische Praxis. Frank Deppe zum 60. Geburtstag, Wiesbaden.

Brinkmann, Ulrich/Nachtwey, Oliver (2013): Postdemokratie. Mitbestimmung und industrielle Bürgerrechte, in: Politische Vierteljahresschrift 54, 506-533.

Dicken, Peter (2010): Global Shift: Mapping the Changing Contours of the World Economy, New York/London.

Dörre, Klaus (2012): Landnahme, das Wachstumsdilemma und die „Achsen der Ungleichheit", in: Berliner Journal für Soziologie 22 (1), 101-128.

– (2014): Landnahme: Unternehmen in transnationalen Wertschöpfungsketten, in: Aus Politik und Zeitgeschichte 1-3, 28-34.

Dörre, Klaus/Brinkmann, Ulrich (2005): Finanzmarkt-Kapitalismus: Triebkraft eines flexiblen Produktionsmodells?, in: Kölner Zeitschrift für Soziologie und Sozialpsychologie, Sonderheft 45, 58-84.

Durand, Jean-Pierre (2007): Invisible Chain. Constraints and Opportunities in the New World of Employment, Basingstoke.

Fichter, Michael (2015): Organising in and along Value Chains: What Does It Mean For Trade Unions?, Berlin 2015.

– (2017): Transnationalizing Unions: The Case of the UAW and the IG Metall, https://www.fes.de/internationale-gewerkschaftspolitik/themenschwerpunkte/trade-unions-in-transformation/ (23.11.2018).

Fichter, Michael/Mund, Horst (2015): Transnationale Gewerkschaftsarbeit entlang globaler Wertschöpfungsketten, in: Pries, Ludger/Urban, Hans-Jürgen/Wannöffel, Manfred (Hg.): Wissenschaft und Arbeitswelt – eine Kooperation im Wandel. Zum 40. Jubiläum des Kooperationsvertrags zwischen der Ruhr-Universität Bochum und der IG Metall, 210-225.

Ganter, Sarah/Mund, Horst/Wannöffel, Manfred (2010): Mit Netz und Doppelstrategie. Perspektiven internationaler Gewerkschaftsarbeit, Berlin.

Giddens, Anthony (1990): The Consequences of Modernity, Stanford.

Herod, Andrew (2000): Implications of Just-in-Time Production for Union Strategy: Lessons from the 1998 General Motors-United Auto Workers Dispute, Annals of the Association of American Geographers, 90 (3), 521-547.

Hübner, Carsten (2015): Globale Wertschöpfungsketten organisieren: eine neue Herausforderung für Gewerkschaften, Berlin.

IG Metall (2016): Auf gute Zusammenarbeit – weltweit! Die internationale Netzwerkinitiative der IG Metall, Frankfurt a.M.

Jungehülsing, Jenny (2015): Labour in the Era of Transnational Migration: What Prospects for International Solidarity, in: Bieler, Andreas/Erne, Roland/Golden, Darragh/Helle, Idar/Kjeldstadli, Knut/Matos, Tiago/Stan, Sabina (Hg.): Labour and Transnational Action in Times of Crisis, London/New York, 191-207.

Kocka, Jürgen (2013): Geschichte des Kapitalismus, München.

Ludwig, Carmen (2014): Organising along the value chain: The strategy of IG Metall in Germany, in: South African Labour Bulletin, 37 (5), 32-34.

Ludwig, Carmen/Simon, Hendrik (2017): Gewerkschaftliche Erschließung entlang globaler Wertschöpfungsketten. Umrisse eines deutsch-südafrikanischen Forschungsprojekts, in: Soziopolis, veröffentlicht am 14.07.2017.

Marinovich, Greg (2016): Murder at Small Koppie: The Real Story of the Marikana Massacre, Cape Town.

Meißner, Heinz-Rudolf (2012): Preisdruck auf die Automobil-Zulieferindustrie, Abschlussbericht Hans-Böckler-Stiftung, Berlin.

Monaisa, Chere (2017): Towards A Powerful Value Chains Trade Union: Towards A Powerful Value Chains Trade Union: South African NUMSA's Expanded Scope, http://library.fes.de/pdf-files/iez/14218.pdf (23.11.2018).

Pries, Ludger (1999): Restrukturierung und Globalisierung der deutschen Automobilhersteller – Sogeffekte für die Zulieferer, in: Industrielle Beziehungen 6 (2), 125-150.

Silver, Beverly J. (2003): Forces of Labor. Workers' Movements and Globalization since 1870, Cambridge.

Simon, Hendrik (2016): Arbeit ohne Demokratie?! Reflexionen über „Vergangenheit und Zukunft von Industrial Citizenship", in: Soziopolis, veröffentlicht am 01.03.2016.

Sinnwell, Luke/Mbatha, Siphiwe (2016): The Spirit of Marikana. The Rise of Insurgent Trade Unionism in South Africa, Chicago.

Selwyn, Benjamin (2016): Global Value Chains or Global Poverty Chains? A new research agenda, in: CGPE Working Paper No. 10, Sussex.

– (2017): The Struggle for Development, Cambridge.

Streeck, Wolfgang (2009): Re-Forming Capitalism. Institutional Change in the German Political Economy, Oxford.

– (2013): Gekaufte Zeit: Die vertagte Krise des demokratischen Kapitalismus, Berlin.

Webster, Edward/Lambert, Robert/Bezuidenhout, Andries (2008): Grounding Globalization: Labour in the Age of Insecurity, Oxford/Cambridge.

Zeuner, Bodo (2004): Widerspruch, Widerstand, Solidarität und Entgrenzung – neue und alte Probleme der deutschen Gewerkschaften, in: Beerhorst, Joachim/Demirović, Alex/Guggemos, Michael (Hg.): Kritische Theorie im gesellschaftlichen Strukturwandel, Frankfurt a.M., 318-353.

– (2015): Akteure internationaler Solidarität: Gewerkschaften, NGOs und ihre Schwierigkeiten bei der Herstellung gelebter Solidarität, in: Bormann, Sarah/Jungehülsing, Jenny/Bian, Shuwen/Hartung, Martina/Schubert, Florian (Hg.): Last Call for Solidarity. Perspektiven grenzüberschreitenden Handelns von Gewerkschaften, Hamburg, 54-69.

Marika Varga

Vorwärts, aber gemeinsam: Transnationale Gewerkschaftsarbeit der IG Metall heute

Die Beschreibung von Carmen Ludwig und Hendrik Simon deckt sich mit unseren praktischen Erfahrungen. Die – heute so genannte – transnationale Gewerkschaftspolitik der IG Metall hat sich stark verändert, damit sie den negativen Auswirkungen der Globalisierung neue Handlungsmöglichkeiten entgegensetzen kann. Die Zusammenarbeit mit den Partnergewerkschaften auf der Ebene der international tätigen Konzerne wird immer konkreter und betrieblicher. Sie bietet damit die Chance, transnational echte Gegenmacht aufzubauen und Strategien der Konzernzentralen zu durchkreuzen. Wir wollen den Teufelskreis aus Abwärtsspiralen infolge bewusst geschürter Standortkonkurrenz und Schwächung örtlicher Arbeitnehmervertretungen durchbrechen.

2012 haben wir zum Beispiel die internationale Netzwerkinitiative (NWI) ins Leben gerufen. Im Zentrum steht die unternehmensbezogene Vernetzung der Arbeitnehmervertretungen entlang betrieblicher Themen wie Vertrauensleutearbeit, Arbeitszeitregelungen oder Entgeltsysteme. In inzwischen zehn Unternehmen haben wir gewerkschaftliche Zusammenarbeit zwischen konkurrierenden Standorten oder Standorten eines Geschäftsbereichs unterstützt und gemeinsame Erfolge erzielt.[1] Zwei NWI-Projekte haben zur recht positiven Entwicklung der Gewerkschaften im ungarischen Automobilsektor Ende 2018 und Anfang 2019 beigetragen.

Die Erfahrung zeigt: Gewerkschaftliche Netzwerke, die sich auf einen Konzern beziehen, haben häufig ein strukturelles Problem. Sie sollen alle Arbeitnehmer*innen, alle Sparten, alle Gewerkschaften repräsentieren. In Europäischen Betriebsräten (EBR) spiegeln die Delegierten selten die Vielfalt eines Landes wider, wo es unterschiedliche Geschäftsfelder oder unterschiedliche Gewerkschaften gibt. In den meisten europäischen Ländern gibt es weder Gesamtbetriebsräte noch Gewerkschaftsapparate, die Ressourcen hätten, Vertreter*innen

---

1 Die ersten sieben Erfolgsstories sind nachzulesen in „Auf gute Zusammenarbeit – weltweit", IG Metall Vorstand 2016 (Kontakt: maximilian.meyer@igmetall.de).

der Standorte an einen Tisch zu bringen und so eine gemeinsame Stimme zu ermöglichen, die im EBR Gehör fände. Das kann dazu führen, dass Delegierte nur ihren Standort, ihre Gewerkschaft repräsentieren. Manche Delegierte sind weder gewählt noch gewerkschaftlich organisiert. In manchen Gewerkschaften hat zudem nicht die standortübergreifende, sondern die betriebsbezogene Arbeit Priorität.

Von daher kann es passieren, dass die Themen, die den Delegierten und Beschäftigten unter den Nägeln brennen, im EBR oder globalen Netzwerk nicht zur Sprache kommen und die Gremien nicht zur Zusammenarbeit genutzt werden. Trotz der angesprochenen Schwierigkeiten haben die EBRs oder globalen Netzwerke eine äußerst wichtige Funktion in der Vertretung der Beschäftigten und als Informationsquelle. Sie haben weit mehr Kontakte und Überblick über das Unternehmen, als man es vom lokalen Standort aus je hätte und sie stellen eine wichtige Grundlage für die transnationale Zusammenarbeit dar, wie unter anderem an dem vom EBR getragenen Lear-Projekt deutlich wird. Die Erfahrungen zeigen auch, dass globale gewerkschaftliche Unternehmensnetzwerke, EBRs, SE-BRs[2] wiederum von der engeren Zusammenarbeit in kleineren Projekten wie der Netzwerkinitiative als wichtige strategische Ergänzung sehr profitieren können. In kleineren Projekten können gemeinsame Themen mit mehr betrieblichen oder örtlichen Kolleg*innen bearbeitet werden. So ist die transnationale Arbeit breiter aufgestellt.

Vernetzung kann aber nur erfolgreich sein, wenn die Belegschaften an den Standorten gewerkschaftlich organisiert sind und über demokratische Arbeitnehmervertretungen verfügen. Weltweit arbeiten etwa 1,2 Milliarden Menschen, d.h. ca. 40 % der arbeitsfähigen Bevölkerung, unter prekären Umständen. Nur 7 Prozent sind gewerkschaftlich organisiert (IGB 2018). Deutsche Unternehmen, die zu Hause die Mitbestimmung respektieren, setzen bspw. in den USA alles daran, gewerkschaftliche Organisierung zu verhindern. Standorte in europäischen Transformationsländern wie Polen oder Ungarn dienen nicht nur zur Steigerung der Profite durch niedrigere Lohnkosten. Sie dienen auch als Labore, um neue Technologien, Entgeltsysteme und Arbeitszeitmodelle, oder auch den Exportschlager Duale Berufsausbildung ohne jegliche Beteiligung von Gewerkschaften oder Betriebsräten in aller Ruhe zu testen und einseitig weiter zu entwickeln.

---

2   Europäische Arbeitnehmervertretung in der Europäischen Aktiengesellschaft (Societas Europaea).

Deshalb sind wir 2015 einen Schritt weiter gegangen. Im Rahmen der Transnationalen Partnerschaftsinitiative (TPI) arbeiten wir gemeinsam mit den Partnergewerkschaften am Aufbau handlungsfähiger betrieblicher Strukturen in ausländischen Standorten deutscher Unternehmen. Diese neu entstandenen Strukturen können sich dann mit ihren Kolleg*innen im „Mutterland" des Konzerns wirksam vernetzen. Derzeit laufen Pilotprojekte in Ungarn und den USA.

1. Die Arbeiterbewegung war schon immer international

Insofern nichts Neues. Schon seit den frühen 1990er Jahren haben wir in den EBRs wichtige praktische Erfahrungen auf der Unternehmensebene gesammelt – stellenweise sehr erfolgreich. Dennoch müssen wir bekennen: Mit zunehmender Globalisierung haben wir uns am Sonntag in Resolutionen solidarisiert – das soll hier nicht abgewertet werden! – und am Montag gegen Zugeständnisse am Standort Beschäftigung gesichert. Meist haben wir noch nicht einmal versucht, die Abwärtsspirale durch den Schulterschluss mit ausländischen Standorten zu verhindern. Selbstverständlich gab es immer auch Ausnahmen, in denen internationale Zusammenarbeit und Solidarität wichtige Veränderungen in Gang gesetzt haben. Wolfgang Lemb schreibt 2016:

> „Wir brauchen mehr davon! Aber wir brauchen vor allem neue Formen der engeren und konkreteren Zusammenarbeit. Ein Europäischer Betriebsrat kommt einfach nicht in jede Ecke des Unternehmens."[3]

Was wir heute machen, hat eine andere Qualität, wenn auch bei weitem noch nicht flächendeckend. Immer mehr Kolleg*innen aus Betrieben und Geschäftsstellen der IG Metall begreifen die Zusammenarbeit mit den Kolleg*innen in anderen Ländern als Teil der Lösung ihrer betrieblichen Probleme und melden ihren Bedarf auf Unterstützung an. Es geht dabei nicht nur um finanzielle Unterstützung, sondern vor allem auch um Unterstützung durch Beratung und Kompetenz in der transnationalen Zusammenarbeit. Letztere wurden über viele Jahre in der Internationalen Abteilung, im EBR-Team, Teilen der gewerkschaftlichen Bildungsarbeit, Bezirksleitungen und einigen Geschäftsstellen der IG Metall aufgebaut.

---

3 Wolfgang Lemb, geschäftsführendes Vorstandsmitglied der IG-Metall, in: IG-Metall Vorstand 2016.

2. Mut zur Lücke

Unsere neuen praktischen Ansätze haben nicht den Anspruch, die gesamte Wertschöpfungskette zu bearbeiten, auch wenn dies unbestritten notwendig wäre. Wichtigster Handlungsort für die IG Metall ist der Betrieb. Unternehmen und Wertschöpfungsketten werden dagegen zentral und global gesteuert. Analog dazu müssen Gewerkschaften ebenfalls die Reihen schließen. Gewerkschaften basieren auf betrieblicher Stärke und auf örtlichen Wahlen. Wir sind demokratische Organisationen und wollen beteiligungsorientiert arbeiten. Praktische Zusammenarbeit geht nur, wenn sie von den betrieblichen Kolleg*innen gewollt ist. Wir können innerhalb einer Organisation weder den „richtigen Weg" verordnen noch können dies unsere europäischen und globalen Verbände. Wir setzen deshalb da an, wo es Ansätze und Bereitschaft gibt und wo Themen auf der Hand liegen.

In örtlichen Industrieparks sind Unternehmen längst entlang der Lieferkette vernetzt. Schichtmodelle und Schließungszeiten werden aufeinander abgestimmt. In Deutschland geht das nicht ohne Betriebsräte und Gewerkschaften. Entsprechend gibt es in vielen Geschäftsstellen der IG Metall Netzwerke der Arbeitnehmervertretungen von Automobilherstellern und ihren Zulieferern und Dienstleistern. Auch Behinderungen von Gewerkschaften werden häufig gemeinsam bearbeitet. Alle deutschen OEMs verpflichten sich bspw. in sog. Globalen Rahmenvereinbarungen, Gewerkschaftsrechte einzuhalten und mit Zulieferern zu arbeiten, die sich ebenfalls an die Spielregeln halten.

Auch in anderen Ländern sehen Gewerkschaften, dass die Konkurrenz in den Arbeitsbedingungen zwischen OEMs und Zulieferern ausgenutzt wird, um sie gegeneinander auszuspielen. In Ungarn und USA arbeiten unsere Partnergewerkschaften Vasas und UAW (United Auto Workers) im Rahmen des TPI-Projektes ebenfalls daran, die Kolleg*innen entlang der Lieferketten örtlich zu vernetzen.

Gesetzlicher Rahmen oder Beteiligungsrechte für die Arbeitnehmerseite sind meist schwächer als in Deutschland. In einigen europäischen Ländern wurden infolge der Finanzkrise die Handlungsmöglichkeiten weiter eingeschränkt. Derzeitige Regierungen werden dies freiwillig kaum wieder ändern. Entsprechend müssen Gewerkschaften das aus eigener Kraft durchsetzen, also – wie in der Einleitung dieses Bandes angesprochen – eigene Machtressourcen erschließen und festigen. Das heißt zunächst: Mitglieder gewinnen und handlungsfähig werden. Damit muss immer auf betrieblicher Ebene begonnen werden. Hieraus kann und muss auch gesellschafts- oder unternehmenspolitische Gegenmacht erwachsen. Den betrieblichen Ansatz müssen wir also in allen Ländern erweitern, denn kein Betrieb existiert im luftleeren Raum: Fast jeder Betrieb ist Teil einer Wertschöpfungskette, eines Konzerns, eines Unternehmens. Entsprechend müssen alle Ebenen und Instrumente der Gewerkschaftsarbeit gut verzahnt sein. Nationale und transnationale Arbeit müssen langfristig und strategisch ausgerichtet sein. Gewerkschaften und ihre internationalen Verbände müssen dafür strategische Orientierung anbieten.

Fazit: Entgrenzung von Arbeit transnational und partnerschaftlich begegnen

Transnationale Arbeit braucht mehr zeitliche und finanzielle Ressourcen, weil wir es mit verschiedenen Sprachen, industriellen Beziehungen und Arbeits- und Denkweisen zu tun haben. Die IG Metall kann mehr Zeit und Geld investieren als viele Gewerkschaften anderer Länder. Diese besseren Voraussetzungen sind einerseits systembedingt (Einheitsgewerkschaft), andererseits der wirtschaftlichen Situation Deutschlands (starker Industriestandort, Sitz zahlreicher Unternehmen) geschuldet. Insofern scheint es gerechtfertigt, dass die IG Metall möglicherweise auf den ersten Blick mehr investiert als andere Gewerkschaften. Denn Partnergewerkschaften werden so langfristig gestärkt, was auch zum Vorteil der IG Metall geschieht.

Literatur

IG Metall Vorstand (2016): Auf gute Zusammenarbeit – weltweit. Die internationale Netzwerkinitiative der IG Metall, Frankfurt a.M.
Internationaler Gewerkschaftsbund (IGB) (2018): Global rights index 2018, unter: https://www.ituc-csi.org/IMG/pdf/ituc-global-rights-index-2018-en-final-2.pdf

Elijah Chiwota

Ein Arbeitskampf ist kein Spaziergang
Zur Gründung eines afrikanisch-europäischen Netzwerkes bei der *Lear Corporation*

Seit 2017 wird der Aufbau eines afrikanisch-europäischen Netzwerkes der Arbeitervertretungen der Lear Corporation in Afrika und Europa vorangetrieben. Fortgesetzt wurden diese Bemühungen auf einem Treffen in Port Elizabeth (Südafrika) im Juni 2018. Lear Corporation, ein in New York gelistetes Aktienunternehmen, fertigt Autositze und Elektroniksysteme und beschäftigt weltweit 165.000 Arbeitnehmer*innen – davon ca. 45.000 in Europa. In Afrika arbeiten circa 16.000 Beschäftigte für Lear, 12.600 Beschäftigte davon in Marokko und 3.400 in Südafrika. Von letzteren sind ungefähr 43 Prozent in der südafrikanischen Metallgewerkschaft *National Union of Metalworkers of South Africa* (Numsa) – Südafrikas größter Gewerkschaft mit fast 400.000 Mitgliedern – organisiert.

Das Netzwerk basiert auf einer Kooperation zwischen den beiden Gewerkschaften IG Metall und Numsa. Die Zusammenarbeit zwischen den beiden Metallgewerkschaften hat ihre Wurzeln bereits in der Geschichte des Kampfes der südafrikanischen Gewerkschaften gegen die Apartheid. Im Lear-Netzwerk arbeiten IG Metall und Numsa nun gemeinsam zu den Themen Lohnentwicklung und Verbesserung der Arbeitsbedingungen, Arbeits- und Gesundheitsschutz, Antidiskriminierung, Sicherheit und Transport zum Arbeitsplatz. Letzteres ist insbesondere für die Beschäftigten in der Nachtschicht in den Betrieben in Südafrika ein wichtiges Thema.

Ausgehend von dem Artikel von Carmen Ludwig und Hendrik Simon in diesem Band skizziert der folgende Kommentar zunächst entgrenzte Arbeitsbedingungen in der südafrikanischen Automobilindustrie und bei der Lear Corporation, um ihnen anschließend Zielsetzungen des Netzwerkes – im Sinne transnationaler Solidarität – entgegenzustellen. Lear ist so strukturiert, dass im Unternehmen Europa und Afrika eine Organisationseinheit bilden, was ein entscheidender Ansatzpunkt für das Netzwerk ist. Auch wenn die Standorte in Europa und Afrika zu einer Einheit gehören, unterscheiden sich die Arbeitsbedingungen enorm.

Regionale Kontexte globaler Produktion: Entgrenzte Arbeit und gewerkschaftlicher Kampf in der südafrikanischen Automobilproduktion

Der Automobilindustrie ist für die südafrikanische Wirtschaft von großer Bedeutung. Laut der Initiative für die Wettbewerbsfähigkeit der Automobilzulieferkette ASCCI (Automotive Supply Chain Competitiveness Initiative) erwirtschaftet dieser Sektor mit knapp 7 Prozent einen relevanten Anteil am Bruttoinlandsprodukt Südafrikas. In dem Sektor sind über 110.000 Arbeitnehmer*innen bei den OEMs (Original Equipment Manufacturers, Endhersteller) und den Zulieferern beschäftigt. Pro Jahr werden knapp 574.000 Fahrzeuge produziert – überwiegend für den Export. Diese Industrie besteht aus sieben OEMs, 13 Produktionsstätten für Kraftfahrzeuge und 360 Zulieferern, die Teil der Wertschöpfungskette von BMW, Nissan, Ford, Volkswagen, Isuzu, Mercedes Benz und Toyota bilden.

In der Provinz Ostkap ist eines der wichtigsten regionalen Autocluster Südafrikas angesiedelt. Lear Corporation ist dort mit drei Werken in Port Elizabeth und East London tätig. In East London sind Mercedes Benz und rund sechs Prozent der Zulieferer ansässig, während in Uitenhage bei Port Elizabeth Isuzu und Volkswagen sowie 30 Prozent der Zulieferer zu finden sind. Jedoch ist zu beobachten, dass einige Unternehmen Südafrika mittlerweile verlassen, um zu billigeren Löhnen in den Nachbarländern wie Botswana, Swasiland und Lesotho produzieren zu lassen. Die südafrikanischen Gewerkschaften, darunter auch Numsa, sind sich dieser Problematik bewusst und arbeiten grenzübergreifend auch mit den Gewerkschaften in diesen Ländern zusammen.

Die Beschäftigten von Lear berichten über die Verletzung von Gewerkschaftsrechten sowie über eine unfaire Behandlung am Arbeitsplatz. So wurde beispielsweise die aktive Arbeit der Arbeitnehmervertretungen in den südafrikanischen Werken massiv behindert. Das Gremium, das den Arbeitnehmervertretungen an den drei Standorten vierteljährliche Treffen zum Austausch ermöglichte, wurde ohne Verhandlungen und Rücksprache mit den Belegschaften vom Management gestrichen. Dies betrifft bisweilen auch die Kommunikation zwischen der südafrikanischen und europäischen Arbeitnehmervertretung, die das Management behindert und einzuschränken versucht.

Darüber hinaus beklagen die Beschäftigten die häufige Kurzarbeit, für die es keinen Lohnausgleich gibt. Ganze Teams werden nach Hause geschickt, wenn einzelne Teammitglieder fehlen. Um den vollen Lohn zu erhalten, müssen diese Tage nachgearbeitet werden. Das Unternehmen kommt zudem nur unzureichend seiner Verpflichtung nach, dafür zu sorgen, dass die Beschäftigten sicher zur

Arbeit kommen können. In Südafrika ist der öffentliche Personennahverkehr nur gering ausgebaut; nachts gibt es keine Möglichkeit zur Arbeit oder von der Arbeit nach Hause zu kommen. Dies stellt auch angesichts der hohen Kriminalitätsrate ein großes Sicherheitsrisiko für die Beschäftigten dar.

Im Unterschied zu den Angestellten im Büro müssen sich die Beschäftigten, die in der Produktion tätig sind, zum Toilettengang abmelden und bekommen die Zeit vom Lohn abgezogen. Dies stellt eine gravierende Benachteiligung für Beschäftige dar – besonders für jene, die unter chronischen Erkrankungen wie Diabetes leiden oder aber altersbedingt Sanitäranlagen vermehrt aufsuchen müssen. Vor diesem Hintergrund ist es nicht überraschend, dass die Beschäftigten dem Arbeits- und Gesundheitsschutz einen besonders hohen Stellenwert zumessen. Sie wünschen sich zudem, dass das Unternehmen mit gesundheitlichen Aufklärungskampagnen stärker seiner gesellschaftlichen Verpflichtung nachkommt: So ist beispielsweise Tuberkulose in Südafrika verbreitet. Beschäftigte, die an Tuberkulose erkrankt sind, kommen allerdings häufig weiter zur Arbeit. Arbeitnehmer*innen fordern daher eine stärkere Repräsentanz im betrieblichen Komitee zum Arbeits- und Gesundheitsschutz, das aktuell vom Management und seinen Interessen dominiert wird.

Prekäre Beschäftigungsverhältnisse stellen ein weiteres Hauptproblem der Beschäftigten bei Lear in Südafrika dar. Insbesondere die unterschiedliche Bezahlung von Beschäftigten, die dieselbe Tätigkeit verrichten, sorgt in den Werken für großen Unmut (siehe auch Ludwig/Simon im Band). Zudem kommen große Teile der Belegschaften von Leiharbeitsunternehmen. Um dies am Beispiel eines der Lear Werke in Port Elizabeth deutlich zu machen: Dort sind lediglich 245 Arbeitnehmer*innen direkt bei Lear und unbefristet beschäftigt. Diesen Beschäftigten stehen 401 Leiharbeitnehmer*innen gegenüber, deren Arbeitsbedingungen prekär sind und denen es an jeglicher Perspektive hinsichtlich eines dauerhaften, existenzsichernden Arbeitsplatzes mangelt. Leiharbeitnehmer*innen haben keinen Anspruch auf Alterssicherung oder eine Krankenversicherung. Numsa konnte zwar kürzlich vor Gericht auf höchster Instanz durchsetzen, dass Leiharbeitnehmer*innen nach drei Monaten vom entleihenden Unternehmen unbefristet und zu den dort üblichen Konditionen zu übernehmen sind. Das sieht das neue Arbeitsgesetz in Südafrika vor, dessen Auslegung jedoch bislang strittig war. Bislang hat das Unternehmen diese Vorgaben allerdings nicht umgesetzt. Es bleibt zu hoffen, dass die Rechtsprechung zu einer dauerhaften Übernahme der Leiharbeitnehmer*innen führen wird. Darüber hinaus kämpft Numsa gegenwärtig gegen eine Einschränkungen des Streikrechts durch die Regierung und für einen gesetzlichen, existenzsichernden Mindestlohn. Letzterer sollte deutlich oberhalb des von der Regierung angesetzten Mindestlohns von 20 Rand (1,30 Euro) pro Stunde liegen.

Von Seiten des Managements ist Widerstand zu erwarten. Wie ein*e Arbeitnehmer*in im Workshop sagte: „Ein Arbeitskampf ist kein Spaziergang". Denn ohne Auseinandersetzung und Konflikt sind Zugeständnisse seitens des Arbeitgebers nicht zu erwarten.

Entgrenzte Solidarität: Das afrikanisch-europäische Netzwerk

In diesen Konflikten zwischen Arbeitnehmer*innen und Management spielt auch das afrikanisch-europäische Netzwerk eine wichtige Rolle: Die südafrikanischen Arbeitnehmervertretungen bei Lear versprechen sich von der Zusammenarbeit mit den Mitgliedern des europäischen Betriebsrates eine Unterstützung bei der Behebung ihrer zahlreichen Probleme. Sie erkennen im transnationalen Netzwerk eine wichtige Unterstützung für ihre Kämpfe vor Ort: Digitale Kommunikations- und Austauschplattform werden im Projekt genutzt, damit Informationen, etwa über Unternehmensstrategien, zwischen Beschäftigen in Europa und Afrika ausgetauscht werden können. Die Gewerkschaften arbeiten gegenwärtig darauf hin, das Netzwerk auch auf Marokko mit seinen 12.600 Lear-Beschäftigten auszuweiten.

Ein zentrales Ziel des Netzwerks ist es derzeit, Vertreter*innen aus Südafrika und Marokko zu ermöglichen, an den zentralen Sitzungen des Europäischen Betriebsrats teilzunehmen. Die Vernetzung von Arbeitnehmervertretungen und Gewerkschaften ist eines der effektivsten Strategien im Kampf gegen das globale Kapital, das Arbeitnehmer*innen überall auf der Welt auszubeuten versucht – insbesondere aber in Ländern mit schwachen arbeitsrechtlichen Regulierungen.

Des Weiteren zielt die Netzwerkinitiative darauf ab, ein Globales Rahmenabkommen zu vereinbaren, das globale Mindeststandards im Unternehmen im Hinblick auf Gewerkschaftsrechte und Arbeitsstandards festschreibt. Globale Rahmenabkommen, die auch von den globalen Gewerkschaftsverbänden wie *IndustriALL Global Union* unterstützt werden, können ein hilfreiches Mittel zur Durchsetzung globaler Arbeitsnormen sein. Sie werden zwischen Gewerkschaften und multinationalen Unternehmen verhandelt und zielen darauf ab, die Rechte von Arbeitnehmer*innen grenzübergreifend zu schützen und zu vertreten. Globale Rahmenabkommen können nach Ansicht von IndustriALL einen wichtigen Beitrag dazu leisten, grundlegende Rechte (z.B. Gewerkschaftsrechte, Arbeits-, Gesundheits- und Umweltschutz, qualitative Arbeitsstandards) in einem global agierenden Unternehmen zu verankern – unabhängig von der Gesetzeslage im jeweiligen Land. IndustriALL unterstützt die Initiative von IG Metall und Numsa zum Aufbau eines europäisch-afrikanischen Gewerkschaftsnetzwerkes.

Fazit: Den Kreislauf entgrenzter Arbeit durchbrechen

Multinationale Unternehmen sind aufgrund der globalen Entgrenzung der Arbeit in der Lage, weltweit Löhne zu drücken und Standorte gegeneinander auszuspielen. Immer mehr Unternehmen aus den Ländern des globalen Nordens lagern ihre Produktionsstätten in den globalen Süden aus, wo die ILO Kernarbeitsnormen nicht greifen und das Arbeitsrecht die Beschäftigten nur unzureichend schützt. Arbeitsrechtliche Lücken in Ländern des globalen Südens nutzen Unternehmen voll aus: Arbeitnehmer*innen im globalen Süden arbeiten unter schlechteren Bedingungen und erhalten für die gleiche Arbeit deutlich weniger Lohn als sie an den Standorten im globalen Norden erhalten würden. Die Profiteure sind die Konzerne, deren Handlungsmacht damit weiter steigt.

Dieser Kreislauf lässt sich nur durchbrechen, wenn Arbeitnehmer*innen sich ebenfalls transnational vernetzten und solidarisieren, um unabhängig vom Standort der Werke gemeinsam zu agieren. Transnationale Zusammenarbeit zwischen Arbeitnehmer*innen ist zentral, um über Unternehmensstrategien zu informieren, Transparenz bezüglich ungleicher Arbeitsbedingungen zu schaffen sowie Erfahrungen aus Konflikten mit dem Unternehmen auszutauschen. Daher ist das afrikanisch-europäische Netzwerk bei Lear als ein erster und wichtiger Schritt zu betrachten, um die Organisations- und Verhandlungsmacht der Gewerkschaften – auch auf transnationaler Ebene – nachhaltig zu stärken.

Übersetzung: Daniel Heinz

Tatiana López / Michael Fütterer

Gewerkschaft als internationale soziale Bewegung –
Das TIE-Orangensaftnetzwerk

Der Aufbau einer Arbeiter*innenbewegung über nationale und sektorale Grenzen hinweg ist heute notwendiger denn je. Die Herstellung eines Produkts findet kaum mehr an einem Ort statt, sondern einzelne Produktionsschritte werden von Arbeiter*innen an unterschiedlichen, über den kompletten Globus verteilten Orten ausgeführt. Dank der Revolution im Transportwesen und in der Informations- und Kommunikationstechnologie der letzten Jahrzehnte sind transnationale Konzerne (TNK) in der Lage, jene Standorte und Zulieferer auszuwählen, die ihnen die größten Profitmargen bieten. Um in diesem Wettbewerb zu bestehen, haben Regierungen in den letzten Jahrzehnten einen Fokus darauf gelegt TNK möglichst attraktive Konditionen zu bieten, insbesondere auch durch die Deregulierung und Flexibilisierung der Arbeitsmärkte. Durch die zunehmende Verlagerung von Regulierungsfunktionen des Staates in den Privatsektor und die Erosion tripartistischerr Verhandlungsforen haben Gewerkschaften in den vergangenen Jahrzehnten einen Großteil ihrer institutionellen Machtressourcen eingebüßt. Gewerkschaften stehen daher mehr denn je vor der Herausforderung, Organisationsmacht in Form einer starken sozialen Basis aufzubauen. Diese Aufgabe wird durch die zunehmende Neuzusammensetzung der Arbeiter*innenklasse internationaler und nationaler Ebene erschwert. Angesichts der Vielfältigkeit neuer prekärer Formen von Arbeit und der Organisierung des Kapitals über Grenzen hinweg, bedarf es für den Aufbau einer internationalen Arbeiter*innenbewegung Strategien, die Gewerkschaften nicht nur als Vertretung von Arbeiter*innen eines nationalen Sektors sondern als gesellschaftliche Akteure im internationalen Kontext verstehen. Der Fokus einer gewerkschaftlichen internationalen solidarischen Zusammenarbeit muss darauf liegen, die Organisationsmacht aller beteiligten Akteure zu stärken und sie zu befähigen einen breiteren gesellschaftlichen Wandel zu erkämpfen.

In diesem Beitrag stellen wir mit dem internationalen Orangensaftnetzwerk einen Ansatz internationaler solidarischer Gewerkschaftszusammenarbeit vor, die den Fokus auf die Selbst-Organisation aller beteiligten Gewerkschaften legt.

Im Mittelpunk dieses Ansatzes steht der Aufbau einer solidarischen Zusammenarbeit zwischen Beschäftigten entlang der Orangensaftwertschöpfungskette mit dem Ziel die organisatorische Macht der beteiligten Gewerkschaften sowohl im brasilianischen Orangensaftsektor als auch im deutschen Einzelhandel zu stärken. Teil des Netzwerks sind Betriebsräte von EDEKA, Kaufland und REWE und ihre Gewerkschaft ver.di in Deutschland sowie verschiedene Landarbeitergewerkschaften und Gewerkschaften der Nahrungsmittelindustrie Brasiliens. Koordiniert wird die Zusammenarbeit durch das Gewerkschaftsnetzwerk TIE global. Wir stellen in diesem Beitrag die Strategie des Netzwerks vor und gehen der Frage nach, wie und inwiefern es bisher gelungen ist, durch die internationale Zusammenarbeit im Netzwerk gewerkschaftliche Organisationsmacht und Ansätze von Selbst-Organisation der Arbeiter*innen sowohl im brasilianischen Orangensaftsektor als auch im deutschen Einzelhandel zu stärken.

Im Folgenden erläutern wir zunächst das Verständnis von Gewerkschaft als sozialer Bewegung im Saftnetzwerk und illustrieren seine Verankerung innerhalb von TIE. Danach beschreiben wir die strukturellen Rahmenbedingungen für internationale Gewerkschaftsarbeit im Orangensaftsektor. Anschließend stellen wir die Strategie des Orangensaftnetzwerks vor und reflektieren die bisherige Umsetzung und erste Erfolge der Strategie.

TIE und das Suchen nach einem 'selbsttätigen Internationalismus'

Neue Formen von Arbeit, die Schaffung globaler Produktionsnetzwerke, die Flexibilisierung der Arbeitsmärkte und die Neuzusammensetzung der Arbeiter*innenklasse führten bereits in den 70er Jahren zum Beginn der Krise klassischer Arbeiterparteien und Gewerkschaften (Waterman 2004). Vor diesem Hintergrund gründeten Gewerkschafter*innen, kritische Wissenschaftler*innen und gesellschaftliche Aktivist*innen aus Brasilien, Asien, Europa und Nordamerika im Jahre 1978 das globale TIE-Gewerkschaftsnetzwerk[1]. Ziel des Netzwerks war (und ist es) einen „selbsttätigen Internationalismus" (Huhn 2015: 115) aufzu-

---

1   Die Abkürzung TIE steht für Transnationals Information Exchange (dt.: Informationsaustausch über transnationale Unternehmen) und geht zurück auf die Ursprungsidee des Netzwerks, Beschäftigte aus transnationalen Unternehmen zum Zwecke des Informationsaustauschs zu vernetzen. Der Anspruch der im Netzwerk beteiligten Akteure ging jedoch schon bald über den bloßen Informationsaustausch zwischen Beschäftigten hinaus, da sie schnell erkannten, dass für eine Machtverschiebung zwischen Kapital und Arbeit ein bloßer Austausch nicht ausreichend ist, sondern gemeinsame Organisierungsstrategien notwendig sind.

bauen, bei dem die Arbeiter*innen selbst zentrale Akteure sind. Inspiriert waren die Gründungsmitglieder des Netzwerks von den oftmals als 'social movement unionism' (Moody 1997) bezeichneten Strategien neuer Gewerkschaften in Brasilien, Südafrika und Südkorea, die sich im Kampf gegen die Diktaturen in ihren Ländern als Teil einer breiteren Bewegung für gesellschaftliche und politische Veränderung begriffen, sowie von oppositionellen Betriebs- und Gewerkschaftsgruppen im globalen Norden. Diesem Gewerkschaftsverständnis zu Folge geht es darum Räume zu bieten, in denen Arbeiter*innen die für einen breiteren gesellschaftlichen Wandel notwendigen kreativen Potenziale und Handlungskapazitäten entfalten können. Lohnarbeit ist aus dieser Perspektive nicht nur ein Prozess ökonomischer Ausbeutung, sondern eine Herrschaftsstruktur, die es Arbeiter*innen nur erlaubt selektive, für den kapitalistischen Verwertungsprozess nützliche Fähigkeiten auszubilden. Potenziale und Handlungskapazitäten, die dazu notwendig wären aktuelle gesellschaftliche ökonomische, gesellschaftliche und politische Strukturen zu hinterfragen und alternative Visionen zu schaffen, verkümmern oder werden sogar aktiv unterdrückt (Negt und Kluge 1992: 110). Gewerkschaften sind daher wichtige Orte, in denen Arbeiter*innen Erfahrungen der Selbst-Organisation machen, in denen sie handelndes Subjekt sein und ihre kreativen und kritischen Fähigkeiten und Handlungskompetenzen entwickeln können.

Während in den 1980er Jahren der Schwerpunkt der internationalen Zusammenarbeit im TIE-Netzwerk auf der Schaffung und Vernetzung von Betriebsgruppen an verschiedenen Standorten von transnationalen Konzernen der Auto- und Chemieindustrie lag, kristallisierte sich als weiterer strategischer Ansatzpunkt für eine internationale gewerkschaftliche Praxis die Organisierung von Arbeiter*innen entlang von Wertschöpfungsketten heraus. In den frühen 2000er Jahren formierte sich schließlich das bis heute aktive ExChains-Netzwerk, in dem Arbeiter*innen aus der Textilindustrie in Südasien und ihre Gewerkschaften gemeinsam mit in ver.di organisierten Betriebsräten aus dem Modeeinzelhandel in Deutschland Forderungen entwickeln und sich gegenseitig in ihren lokalen Kämpfen unterstützen[2]. Im Jahr 2015 wurde ausgehend von einer Initiative der Gewerkschaft ver.di schließlich das Orangensaftnetzwerk ins Leben gerufen, das Arbeiter*innen und Gewerkschaften aus dem brasilianischen Orangensaftsektor mit Betriebsräten deutscher Supermärkte vernetzt. Basis der Zusammenarbeit der Kolleg*innen aus ganz unterschiedlichen Sektoren sind

---

2 Siehe auch den Beitrag von López und Fütterer zum TIE-ExChains-Netzwerk in diesem Band.

die gemeinsamen Erfahrungen von Ausbeutung und prekärer Arbeit sowie Erfahrungen von Widerständigkeit als Ausgangspunkt für den Austausch und die gegenseitige Unterstützung in Kämpfen für bessere Arbeits- und Lebensbedingungen. Die Arbeit des Netzwerks beruht auf der Überzeugung, dass nur durch die Organisierung von Arbeiter*innen das Kräfteverhältnis zwischen Kapital und Arbeit dauerhaft verschoben und bessere Arbeits- und Lebensbedingungen für die Arbeiter*innen erreicht werden können. Ziel der Zusammenarbeit sowohl im ExChains als auch im Orangensaftnetzwerk ist es daher, die Organisationsmacht und Handlungsfähigkeit der Gewerkschaften und Betriebsräte zu erhöhen, indem die Organisierungs-, Führungs- und Verhandlungskompetenzen der aktiven Gewerkschafter*innen im Betrieb bzw. auf den Plantagen gestärkt werden. Der Austausch über gemeinsame Erfahrungen von Ausbeutung und Widerständigkeit soll zudem dazu beitragen, ein gemeinsames Klassenverständnis über nationale und sektorale Grenzen hinweg zu schaffen.

Gleichzeitig befinden sich die Mitglieder des TIE-Netzwerks in einem permanenten Spannungsverhältnis zu anderen Formen internationaler gewerkschaftlicher Kooperation. Zeitgleich mit der Transformation des keynesianischen Staates hin zum neoliberalen Staat und der Verlagerung sozialer Regulierung in den Privatsektor sind seit den 1980er Jahren eine Vielzahl von zivilgesellschaftlichen Bündnissen entstanden, die sich der Verbesserung von Arbeitsbedingungen im Globalen Süden widmen. Beispiele hierfür sind beispielsweise die FairTrade-Bewegung, aber auch die Anti-Sweatshop-Bewegung. Charakteristisch für diese Bündnisse ist ihr kampagnenorientierter strategischer Ansatz, der über die Schaffung eines kritischen Konsumentenbewusstseins Druck auf große Konzerne ausübt. Seit den frühen 2000er Jahren hat mit den meist durch Firmen oder Regierungen initiieren Multi-Stakeholder-Initiativen (MSI) zusätzlich ein Modell sozialer Regulierung basierend auf der Idee des Dialogs zwischen verschiedenen Interessengruppen an Popularität gewonnen. Gewerkschaften aus dem Globalen Norden beteiligen sich aktiv an diesen Bündnissen und Initiativen. Gewerkschaften aus dem Globalen Süden nutzen sie als Instrumente, um im Globalen Norden um eine Öffentlichkeit für lokale Konflikte und Missstände zu erzeugen. Obwohl die Zusammenarbeit im Rahmen internationaler Kampagnen und MSI zwar in einigen Fällen zur Verbesserung von Arbeitsbedingungen geführt hat, haben sie jedoch weder die Organisations- und Verhandlungsmacht von Gewerkschaften im Globalen Süden, noch im Globalen Norden nachhaltig gestärkt. Die Mitglieder des TIE-Netzwerks stehen somit vor der beständigen Herausforderung sich zu bestehenden Bündnissen und Initiativen zu positionieren und gleichzeitig eigene, neue Ansätze internationaler Zusammenarbeit zu entwickeln, mit denen es gelingt, die Machtposition von Gewerkschaften sowohl im Globalen Süden als auch im Globalen Norden nachhaltig zu stärken.

Vor diesem Hintergrund schildern wir in diesem Beitrag die Erfahrungen und ersten Erfolge eines Netzwerks, dass sich mitten im Suchprozess nach einem internationalen 'selbsttätigen Internationalismus' befindet.

Strukturelle Rahmenbedingungen für gewerkschaftliche Organisierung entlang der Orangensaftwertschöpfungskette

Der weltweite Orangensaftsektor zeichnet sich durch eine hohe Markt- und Flächenkonzentration aus. Rund 60% der weltweiten Exporte von Orangensaft stammen aus Brasilien (Martins Franco 2016: 11). Anbau und Verarbeitung von Saftorangen ist dort konzentriert im Bundesstaat São Paulo. Mehr als die Hälfte des weltweit konsumierten Orangensafts hat seinen Ursprung in dieser Region. Der globale Markt für Orangesaft wird kontrolliert von drei Unternehmen, welche rund 70% des weltweit gehandelten Orangensafts produzieren. Die brasilianischen Unternehmen Cutrale und Citrosuco produzieren heute alleine mehr als die Hälfte des weltweit konsumierten Orangensaftes und beliefern Abfüllunternehmen in mehr als 90 Ländern. Der dritte „Global Player" im Orangensaftsektor ist das französische Agrarunternehmen Louis Dreyfus Commodities (LDC), dessen Anteil an der weltweiten Orangensaftproduktion rund 15 % beträgt (ver.di und CIR 2013: 14ff.). Lediglich 20% der für die Saftproduktion benötigten Orangen werden von den „Großen Drei" auf firmeneigenen Plantagen angebaut. Den Großteil der Orangen beziehen die Saftproduzenten von Zulieferern in der Region, die oft Abnahmeverträge mit einer der „Großen Drei" für die Ernten mehrerer Jahre abschließen. Aufgrund ihrer Monopolstellung im Orangensaftsektor sind die „Großen Drei" in der Lage die Abnahmepreise auf ein Minimum zu drücken (ver.di und CIR 2013: 11ff.).

Die Pflücker*innen auf den Plantagen sind zu einem Großteil Arbeitsmigrant*innen aus den armen Bundesstaaten im Nordosten Brasiliens. Sie werden zumeist über Mittelsmänner für den Zeitraum der Erntesaison von Juni bis Januar angeworben und leben in Häusern, die ihnen über die Mittelsmänner oder direkt über das Unternehmen vermittelt werden. Das Geld für die Miete wird ihnen in der Regel direkt vom Lohn abgezogen. Der Preisdruck im Sektor wird an die Arbeiter*innen in Form hoher Produktivitätsziele weitergegeben: Um den Mindestlohn zu erzielen, müssen die Arbeiter*innen circa 60 Säcke voll Orangen mit einem Gewicht von bis zu 30 kg pro Tag ernten. Dies schaffen die meisten Arbeiter*innen nur, indem sie ohne Pause arbeiten – in der Erntezeit

oft mehr als 10 Stunden pro Tag an sieben Tagen die Woche. Schwere gesundheitliche Schäden verursacht auch der unsachgemäße Einsatz von Pestiziden
auf den Plantagen: Sprüher*innen erhalten bspw. keine oder nur unzureichende
Schutzkleidung und sind angehalten Pestizide auch dann zu versprühen, wenn
ihre Kolleg*innen aktuell auf dem Feld arbeiten. Allergische Reaktionen, Haut-
irritationen, Kopfschmerzen und Atemwegsprobleme sind die Folge. Auch
die Arbeit in den Saftfabriken geschieht unter extremen Bedingungen: In der
Erntehochzeit sind Arbeitstage von bis zu 14 Stunden keine Seltenheit. Dazu
kommen extreme Hitze, unzureichende Beleuchtung, fehlende Belüftung und
unzureichender Arbeitsschutz. (ver.di und CIR 2013: 24ff.).

Der gewerkschaftliche Organisierungsgrad ist sowohl auf den Plantagen als
auch in den Saftfabriken niedrig. Dies liegt zum einen an der gewerkschaftsfeindlichen Haltung der Fabrik- und Plantagenmanagements. Arbeiter*innen, die sich
als Gewerkschaftsmitglieder zu erkennen geben, werden unter einem Vorwand
entlassen und Gewerkschafter*innen wird der Zutritt zu Fabriken und Plantagen
verwehrt. Die Arbeiter*innen werden von ihren Wohnorten mit firmeneigenen
Bussen direkt von ihren Wohnhäusern zu den Plantagen und zurückgebracht.
Dabei werden Arbeiter*innen in der Regel nicht auf Plantagen in der Nähe ihres
Wohnortes eingesetzt, sondern auf Plantagen in bis zu 100 km Entfernung. Dies
erschwert es den lokalen Gewerkschaften mit Arbeiter*innen der Plantagen in
ihrem Zuständigkeitsgebiet in Kontakt zu treten. Hinzu kommt, dass die Wohn-
häuser oft von den Mittelmännern an die Arbeiter*innen vermietet werden und der
Besuch von externen Personen verboten ist (Interview mit Gewerkschaftsführer,
Piratininga, Juni 2017). Der Aufbau von organisationaler Macht gestaltet sich
unter diesen Bedingungen schwierig. Ein weiterer Faktor, welcher die Position
der Gewerkschaften gegenüber den Unternehmen schwächt, ist die kleinteilige
räumliche Fragmentierung der brasilianischen Gewerkschaftslandschaft. Gewerkschaften sind nach Berufsgruppen primär auf der Kommunal- oder Landkreisebene
organisiert, wodurch ihre Wirkungsmacht lokal beschränkt bleibt. Tarifverträge
werden von den lokalen Gewerkschaften für einzelne Betriebe oder Plantagen
abgeschlossen. Auf Grund der geringen Organisationsmacht der Gewerkschaften, sind Arbeitgeber häufig in der Lage die Konditionen der Tarifverträge zu
diktieren (TIE 2015). Dies ist besonders problematisch, da es seit der jüngsten
Arbeitsrechtsreform aus dem Jahr 2017 möglich ist, dass Gewerkschaften und
Arbeitgeber Tarifverträge mit schlechteren Konditionen als den gesetzlich festgelegten Mindeststandards abschließen (Jusbrasil 2017).

Auch die deutsche Einzelhandelslandschaft am anderen Ende der Wertschöpfungskette ist geprägt von einer hohen Marktkonzentration. Rund 85%

des Absatzmarktes entfallen auf die vier Unternehmensgruppen Edeka, REWE, ALDI und Schwarz, zu der unter anderem Kaufland gehört. Alle Unternehmen vertreiben unter eigenen Hausmarken Orangensaft, den sie von ausgewählten Abfüllunternehmen in Deutschland beziehen. Ihre Marktmacht erlaubt es deutschen Einzelhandelsunternehmen die Bedingungen für den Einkauf von Orangensaft bei den Abfüllbetrieben wesentlich zu beeinflussen (ver.di und CIR 2013: 38). Vor dem Hintergrund der zunehmenden Sensibilisierung deutscher Konsument*innen für die Produktionsbedingungen von Lebensmitteln und anderen Waren stehen deutsche Einzelhandelsunternehmen in den letzten Jahren immer stärker unter Druck, die Wahrung von Arbeitsrechten in den Lieferketten ihrer Produkte sicherzustellen. In Reaktion arbeiten die Unternehmen im Eigenmarkenbereich mit verschiedenen CSR-Initiativen und Zertifizierungsorganisationen zusammen (ver.di und CIR 2013:47ff.). Die Verantwortung für die Umsetzung grundlegender Sozialstandards liegt bei diesen Initiativen jedoch überwiegend bei den Zuliefererbetrieben. Angesichts des starken preis- und damit kostenorientierten Konkurrenzkampfes unter den Zulieferern verhindern diese Initiativen bisher Ausbeutung von Arbeiter*innen im Orangensaftsektor nicht.

Aber nicht nur in den Lieferketten, sondern auch in den Filialen der deutschen Einzelhandelsunternehmen selbst sind die Arbeitsbedingungen prekär. Der Verdrängungswettbewerb im Einzelhandel hat zu einem massiven Abbau von Vollzeitstellen und einer Verschlechterung der Arbeitsbedingungen geführt. Rund zwei Millionen der 3,1 Millionen Beschäftigten im Einzelhandel sind in Teilzeit oder geringfügig beschäftigt (ver.di 2017: 5f.). Rund 2,5 Millionen Menschen im Einzelhandel sind in Folge von Dumpinglöhnen, atypischen Beschäftigungsverhältnissen und Brüchen in der Erwerbsbiographie von Altersarmut bedroht, die meisten von ihnen sind Frauen (ver.di 2017: 12). Die Arbeitsbedingungen sind gekennzeichnet durch Stress, Zeitdruck und hohe Arbeitsintensität bei geringer Personalausstattung. Diese prekären Verhältnisse sind dabei auch die Konsequenz der Deregulierung und Flexibilisierung des Einzelhandels und des Arbeitsmarktes in Deutschland seit Beginn der 2000er Jahre. Die Hartz-Reformen im Zuge der Agenda 2010 lösten einen Minijob-Boom aus und öffneten Türen für den missbräuchlichen Einsatz von Werkverträgen und Leiharbeit. Die weitgehende Freigabe der Ladenöffnungszeiten führte zur Entgrenzung der Arbeitszeiten im Einzelhandel (ver.di 2017: 5).

Die Verhandlungsmacht von Gewerkschaften im deutschen Einzelhandel ist seit Beginn der 2000er Jahre ebenfalls gesunken. Unternehmen finden vielfältige Wege zur Tarifflucht, so z.B. durch Haustarifverträge oder im Falle von REWE und Edeka, indem sie den Großteil der Filialen von selbstständigen Kaufleuten verwalten lassen (ver.di 2017: 9). Die Organisierung der Beschäftigten wird erschwert durch den hohen Anteil an in Teilzeit und geringfügig Beschäftigten mit befristeten Verträgen sowie auch durch die Anti-Gewerkschafts-Haltung und Feindseligkeit vieler Managementvertreter*innen gegenüber Betriebsräten (ver.di und CIR 2013: 52, 61). Die gewerkschaftliche Organisationsrate im Einzelhandel ist dementsprechend niedrig: Rund 10 % der Beschäftigten sind in ver.di organisiert, rund 9% der Betriebe haben einen Betriebsrat. Auch im deutschen Einzelhandel steht die Gewerkschaft ver.di vor diesem Hintergrund vor der großen Herausforderung gewerkschaftliche Organisierung in den Betrieben sowie die Handlungs- und Verhandlungskompetenzen von Betriebsräten zu stärken.

Der strategische Ansatz des TIE-Orangensaftnetzwerk: Gewerkschaftliche Selbst-Organisation im Fokus

Die Verhandlungsmacht, Handlungskompetenzen und Selbst-Organisation von Beschäftigten entlang der Wertschöpfungskette und ihrer Gewerkschaften zu stärken, ist das Ziel des internationalen Orangensaftnetzwerks. Die Idee zur Gründung des Netzwerks entstand auf einer Reise von Betriebsrät*innen aus dem deutschen Einzelhandel nach Brasilien im Jahr 2015, die TIE und ver.di in Zusammenarbeit mit der Christlichen Initiative Romero organisiert hatten. Auf der Reise tauschten sich die Betriebsrät*innen mit Beschäftigten von Orangenplantagen und Saftindustrie über Probleme am Arbeitsplatz und Möglichkeiten für die Zusammenarbeit aus. Dabei gelangten die Teilnehmer*innen zu der Einsicht, dass der Aufbau von gewerkschaftlicher Macht gegenüber global organisierten Konzernen auch eine Vernetzung der Beschäftigten über Grenzen hinweg erfordert. Teil des Netzwerks sind Betriebsräte von EDEKA, Kaufland und REWE sowie ihre Gewerkschaft ver.di in Deutschland und Landarbeitergewerkschaften des Gewerkschaftsverbands FERAESP sowie Gewerkschaften der Nahrungsmittelindustrie, die im Verband CONTAC-CUT organisiert sind, in Brasilien.

Die Strategie des Netzwerks baut auf vier Säulen: 1) Selbstverständnis als Gewerkschaftsnetzwerk, 2) gemeinsame Handlungsfähigkeit, 3) gegenseitiger Erfahrungs- und Wissensaustausch und 4) Informationsnetzwerk (ExChains 2015).

1) Selbstverständnis als Gewerkschaftsnetzwerk

Das Internationale Orangensaftnetzwerk versteht sich als gleichwertige Nord-Süd-Kooperation von Gewerkschaften entlang der Orangensaftwertschöpfungskette. Während das Netzwerk mit anderen zivilgesellschaftlichen Akteuren und Bündnissen im Orangensaftsektor kooperiert, so liegt die strategische Hoheit bezüglich der Formulierung von Forderungen und der Planung konkreter Aktionen bei den Mitgliedsgewerkschaften. Im Zentrum stehen die gegenseitige solidarische Unterstützung in reellen Arbeitskämpfen einerseits sowie die Entwicklung gemeinsamer Forderungen basierend auf den Prioritäten der Arbeiter*innen andererseits. Während Kampagnen von Nichtregierungsorganisationen oder Projekte von Multistakeholder-Initiativen sich in der Regel auf die allgemeine Umsetzung universeller Arbeitsstandards fokussieren, entwickeln im Orangensaftnetzwerk die Arbeiter*innen auf den Plantagen und den Betrieben die Forderungen selbst ausgehend von ihren konkreten Erfahrungen am Arbeitsplatz. Die Entwicklung der Forderungen geschieht mit Hilfe sogenannter Gesundheitsmappings: Bei dieser Methode dokumentieren Arbeiter*innen unter Anleitung von Gewerkschaftsorganizer*innen zunächst gesundheitliche Probleme und diskutieren anschließend Ursachen in der Arbeitsorganisation. In einem zweiten Schritt entwickeln die Arbeiter*innen selbst Lösungsvorschläge, die von den Gewerkschaften dann als Forderungen mit in Tarifverhandlungen aufgenommen werden. Die Mappings dienen somit nicht nur dazu Forderungen zu entwickeln, sondern sie helfen den Gewerkschaften ebenfalls eine aktive Mitgliederbasis aufzubauen, ihre Organisationsmacht zu erhöhen und eine Verhandlungsstruktur und -kultur (regelmäßige Aushandlung über Ergebnisse der Mappings) aufzubauen.

Ausgehend von den Problemen am Arbeitsplatz haben die Gewerkschaften im Netzwerk zudem gemeinsame Forderungen entwickelt, welche u.a. die Abschaffung prekärer Arbeitsverhältnisse, kürzere und transparentere Arbeitszeiten, die Einhaltung von Gesundheits- und Sicherheitsstandards am Arbeitsplatz sowie Zugangsrechte der Gewerkschaften zu den Beschäftigten umfassen. Die Gewerkschaften im Netzwerk entscheiden gemeinsam darüber, welche der Forderungen sie priorisieren und welche Strategien sie verfolgen wollen. Die Gewerkschaften entschieden sich zunächst das Thema Gesundheit und Sicherheit am Arbeitsplatz in den Vordergrund zu stellen, da hier mit einem geringeren Widerstand von Seiten der Unternehmen zu rechnen war als beispielsweise beim Thema existenzsichernde Löhne. Das strategische Ziel der Gewerkschaften in Brasilien ist es, flächendeckende Mappings mit Arbeiter*innnen der Plantagen und Fabriken der großen drei Saftunternehmen durchzuführen und die daraus entstandenen Forderungen zu Gesundheit und Sicherheit am Arbeitsplatz mit den Unternehmen zu verhandeln. Die größte Herausforderung für die Umsetzung dieser Strategie stellte von Anfang an der Zugang für Gewerkschaften zu Plantagen und Betrieben dar. Um diesen zu gewährleisten und Räume für das Agieren der Gewerkschaften in Brasilien zu öffnen, spielte das zweite Element in der Strategie des Saftnetzwerks, die gemeinsame Handlungsfähigkeit, eine große Rolle.

2) Gemeinsame Handlungsfähigkeit

Die Basis für die Zusammenarbeit im Orangensaftnetzwerk ist die Entwicklung einer gemeinsamen Handlungsstrategie gegenüber den Unternehmen in der Orangensaftwertschöpfungskette. Auf Grund der Machtposition der drei brasilianischen Saftunternehmen entschieden die Mitglieder des Netzwerks den Fokus des gemeinsamen Handelns zunächst auf die Schaffung von Räumen für einen Dialog der „großen Drei" mit den brasilianischen Gewerkschaften zu legen. Da die deutschen Einzelhandelskonzerne als Hauptabnehmer des brasilianischen Orangensafts zum einen Einfluss über die Saftunternehmen in Brasilien und zum anderen selbst ein Interesse daran haben, dass ihre Produkte nicht mit schlechten Arbeitsbedingungen assoziiert werden, beschlossen die Mitglieder des Netzwerks die deutschen Einzelhandelskonzerne als 'Verbündete' zu adressieren. Indem sie auf Betriebsversammlungen sowie im Rahmen von Gesprächen mit Filial- und Konzernleitungen die Arbeitsrechtsverletzungen im brasilianischen Orangensaftsektor und die gemeinsamen Forderungen des Netzwerks thematisierten, gelang es insbesondere den Betriebsräten von REWE und Kaufland zusammen mit ver.di und TIE eine betriebsinterne Öffentlichkeit in ihren Unternehmen zu schaffen und die Unternehmensleitungen von einer Kooperation mit den Gewerkschaften im Netzwerk zu überzeugen. Die Einzelhandelsunternehmen unterstützten die Initiative und den Ansatz über Gesundheitsmappings einen 'Dialog' bzw. eine Verhandlungskultur zwischen den Saftunternehmen und den brasilianischen Gewerkschaften aufzubauen. Diese zusätzliche Öffentlichkeit half dabei, Räume für Verhandlungen der brasilianischen Gewerkschaften mit den „großen Drei" zu eröffnen und stärkte somit wesentlich die Handlungskompetenzen der brasilianischen Gewerkschaften. Gleichzeitig konnten die Betriebsräte in Deutschland ihre Handlungskompetenz stärken, indem sie eigenständig ein Thema setzten und die Aktivitäten des Netzwerks erfolgreich unterstützt wurden. Die Betriebsräte in Deutschland agieren in dieser Strategie zusammen mit TIE als Bindeglied zwischen den brasilianischen Gewerkschaften und den deutschen Einzelhandelsunternehmen. Sie bündeln die Informationen über den Stand der Verhandlungen in Brasilien und Entwicklungen im Netzwerk und kommunizieren an ihre Unternehmensleitungen. Dabei entwickeln sie sowohl strategische als auch Kommunikationskompetenzen, welche sie auch in ihren Kämpfen für bessere Arbeitsbedingungen in den Filialen stärken. Voraussetzungen für die gemeinsame Handlungsfähigkeit der Gewerkschaften im Netzwerk sind der kontinuierliche Austausch zwischen den Gewerkschaften, eine gemeinsame langfristige strategische Planung, an der alle Mitglieder des Netzwerks gleichberechtigt mitwirken sowie das Verständnis für die Lebens- und Arbeitsbedingungen der Kolleg*innen in allen Sektoren der Wertschöpfungskette. Dafür ist das dritte strategische Element des Netzwerks, der gegenseitige Wissens- und Erfahrungsaustausch von großer Bedeutung.

3) Gegenseitiger Erfahrungs- und Wissensaustausch

Der gemeinsame Wissens- und Erfahrungsaustausch zwischen den im Netzwerk aktiven betrieblichen Aktivist*innen, Gewerkschafter*innen und Betriebsrät*innen findet sowohl auf nationaler als auch auf internationaler Ebene statt. In Deutschland und Brasilien treffen sich die Mitglieder des Netzwerks jeweils zwei bis drei Mal pro Jahr, um Entwicklungen in den Betrieben und auf den Plantagen, Erfahrungen aus aktuellen Arbeitskämpfen und den aktuellen Stand der Aktivitäten im Orangensaftnetzwerk zu diskutieren. Einmal im Jahr gibt es ein internationales Netzwerktreffen, auf dem betriebliche Aktivist*innen, Gewerkschafter*innen und Betriebsrät*innen aus Deutschland und Brasilien gemeinsam die bisherige Umsetzung der Strategie im Netzwerk diskutieren, Forderungen priorisieren und nächste Schritte planen. Zwischen den Treffen arbeiten Arbeitsgruppen in Brasilien und Deutschland an der Umsetzung der Strategie. Weiterhin besteht auch zwischen den jährlichen internationalen Treffen ein kontinuierlicher Austausch zwischen Betriebsrät*innen und Gewerkschafter*innen. So ist es möglich, mit Vorlauf gemeinsame Aktionen zu planen, um Gewerkschaften in ihren Tarifverhandlungen zu unterstützen. Über die Entwicklung gemeinsamer Forderungen und die Abstimmung und Planung gemeinsamer Aktionen hinaus ist der Wissens- und Erfahrungsaustausch zwischen betrieblichen Aktivist*innen, Gewerkschafter*innen und Betriebsrät*innen jedoch auch von Bedeutung, da er zu einer Stärkung des Klassenbewusstseins und zum Verständnis für die Lebens- und Arbeitsrealität von Kolleg*innen in anderen Sektoren beiträgt. Auch hier dienen die Mappings und der Austausch über lokale Arbeitskämpfe als ein Instrument, um gemeinsame Erfahrungen von Unterdrückung, Ausbeutung aber auch von Widerständigkeit sichtbar zu machen. Durch den Austausch über Arbeits- und Lebensbedingungen wird zudem das Verständnis aller Beteiligten für die Machtverhältnisse in der Wertschöpfungskette, Dynamiken internationaler Arbeitsteilung und die Bedeutung gewerkschaftlicher Organisationsmacht gestärkt. So berichtet die Koordinatorin des Netzwerks in Brasilien, Mara Lira, dass bei einem der brasilianischen Netzwerktreffen eine Diskussion darüber entbrannte, warum die Arbeiter*innen in der traditionell stärker organisierten Saftindustrie höhere Gehälter erhalten als die Arbeiter*innen auf den Plantagen, obwohl alle am selben Produkt beteiligt sind und die Arbeit in den Fabriken und auf den Plantagen gleich körperlich belastend ist. Der Wissens- und Erfahrungsaustausch im Netzwerk führte sowohl in Deutschland als auch in Brasilien zu einer stärkeren Vernetzung der Betriebsräte und Gewerkschaften und legte somit die Basis für eine Zusammenarbeit auch in anderen Bereichen. In Deutschland arbeiten die Betriebsräte aus dem Netzwerk ebenfalls zum Thema Gesundheit zusammen. Eine Zusammenarbeit zum Thema Digitalisierung ist geplant. Die Arbeit zu Gesundheit und Digitalisierung wird zudem im Rahmen gewerkschaftlicher Strukturen eingebettet. In Brasilien arbeiten im Rahmen des Netzwerks erstmalig Industrie- und Landarbeitergewerkschaften zusammen. Die traditionell besser organisierten Industriegewerkschaften sind stärker und erfahrener in der Verhandlung von Tarifverträgen und können den Landarbeitergewerkschaften strategische Hilfestellung geben.

4) Informationsnetzwerk

Zu guter Letzt versteht sich das Saftnetzwerk auch als Informationsnetzwerk sowohl intern als auch nach außen. Intern besteht ein wichtiges strategisches Element im Aufbau von gewerkschaftlichen Handlungskapazitäten durch die Schulung von Gewerkschafter*innen und betrieblichen Aktivist*innen. Um die Mappings flächendeckend implementieren zu können, werden die Organizer*innen der lokalen Gewerkschaften in der Mapping-Methode geschult. Zu diesem Zweck wurden einige Mitglieder des Netzwerks zu Multiplikator*innen ausgebildet, die nun wiederum eigenständig Organizer*innen anderer Gewerkschaften in der Methode schulen können. Komplementär zu den Schulungen in der Mappingmethode werden lokale Gewerkschaftsführer*innen in Verhandlungstrainings mit Hilfe von Simulationen darauf vorbereitet, die Mappingergebnisse mit der Unternehmensleitung zu verhandeln. Nach außen liegt der Schwerpunkt der Informationsarbeit in der Bekanntmachung des Netzwerks, um weitere Gewerkschaften und Betriebsräte für die Arbeit im Netzwerk zu gewinnen. Ein Instrument der Informationsarbeit ist die Fotoausstellung „Vivências", welche von den Erfahrungen von Arbeiter*innen aus Orangenanbau, Saftproduktion und Einzelhandel erzählt und Parallelen verdeutlicht. Die Fotoausstellung dient als Instrument, um auf Betriebsversammlungen und Gewerkschaftsveranstaltungen weitere Kolleg*innen für die Notwendigkeit einer Vernetzung entlang der Wertschöpfungskette zu sensibilisieren. Als Gewerkschafter*innen verstehen sich die Mitglieder des Netzwerks jedoch auch als gesellschaftliche und politische Akteure. Daher besteht das zweite Element der Informationsarbeit nach außen auch in der Mitgestaltung von Debatten und Prozessen rund um die Regulierung der Arbeitsbedingungen im Orangensaftsektor.

Erster Erfolg im internationale Orangensaftnetzwerk: Abkommen zur Durchführung von Mappings bei Louis Dreyfus

Im Oktober 2018 konnte das Internationale Orangensaftnetzwerk einen ersten großen Meilenstein erreichen: Louis Dreyfus unterzeichnete als erstes der drei großen Saftunternehmen ein Pilot-Abkommen mit dem Orangensaftnetzwerk zur Durchführung eines Mappings zum Thema Gesundheit und Sicherheit am Arbeitsplatz auf einer firmeneigenen Plantage. Louis Dreyfus sichert lokalen Gewerkschaften in diesem Abkommen den Zugang zur Plantage für die Durchführung der Mappings mit Arbeiter*innen zu. Zusätzlich verpflichtet sich der Konzern 60% aller Arbeiter*innen für die Teilnahme an den Mappings von der Arbeit freizustellen und die reibungslose Durchführung der Mappings unter Ausschluss der Vorgesetzten zu garantieren. Im Anschluss an das Mapping werden die Ergebnisse präsentiert und über die Umsetzung der von den Arbeiter*innen entwickelten Lösungsvorschläge verhandelt. Eine Ausweitung der Vereinbarung über die Umsetzung von Mappings auf weitere Plantagen, Industriebetriebe und Zulieferer wird derzeit vom Netzwerk und den daran beteiligten Gewerkschaften verhandelt.

Dieser Erfolg ist für die Landarbeitergewerkschaften im Netzwerk von großer Bedeutung: *Erstens* stärkt er ihre Handlungskompetenzen, da sie eigenverantwortlich den Mapping- und Verhandlungsprozess planen und durchführen. *Zweitens* stärken die Mappings die Organisationsmacht der Gewerkschaften, da die Methode eine intensive Interaktion mit den Arbeiter*innen erfordert, die bisher kaum möglich war. Während Gewerkschaften bisher Arbeiter*innen, wenn überhaupt, lediglich über die Ergebnisse von Tarifverhandlungen informierten, haben sie nun Gelegenheit in einen Dialog mit den Arbeiter*innen zu treten und sie in den Verhandlungsprozess aktiv miteinzubeziehen. Dies stärkt die Identifikation der Arbeiter*innen mit der Gewerkschaft und ihre Bereitschaft zur Mobilisierung für die gewerkschaftlichen Forderungen. *Drittens* stärkt der Mappingprozess die Verhandlungskompetenzen der Gewerkschaften und die Tarifverträge als Instrument sozialer Regulierung: Angesichts der jüngsten Arbeitsrechtsreformen in Brasilien, die nicht nur Tarifverträge geschwächt, sondern auch weitere wichtige Rechte von Arbeiter*innen eingeschränkt haben[3], ist es entscheidend dass Gewerkschaften in der Lage sind, Forderungen jenseits von Lohnforderungen zu formulieren und durchzusetzen. Laut der Koordinatorin des Netzwerks in Brasilien fehlte vielen Landarbeitergewerkschaften bisher einerseits das Selbstbewusstsein und andererseits der Kontakt der Basis und damit das Wissen darüber, welche weiteren Forderungen relevant sein könnten. Mit dem initiierten Mappingprozess hätten die lokalen Landarbeitergewerkschaften einen institutionalisierten Raum, um auch Forderungen im Bereich Gesundheit und Arbeitssicherheit zu entwickeln und als Teil ihrer Kollektivverträge zu verhandeln.

Das Pilot-Abkommen mit Louis Dreyfus und seine mögliche Ausweitung sind das konkrete Ergebnis der auf gewerkschaftliche Selbstorganisierung fokussierten Strategie des Orangensaftnetzwerks. Das Abkommen folgt dem *Selbstverständnis des Netzwerks als Zusammenschluss gleichberechtigter, autonomer Gewerkschaften* deren konkrete Erfahrungen und Kämpfe im Mittelpunkt stehen. Anstatt auf übergeordneter Ebene ein Abkommen mit Louis Dreyfus abzuschließen, indem sich das Unternehmen verpflichtet universelle Arbeitsstandards in allen seinen Betrieben und Plantagen umzusetzen, hat das Netzwerk mit dem Mapping Raum für eigenständige Verhandlungen der lokalen Gewerkschaften unter Partizipation der Arbeiter*innen geschaffen. Damit hat das Abkommen die Basis für einen Prozess gelegt, der die involvierte Gewerkschaft nachhaltig stärkt und das Machtverhältnis zwischen Kapital und Arbeit dauerhaft verschieben kann. Voraussetzung für das Erreichen dieses ersten Schritts war die *gemeinsame Handlungsfähigkeit* des Netzwerks auf Basis des *Wissens- und Erfahrungsaustauschs* zwischen den Mitgliedern. Die Vernetzung der Landarbeiter- und Industriegewerkschaften in Brasilien und die Erarbeitung einer gemeinsamen Strategie für die Durchführung von Mappings bildete den Grundstein für das Mapping-Abkommen. Basierend auf dem Erfahrungsaustausch und der Zusammenarbeit im Netzwerk koordinierten sich erstmals die Landarbeitergewerkschaften von drei verschiedenen Gemeinden in ihren Tarifverhandlungen mit Louis Dreyfus, indem sie das Abkommen zur Durchführung von Mappings gemeinsam zu einem Bestandteil ihrer Tarifverhandlungen machten. Sie nutzten mit diesem Schritt ein Hand-

---

3 So wurde beispielsweise mit der Arbeitsrechtsreform von 2017 die Anrechnung der Transportzeit als Arbeitszeit aufgehoben, was auf Grund der langen Arbeitswege insbesondere für Landarbeiter*innen Lohneinbußen von bis zu 30% bedeutet. Weiterhin wurden die tageweise Beschäftigung sowie die Bezahlung nach Stückzahl ohne garantiere Auszahlung des Mindestlohns legalisiert (Jusbrasil 2017).

lungsfenster, welches unter anderem durch die von den Betriebsräten erzeugte Aufmerksamkeit und öffentliche Unterstützung der deutschen Einzelhandelsunternehmen geöffnet worden war. Die Kombination aus lokaler und internationaler gewerkschaftlicher Organisierung erzeugte die notwendige Öffentlichkeit, um Louis Dreyfus zur Unterzeichnung des Mapping-Pilotabkommens zu bewegen.

Perspektivisch sieht die Strategie des Netzwerks vor, das Abkommen mit Louis Dreyfus in verschiedenen Dimensionen zu erweitern: Das Pilot-Abkommen umfasst lediglich Mappings mit festangestellten Arbeiter*innen auf einer firmeneigenen Plantage. Dies sind Beschäftigte im Bereich Wartung und Instandhaltung sowie Traktor- und Busfahrer*innen, Mechaniker*innen, und Lagerist*innen. Das Abkommen umfasst noch nicht die eigentlichen Erntearbeiter*innen welche in der Regel über Werkverträge beschäftigt sind. Die Mappings zunächst auf die festangestellten Berufsgruppen zu beschränken war eine bewusste Entscheidung der Gewerkschaften im Netzwerk mit dem Ziel eine Einigung mit Louis Dreyfus zu erzielen und dadurch Zugang insbesondere zu den Plantagen zu erhalten. Nach einer erfolgreichen ersten Mapping-Phase mit Festangestellten soll in einer zweiten Verhandlungsrunde die Durchführung von Mappings auch mit Erntearbeiter*innen sowohl auf den firmeneigenen als auch auf den Zuliefererplantagen verhandelt werden. Durch das Pilotprojekt mit Louis Dreyfus und anhaltende Aufmerksamkeit von deutschen Einzelhandelsunternehmen für die Aktivitäten in Brasilien soll zudem auch Druck auf die anderen beiden großen Saftunternehmen ausgeübt werden, mit dem Ziel langfristig auch dort Mappingprozesse und darauf aufbauende Tarifverhandlungen zu initiieren.

Fazit

Wir haben in diesem Beitrag die Strategie des internationalen Orangensaftnetzwerks vorgestellt und diskutiert, wie und inwiefern es bisher gelungen ist, durch die internationale Zusammenarbeit im Netzwerk gewerkschaftliche Organisationsmacht und Ansätze von Selbst-Organisation der Arbeiter*innen sowohl im brasilianischen Orangensaftsektor als auch im deutschen Einzelhandel zu stärken. Drei Jahre nach seiner Gründung hat die internationale Zusammenarbeit im Netzwerk sowohl zwischen Betriebsräten in Deutschland als auch zwischen Landarbeiter- und Industriegewerkschaften in Deutschland zu einer stärkeren Vernetzung geführt und damit ihre Organisationsmacht und Handlungskapazitäten gestärkt. Betriebsräte haben in Deutschland zusammen mit ver.di und TIE die Forderungen des Saftnetzwerks in Gesprächen mit Filial- und Konzernleitungen stark gemacht und Unterstützung der Einezlhandelsunternehmen eingefordert.

Dies wiederum hat Räume für einen Dialog zwischen Gewerkschaften in Brasilien und einem der großen drei Saftunternehmen, Louis Dreyfus, eröffnet. Mit dem kürzlich unterzeichneten Pilot-Abkommen zur Durchführung von Mappings mit Beschäftigten einer Plantage des Konzerns ist es dem Netzwerk gelungen einen institutionalisierten Raum für Verhandlungen von lokalen Gewerkschaften mit Louis Dreyfus über Gesundheit und Sicherheit am Arbeitsplatz zu schaffen. Weiterhin haben Gewerkschaften mit dem Abkommen erstmal freien Zugang zu Plantagenarbeiter*innen und mit der Durchführung der Mappings die Möglichkeit intensiv mit den Arbeiter*innen zu interagieren und sie in die Verhandlungsprozesse miteinzubeziehen. Dies stärkt die Identifizierung der Arbeiter*innen mit der Gewerkschaft und damit deren Organisations- und Verhandlungsmacht.

Die Erfahrungen des Orangensaftnetzwerks zeigen, dass eine internationale gewerkschaftliche Zusammenarbeit, die auf horizontalen und basisdemokratischen Strukturen basiert zur Stärkung sowohl von gewerkschaftlichen Akteuren im Globalen Norden als auch im Globalen Süden beitragen kann. Entscheidend für den Erfolg der Zusammenarbeit im Netzwerk war die strategische Hoheit der Gewerkschaften: die Arbeit im Netzwerk baut auf den konkreten Erfahrungen und Kämpfen der Arbeiter*innen auf und richtet sich nach deren Forderungen und Prioritäten. Dafür war es erforderlich alle gewerkschaftlichen Akteure im Netzwerk gleichberechtigt an der Strategieentwicklung und an Entscheidungsprozessen zu beteiligen. Durch diese Art der gleichwertigen solidarischen Zusammenarbeit über nationale und sektorale Grenzen hinweg sind vielfältige belastbare Verbindungen zwischen Arbeiter*innen und Gewerkschafter*innen entstanden, die die Organisationsmacht und Handlungskompetenzen aller Beteiligten stärken. In den drei Jahren seines Bestehens ist es dem Netzwerk somit gelungen, einen ersten Schritt in Richtung des Aufbaus einer internationalen Arbeiter*innenbewegung entlang der Orangensaftwertschöpfungskette zu gehen. Die große Herausforderung besteht nun darin, die geschaffenen Verbindungen aufrecht zu erhalten und weitere Betriebsräte und Gewerkschaften für die Mitarbeit im Netzwerk zu gewinnen.

Literatur

ExChains (2015): Neues Orangensaftnetzwerk. Online: www.exchains.org/exchains_newsletters/2015/Orangensaft_2015_screen.pdf

Huhn, Jens (2015): Trotz alledem… TIE – eine „andere" Internationale in Zeiten der Globalisierung, Berlin.

Jusbrasil (2017): Reforma trabalhista é aprovada no Senado: confira o que muda na lei. Online: https://examedaoab.jusbrasil.com.br/noticias/477395550/reforma-trabalhista-e-aprovada-no-senado-confira-o-que-muda-na-lei

Martins Franco, Ana Silvia (2016): O suco de laranja brasileiro no mercado global. In: Análise Conjuntural 38(11-12), 11-12.

Moody, Kim (1997): Workers in a lean world. Unions in the international economy, London/New York.

Negt, Oskar/Kluge, Alexander (1992): Maßverhältnisse des Politischen, Frankfurt a.M.

TIE Internationales Bildungswerk e.V. (2015): Internationale Solidarität im Orangensaftsektor. Handreichung für aktive Betriebsräte im Orangensaftnetzwerk, Frankfurt a.M.

ver.di/Christliche Initiative Romero (CIR) (2013): Im Visier: Orangensaft bei Edeka, Rewe, Lidl, Also & Co. Blind für Arbeitsrechte? Berlin.

ver.di (2017): Verdrängungswettbewerb im Einzelhandel: Zwischen Preiskrieg, Tarifflucht und Altersarmut, Düsseldorf.

Waterman, Peter (2004): Adventures of Emancipatory Labour Strategy as the New Global Movement Challenges International Unionism". In: Journal of World-System Research 10(1), 216-253.

Bettina Jürgensen

Gewerkschaftsarbeit entlang der Wertschöpfungskette ist internationale Arbeit

Eine These möchte ich dem Folgenden voranstellen: Wenn Gewerkschaftsarbeit heute erfolgreich sein will, muss sie international sein. Die Notwendigkeit der internationalen Zusammenarbeit von Gewerkschaften ergibt sich aus dem Fakt, dass auch das den Beschäftigten (der Arbeiterklasse) gegenüberstehende Kapital international agiert. Unternehmen bauen dort ihre Produktionsstätten, treiben Handel, wo sie den höchsten Profit für die Produkte bekommen. Dies ist kein Ergebnis der Globalisierung, sondern hat sich mit der Industrialisierung spätestens im 18./19. Jahrhundert entwickelt.

Karl Marx, dessen 200. Geburtstag in diesem Jahr selbst von der FAZ gewürdigt wurde, schrieb mit Friedrich Engels bereits im Kommunistischen Manifest: „Das Bedürfnis nach einem stets ausgedehnteren Absatz für ihre Produkte jagt die Bourgeoisie über die ganze Erdkugel." Und bekanntermaßen endet dieses kleine wichtige Werk mit den Worten: „Proletarier aller Länder vereinigt euch!"

Nun wird diese Aussage von 1848 heute nicht mehr von allen Gewerkschafter*innen als ihre subjektive Grundlage für internationale gewerkschaftliche Aktivität genannt, objektiv jedoch fordern die weltweit agierenden Unternehmen die „Proletarier aller Länder" zur „Vereinigung" heraus. Die Gewerkschaften haben sich seit ihrem Bestehen nicht nur die – angeblich originären – Gewerkschaftsthemen Entgelt und Arbeitszeit auf ihre Fahnen geschrieben, sondern immer auch zu gesellschaftspolitischen Fragen Positionen entwickelt. Auch das zeigt ein Blick in die Geschichte: Vor hundert Jahren haben sich Gewerkschaften politisch zu den Veränderungen verhalten, die durch die Novemberrevolution 1918 erkämpft wurden, ja es wurden für Gewerkschaften wichtige und bis heute gültige Gesetze zur Arbeit in diesem Land beschlossen. Das Frauenwahlrecht und der 8-Stundentag sollen bespielhaft genannt sein.

Die Zerschlagung der Gewerkschaften am 2. Mai 1933 durch die Faschist*innen in Deutschland, sind ein weiteres Beispiel für die politische Ausrichtung und Wahrnehmung gewerkschaftlicher Arbeit. Die erfolgte internationale Solidarität für die verbotenen Gewerkschaften vervollständigen das Bild von Gewerkschaftsarbeit, die über die Grenzen hinweg wirkt/wirken kann. Bekannte Gewerkschafter*innen wie Willi Bleicher (1925 Eintritt in die Gewerkschaft, Mitglied bis zu seinem Tod 1981) haben internationale Solidarität ge- und erlebt. Im Widerstand gegen die Nazis, der auch im Konzentrationslager nicht endete, wurde ebenfalls international gedacht und gehandelt. Willi Bleichers Aussage „Du sollst dich nie vor einem lebendigen Menschen bücken!" ist auch heute für viele aktive Gewerkschafter*innen Ansporn zum Handeln.

Die Wichtigkeit internationaler Gewerkschaftsarbeit

Solche Gewerkschafter*innen, die auch in verschiedenen Situationen ihre klassenbezogene Solidarität nie aufgegeben haben und dabei gleichzeitig als Verhandlungs- und Vertragspartner*in von der Vertretung des Kapitals, den Arbeitgeber*innen und Unternehmer*innen, anerkannt waren, haben dazu beigetragen, dass gewerkschaftlich erarbeitete Positionen bis heute in politische und wirtschaftliche Entscheidungsprozesse einfließen. Dies geschieht auf regionaler, nationaler und internationaler Ebene. Das Interesse ist es, menschenwürdige Arbeit und soziale Gerechtigkeit zu schaffen. Welche Richtung dieser Einfluss der Gewerkschaften bei Beschlüssen und Gesetzen dann nimmt, hängt nicht allein von den agierenden Personen, den Delegierten der Gewerkschaften in den Gesprächen und Verhandlungen ab, sondern vor allen Dingen von der Bereitschaft der Mehrheit in der Gewerkschaft am Meinungsbildungsprozess teilzunehmen und so auch den Willen der Basis für bestimmte Entscheidungen durchzusetzen.

Die Notwendigkeit internationaler gewerkschaftlicher Arbeit war nie verschwunden, jedoch wurde die Zuständigkeit dafür in den vergangenen Jahren mehr als früher den gewählten Gremien und den „zuständigen" Organisationen, wie dem Europäischen Gewerkschaftsbund und dem Internationalen Gewerkschaftsbund, übertragen. Es gibt anerkannte Plattformen, die die Vernetzung und den Austausch über Strategie und Taktik, über Erfolge und Misserfolge, über bewährte und neue Formen von Arbeitskämpfen vorantreiben. Internetseiten wie Labour.net werden von Gewerkschafter*innen initiiert und organisiert.

Ein wichtiges Ziel der internationalen Gewerkschaftsarbeit ist es, die Einhaltung der Arbeits- und Sozialstandards, wie sie von der International Labour Organization (ILO) verhandelt worden sind, durchzusetzen. Die Forderungen zur gewerkschaftlichen Vereinigungsfreiheit, der Kampf gegen Kinderarbeit, gegen Diskriminierung und gegen Zwangsarbeit sind deren Hauptinhalte.

Große Kapitalgesellschaften haben heute eine zunehmend dominierende Rolle in der Wirtschaft. Sie haben beachtlichen Einfluss auf die Arbeits- und

Lebensbedingungen von Millionen von Menschen. Die sozialen und ökologischen Auswirkungen ihres Handelns treffen die Beschäftigten in vielen Ländern. Die Gewinnentwicklung geschieht auf Kosten von Beschäftigten im eigenen Land und entlang der gesamten Wertschöpfungskette. Dies trifft in besonderem Maß auf den Handel zu. Bereits Karl Marx und Friedrich Engels stellten 1947 in „Die deutsche Ideologie" die Frage:

> „Oder wie kommt es, daß der Handel, der doch weiter nichts ist als der Austausch der Produkte verschiedner Individuen und Länder, durch das Verhältnis von Nachfrage und Zufuhr die ganze Welt beherrscht – ein Verhältnis, das, wie ein englischer Ökonom sagt, gleich dem antiken Schicksal über der Erde schwebt und mit unsichtbarer Hand Glück und Unglück an die Menschen verteilt, Reiche stiftet und Reiche zertrümmert, Völker entstehen und verschwinden macht (...)."

Seit damals haben sich die Möglichkeiten und Bedingungen dieses Warenaustausches ständig verändert. Geblieben ist jedoch die vom Kapital gesteuerte weltbeherrschende „Verteilung von Glück und Unglück". Dem müssen wir als Gewerkschafter*innen unseren Kampf für die Durchsetzung und Einhaltung von menschenwürdigen Arbeitsbedingungen entgegensetzen – hier und überall. Schlechte Arbeitsbedingungen haben mittel- und langfristig immer auch negative Auswirkungen auf Beschäftigte in anderen Unternehmen und in anderen Ländern. Sie schaffen eine Grundlage dafür, dass die Arbeitenden gegeneinander ausgespielt werden. Gegen diesen Versuch der Spaltung in unserem Land und weltweit setzen wir unsere Solidarität.

Die Wertschöpfungskette beim Produkt Orangensaft

Viele Produkte, die wir hier zu Dumpingpreisen kaufen können, werden in Ländern produziert, in denen selbst einfachste Arbeitsschutz- und Arbeitsrechtstandards auf den Plantagen und in den Produktionsstätten missachtet werden. Dies hat oft dramatische Folgen für das Leben und die Gesundheit der dort Beschäftigten, zudem haben die Betroffenen meistens keine effektiven Klagemöglichkeiten. Sechzig Prozent des weltweit konsumierten Orangensafts kommt aus Brasilien, 98 Prozent des brasilianischen Konzentrats werden exportiert. In die Europäische Union kommen gut zwei Drittel der Exporte, auf Deutschland entfallen 17 Prozent. Somit ist Deutschland Spitzenreiter und der größte Abnehmer des brasilianischen Konzentrats weltweit.

Drei Konzerne beherrschen den O-Saft-Markt: Citrosuco, Louis Dreyfus Commodities und Cutrale. Sie verarbeiten die Früchte, die auf den Plantagen gepflückt werden. In der EU wird das O-Saft-Konzentrat verdünnt, abgefüllt und dann an den Handel verkauft. Nur vier bis sieben Prozent des Ladenpreises erhalten die Orangenpflücker und Fabrikarbeitern in Brasilien als Lohn. Die Marktmacht dieser drei großen Konzerne versetzt sie in die Lage, den Einkaufspreis für Orangen gegenüber ihren Zulieferern regelmäßig zu drücken. Dies ist ein wesentlicher Grund für die miesen Arbeitsbedingungen, unter denen die Pflückerinnen und Pflücker der Unterzulieferer leiden.

In Deutschland verkaufen die großen Lebensmittelhändler Edeka, Rewe, Lidl, Kaufland und Aldi den Orangensaft aus Brasilien. Kolleg*innen, die bei uns im Handel arbeiten, haben täglich mit dem Produkt zu tun, das von Pflücker*innen zum Teil in zwölf-Stunden-Schichten ohne Pause geerntet wird. Kolleg*innen in Brasilien, die niedrige und vielmals willkürlich berechnete Löhne erhalten und immer wieder schutzlos giftigen Pestiziden ausgesetzt sind. Gleichzeitig arbeiten in Deutschland Kolleg*innen bei Lebensmittelhändlern, die ihren Beschäftigten die Mitbestimmung zum Beispiel durch Umstrukturierungen verweigern oder entziehen, die keine Tarifbindung haben, wo zu niedrige Löhne gezahlt werden, sowie Flexibilisierung von Arbeitszeiten und Gesundheitsgefährdungen im Interesse des Profits täglich stattfinden.

Um in einen Austausch zu treten, der mehr ist als die Beschreibung der Probleme und um effektiver als bisher eine Veränderung der Arbeits- und Lebensbedingungen über die verbale Solidarität hinaus zu erreichen, ist das Netzwerk Orangensaft hervorragend geeignet. Die Beschäftigten aus dem Produktionsland Brasilien und die im Handel beschäftigten Kolleg*innen aus Deutschland können hier gemeinsame Forderungen entwickeln.

Die Aufgabenstellung dieses Netzwerks geht bereits heute weiter, als die bereits erwähnten ILO-Standards. Besonders die Arbeitsbedingungen der Pflücker*innen in der Landwirtschaft sowie der Kolleg*innen in der Verarbeitung und Fabrikation in Brasilien stehen im Fokus des internationalen Orangensaftnetzwerks, gefolgt von den Bedingungen im Vertrieb und im Einzelhandel. Um eine Verbesserung der Arbeitsbedingungen in der Wertschöpfungskette von Orangen zu erreichen, treten ver.di- Mitglieder aus dem Lebensmittelhandel an „ihre" Unternehmen heran, stellen die Forderung zur Übernahme der Verantwortung für die Arbeitsbedingungen entlang der Kette, von der Arbeit auf den Plantagen bis zum Verkauf an die Verbraucher*innen.

Geteilte Erfahrungen und gemeinsame Kämpfe

In der Zusammenarbeit über die Ländergrenzen hinweg wird die Erfahrung gemacht, dass viele Probleme in den Betrieben ähnlich sind. Die Gesundheit der

Beschäftigten und die Einhaltung der Mindeststandards der erkämpften gesetzlichen Regelungen ist bei uns gerade aktuell und Gegenstand von Auseinandersetzungen in vielen Betrieben und Unternehmen zwischen Betriebsräten und Unternehmensleitungen.Dabei geht das betriebliche Gesundheitsmanagement mit Gefährdungsbeurteilung und betrieblichem Eingliederungsmanagement inzwischen weit über die Einhaltung von Sicherheitsvorschriften hinaus.

Während in Deutschland diskutiert wird, wie die Umsetzung der bereits gesetzlich vorgeschriebenen Gefährdungsbeurteilungen erfolgt, wird auf den Plantagen in Brasilien begonnen, Mappings zur Feststellung von Gefahren für die Gesundheit und Sicherheit durchzuführen. Arbeitszeitregelungen, einhergehend mit dem Wunsch der Unternehmensleitungen nach Flexibilisierung, sind ebenfalls in beiden Ländern ein Dauerthema der Auseinandersetzung – gleiches trifft auf die Prekarität der Beschäftigungsverhältnisse zu.

Diese Parallelen in den betrieblichen Kämpfen schärfen den Blick auf die eigene Situation, ermöglichen es aber auch, die Erfahrungen weiterzugeben und neue Wege zum Erreichen der Forderungen zu entwickeln. Eine Herausforderung ist es, die Arbeit im internationalen Orangensaftnetzwerk trotz der Entfernung, der sprachlichen Hürden und der unterschiedlichen zeitlichen Ressourcen zu organisieren. Die Ziele und Ergebnisse müssen für alle Beteiligten transparent, nachvollziehbar und auch an Interessierte in den Unternehmen vermittelbar sein. Nur darüber können weitere Mitstreiter*innen für das Netzwerk aus dem Kreis der Beschäftigten gewonnen werden.

Durch die Arbeit in und mit dem Netzwerk kann eine Politisierung der Gewerkschaftsarbeit erreicht werden. Notwendig ist es jedoch, dass die Informationen darüber nicht nur über Medien verbreitet werden. Der direkte Kontakt zu Betriebsräten, Gesamt- und Konzernbetriebsräten, die gemeinsame Diskussion und die Darstellung der Netzwerkarbeit auf den Tagungen dieser Gremien sind ein wichtiger Baustein, um Multiplikator*innen zu bekommen. Genauso essentiell ist es die Verbindung dieser internationalen Netzwerkarbeit mit der Arbeit und dem Leben der Beschäftigten herzustellen.

Davon ausgehend kann dann über das Produkt Orangensaft für die Verbesserung der Arbeits- und Lebensbedingungen in Brasilien gekämpft werden. Das Erkennen gemeinsamer Erfahrungen der Beschäftigten aus Brasilien und Deutschland verbindet emotional und auch inhaltlich sowie politisch. Die Zusammenarbeit trägt, auch durch das persönliche Kennenlernen der Aktivist*innen aus Brasilien, zur Solidarität über die gewerkschaftliche Verbindung hinaus bei. Die Aufmerksamkeit für Veränderungen nicht nur der wirtschaftlichen, sondern auch der politischen Verhältnisse in Brasilien steigt.

Kontraproduktiv werden da Aktionen wahrgenommen, die zu einem Boykott von Orangensaft aufrufen. Weder den Plantagenarbeiter*innen und den Arbeiter*innen in den brasilianischen Saftfabriken, noch den Beschäftigten im Einzelhandel hier wird damit eine Verbesserung ihrer Arbeitssituation „beschert". Insgesamt kann festgestellt werden, dass die eigene Erfahrung am Arbeitsplatz, aus Gesprächen, Delegationen, Veranstaltungen und der Mitarbeit im internationalen Orangensaftnetzwerk das Handeln der Beteiligten bzw. Beschäftigten bestimmt. Aktuell geht es darum, noch mehr Kolleg*innen aus dem Lebensmitteleinzelhandel zur Mitarbeit im internationalen Orangensaftnetzwerk zu gewinnen.

Dem ersten Erfolg in Brasilien, der Unterzeichnung eines Pilot-Abkommens zwischen Gewerkschaften und der Louis Dreyfus Company zur Durchführung eines Mappings zur Feststellung von Gefahren für die Gesundheit und Sicherheit auf einer Plantage, könnten weitere folgen. Wir fordern, dass die Unternehmen die Arbeits-, Menschenrechte und Umweltstandards bei sich, in ihren Geschäftsbeziehungen und ihren Wertschöpfungsketten beachten. Sich dazu freiwillig zu verpflichten ist das Eine, doch nur eine tarifvertragliche Verankerung ist tatsächlich verpflichtend und bindend. Diese sollte in allen Bereichen entlang der Wertschöpfungskette umgesetzt werden: Von der Produktion auf den Plantagen, über die Weiterverarbeitung in den Saftfabriken, den Vertrieb und die Verschiffung bis hin zur Lagerung und zum Verkauf des Produktes.

III.
Synthese und Ausblick

Alexander Wagner

Entgrenzung der Solidarität – Auf dem Weg hin zu einem gewerkschaftlichen Transnationalismus

Die letzte große Krise der kapitalistischen Weltwirtschaft von 2008 hat einmal mehr deutlich gemacht, dass ein finanzmarktgetriebener Kapitalismus, der von neoliberaler Politik ermöglicht und flankiert wird, vor allem eins ist: Eine Gefahr für das Leib und Leben der vielen Menschen, die als entgeltabhängig Beschäftigte, als Konsument*innen und nicht zuletzt als Bürger*innen zu den Leidtragenden von Deregulierung, Privatisierung und verfehlter staatlicher Krisenbewältigungspolitik gehören.

Die in diesem Band versammelten Texte legen Zeugnis darüber ab, wie sich die rechtlichen, institutionellen und materiellen Rahmenbedingungen für (Lohn-)Arbeitsbeziehungen in verschiedenen Bereichen und Branchen der kapitalistischen Ökonomie sowohl innerhalb des nationalstaatlichen Rahmens als auch im globalen Maßstab verändert haben und verändern. Sie geben Auskunft darüber, unter welchen Bedingungen in diesen Bereichen Menschen arbeiten und arbeiten müssen, was also die Auswirkungen von Entgrenzung und Flexibilisierung von (Lohn-)Arbeit mitunter konkret bedeuten, sei es in Hinblick auf die Entlohnung, die Arbeitsbedingungen, aber auch das Selbstverständnis der arbeitenden Menschen.

Mögen die Analysen und Beschreibungen des Status Quo und die aufgezeigten Tendenzen hegemonialer Regulation der Ökonomie auch ernüchternd wirken, so deutet doch auch einiges darauf hin, dass Gewerkschaften neue Wege beschreiten, um vorhandene Missstände nicht nur zu adressieren, sondern auch Strategien zu entwickeln, um Interessen von Beschäftigten nachhaltig durchzusetzen und Beschäftigte in die Lage zu versetzen, selbst politisch zu gestalten.

Im Folgenden sollen Gemeinsamkeiten und Unterschiede der in diesem Band vorgestellten wissenschaftlichen Analysen und vor allem der gewerkschaftlichen strategischen Ansätze umrissen werden.

Entgrenzungen

Wie in der Einleitung zu diesem Band bereits festgehalten wurde, bedarf es für ein näheres Verständnis des Konzepts der Entgrenzung analytischer Vorbemerkungen. Entgrenzung ist nicht nur eine zentrale Analyseperspektive für die derzeitige Entwicklung der Regulation des Kapitalismus auf struktureller Ebene. Sie begründet vielmehr auch Selbstverständnisse der in ihm handelnden Akteure, mit anderen Worten: der Arbeitenden. Beide Bedeutungsdimensionen des Entgrenzungsbegriff, nämlich: Entgrenzung auf der Ebene struktureller Arrangements und Entgrenzung verstanden als „subjektorientierte" Bewegung, sind miteinander aufs Engste verwoben. Treffend ist die Beschreibung bei Günter Voß, der die Strukturdimensionen des Konzepts der Entgrenzung durch „Sozialdimensionen" komplementiert (vgl. Voß 1998). Diese Dimensionen sind für den vorliegenden Band besonders wichtig: Für die hier behandelten Fallbeispiele bedeutet das danach zu fragen, wie Subjektivierungsprozesse innerhalb sich verändernder Strukturen im Bereich der (Lohn-)Arbeit verlaufen. Gleichzeitig stellt sich aber auch die Frage nach möglichen Gegenbewegungen und -strategien: Welche (kollektiven) Handlungsansätze versprechen nachhaltigen Erfolg bei der Veränderung von Strukturen zugunsten der von Entgrenzungs- und Flexibilisierungsprozessen in negativer Weise Betroffenen?

Nun soll nicht behauptet werden, Strukturen der Regulation im Kapitalismus, institutionelle Arrangements, die Funktionsweise der Staatsapparate, Recht und Mechanismen der Rechtsdurchsetzung auf nationaler oder internationaler Ebene, ließen sich voluntaristisch ändern. Aber viele Entwicklungen, die mit dem Begriff der Entgrenzung gefasst werden können, sind eben kein alter Wein in neuen Schläuchen, sondern stellen genuin neue Qualitäten in den Arbeitsbeziehungen und im Modus der Realisierung von Profit innerhalb kapitalistischer Gesellschaft(en) dar – und das auch im globalen Maßstab.

Daraus folgt für eine kapitalismuskritische Position, die nicht nur in der Analyse verhaftet bleiben will, sondern die Verbesserung der Lebens- und Arbeitsbedingungen aller Menschen zu ihrer Aufgabe macht, dass sie sich mit diesen Entwicklungen auseinandersetzen und sie danach befragen muss, welche Bedeutung sie für Fragen des richtigen politischen und strategischen Handelns haben.

Begrenzungen

Der Literaturbestand über das auch strukturelle Problem, dass Kapital immer flexibler und ortsungebundener werde, Gewerkschaften hingegen als organisierte

Vertretung der Arbeiter*innenschaft innerhalb nationalstaatlicher Rahmen verhaftet seien, ist groß (etwa Bieler 2014, Deppe 2012, Zeuner 2004). Die daraus resultierende Asymmetrie in Bezug auf die Handlungsfähigkeit von Kapital und Arbeit konstituiert in der Tat handfeste Herausforderungen für Gewerkschaften, bewegen sich letztere doch als Organisationen rechtlich vornehmlich im nationalstaatlichen Rahmen: So greifen sie sowohl zur Durchsetzung von Arbeits(schutz) recht, aber auch zur Durchsetzung von Tarif- und Entgeltregelungen in den meisten Fällen auf nationales Recht und nationale Rechtsprechung zurück. Auch die Bezugsrahmen politischer Aktivitäten und Forderungen von Gewerkschaften bis hin zum Arbeitskampf bewegen sich häufig im nationalstaatlichen Rahmen.

Sicherlich hat das Recht der europäischen Union hier neue Spielräume für rechtspolitische Auseinandersetzungen eröffnet und Gewerkschaften haben dieses Handlungsfeld zuweilen erkannt (vgl. Schulten 2004: 276ff.). Gleichzeitig haben die Krise der Europäischen (Währungs-)Union und die staatliche Krisenbewältigungspolitik, die massive Angriffe auf Tarifautonomie, Gewerkschaften und die Rechte der abhängig Beschäftigten beinhaltet, gezeigt, dass gewerkschaftliche Errungenschaften derzeit gegen die herrschende Politik verteidigt werden müssen. Vor diesem Hintergrund schlägt Hans-Jürgen Urban etwa das Konzept einer „demokratischen Wertschöpfungsunion" (Urban 2016: 92) vor. Ohne eine Veränderung des Europäischen Primärrechts sei diese jedoch nicht zu verwirklichen (ebd.: 95). Hier setzt auch der elaborierte Vorschlag der Rechtswissenschaftler Jürgen Bast, Florian Rödl und Philipp Terhechte zur Rettung der Tarifautonomie an (vgl. Bast et al. 2015). Auch existiert auf Ebene des Völkerrechts etwa mit den im Rahmen der ILO getroffenen Abkommen ein Normbestand, der mitunter politisch und rechtlich fruchtbar gemacht und in globalen Rahmenabkommen von Gewerkschaften aufgegriffen und erweitert wird.

Aber die effektive Begrenzung von Kapitalmacht und die nachhaltige Durchsetzung von Arbeitnehmer*innenrechten bleibt im globalen Kontext ein Desideratum (vgl. Massoud 2018). Es braucht in der aktuellen Situation mehr als Verrechtlichung – auch wenn sicherlich rechtspolitische Initiativen, die zum Ziel haben, auch auf globaler Ebene die Kapitalseite für Menschenrechtsverletzungen verantwortlich zu machen und die Rechte der Arbeitsnehmer*innen zu stärken, ein wichtiger Meilenstein auf dem Weg hin zu einem humaneren Wirtschaften sind.

Genauso wie bestehendes Recht – auch im nationalstaatlichen Rahmen – stets von einer politischen Praxis flankiert werden muss, damit es im Sinne der Menschen Wirkung entfalten kann, brauchen Kämpfe für Verrechtlichung eine vorhergehende und flankierende kollektive politische Praxis durch die Betroffenen. So wie die effektive Durchsetzung arbeits- und sozialrechtlicher, aber auch tarifrechtlicher Regelungen auch permanente politische Auseinandersetzung ist, bei der nicht etwa nur der Staat, sondern vor allem Gewerkschaften und betriebliche Interessenvertreter*innen der Arbeitnehmerseite gemeinsam mit organisierten Betroffenen die Durchsetzung geltenden Rechts sicherstellen müssen, so bedürfen rechtspolitische Auseinandersetzungen und Initiativen auf globaler Ebene einer organisierten politischen Basis, die die Interessen der Betroffenen immer wieder hörbar artikuliert – hierfür können auch nationalstaatlich verfasste Gewerkschaften ein Resonanzraum sein. Dort, wo eine effektive Verrechtlichung in weiter Ferne liegt, stellt politische Organisierung das wichtigste Werkzeug dar, um entgrenzter Kapitalmacht Schranken entgegenzusetzen um lohnabhängig Beschäftigte zu schützen – aber auch um Möglichkeiten für eine erhoffte Verrechtlichung überhaupt erst aufscheinen zu lassen. Die Mittel, mit denen diese Auseinandersetzungen geführt werden – das belegen die Beiträge dieses Bandes eindrücklich – sind *inklusive Solidarität* und *Vernetzung und Aktivierung der Betroffenen.*

Beispiele für eine Ausweitung inklusiver Solidarität[1] sind die Auseinandersetzungen auf dem Feld der Leiharbeit (Vgl. die Beiträge von Köhler/Menz und Erhardt in diesem Band). Während einerseits Gewerkschaften aktiv auf eine Verbesserung der Gesetzeslage drängen, wird diese rechtspolitische Auseinandersetzung komplementiert durch die Thematisierung der Problematik in den Betrieben und die Organisierung und Sensibilisierung der Beschäftigten sowohl in Leiharbeitsverhältnissen als auch in den Stammbelegschaften. Gerade die Stärkung inklusiver Solidarität zwischen diesen beiden Gruppen wird von gewerkschaftlicher Seite als notwendige Bedingung für eine erfolgreiche Vertretung der Interessen aller Beschäftigter beschrieben.

Die in diesem Band vorgestellten Projekte in den Bereichen der Orangensaftproduktion (Fütterer/López) und der Automobilproduktion (Ludwig/Simon) zeigen, wie *inklusive Solidarität* auch auf globaler, transnationaler Ebene zu einem zentralen strategischen Ausgangspunkt des Handelns von Gewerkschaften werden kann. Gewerkschaftliche Organisierung entlang von Wertschöpfungsketten rückt in den Mittelpunkt von Projekten, bei denen es darum geht, Kolleg*innen, die in unterschiedlichen Ländern in unterschiedlichen Bereichen der Produktfertigung arbeiten, miteinander zu vernetzen. Die hierdurch geschaffenen Solidaritätsmomente gehen über die bloße Generierung eines empathischen Verhältnisses zwischen Beschäftigten bzw. Belegschaften von Betrieben in ver-

---

1 Zur grundlegenden Unterscheidung zwischen inklusiver und exklusiver Solidarität siehe Fichter/Zeuner 2002: 22f.

schiedenen Staaten deutlich hinaus. Denn zum einen findet ein Wissenstransfer über Betriebspolitiken, Arbeitsbedingungen und Machtverhältnisse entlang der Wertschöpfungskette statt, der gewerkschaftlich Aktive und Gewerkschaften in die Lage versetzt ihre jeweiligen lokalen politischen Strategien auf die Herausforderungen transnationaler Unternehmensstrategien auszurichten. Zum anderen scheint in diesen, unter dem Vorzeichen inklusiver Solidarität stehenden Formen transnationaler, horizontaler Kooperation ein Moment gewerkschaftlicher Gegenmacht gegen nationalstaatliches Wettbewerbsdenken und transnationale Lohnkonkurrenz auf. Dieses in einer kontinuierlichen gewerkschaftlichen Praxis auszubuchstabieren, wird eine der Herausforderungen zukünftiger transnationaler Gewerkschaftspolitik sein.

Exemplarisch für die Relevanz der *Vernetzung und Aktivierung der Betroffenen* seien aus der Vielzahl der Beiträge dieses Bandes, in denen diese Perspektive eine Rolle spielt, die Verfolgung des Ex-Chains-Ansatzes in der Bekleidungsindustrie (Fütterer/López) sowie die erfolgreiche Tarifauseinandersetzung bei Ryanair (Butollo) angeführt. Das Beispiel der Organisierung innerhalb des globalen Produktionsnetzwerks im Bereich der Bekleidungsindustrie zeigt eindrücklich die Begrenztheit kampagnenförmiger Politik zur Verbesserung von Arbeitsbedingungen in der Produktion auf und komplementiert diese durch eine Vernetzung und Organisierung der Arbeiter*innen entlang der Wertschöpfungskette in fünf Staaten. Es geht hier um nichts weniger als die „gemeinsame Entwicklung eines kollektiven Handlungsrahmens" (Fütterer/López: 176), der durch eine Stärkung der Organisations- und Handlungsmacht der beteiligten Gewerkschaften den Grundstein legt für eine nachhaltige Verbesserung der Arbeitsbedingungen entlang der Wertschöpfungskette.

Die Entwicklung eines kollektiven Handlungsrahmens steht auch im Fokus der Strategie, die zum ersten erfolgreichen deutschen Tarifabschluss beim Billigflieger Ryanair führten. Dieser beinhaltet eine Vernetzung und Aktivierung der Betroffenen als Motor für die Entwicklung einer Arbeitskampfstrategie, die Gewerkschafts- und Belegschaftsaktivitäten in mehreren Staaten und Unternehmensstandorten koordiniert, wobei auch der direkten Vernetzung der Beschäftigten und dem Einsatz von Social Media eine zentrale Bedeutung zukommt (Interview mit Neumaier in diesem Band). Weiterhin hervorzuheben ist die Integration von rechtlicher Ebene – etwa durch das (strategische) Führen von Rechtsstreitigkeiten, gewerkschaftlicher Vernetzung und Lobby- und Öffentlichkeitsarbeit innerhalb einer transnationalen, auf Konzernstruktur und Geschäftsmodell von Ryanair zugeschnittenen Arbeitskampfstrategie, die in dieser Form ein Novum darstellt.

Gewerkschaftliche Handlungsstrategien und die Regulation im flexiblen Kapitalismus: Ein ko-konstitutives Verhältnis

Die These der Notwendigkeit einer Komplementarität (rechts-)politischer Strategien und politischer Organisierung im gewerkschaftlichen Umgang mit Phänomenen der Entgrenzung von Arbeit sowohl in sozialer als auch struktureller Dimension speist sich aus der Annahme, dass die Struktur- und Akteursebene in einem ko-konstitutiven Verhältnis zueinander stehen[2]. Anders ausgedrückt: Rechtliche und politische Strukturen formen Handlungsbedingungen für politische Akteure. Politische Akteure zielen auf eine Veränderung der Strukturen durch Gesetzesänderungen. Im nationalstaatlichen Rahmen ist etwa das bestehende Sozial- und Arbeits(kampf)recht oder das Betriebsverfassungsrecht auch Ergebnis sozialer Kämpfe und konstituiert gleichzeitig einen Teil der Handlungsbedingungen, unter denen Gewerkschaften Politik machen und für weitere strukturelle Veränderungen eintreten. Ko-konstitution bricht mit der Vorstellung des Primats der Strukturebene zugunsten der Vorstellung einer wechselseitigen Bedingtheit von Struktur und Handlung, die nicht nur analytisch fassbar, sondern auch politisch nutzbar ist.

Von einer Ko-konstitution der Struktur- und Handlungsebene auszugehen, bedeutet für die Analyse, den Blick nicht allein auf die mehrdimensionale Entgrenzung von Arbeit als Bedrohung und Beschränkung von gewerkschaftlicher Handlungsmacht zu lenken. Vielmehr gilt es auch, nach Möglichkeiten für gewerkschaftliche Handlungsmacht, die den Entgrenzungsprozessen zugrunde liegende Veränderungen rechtlicher, politischer, ökonomischer und nicht zuletzt auch technologischer Art mit hervorbringen, Ausschau zu halten. In vielen Fällen ist eine richtige Antwort auf veränderte Regulation im flexiblen Kapitalismus sicherlich das Führen von Abwehr- oder Rückeroberungskämpfen – gerade wenn es um den Abbau von Rechtsnormen etwa im Bereich des Arbeits- oder Sozialrechts geht, die Beschäftigte schützen. In anderen Fällen, nämlich gerade dann, wenn sich die Kapitalseite auf transnationaler Ebene Entgrenzungen zu Nutze macht, die ihr gegenüber den in einem stärker fragmentierten politischen und rechtlichen Raum agierenden Gewerkschaften deutliche strategische Vorteile verschafft, gilt es neue Wege zu erproben und gewerkschaftliche Handlungsmacht über einen gewerkschaftlichen Transnationalismus auszuweiten.

---

2 Zum Begriff der Ko-Konstitution siehe Janczyk (2009), die dieses Konzept in Anlehnung an Cornelia Klinger für die Vermessung des Verhältnisses der Sphären „Arbeit" und „Leben" weiterentwickelt.

Viele der in diesem Band vertretenen Beiträge zeigen hierfür gangbare Ansätze strategischen Handelns auf. Auch wenn es sich noch um vereinzelte Projekte handelt, so machen sie doch deutlich, dass es kein Widerspruch ist, eine Vernetzung und Aktivierung der Betroffenen unter den Vorzeichen inklusiver Solidarität gemeinsam zu denken mit rechtspolitischen Projekten, juridischen Strategien und öffentlichkeitswirksamer politischer Kampagnenarbeit – und dies im nationalstaatlichen wie insbesondere im transnationalen Rahmen. Vielmehr scheinen gerade multistrategische Herangehensweisen in hochkomplexen politischen, rechtlichen und diskursiven Umfeldern erfolgversprechend, um mehr als nur gewerkschaftliche Achtungserfolge zu erzielen.

Wissenschaft trifft Gewerkschaften

Die hier vorgestellten Beispiele zeigen zudem, dass es Mut und Ressourcen braucht, um Wege zu beschreiten, die sich teils nicht aus dem Standardrepertoire vor allem nationalstaatlich aufgestellter Gewerkschaften ableiten lassen – und zwar sowohl den Mut und die materiellen Ressourcen der Organisationen, um Experimente zu wagen, als auch den Mut und die zeitlichen und intellektuellen Ressourcen der aktiven Beschäftigten, ihre Interessen in diese Experimente einzubringen.

Kritische Wissenschaftler*innen, auf deren (auch historische) Bedeutung für Gewerkschaften Frank Deppe in seinem Vorwort zu diesem Band hingewiesen hat, können hier eine wichtige Rolle spielen, um – gemeinsam mit Gewerkschafter*innen – den aufkeimenden gewerkschaftlichen Transnationalismus schrittweise vom Status eines Panoramas vereinzelter Projekte und Experimente zu einer umfassenderen Strategie gewerkschaftlichen Agierens weiter zu entwickeln. Gewerkschaftlich engagierte, wissenschaftliche Reflexion bietet die Möglichkeit, die stetig komplexer werdenden Rahmenbedingungen gewerkschaftlichen Handelns kontinuierlich und vergleichend zu analysieren, dabei gewerkschaftliche Positionen, Zielsetzungen sowie Handlungskompetenzen kritisch zu reflektieren und neue gewerkschaftliche Strategien im entgrenzten Kapitalismus zu identifizieren. Wir hoffen mit diesem Band einen so gedachten, kritisch-produktiven Dialog zwischen Wissenschaft und Gewerkschaften stärken zu können.

Literatur

Bast, Jürgen/Rödl, Florian/Terhechte, Philipp (2015): Funktionsfähige Tarifvertragssysteme als Grundpfeiler von Binnenmarkt und Währungsunion: Vorschlag für eine Reform der EU-Verträge, Zeitschrift für Rechtspolitik (ZRP) 8/2015, 230-233.

Bieler, Andreas (2015): Free Trade and Transnational Labour Solidarity: Structural and Agential Challenges for the Twenty-First Century, in: Bieler, Andreas/Erne, Roland/ Golden, Darragh/Helle, Idar/Kjeldstadli, Knut/Matos, Tiago/Stan, Sabina (Hg.): Labour and Transnational Action in Times of Crisis, London/New York, 41-52.

Deppe, Frank (2012): Gewerkschaften in der großen Transformation. Köln.

Fichter, Michael/Zeuner, Bodo (2002): Zukunft der Gewerkschaften, in: Forschungs-journal NSB, Jg. 15, 13(2), 14-29.

Greven, Thomas (2003): Gewerkschaften in der Globalisierung. Die Herausforderung transnationaler Gewerkschaftspolitik, in Scharenberg/Schmidtke (Hg.), Das Ende der Politik? Globalisierung und der Strukturwandel des Politischen, Münster.

Janczyk, Stefanie (2009): Arbeit und Leben. Eine spannungsreiche Ko-Konstitution, Münster.

Massoud, Sofia (2018): Menschenrechtsverletzungen im Zusammenhang mit wirtschaft-lichen Aktivitäten von transnationalen Unternehmen (Interdisciplinary Studies in Human Rights 2), Wiesbaden.

Schulten, Thorsten (2004): Solidarische Lohnpolitik in Europa – Zur Politischen Öko-nomie der Gewerkschaften, Münster.

Urban, Hans-Jürgen (2016): Die demokratische Wertschöpfungsunion: Eine neue Er-zählung für Europa, Blätter für deutsche und internationale Politik, 10/2016, 85-96.

Voß, Günter G. (1998): Die Entgrenzung von Arbeit und Arbeitskraft. Eine subjektorien-tierte Interpretation des Wandels der Arbeit, Mitteilungen aus der Arbeitsmarkt- und Berufsforschung, 31 (3), 473-487.

Zeuner, Bodo (2004): Widerspruch, Widerstand, Solidarität und Entgrenzung – neue und alte Probleme der deutschen Gewerkschaften, in: Beerhorst, Joachim/Demirović, Alex/Guggemos, Michael (Hg.): Kritische Theorie im gesellschaftlichen Struktur-wandel, Frankfurt a.M., 318-353.

Autor*innen- und Herausgeber*innenverzeichnis

Dr. Ingrid Artus ist Professorin für Soziologie an der Friedrich-Alexander-Universität Erlangen-Nürnberg.

Dr. Karina Becker ist wissenschaftliche Geschäftsführerin am Kolleg „Postwachstumsgesellschaften" der Friedrich-Schiller-Universität Jena.

Dr. Sarah Bormann ist Politikwissenschaftlerin und arbeitet seit 2016 als Gewerkschaftssekretärin in der ver.di-Bundesverwaltung, zunächst im Projekt Cloud&Crowd und seit August 2018 im Fachbereich Gesundheit, Soziale Dienste, Wohlfahrt und Kirchen.

Britta Brandau ist Vorsitzende des Fachbereichs Gesundheit, Soziale Dienste, Wohlfahrt und Kirchen des ver.di Bezirks Frankfurt am Main und Region.

Dr. Florian Butollo leitet das Projekt „Arbeiten in hochautomatisierten digital-hybriden Prozessen" am Weizenbaum Institut für die vernetzte Gesellschaft. Er ist zugleich Mitarbeiter am Wissenschaftszentrum Berlin für Sozialforschung.

Elijah Chiwota ist wissenschaftlicher Referent für Kommunikation und Forschung der IndustriALL Global Union.

Dr. Frank Deppe ist Professor em. für Politikwissenschaft (1972–2006) an der Philipps-Universität Marburg sowie Mitherausgeber der Zeitschriften „Sozialismus" (Hamburg) und „Z. Zeitschrift marxistische Erneuerung" (Frankfurt/Main). Er ist Mitglied des Vorstandes der wissenschaftlichen Vereinigung „Wissenstransfer", bei ver.di, der Rosa-Luxemburg-Stiftung und der „Linken".

Michael Erhardt ist Erster Bevollmächtigter der IG Metall Geschäftsstelle Frankfurt am Main.

Michael Fütterer ist seit 2012 deutscher Koordinator des TIE-ExChains-Netzwerks und promoviert an der Universität Salzburg zu gewerkschaftlichen Handlungsstrategien in der süd-asiatischen Bekleidungsindustrie.

Daniel Heinz hat ein Jugendmandat im Landesbezirksvorstand ver.di NRW inne. Er studiert Sozialwissenschaften und Philosophie an der Justus-Liebig-Universität in Gießen und ist Mitglied im Research Network in Queer Studies, Decolonial Feminisms, and Cultural Transformations (QDFCT) ebendort.

Bettina Jürgensen ist Gewerkschaftssekretärin der ver.di bei der Bundesfachgruppe Einzelhandel.

Katja Köhler, Technologieberatungsstelle beim DGB NRW e.V., ist Beraterin und Projektleitung der „Service-Hotline Zeitarbeit und Werkvertrag".

Dr. Steffen Lehndorff ist Research Fellow am Institut Arbeit und Qualifikation (IAQ) der Universität Duisburg-Essen.

Tatiana López arbeitet als wissenschaftliche Mitarbeiterin am Institut für Wirtschafts- und Sozialgeographie an der Universität zu Köln und ist seit 2016 im TIE-ExChains-Netzwerk und im TIE-Orangensaftnetzwerk aktiv.

Dr. Philipp Lorig ist wissenschaftlicher Mitarbeiter an der Professur Arbeits- und Organisationssoziologie der TU Chemnitz.

Dr. Carmen Ludwig ist wissenschaftliche Mitarbeiterin am Institut für Soziologie der Universität Gießen und Research Associate des Society, Work and Politics Institute (SWOP) der Universität Witwatersrand in Johannesburg.

Christian Menz, Technologieberatungsstelle beim DGB NRW e.V., ist wissenschaftlicher Mitarbeiter im Projekt „Service-Hotline Zeitarbeit und Werkvertrag".

Mira Neumaier studierte Sozialökonomie mit dem Schwerpunkt Arbeitsrecht in Hamburg und arbeitet als Gewerkschaftssekretärin im Fachbereich Verkehr der ver.di-Bundesverwaltung in Berlin.

Hendrik Simon ist wissenschaftlicher Mitarbeiter am Institut für Soziologie der TU Darmstadt und assoziierter Forscher an der Hessischen Stiftung Friedens- und Konfliktforschung sowie an der Frankfurter Goethe-Universität. Er ist Promotionsstipendiat der Hans-Böckler-Stiftung.

Dr. Sylwia Timm LL.M. ist Juristin und Pflegeexpertin, bis 2019 als Beraterin im Projekt des DGB-Bundesvorstandes „Faire Mobilität" beschäftigt.

Marika Varga ist Gewerkschaftssekretärin und arbeitet im Funktionsbereich Transnationale Gewerkschaftspolitik beim Vorstand der IG Metall.

Alexander Wagner ist Politikwissenschaftler und arbeitet als Gewerkschaftssekretär beim Deutschen Gewerkschaftsbund in Frankfurt am Main. Er ist Vorsitzender der Kooperationsstelle Hochschulen & Gewerkschaften Frankfurt-Rhein-Main.

Dr. Hilde Wagner ist Soziologin und arbeitet als Ressortleiterin im Funktionsbereich Betriebspolitik beim Vorstand der IG Metall in Frankfurt am Main.

Gudrun Willner ist Betriebsrätin in der H&M-Filiale in Sindelfingen und aktives Mitglied im TIE-ExChains-Netzwerk.

Carina Book / Nikolai Huke / Sebastian Klauke / Olaf Tietje (Hrsg.)

Alltägliche Grenzziehungen

Das Konzept der „imperialen Lebensweise", Externalisierung
und exklusive Solidarität

im Auftrag der Assoziation für kritische Gesellschaftsforschung

2019 – 270 Seiten – 25,00 €

ISBN 978-3-89691-273-2

von ungebrochener Aktualität jetzt bereits in der 8. Auflage

Elmar Altvater

Das Ende des Kapitalismus, wie wir ihn kennen

Eine radikale Kapitalismuskritik

2018 – 240 Seiten – 20,00 €

ISBN 978-3-89691-627-3

„Altvaters Buch ist nichts weniger als eine Revolutionstheorie für das
21. Jahrhundert." *DIE ZEIT*

Alex Demirovic (Hrsg.)

Wirtschaftsdemokratie neu denken

2018 – 341 Seiten – 35,00 €

ISBN 978-3-89691-283-1

Hartfrid Krause

Rosa Luxemburg, Paul Levi und die USPD

2019 – 198 Seiten – 25,00 €

ISBN 978-3-89691-274-9

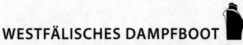

WESTFÄLISCHES DAMPFBOOT

Hafenweg 26a · 48155 Münster · Tel. 0251-3900480 · Fax 0251-39004850
E-Mail: info@dampfboot-verlag.de · http://www.dampfboot-verlag.de